शिवप्रसाद सिंह की सम्पूर्ण कहानियाँ-2

एक यात्रा सतह के नीचे

शिवप्रसाद सिंह

वाणी प्रकाशन

प्रकाशन के उत्कृष्टतम 62 वर्ष

vaniprakashan.com

सजिल्द पहला संस्करण : 1993
सजिल्द दूसरा संस्करण : 1998
सजिल्द तीसरा संस्करण : 2005
सजिल्द चौथा संस्करण : 2025

वाणी प्रकाशन

4695, 21-ए, दरियागंज, नयी दिल्ली-110 002

फ़ोन : + 91 11 23273167, 23275710

शाखाएँ

अशोक राजपथ, पटना-800 004, बिहार

कॉफ़ी हाउस कैम्पस, महात्मा गांधी मार्ग, प्रयागराज-211 001, उत्तर प्रदेश

महात्मा गांधी अन्तरराष्ट्रीय हिन्दी विश्वविद्यालय, वर्धा-442 001, महाराष्ट्र

sales@vaniprakashan.in
vaniprakashan@gmail.com

Aek Yatra Satha Ke Neeche
by Shivprasad Singh

ISBN : 978-81-8143-285-8
Collection of Story

मूल्य : ₹ 695

आर. टेक ऑफ़सेट प्रिंटर्स, दिल्ली-110032 में मुद्रित

वाणी प्रकाशन का लोगो मक़बूल फ़िदा हुसेन की कूची से

प्रियवर,

शुभाशीर्वाद ग्रहण करो।

क्या कमाल की चित्रकारी तुमने सीखी है। भाषा पढ़कर तो मैं कभी-कभी सोचने लगा कि यह मेरा शिवप्रसाद लिख रहा है! पुस्तक पढ़कर मुझे बड़ा गर्व हुआ।...इन कहानियों को पढ़कर देखता हूँ कि इनमें वही बात है, जिसे बरसों से देखना चाहता था। जीवित मानवों की उपेक्षित प्रतिमाएँ। ऐसा लगता है कि ये पहचाने हुए लोग हैं, अचानक मिल गए हैं। दुःख-सुख की इस सच्ची दुनिया को अनावृत करके तुमने सच्चे साहित्यकार का कर्तव्य निभाया है। परमात्मा ने तुम्हारी कलम में अद्भुत शक्ति दी है। उसे विश्राम न लेने दो उद्घाटित करो इस वास्तविकता को। सच्ची रस-सृष्टि यही है। बधाई तो क्या दूँ, मेरे हृदय से आशीर्वाद—सरणि शतधारा हो कर प्रकट हो रहा है, प्रसन्न रहो और आनन्दित करते रहो।

चंडीगढ़— **हजारी प्रसाद द्विवेदी**

क्रम

एक यात्रा सतह के नीचे

गाड़ी से उतरते ही अवधू को लगा कि वह वह नहीं है, कुछ ऐसा बदल गया है उसके भीतर कि उसकी थाह उसका अन्तर्यामी भी नहीं लगा सकता। शरीर, मन, इन्द्रियाँ सभी तो वहीं हैं; किन्तु धुन्ध की एक मोटी परत हर आईने पर इस तरह छा गयी है कि अपने को अपनी शक्ल ही बदली-बदली लगती है। सामने के दृश्य जैसे कोहरे के भीतर किसी माया की चादर में लिपटे हुए हैं। माना कि शाम हो गयी है और अब अँधेरा होना चाहिए, पर सहसा ऐसा अँधेरा तो नहीं ही कि धान की फसलों की साँसें किसी पिघले हुए सफेद पदार्थ के बने नाना आकारों में आकाश में तैरने लगें। वह गाँव को चला तभी सीटी देकर गाड़ी प्लेटफार्म से बिदा हुई—उन्हीं समानान्तर सोये साँपों के ऊपर रेंगती हुई, जो पता नहीं कितनी बंकिम गति से सामने के झुरमुट में खो जाते हैं। फक्-फक् करती इंजिन की आवाज इतनी मनहूस थी कि मानो यह गाड़ी किसी मौत के समुद्र में धँसने को जा रही हो। वह एक क्षण पीछे मुड़कर रेलगाड़ी को देखता रहा जो खुद भी वक्र गति से मुड़कर उन मायावी झुरमुटों में खोने ही वाली थी।

कल्लू मियाँ के हाड़गोदाम के पास वैसी ही बदबू थी, जैसे दियासलाई का धुआँ नाक में घुसा जा रहा हो। कुत्ते एक-दूसरे से वैसे ही गुर्राते हुए जूझ रहे थे, कई एक साथ गुंथ गये थे एक ललछौंही हड्डी के टुकड़े के लिए। अवधू को उस मोटे लाल कुत्ते से सख्त नफरत हुई जो उस काली-सी कमीनी कुतिया के साथ ऐन रास्ते पर बैठकर हड्डी चिचोरता रहता है और हर चलते को देखकर, थूथन उठाकर भूँकता है जैसे वह उसकी निधि छीनने आ रहा हो—हुँह ! उसने हाथ का झोला यूँ नचाया जैसे कुत्तों पर चक्र-सुदर्शन चलाने जा रहा हो। झोले की गति से भयभीत होकर कुत्ते भाग खड़े हुए, पर तभी आश्चर्य मलहम की डब्बी धान के खेत में डूब गयी। तीन दिन पहले जब गाँव से चला था तो अजिया उसे तैयार देखकर चारपाई पर आकर बैठ गयी थीं। उनके पोपले मुँह पर एक अजीब तरह की बेदाग हँसी थी, जैसी अकसर बिना दाँत के बच्चों के चेहरे पर खुले आसमान में उड़ने को तैयार किसी चिड़िया को देखकर उभरती है।

''क्यूँ रे,'' उन्होंने अवधू की लजाधुर पत्नी के हाथ से हुक्का थामते हुए कहा, ''मुझे क्या-क्या लायेगा ?''

अवधू एक अजीब अर्थहीन हँसी हँसकर रह गया। उसके जी में आया कि वह एक 'लेक्चर' दे डाले वर्तमान युग पर, आधुनिकता पर और उन तमाम पेचीदगियों पर जिनसे होकर हर नौकरी पानेवाले को गुजरना होता है। मगर अजिया को तो युनिवर्सिटी और प्राइमरी स्कूल का अन्तर भी आज तक न समझा पाया। 'इंटरव्यू' का नाम सुनकर अजिया हँस पड़ती हैं।

''कौन है सत्यानासी, जो मेरे हीरे-से लड़के में अवगुन काढ़ सकता है भला !'' अजिया को लगता है कि कोई पंचायत की बात है, और उसका मामला वैसा ही होगा जैसा चिनकू और झिनकू के भूसे का बाँटना। पंच परमेश्वर एक-समान। एक खाँची उधर या इधर। लेकिन अजिया को क्या मालूम कि यह ऐसी पंचायत है जहाँ एक बैल को तो नाँद में लगा दिया जाता है और बाकी को चरनी से हाँककर एक किनारे कर दिया जाता है।

''बोलता नहीं भई ?'' अजिया ने हुक्का गुड़गुड़ाते हुए दो-एक बार अवधू के मुँह की ओर देखा और हँस पड़ीं।

''अबहीं क्या उसे रोकड़ मिल जायेगा,'' बगल में बैठी, झोले में सामान ठीक करती हुई अम्मा बोली, ''अरे नौकरी मिली भी तो महीना-दिन के बाद न तनखाह मिलेगी ?''

''हूँ,'' अजिया गम्भीर हो गयीं। या तो उन्हें अम्मा का बीच में बोलना पसन्द न आया या यह सोचकर वह गुस्सा हो गयीं कि कहीं बहू अपने को उनसे ज्यादा समझदार तो नहीं समझती है।

''मैं तो भई ऐसे ही कह रही थी,'' वे किंचित् लजायी-लजायी-सी बोलीं, ''मैं क्या जानती नहीं कि अभी तनखाह मिलने में देरी लगेगी !'' हुक्का गुड़गुड़ाने लगा और अजिया सारा धुआँ अपने फेफड़े को सौंपती हुई मन मारे बैठी रहीं। अवधू जब पैर छूकर चलने लगा तो वे फिर हँस पड़ीं और बोलीं, ''एक ठो अचरज मलहम की डिबिया लेते आना बचवा ! कई दिन से आँखों से पानी गिरता रहता है···और··· ।''

''अच्छा।'' अवधू गली में चला आया था। उसने घर के दरवाजे पर रुककर एक क्षण देखना चाहा कि क्या कोई रसोईघर के दरवाजे पर भी खड़ा उसकी ओर देख रहा है या नहीं, पर अम्मा के डर से वह मुड़कर देख न सका और साँगों की एक भारी चट्टान को ठेलता गली में आ गया। कई बार मन में आया कि किसी चीज का बहाना करके फिर आँगन में आ जाये, और चौकठ में खड़ी शोभा से भी पूछ ले कि उसे भी कुछ चाहिए या नहीं। शादी का तीसरा साल बीत गया, पर उस औरत ने आज तक कभी किसी चीज के लिए भी मुँह न खोला। एक बार शहर से लौटते समय देह की दो साबुनें खरीद ली थीं उसने; सुबह अम्मा का हाथ

झोले में पड़ गया, बोलीं, "बोलो यह साबुन क्यों लाये हो ?"

हँस पड़ा था अवधू। पर मन में तो जैसे भय का बवण्डर उठ गया था जो लाख थामने पर भी थमता न था। हकलाते हुए बोला, "जीजी की तीज जायेगी न ? रेल के डब्बे में एक सरदार बेच रहा था बड़ा सस्ता, ले लिया था कि साबुन-वाबुन तो खरीदनी ही पड़ेगी।" उसने इतना कहकर गरदन झुका ली पर कनखी से अम्मा के मुँह की ओर भी देखता रहा था। उसे लगा कि उन खिंचे हुए होंठों में उसके झूठ बोलने पर ही उतनी विरक्ति नहीं भर आयी है, बल्कि शायद यह सोचकर भी कि मुझे और जीजी के तीज का खयाल ! अम्मा सोच रही होंगी कि मेरे-जैसा निकम्मा जब अपना भार ही नहीं उठा सकता खुद तो उसे जीजी के बारे में सोचने का क्या हक है ?

अवधू कछानी खूँटकर धान के खेत में हेल गया था। कुरते की बाँह मोड़कर पानी और कीचड़ में हाथ डालकर उसने डब्बी ढूँढ़ लेने की बहुत कोशिश की, पर वह हाथ न लगी। अँधेरा बढ़ता जा रहा था। और अब अवधू को लग रहा था कि फसलों की साँसें सिर्फ नाना आकार की छायाओं की तरह तैर ही नहीं रही हैं, बल्कि उनमें टकराहट भी होने लगी है और एक अजीब तरह की सनसनाती हुई आवाजें महीन-मोटी सीटियों की चीखों की तरह चारों ओर दौड़ लगाने लगी हैं। उसने कीचड़ लगे हाथ-पैर धोये, जूते पैरों में डाले और मोड़ पर रखे झोले को उठाकर चुपचाप चल पड़ा।

जाने क्यों घर के दरवाजे पर पहुँचकर वह एक क्षण ठिठक गया। वह न थका था, न साँस ही फूल रही थी, पर पता नहीं कब उसके हाथ बाजू पर रुक गये थे और अब तो वह इस तरह खड़ा था कि उसके पैरों में इतनी भी ताकत नहीं है कि दो डग आगे चलकर उसे आँगन में पहुँचा सकें। गली के मोड़ से किसी के आने की आहट हुई तो वह हड़बड़ाकर घर में दाखिल हो गया। आँगन में मूँज की वह चारपाई अभी भी वैसे ही पड़ी थी। दो दिन पहले इसी चारपाई से उठकर वह शहर गया था। झोले को सिरहाने के गोड़े के सिरे से फँसाते हुए वह धसककर बैठ गया। उसकी काँपती हथेलियों को मूँज की खुरदरी चुभन अच्छी लग रही थी : इतनी अच्छी कि उसने कई बार अपने हाथों को इधर-उधर रगड़ा। खुरदरी मूँज ही नहीं, उसे तो पूरी की पूरी चारपाई प्यारी-प्यारी लग रही थी। नहर विभाग का वह दफ्तर कितना सजा-सजाया था। चौकठ के पास के पाँवपोश पर जूट के रेशों की लचक से जूते के अन्दर भी पैरों में गुदगुदी हो जाती थी। कुर्सियाँ कितनी चिकनी और ठण्डी थीं। और साहब के सामने की मेज ! उसमें तो जरूर से वह बन्दर अपना मुँह देखकर बाल ठीक करता होगा। शीशे के पेपरवेट में रंगीन कल्ले और पंखरियों वाले फूल कितने चटक लग रहे थे। दरवाजे पर झिलमिलाते हरे-हरे परदे थे और भीतर भी दीवारों पर हलके नीले रंग की सफेदी। अभी तो वह यह सब कुछ देख

भी नहीं पाया था अच्छी तरह कि चिकने-चिकने ललछौहें चेहरे की कौड़ीनुमा आँखें उसकी ओर मुड़ीं। मुश्किल से दो-चार बातें पूछी होंगी। हर सवाल करते समय वह यों हँसता था जैसे मैं नौकरी खोजने नहीं, उसकी हँसी खरीदने आया हूँ।

अवधू ऑफिस के बाहर आया तो यों मुसकराया जैसे 'वेट-लिफ्टिंग' का 'चैम्पियन' हो। तभी उसके इर्द-गिर्द मक्खियों की भनभनाहट तेज हो गयी। यह 'इण्टरव्यू' भी क्या जलजला है। लोग-बाग अपरिचित लोगों से यों लिपट जाते हैं मानो मुसीबत में पड़ी इन्सानियत को श्रद्धांजलि देने का पर्व आ गया हो। क्यों भाई साहब !···हेलो बन्धु ! —एक मिनिट प्लीज !—और वे पतली दुबकी-दुबकी सरसराहट-भरी आवाजें : मैं नहीं जा सकती भई···प्लीज शीला, कुछ तो 'हिण्ट' ले जाओ !—और तभी अवधू को लगा कि वह लोगों की भीड़ में घिरा-घिराया जाने कब सड़क पर आ गया है। रिक्शे, मोटर, इक्के सहमकर दोनों ओर खड़े हो गये हैं—"बाबूजी ! ···अरे हम गरीबों पर दया हो सरकार !" अवधू हाथ हिलाकर सबको एक तरफ करता है, ट्रैफिक शुरू होती है तो वह सब लोगों की ओर उड़ती नजर डालकर देखता है—हल्दीघाटी के युद्ध में महाराणा प्रताप···नहीं, नहीं भाई, मेरा मुकुट अपने सिर पर रखने की कोशिश मत करो···" तभी एक काला-सा खुरदरे मुँह का नौजवान फटी हुई आवाज में पूछता है, "तो अचानक उसने कहा कि आप जा सकते हैं। क्यों ?" और वह घूमकर अपने एक साथी को खुदक्का मारकर ठहाके में फूट पड़ता है, "मैंने तुमसे कहा न डियर कि लखटकिया इज ऐन इन्टेलिजेण्ट ऑफिसर [लखटकिया एक बुद्धिमान् अफसर है] —आओ चलें।" अचानक भीड़ में खलबली मच जाती है, सकता छा जाता है, अवधू के इर्द-गिर्द से सेनापति, योद्धा, सैनिक सभी तितर-बितर हो जाते हैं—फाटक पर बच रहता है सिर्फ अवधू और उसका विश्वास—दोनों ही घायल, दोनों ही एक-दूसरे पर सांघातिक चोट करके औचक एक-दूसरे की ओर ताकते हुए, खून से लथपथ—हल्दीघाटी आँखों से ओझल हो जाती है। सामने है ऑक्सस, बालू से भरी, छिछले तलवाली ऑक्सस !! जिसके तट पर टूटे हुए पिरैमिड की तरह पड़े हैं रुस्तम और सोहराब।···

"पानी लाऊँ ?" चारपाई के पास आकर शोभा थके हुए कण्ठ से पूछती है। सीधे रसोईघर से उठकर चली आयी है शायद।

"अम्मा नहीं हैं क्या ?" इधर-उधर ताककर अवधू पूछता है।

"अभी तो यहीं थीं। बनिया की दुकान गयी होंगी मसाला के लिए।"

शोभा धीरे से घर में घुसी तो अजिया के खाँसने की आवाज आयी। पता नहीं अजिया को कैसे पता चल गया उसके आने का ?

"अवधू है न बहू ? तो तुम्हीं पानी-वानी दे दो न ! तेरी सास तो जाने कहाँ बैठकर कथा-पुराण बाँच रही होगी !" अजिया फिर वैसे ही खाँसने लगी थीं। अवधू को डर लग रहा था कि कहीं अजिया पैर में चप्पल डालकर चारपाई तक न डुगर

आयें। आते ही 'अचरज मलहम' का सवाल पेश करेंगी।

शोभा एक लोटे में पानी डालकर ले आयी। वह एक क्षण खुद ही रुक गया यह सोचकर कि खाली पानी तो क्या देगी। शोभा बगल वाले घर ले कुछ लेकर आ रही थी, वह खुश था। उसके मन की गहराई में अँधेरी परतों से जलकुम्भी के फूल की एक कोढी ऐंठकर खड़ी हो गयी थी। एक क्षणिक लहरती थिरकन—कितनी अपरिचित-सी लगने लगी है वे धूल-राख में सनी चम्पई उँगलियाँ और वह अमोले के टटके पत्ते-सी ललछौंही हथेली ! ···शोभा को देखकर उसने जाने क्यों मूँज की बिनावट पर एक बार फिर अपनी हथेली रगड़ी और हाथ बढ़ाकर इस प्रतीक्षा में चुप रहा कि शोभा वह चीज इसी हाथ पर रखेगी। और तब खुली हथेली बन्द मुट्ठी की तरह भिंच जायेगी। ऐसी हरकत के कारण डर, दर्द और परेशानी से शोभा का चीख पड़ना जाने क्यों उसे बहुत अच्छा लगता है। शोभा ही संसार में एक ऐसी वस्तु है जो सब प्रकार से उसकी है; उसके अधिकार को कम-से-कम इस एक जगह न तो कोई चुनौती देने वाला है और न वहाँ अपनी योग्यता के लिए उसे विशेषज्ञों से प्रमाण-पत्र ही चाहिए।

उसे यह सब-कुछ सोचना अच्छा लगा। एक क्षण के लिए ही सही, पिछले कई दिनों से बदन पर जमा होती उपेक्षा की परतें टूट-टूटकर गिरती-सी नजर आयीं।

पर शोभा ने गुड़ की डली चारपाई की पाटी पर रख दी और खुद सामने वाले कमरे के बाजू से चिपककर खड़ी रही।

अँधेरी परतों के वृत्त परस्पर टकराकर अतल गहराई में खो गये। अवधू ने डली को मुँह में लपकाया। और लोटे को मुँह में लगाकर गट-गट पानी पीता रहा।

उसने हथेली से मुँह पोंछ लिया। लोटा रखते वक्त आँखें उठाकर देखा भी। शोभा वैसे ही खड़ी थी। पूरब में शायद चाँद निकल आया था क्योंकि एक पतली-सी दूधिया झालर पश्चिमी पक्खे के निगस्तों के नीचे लटक गयी थी।

शोभा एक क्षण वैसे ही खड़ी-खड़ी उसकी ओर ताकती रही, फिर मुड़कर रसोईघर की ओर चल पड़ी।

"हो गयी खातिर ?" वह व्यंग्य से भुनभुनाया।

"अम्मा आती होंगी !" शोभा मुड़ी और हँसती हुई रसोई में चली गयी।

शोभा ने ठीक ही कहा था। बाहरी निकसार पर अम्मा के पैरों की आवाज़ आने लगी थी। अवधू चुपचाप मुँह लटकाये बैठ गया।

अम्मा आयी तो उसने उठकर पैर छुए। वे हाथ की डाली लिये सीधे रसोईघर के पास चली गयीं और शोभा को बुलाकर कुछ कहती रहीं।

अवधू सोच रहा था कि अभी-अभी अम्मा लौटकर आयेंगी और उससे कुछ पूछेंगी, पर अम्मा बहुत देर तक नहीं आयीं। उसे याद है कि पहले उसके आने पर अम्मा कैसा परेशान हो जाती थीं, थाली में गरम पानी भरकर जब तक वे पैरों को

खूब धो न लेतीं, जैसे उन्हें चैन नहीं मिलता। अवधू मना करता तो झिड़क देतीं। गरम पानी से पैर धोने से थकान निकल जाती है। हाँ, अब ऊपर पैर कर लो; ठीक से बैठ जाओ बचवा ! कभी बालों को सहलातीं जैसे मैं धूल-माटी खेलकर वापस लौटा हूँ। देख तो, होठों पर पपड़ी पड़ गयी है। दिन-भर भूखा-प्यासा रहा होगा। और वे हर दो मिनिट पर शोभा को कोई-न-कोई हुक्म देतीं। रोटी अभी मत बना के रख देना। उसे गरम-गरम खाने की आदत है। अरे भाई चाय का पानी कब तक रखे रहोगी बहू ? जरा जल्दी-जल्दी हाथ चलाओ न !

चाय पीकर अवधू बाहर जाने लगता है रसोईघर में बहू का हाथ बँटाती अम्मा कहतीं—"जल्दी ही घूम-घामकर आ जाना बचवा। ई नहीं कि कहीं बैठकर दोस्त-मित्र से बात करने लगना और यहाँ सब खाना ठण्डा हो जाये।"

"नहीं-नहीं अम्मा, बहुत जल्दी आ जाऊँगा।"

और अवधू जानकर देर कर देता। तब तक पिताजी खाना खाकर दुआर पर चले जाते। छोटा भाई अपनी किताबें सँभाले लालटेन के सामने गरदन हिला-हिलाकर अँग्रेजी के हिज्जे रटता रहता।

"अभी खाना नहीं खाये न ? जाओ तुम्हारी अम्मा जोह रही थीं।" पिताजी अपना बिस्तर ठीक करते हुए कहते।

अवधू धीरे से चारपाई से उठता, छोटे भाई के पास बैठकर उसकी किताबें उलटता-पुलटता, और चल देता। वह जानता था कि रात को उसका घर से आना नहीं होगा।

थोड़ी रात गये ही गाँव की गलियों में कैसा विचित्र सन्नाटा छा जाता है। ऊँचे-नीचे मकानों की छाजनों पर चमकने वाली चाँदनी गलियों में उतर धूप-छाँह के कटावदार लहँगे बहोरती 'धुरिया-विचार' का खेल रचाने लगती है। गर्मियों में नीम के फूलों की मादक खुशबू कलेजे में अनजाना दर्द जगाती है तो जाड़ों में ढेंकी पर कूटे जाते हुए धान या चिउड़ा की सोंधी गन्ध भविष्य को भुजाओं में बाँधकर आश्वस्त करती-सी प्रतीत होती है और तब जाने क्यों उसे लगता है कि शोभा उसकी छाती में दुबक गयी है और उसके रूखे-सूखे बाल नागरमोथा के रेशे की तरह महकने लगे हैं।

काफी देर जब अम्मा नहीं आयीं तो अवधू धीरे से उठा और दालान पार करते हुए गली में उतर आया। वह एक-एक कदम पर रुकते हुए चल रहा था कि कहीं उसे जाता देख अम्मा बुलायेंगी, पर वह काफी दूर निकल आया और उसे किसी ने नहीं बुलाया।

सामने फेरू काका के दरवाजे पर चार-पाँच आदमी बैठे थे। वे उसके आने के कुछ पहले से काफी हँसते-बोलते रहे होंगे, पर अब वे एकदम से चुप थे और उसे जाने क्यों लगा कि वे हँस भी उसी पर रहे थे और चुप भी उसी पर हैं। वह

भी अकसर इन्हीं चारपाइयों में से किसी एक पर बैठकर घण्टों गप्पें लड़ाया करता था। तब पता नहीं उसकी बात में क्या असर था कि सभी मौन होकर उसकी एक-एक बात को बड़े ध्यान से सुना करते थे। वह कभी किसी काम से या मन न होने से बचकर निकलना भी चाहता तो फेरू काका जोर से आवाज लगाते—"अरे कौन है हो, अवधू बेटा, कब आये बचवा ? ऐसी आँख घुमाकर निकले जा रहे हो, भइया, जैसे जान-पहचान ही न हो !"

वह हलके से हँसकर मुड़ आता और फेरू चाचा पलँगड़ी पर से बैठे लोगों को इधर-उधर हटाकर उसके लिए बैठने का इन्तजाम करते और अपने छोटे लड़के को आँख के इशारे से कहते कि वह दालान में से तकिया उठा लाये।

आज जब वह वहाँ से गुजरा तो किसी ने हाँक न दी। वह चुपचाप बगल वाली गली में मुड़कर तालाब की ओर निकल गया। बरमचौरे के पीपल के नीचे वह जाने कितनी बार बैठा होगा, पर उसे लगा कि इस तरह तो वह कभी न बैठ पाया। ऊपर हवा के झकोरे से जब पत्तियाँ हिलती थीं, लड़खड़ाती थीं और एक अजीब अशुभ-भरी सरसराहट पूरे तालाब को अपने आगोश में छिपा लेती थी, तब भी पीपल के तने में उसका कोई असर न था। एक अजीब गरमाहट थी, जैसे शीत से काँपते हाथ गुनगुने पानी में डूबे हुए हों।

इक्के-दुक्के लोग तालाब के पास से गुजरते, पानी में छाया हिलती, सतह पर हरकत होती, लहरें उठतीं, टकरातीं, पर उनमें से कोई भी बीचोबीच गड़े खम्भे के पास तक नहीं पहुँच पाती। अवधू चुपचाप बैठा जाने कब तक लहरों के इन छायाचित्रों को देखता रहा। चारों तरफ नीम के घने वृक्षों से बँधा हुआ छोटा-सा आसमान कितने अपनपौ से भरा था और पता नहीं इस खयाल के आते ही क्यों उसके मन में शोभा खड़ी हो गयी—जाती-जाती ठिठककर मुसकराती शोभा—'अम्मा आती होंगी' कहते उसके चेहरे पर कोई भय क्यों न था ? अवधू के मन में पुनः जलकुम्भी का फूल ऐंठन भरकर लहरने लगा। पूछूँगा तब पता चलेगा ! हुँह बड़ी ढिठाई आ गयी है। वह जाने क्यों अपने को तने से अलग समझने लगा था और बिला वजह अपने चेहरे पर हथेलियाँ रगड़ता रहा था जब तक कि गरमाहट बरदाश्त के बाहर न हो गयी।

मुँह-हाथ धोकर अवधू घर लौटा।

"खाना नहीं खाओगे, कहाँ चले गये थे ?" आँगन में पैर रखते ही रसोई की दुआरी से अम्मा बोलीं। वह चुपचाप जूते निकालकर उधर को मुड़ गया। अम्मा ने सामने थाली कर दी और वह चुपचाप खाना निगलता रहा। थाली में खाना परोसते वक्त एकाध बार चूड़ियाँ खनखनायी थीं, पर अब तो वे भी एकदम चुप्पी साध चुकी थीं।

"छोटक बिस्तरा ले गया है," हाथ-मुँह धोते वक्त अम्मा ने कहा था और

खाली लोटा उसके हाथ से धब्ब से छूटकर नीचे गिर गया था। धोती के खूँट में मुँह पोंछते, अधपहने जूतों को घसीटते वह आँगन से बाहर आ गया था।

सोये-सोये रात में गुस्से और ग्लानि से उसके मुँह और पुटपुरे जलने लगे थे। उसने कई बार सोचा कि चुपचाप चल दे, पर हर बार बन्द दरवाजों की आशंका ने उसके चेहरे की जलन को और भी अधिक तेज कर दिया और वह अपना सारा गुस्सा मच्छरों पर उतारता पड़ा रहा। सोचते-सोचते उसके सिर में दर्द हो आया, पर वह जान न पाया कि अचानक चारों ओर व्याप्त इस उपेक्षा, तिरस्कार का कोई कारण भी है या नहीं ! उसने तो अपनी असफलता का कहीं जिक्र भी नहीं किया। शाम होते-होते चपरासी आकर जरूर तीन नाम पढ़ गया था, जिसमें उसका नाम नहीं था, पर यह बात तो उसने किसी से कही तक नहीं। तो उसके चेहरे पर ही क्या कुछ ऐसा उभर आया है जो बिना जाने ही सब कह चुका है ? उभर आया है तो उभर आये—उसने सारे बदन को मरोड़ते हुए करवट ली—"नौकरी मेरी पॉकेट का रूमाल तो नहीं है न कि मैं जब चाहूँ निकालकर चेहरे की धूल-माटी पोंछ लूँ !"

अचानक भीतर की सन्धि में कहीं फिर अम्मा का चेहरा नाच उठा। तो क्या अब वे मुझसे घृणा करती हैं ? मैं क्या इतना निकम्मा, नीच और नालायक हो गया हूँ ?

जाले ज्यों-ज्यों आड़े-तिरछे खिंचते रहे, रेशे उलझते रहे और अवधू एक अजीब तरह की पीड़ा में छटपटाता रहा। उसके सारे शरीर को उपेक्षा, ग्लानि और बेमानी जिन्दगी के बगूले नन्हे-से तिनके की तरह उठाकर चक्कर पर चक्कर दिये जा रहे थे। और वह बेबस असहाय की तरह छटपटा रहा था, हाथ-पैर पीट रहा था, पर—

शोभा !

उसे लगता है कि यदि शोभा होती तो ये बवण्डर दब जाते, ये बगूले शान्त हो जाते। शोभा के ठण्डे-चिकने बदन में वह ताकत है कि वह उसके शरीर में फैले सारे जहर को सोख सकता है।

लहरों के अथाह निथरते-थमते वृत्तों में अलग हजारों-हजार जलकुम्भी के फूल बन्द-मुकुलित कोंढ़ियों के साथ हिलने लगे। सारा तालाब जैसे सारस पक्षियों की लम्बी-लम्बी गरदनों से ढँक गया है।

उसके शरीर में जाने कहाँ का जोश और ओज भर गया था कि वह बड़े से बड़े तूफान से टकरा सकता है, पर घर के बन्द मामूली-से दरवाजे के खयाल से ही वह पसीने-पसीने हो गया और थकी हुई नसों की टपकन में साँसें मिलाकर सवेरा होने की प्रतीक्षा करता रहा।

सुबह वह अपने को थकाता इधर-उधर सीवान में घूमता रहा। करीब दस के वह लौटकर तालाब के पास आया तो भीट से दक्खिन वाली गड़हिया में लड़के 'टण्डेरी' लगा रहे थे। उसने दूर से ही पहचान लिया था छोटक को। उसे अपनी

ओर आता देख छोटक भी बहुत खुश था। शायद एक भी मछली नहीं फँसी थी, अब तक।

"क्यों रे तू भी टण्डेरी लगा रहा है, आज स्कूल नहीं गया ?"

"आज इतवार है," छोटक ने बालिश्त-भर के सरकण्डे में बँधे तागे में सिधरी मछली के गट्ठे को बाँधते हुए कहा, "बड़ी तेज सउरी फँस रही हैं।"

"कै फँसी अब तक ?"

उसने होठों को बिदोरकर खिसियानी हँसी हँसते हुए कहा, "मेरा चारा ही अच्छा नहीं है।"

"हूँ।"

उसने गट्ठे बँधी टण्डेरियों को पानी की सतह पर फेंक दिया। हलकी हवा की लहर पर वे डगमगाती हुई इधर से उधर हलकोरे खाने लगीं।

तभी एक टण्डेरी का सिरा पानी में डूबा, लगा जैसे कोई चीज उसके सूत को नीचे से खींच रही है। छोटक ने पास रखी खाँची उठायी और पानी में बगुले की तरह धीरे-धीरे पाँव बढ़ाता डूबती टण्डेरी के पास पहुँचा और उसे झुकाकर उसने सरकण्डे का ऊपर वाला सिरा पकड़कर झटके से खींचा और खाँची में रोप लिया।

"धत् तेरे की, ई साला केकड़ा फँसा है ?"

उसने केकड़े के गुजगुजे बदन को पकड़कर पानी में फेंका। एक क्षण रुककर दूसरी टण्डेरियों की गतिविधि देखता रहा और फिर निराश होकर किनारे आ गया।

थोड़ी देर बाद एक दूसरी टण्डेरी में भी हरकत हुई।

"लाओ इस बार मुझे दो।" अवधू ने छोटक के हाथ से खाँची ली और धोती खूँटकर पानी में हेल गया।

"जरा खियाल से, धीरे-धीरे जाना।" छोटक की खुशी छिपाये छिप नहीं पा रही थी।

टण्डेरी के पास पहुँचकर अवधू ने खाँची नीचे करके सरकण्डे के सिरे को पकड़कर झटका दिया। छोटी-सी सउरी फँसी थी, पर खाँची में आने की जगह वह दूसरी तरफ पानी में जा गिरी।

छोटक बहुत नाराज हो गया। वह खुद पानी में हेल आया।

"सारा पानी हींड के रख दिया। आयी मछली भी पानी में गिर गयी।" उसने अवधू के हाथ से खाँची छीन ली। अवधू को इतना गुस्सा आया कि मन हुआ छोटक को एक चाँटा रसीद कर दे। पर वह कुछ बोला नहीं। जाने क्यों एकाएक मन बहुत भारी हो आया; वह चुपचाप किनारे आ रहा। एक तरफ साफ पानी देखकर उसने पैरों में लगी कीचड़ छुड़ायी और जूते पहनकर तालाब की ओर मुड़ गया।

उस दिन शाम को भी वह बरमचौरे के पीपल के तने में पीठ टिकाये बड़ी देर तक बैठा रहा। कल से भी चाँदनी आज चटक थी। फूले हुए धानों की गन्ध

झुण्ड बाँधकर जैसे तालाबों में जलक्रीड़ा करने आयी हो। इस नम हवा से नथुने भर-भर जाते तो एक क्षण के लिए जैसे दिल की हरकत ही बन्द हो जाती। उसे शोभा पर बेहद गुस्सा आया। कोई और कुछ न कहता तो न सही : उसे तो खयाल होना चाहिए। रात-भर जाग कर क्या लोग उसका पहरा देते हैं ? वह खुद क्या दरवाजा नहीं खोल सकती ? तो उसने भी अपने चेहरे पर सिर्फ निर्भीकता की नकाब डाल रखी है।

जो कुछ हो, मैं आज उससे कह दूँगा कि वह फाटक खोले रखे—उसने दृढ़ संकल्प-सा कर लिया। जिसे जो सोचना हो सोचे। पर कैसे कहा जाये, यह चिन्ता उसे बुरी तरह झकझोर रही थी।

खाना खाते वक्त ही मौका मिल सकता है जरा-सा, पर वहाँ अम्मा बैठी होंगी। उनके सामने तो कनखी मुड़कर भी शोभा को देखने में वह काँप जाता है। पर जब किसी को मेरी परवाह नहीं, तो मैं सबकी चिन्ता क्यों करूँ ?

उसे घूम-फिरकर शोभा पर ही गुस्सा आता। वह बेचारी क्या करे ! कितना-कितना डरती है अम्मा से ! दिन-भर काम करते-करते ही थक जाती होगी। वह ज्यों-ज्यों शोभा के बारे में सोचता, त्यों-त्यों एक नम-सी चीज उसकी आँखों में सघन होती जाती। शादी के बाद पहली बार स्कूल जाने के दिन की रात को जब वह शोभा के साथ था, वह घण्टों रोती रही थी। लाख कहने पर भी उसे विश्वास ही नहीं होता था कि जल्दी ही लौट आऊँगा। हर बार वह समझाने पर समझ जाती, पर कहती यही कि मुझे भी साथ ले चलो। चुप रहने पर चिढ़ जाती और चारपाई पर परे हटकर मुँह फेर कर गुड़ी-मुड़ी पड़ जाती। अपनी ओर खींचने की कोशिश करता अवधू, पर हर बार शोभा मछली की तरह हाथों की पकड़ से छूट जाती। ज्यादा खींचातानी करने पर वह रोने लगती और घण्टों रोती रहती। उस बार उसके हिचकते हुए बदन को सँभालने में वह डर के मारे पसीने-पसीने हो गया था कि कहीं ये टूटती हुई हिचकियाँ दरवाजों की सीमा न पार कर जायें। बहुत देर के बाद शोभा ठीक हो सकी थी। उस रात बड़ी जोर से बारिश हुई। रात-भर बादलों की गड़गड़ाहट और बिजली की कौंध बन्द दरवाजों के फाँफर से कमरे को कँपाती-चमकाती रही और हर बार डरी-डरी शोभा उसे अपनी पतली-पतली बाँहों में जकड़कर बाँध लेती थी।

"मैं तो मनाता हूँ कि रोज-रोज ऐसी बरसात हो," उसने हँसते हुए कहा।

"परलय नहीं," शोभा फुसफुसायी।

"इस तरह साथ रहो तो परलय भी।" उसे याद है कि यह बात कहकर वह खुद महसूस करने लगा था कि इसमें कुछ दिखावा है, पर आज उसे लग रहा था कि वह सब कुछ स्वाभाविक था और उसे इससे भी कुछ अधिक कहना चाहिए था—परलय क्या, कुछ भी; हाँ कुछ भी।

उस रात फिर अवधू दरवाजे पर मच्छरों से लड़ता-झगड़ता पड़ा रहा, लाख कोशिश करने पर भी नींद नहीं आयी। कुछ देर तक वह इधर-उधर की सोचता, सहसा कहीं भीतर जोर से टन की आवाज होती और उसकी सरसराहट में सिर्फ एक ही भाव प्रबल होकर उसकी आत्मा को झकझोर देता कि वह धीरे से उठकर पैरों में जूता डाले और घर चल पड़े, शायद दरवाजा खुला ही हो।

अवधू का अन्तर्यामी ही जानता है कि इसे मन से निकालने के लिए उसे कितना संघर्ष करना पड़ा। वह इस लड़ाई में पूरी तरह थककर गिर पड़ा, और जब होश आया तो उसने देखा दिन काफी चढ़ आया है।

दूसरे दिन भी उसने सोचा कि चलकर सिवान-सिवान घूमूँ, घूमता रहूँ—तब तक घूमता रहूँ—जब तक शरीर की रग-रग थककर चिथड़ न जाये। पर वह जा न सका। जाने क्यों बदन में बहुत दर्द था और आँखें बुरी तरह जल रही थीं। उसे आश्चर्य है कि इतनी देर तक वह सोया रहा औरपिताजी ने कुछ कहा नहीं। उसने कन्धे पर चादर डाली और तालाब की ओर चला गया।

मुँह-हाथ धोकर वह आँगन में आया तो शोभा रसोईघर के सामने सूप में चावल पछोर रही थी। एक बार कनखी से देखकर वह फिर अपने काम में लग गयी। अवधू को लगा कि ऐसा करते वह थोड़ी हँसी भी थी। यानी वह मेरी परेशानी को समझ गयी है और मेरा मजाक बना रही है।

अवधू पानी पीकर बाहर आ गया। दिन-भर पीपल के पेड़ के नीचे बैठना आज जाने क्यों मन को अच्छा नहीं लग रहा था। एक अजीब तरह की चंचलता जैसे उसके मन को अपने आगोश में छिपाये उड़ी आ रही थी। आज वह किसी तरह नहीं मान सकता ? क्या कर लेगा कोई ? मैं अपनी बीवी से क्या मिल भी नहीं सकता ? देखूँ मुझे कौन रोक लेता है। जैसे-जैसे शाम नजदीक आ रही थी उसकी आत्मा में एक ही नाद बार-बार गूँज रहा था : मर्यादा टूटती है तो टूटे, देखूँ आज कौन रोक लेता है मुझे।

दोपहर का खाना खाकर वह दरवाजे पर पड़ा ऊँघता रहा। बीसियों तरीके उसने सोचे होंगे, बीसियों मिटाये होंगे, पर अन्त तक वह तय न कर पाया कि शोभा को संकेत कैसे दे।

पाप ! हाँ पाप !! कई बार उसके भीतर यह प्रश्न भी घुमड़कर खड़ा हुआ। अपनी पत्नी से मिलने में पाप क्या है ? पर ऐसा सोचते वक्त अम्मा का चेहरा उसकी आँखों में तैर जाता। आजकल उस चेहरे में खिंचाव और उपेक्षा ही उसने देखी है, अब शायद घृणा और वितृष्णा भी उभर आये। वह क्या उसे सह पायेगा, पर अपने शरीर को जला देने वाली इस उदासी और असहायता से उबरने के लिए वह क्या करे, वह कहाँ जाये, उसे सहानुभूति, एक सामान्य संवेदना, कौन देगा, कौन दे सकेगा ?

सहसा शाम हो आयी। हवा की थिरकन से पानी की सतह पर वृत्त बनने

और मिटने लगे। हलचल तेज होगी तो सतह में छिपे जलकुम्भी के फूल फिर अपनी गरदन उठाकर हिलकोरे खाने लगेंगे और तब पूरा तालाब एक अजीब तरह की धुँधवाती आग में जल उठेगा।

वह धीरे से उठकर घर आया। अजिया के कमरे में खाँसी की आवाजें बदस्तूर कायम थीं। उसने खूँटी से अपना झोला उतारा और कन्धे पर लटका लिया। जब वह पूरी तरह तैयार होकर चलने के पहले अजिया के पैर छूने लगा तो वे चौंककर उठ बैठीं।

"कहीं जा रहे हो बचवा संझा को, इस तरह ?" अजिया जाने क्यों बहुत बेचैन हो गयीं।

"हाँ," उसका गला एकाएक रुँधने-रुँधने को हो आया—"कल सुबह ही कुछ काम है वहाँ।" उसने इतना ही कहा और चल पड़ा। आँगन में मुड़कर देखा भी नहीं कि उसकी बातें सुनने के लिए बाजू से चिपककर कोई कब से खड़ा है।

शोभा निश्चल मूर्ति की तरह जाने कब तक खड़ी रहती कि अम्मा कहीं बाहर से आकर दरवाजे के पास खड़ी हो गयीं। अजिया को आहट मिली तो वे अचानक बरस पड़ीं—"संझा को जाने कहाँ चला गया, कोई सीधे मुँह बात भी तो नहीं करता उससे !"

अम्मा ने सुना तो एक क्षण चुप रहीं, जाने क्या सोचती हुई। फिर वे शोभा की ओर मुड़कर बोलीं, "तुम यहाँ क्या खड़ी हो, चूल्हा-ऊल्हा जला है कि···"

"जा तो रही हूँ," वह अजीब तरह से बिफरकर बोली—"दिन-भर तो चूल्हा-चक्की लगी ही है।"

अम्मा अपनी बहू के मुँह को एक क्षण ताकती रह गयीं। पर जाने क्या था उन आँखों में कि वे उसे झेल न पायीं और एक लम्बी साँस लेकर वहाँ से हट गयीं।

■

नन्हों

चिट्ठी—डाकिये ने दरवाजे पर दस्तक दी तो नन्हों सहुआइन ने दाल की बटुली पर यों कलछी मारी जैसे सारा कसूर बटुली का ही है। हल्दी से रंगे हाथ में कलछी

पकड़े वे रसोई से बाहर आयीं और गुस्से के मारे जली-भुनी, दो का एक डग मारती ड्योढ़ी के पास पहुँचीं।

"कौन है रे !" सहुआइन ने एक हाथ में कलछी पकड़े दूसरे से साँकल उतारकर दरवाजे से झाँका तो डाकिये को देखकर धक् से पीछे हटीं और पल्लू से हल्दी का दाग बचाते, एक हाथ का घूँघट खींचकर दरवाजे की आड़ में छिपकली की तरह सिमट गयीं।

"अपने की चिट्ठी कहाँ से आयेगी मुंशी जी, पता-ठिकाना ठीक से उचार लो, भूल-चूक होय गयी होयगी !" वे धीरे से फुसफुसायीं। पल्ले से केवल उनकी कनगुरिया दीख रही थी जो आशंका और घबड़ाहट के कारण छिपकली की पूँछ की तरह ऐंठ रही थी।

"नहीं जी, कलकत्ते से किसी रामसुभग साहु ने भेजी है, पता-ठिकाना में कोई गलती नहीं···"

"रामसु···" अधकही बात को एक घूँट में पीकर सहुआइन यों देखने लगीं जैसे पानी का धक्का लग गया हो। कनगुरिया का सिरा पल्ले में निश्चेष्ट कील की तरह अड़ गया था।–"अपने की ही है मुंशी जी···"

मुंशी जी ने चिट्ठी आगे बढ़ायी, कनगुरिया फिर हिली, पतंगे की तरह फड़फड़ाती चिट्ठी को पंजे में दबोचकर नन्हों सहुआइन पीछे हटीं और दरवाजे को झटके से भेड़ दिया। आँगन के कोने में पानी रखने के चबूतरे के पास खड़ी होकर उन्होंने चिट्ठी को पढ़ा। रामसुभग आ रहा है, लिखा था चिट्ठी में। केवल तीन सतर की इबारत थी पूरी। पर नन्हों के लिए उसके एक-एक अक्षर को उचारने में पहाड़-सा समय लग गया जैसे। चबूतरे के पास कलसी के नीचे, पानी गिरने से जमीन नम हो गई थी, जौ के बीज गिरे थे जाने कब के, इकट्ठे एक में सटे हुए उजले-हरे अँखुवे फूटे थे। नन्हों सहुआइन एकटक उन्हें देखती रहीं बड़ी देर तक।

पाँच साल का समय कुछ कम तो नहीं होता। लम्बे-लम्बे पाँच साल—पूरे पाँच साल के बाद आज रामसुलभ को भौजी की याद आयी है। पाँच साल में उसने एक बार भी कुशल-मंगल का हाल नहीं दिया। एक बार भी नहीं पूछा कि भौजी जीती है कि मर गयी। जब अपना ही नहीं रहा हाल-चाल लेने वाला, तो दूसरा कौन पूछता है किसे ? नन्हों सहुआइन ने चारपाई के पास से माची खींची और उस पर बैठ गयीं। हल्दी-सनी अँगुलियों के निशान 'कार्ड' पर उभर आये थे—जैसे वह किसी के शादी-ब्याह का न्यौता था। शादी-ब्याह का ख्याल आते ही नन्हों सहुआइन की आँखें चलवे मछली-सी चिलक उठीं। जाने कितनी बार सोचा है उन्होंने अपनी शादी के बारे में। कई दफे सोचा, इस दुःखदायी बात को फिर कभी न सोचूँगी, जो भाग में न था उस पर पछतावा क्या ? पर औरत क्या जो अपनी शादी पर न सोचे और एक ऐसी औरत जिसकी शादी जिन्दगी का दस्तावेज बनकर आयी हो, जिन्दगी सिर्फ

उसकी गिरो ही नहीं बनी उसने तो नन्हों के समूचे जीवन को रेत-भरी परती की तरह वीरान कर दिया।

गाँव की सभी औरतों की तरह नन्हों का भी ब्याह हुआ। उसकी भी शादी में वही हुआ जो सभी शादियों में होता है। बाजा-गाजा, हल्दी-सिंदूर, मौज-उत्सव, हँसी-रुलाई—सब कुछ वही।

एक बात में जरूर अंतर था कि नन्हों की शादी उसके मायके में नहीं ससुराल में हुई। इस तरह की शादियाँ भी कोई नई नहीं हैं। जो जिंदगी के इस महत्त्वपूर्ण मौके को भी उत्साह और इच्छा के बावजूद रंगीनियों से बाँधने के उपकरण नहीं जुटा पाते वे बारात चढ़ाकर नहीं डोला उतारकर शादी करते हैं। इसलिए नन्हों की शादी भी डोला उतारकर ही हुई तो इसमें भी कोई खास बात तो नहीं हो गयी। नन्हों का पति मिसरीलाल एक पैर का लँगड़ा था, पैदाइशी लँगड़ा। उसका दायाँ पैर जवानी में भी बच्ची की बाँह की तरह मुलायम और पतला था। डंडा टेककर फुदकता हुआ चलता। नाक-नक्शे से कोई बुरा नहीं था, वैसे काला चेहरा उभरी हुई हड्डियों की वजह से बहुत वीरान लगता। घर में किराने की दूकान होती, जिसमें खाने-पीने के जरूरी सामानों के अलावा तम्बाकू, बीड़ी-सलाई और जरूरत की कुछ सब्जियाँ भी बिकतीं। अक्सर सब्जियाँ बासी पड़ी रहतीं, क्योंकि अनाज से बराबर के भाव खरीदने वाले अच्छे गृहस्थ भी मेहमान के आने पर ही इस तरह का सौदा किया करते।

मिसरीलाल की शादी पक्की हुई तो नन्हों का बाप बड़ा खुश था, क्योंकि मिसरीलाल के नाम पर जो लड़का दिखाया गया वह शकल में अच्छा और चाल-चलन में काफी शौकीन था। लम्बे-लम्बे उल्टे फेरे हुए बाल थे, रंग वैसे साँवला था, पर एक चिकनाई थी जो देखने में खूबसूरत लगती थी। इसीलिए लड़के वालों ने जब जोर दिया कि हमें बारात चढ़ा के शादी सहती नहीं; डोला उतारेंगे, तो थोड़ी मीन-मेख के बाद नन्हों का बाप भी तैयार हो गया, क्योंकि इसमें उसका भी कम फायदा न था। खर्चे की काफी बचत थी।

डोला आया, उसी दिन हल्दी-तेल की सारी रस्में बतौर टोटके के पूरी हो गयीं और उसी रात को बाजे-गाजे के बीच नन्हों की शादी मिसरीलाल से हो गयी। बाजों की आवाजें हमेशा जैसी ही खुशी से भरी थीं, मण्डप की झंडियों और चन्दोवे में हवा की खुशी भरी हरकतें भी पूर्ववत् थीं, भाटिनों के मंगल गीतों में राम और सीता के ब्याह की वही पवित्रता गूँज रही थी, पर नन्हों अपने हाथ भर के घूँघट के नीचे आँसुओं को सुखाने की कितनी कोशिश कर रही थी, इसे किसी ने न देखा। एक भारी बदसूरत पत्थर को गले में बाँधे वह वेदना और पीड़ा के अछोर समुद्र में उतार दी गई जहाँ से उसकी सिसकियों की आवाज भी शायद ही सुनाई पड़ती।

"कहो भौजी, बाबा ने देखा तो मुझको, पर शादी हुई मिसरी भैया की।"

रामसुभग ने दूसरे दिन कोने में बैठी नन्हों से मुसकराते हुए कहा—"अपना-अपना भाग है, ऐसी चाँद-सी बहू पाने की किस्मत मेरी कहाँ है ?" भौजी मजाक के लिए बनी है, पर ऐसे मजाक का भी क्या जवाब ? नन्हों की आँखों से झर-झर आँसू गिरने लगे जिन्हें वह पूरे चौबीस घंटे से लगातार रोके हुए थी। रामसुभग बिल्कुल घबड़ा गया—उसने दुखी करने के लिए ही चोट की थी, पर घायल सदा पंख समेटे शिकारी के चरणों में ही तो नहीं गिरता, कभी-कभी खून की कुछ बूँदें भर गिरती हैं और पंछी तीर को सीने में लगाये हुए उड़ता जाता है।

"ठीक कहा लाला तुमने, अपना-अपना भाग ही तो है···" नन्हों ने कहा और चुपचाप पलकों से आँसुओं की चट्टानों को ठेलती रही।

रामसुभग मिसरीलाल का ममेरा भाई है। अक्सर वह यहीं रहता, एक तो इसलिए कि उसे अपना घर पसन्द न था। बाप सख्ती से काम कराता, और आनाकानी की तो बूढ़े बाप के साथ दूसरे भाइयों का मिला-जुला क्रोध उसके लिए बहुत भारी पड़ता। दूसरे मिसरीलाल का भी इरादा था कि वह अक्सर यहाँ आता-जाता रहे ताकि उसे दूकान के लिए सामान वगैरह खरीदवाने में आसानी पड़े। रामसुभग के लिए मिसरीलाल का घर अपना घर जैसा ही था। उसने मिसरीलाल की शादी की बात सुनी तो बड़ा खुश हुआ था कि घर में एक औरत आ जायेगी, थोड़ी चुहल रहेगी और मुरव्वत में अक्सर जो उसे चूल्हा फूँकने का काम भी कर देना पड़ता है, उससे फुरसत मिल जाएगी। पर नन्हों को देखकर रामसुभग को लगा कि कुछ ऐसा हो गया है जैसा कभी सोचा भी न था। नन्हों वह नहीं है जिसे मिसरीलाल की औरत के रूप में देखकर उसे कुछ अड़चन न मालूम हो। वह काफी विश्वास के साथ आया था, नन्हों से बात करने, उसे जता देने कि रामसुभग भी कुछ कम नहीं है, मिसरीलाल का बड़ा आदर मिलता है उसे, यह घर जैसे उसी के सहारे टिका है, और भौजी के लिए रामसुभग-सा देवर भी कहाँ मिलेगा, और शादी के पहले तो नन्हों के बाप ने भी उसे ही देखा था··· पर जाने क्या है नन्हों की उन झुकी हुई आँखों में कि रामसुभग सब भूल गया। चारपाई के नीचे बिछी रंगीन सुहागी चटाई पर पैरों को हाथ में लपेटे नन्हों बैठी थी गुड़ीमुड़ी, उसकी लम्बी बरौनियाँ बारिश में भीगे तितली के परों की तरह नम और बिखरी थीं और वह एकटक कहीं देख रही थी, शायद मन के भीतर किसी बालियों से लदी फसल के ढके लहराते हुए एक खेत को, जिसमें किसी ने अभी-अभी जलती हुई लुकाठी फेंक दी है।

रामसुभग बड़ी देर तक वैसे ही चुप बैठा रहा। वह कभी आँगन में देखता था कभी मुँडेरे पर। वह चाहता था कि इस चुप्पी को नन्हों ही तोड़े, वही कुछ कहे, अपने मन से ही जो कहना ठीक समझे, क्योंकि उसके कहने से शायद बात कुछ ठीक बने, न बने, पर नन्हों तो कुछ बोलती ही नहीं।

ब्याह के दूसरे दिन के रसम-रिवाज पूरे हो रहे थे, कमारी डाले में अक्षत-सिन्दूर

लेकर गाँव की तमाम सतियों के चौरे पूज आई थी, और सबसे मिसरीलाल की मृत माँ की ओर से वर-वधू के लिए आशीर्वाद माँग आई थी। रात-भर गाने से थकी हुई भाटिनें अपने मोटे और भौंडे स्वरों में अब भी राम और सीता की जोड़ी की असीसें गा रही थीं। कुछ बचे-खुचे लोग एक तरफ बैठे खा रहे थे, पुरवे-पत्तल इधर-उधर बिखरे पड़े थे।

''अच्छा भौजी···'' रामसुभग इस मौन को और न झेल सका। चुपचाप उठकर आँगन में चला आया।

''क्या बबुआ, भौजी पसन्द आई ?'' एक मनचली भाटिन ने मोटी आवाज में पूछा।

''हाँ-हाँ, बहुत···'' रामसुभग इस प्रश्न की चुभन को भाँप गया था। उसने मुसकराने की कोशिश की, पर गर्दन ऊपर न उठ सकी। वह चुपचाप सिर झुकाये दालान में जाकर मिसरीलाल के पास चारपाई पर बैठ गया। उस समय मिसरीलाल दो-एक नाते-रिश्ते के लोगों से बातें कर रहा था। पीले रंग की धोती उसके काले शरीर पर काफी फब रही थी, पर उसके चेहरे की वीरानी में कोई अन्तर न था, खुशी उसके चेहरे पर ऐसी लग रही थी जैसे किसी ने मुर्चीली चिपकी हुई डिबिया में कपूर रख दिया हो। उसके दाहिने हाथ का कंगन एक मरे हुए मकड़े की तरह झूल रहा था···जाने क्यों आज रामसुभग को मिसरीलाल बहुत बदसूरत लग रहा था, शादी के कपड़ों में भी कोई ऐसा भद्दा लगता है, यह रामसुभग ने पहली बार देखा।

''सुभग,'' मिसरीलाल ने बातचीत से निपटकर दालान में एकान्त देखकर पूछा—''क्यों रे, भौजी कैसी लगी—सच कहना, अपनों से क्या दुराव—गया था न, कुछ कह रही थी ?''

''नहीं तो'' रामसुभग ने कहा—''काफी हँसमुख है, वैसे मायका छूटने पर तो सभी दुलहिनें थोड़ी उदास रहती हैं।'' मिसरीलाल अजीब तरीके से हँसा—''अरे वाह रे सुम्भू, तूँ तो भई दुलहिनें पहचानने में बेजोड़ निकला ! उदास क्यों लगती है भला वह ? किसी परिवार वाले घर में जाती, सास-जिठानियों की धौंस से कलेजा फट जाता, दिन-रात काँव-काँव, यहाँ तो बस दो परानी हैं, राज करना है, है कि नहीं !'' ''हूँ'' रामसुभग गर्दन झुकाये चारपाई के नीचे देख रहा था. उसने वैसे ही हामी भर दी जैसे उसने पूरी बात सुनी ही न हो।

''मीसरी साह !'' दरवाजे से कमारी ने पुकारा, ''बाबाजी बुला रहे हैं चौक पर, कंगन छूटने की साइत बीत रही है।'' मिसरीलाल धीरे से उठे और फुदकते हुए चौक पर जा बैठे। लाल चूनर में लपेटे, गुड़िया की तरह उठाकर नन्हों को कमारी ले आई और उसे मिसरीलाल की बगल में बिठा दिया।

मिसरीलाल की शादी हुए एक सतवारा बीत चुका था। इस बीच जाने कितनी

बार रामसुभग नन्हों के पास बैठा। नन्हों के पास बैठने में उसे बड़ी घुटन महसूस होती, उसे हर बार लगता कि वह गलती से आ गया, उसका मन हर बार एक अजीब किस्म की उदासी से भर जाता। वह सोचता कि अब उसके पास नहीं जाऊँगा, जो होना था सो हो गया, पर उसका जी नहीं मानता। नन्हों ने इस बीच मुश्किल से उससे दो-चार बातें की होंगी। कभी शायद ही उसकी ओर देखा होगा, पर पता नहीं उन झुकी हुई बरौनियों से घिरी आँखों में कैसा भाव है कि रामसुभग खिंचा चला आता है। वे आँखें उसे कभी नहीं देखतीं, कहीं और देखती हैं, पर उनका इस तरह देखना रामसुभग के मन में आँधी की तरह घुमड़ उठता है। वह बार-बार सोचता कि शायद नन्हों के बाप के सामने वह दूल्हा बनकर न खड़ा होता तो नन्हों आज यहाँ न होती। झुकी हुई पलकों से घिरी इन आँखों की पीड़ा उसी की उपजाई हुई है। वह दोषी है, वही अपराधी है। रामसुभग इसीलिए नन्हों के पास जाने को विकल हो उठता है। पर पास पहुँचने पर यह विकलता कम नहीं होती। उसकी माँ ने बहू को 'मुँहदेखाई' देने के लिए दो रुपये न्योता के साथ भेजे थे, पर नन्हों को देखकर उसकी हिम्मत न होती कि वे रुपये माँ की ओर से उसे दे दे। वह बाजार से सिल्क का एक रूमाल भी खरीद लाया। रुपये उसी में बाँध लिये। पर रूमाल हमेशा उसकी जेब में पड़ा रहा, वह उसे नन्हों को दे न सका।

"क्यों लाला, इतने उदास क्यों हो ?" एक दिन पूछा था नन्हों ने—"यहाँ मन नहीं लगता, भाई-भौजाइयों की याद आती होगी···"

"नहीं तो, उदास कहाँ हूँ, तुम जो हो···" रामसुभग ने मुसकराते हुए कहा।

"मैं···हाँ, मैं तो हूँ ही, पर लाला मैं तो दुःख की साझीदार हूँ, सुख कहाँ है अपने पास जो दूसरों को दूँ। उदासी में पली, उदासी में ही बढ़ी। जन्मी तो माँ मर गयी, बड़ी हुई तो बाप को बोझ बनी। मैं भला दूसरे की उदासी क्या दूर कर सकूँगी···"

"देखो भौजी···" रामसुभग ने पूरी समझदारी से कहा—"जो होना था वह हो गया···दिन-रात घुलते रहने से क्या फायदा···कुछ खुश रहा करो···थोड़ा हँसा करो··· ।"

नन्हों मुस्कराने लगी—"अच्छा लाला, तुम कहते हो तो खुश रहा करूँगी, हँसूँगी, पर बुरा न मानना, बेबान के काम में थोड़ी देर लगती ही है।"

उस दिन रामसुभग बड़ा प्रसन्न था। सिर का भारी बोझ हट गया। जैसे किसी ने कलकते हुए काँटे को खींचकर निकाल दिया। नन्हों का मुसकराना भी गजब है, वह सोच रहा था। उदास रहेगी तब भी, मुसकरायेगी तब भी, हर हालत में जाने क्या है उसके चेहरे में जो रामसुभग का मन उचाट देता है। गाँव में घूमता रहे बाजार से सौदा लाता रहे, लोगों के बीच में बैठकर गप्पें हाँकता रहे···नन्हों के चेहरे की सुध आते ही एकरस सूत झटके से टूट जाता, सोयी सतह में लहरें वृत्ताकार घूमने

लगतीं, सन्नाटे में जैसे मन्दिर के घंटे की अनुगूँज झनझना उठती···।

चैती हवा में गर्मी बढ़ गयी थी। उसमें केवल नीम की सुवासित मंजरियों की गंध ही नहीं, एक नयी हरकत भी आ गयी थी···उसकी लपेट में सूखी पत्तियाँ, सूखे फूल, पकी फसलों की टूटी बालियाँ तक उड़ कर आँगन में बिखर जातीं। दोपहर में खाना खाकर मिसरीलाल दालान में सो जाता, और रामसुभग बाजार गया होता या कहीं घूमने। नन्हों घर में अकेली बैठी सूखे पत्तों का खड़खड़ाना देखती। उसके आँगन के पास भी, खंडहर में नीम का पेड़ था। ऐसे दिनों में जब नीम हरी निबौरियों से लद जाती, वह ढेर-सी निबौरियाँ तोड़ कर घर में आती और उन्हें तोड़-तोड़कर ताजे दूध से गालों पर तरह-तरह की तसवीरें बनाती···शीशे में ठीक ऐपन की पुतरी मालूम होती। रामलीला में देखा था, राम और सीता बनने वाले लड़कों के गालों पर ऐसी ही तस्वीरें बनती थीं···।

हवा का एक तेज झोंका आया, किवाड़ झटके से खड़खड़ाया, देखा सामने रामसुभग खड़ा था, मुसकराता हुआ।

"भौजी" वह पास की चारपाई पर बैठ गया–"एक गिलास पानी पिला दो। बड़ी प्यास लगी है–।"

"कहाँ गये थे इतनी धूप में–" नन्हों उठी और आँगन के कोने में चबूतरे पर रखी गगरी से पानी ढाल कर ले आयी।

जाने क्या हो गया था उस दिन रामसुभग को, उसने गिलास के साथ ही नन्हों की बाँहों को दोनों हाथों से पकड़ लिया। एक झटके के साथ बाँह काँपी और साँप की तरह ऐंठ कर सुभग के हाथों से छूट गयी। गिलास धब्ब की आवाज के साथ जमीन पर गिर पड़ा।

"सरम नहीं आती तुम्हें–" नन्हों साँपिन की तरह फुफकारती हुई बोली–"बड़े मर्द थे तो सबके सामने बाँह पकड़ी होती ! तब तो स्वाँग किया था, दूसरे के एवज बने थे, सूरत दिखाकर ठगहारी की थी, अब दूसरे की बहू का हाथ पकड़ते सरम नहीं आती–"

"मैं···तो भौजी तुम्हें यह देने आया था–रामसुभग ने रूमाल निकाला जिसकी खूँट में दो रुपये बँधे थे।

"क्या है यह ?" –नन्हों ने गुस्से में ही पूछा।

"मुँह देखाई के रुपये हैं। कई बार सोचा देने को, पर दे न सका।"

उसने रूमाल वहीं चारपाई पर रख दिया और लड़खड़ाता हुआ बाहर चला गया। सारा आँगन झूले की तरह डोल रहा था। गाँव की गलियाँ, दरवाजे जैसे उसकी ओर घूर रहे थे। उसी दिन वह अपने गाँव चला गया।

दो महीने बीत गये, रामसुभग का कोई समाचार न मिला। मिसरीलाल कभी उसकी चर्चा भी करता, तो नन्हों को चुप देख, दो-एक बातें चलाकर मौन हो जाता।

दूकान के लिए सारी चीजें रामसुभग ही खरीद कर लाता था। उसके न होने से मिसरीलाल को बहुत तकलीफ होती। किसी लद्दू टट्टू या बैल वाले से सामान तो वह मँगवा लेता पर चीजें मन माफिक नहीं मिलतीं और उनके साथ बाजार जाकर चीजें खरीदने में उसे काफी दिक्कत भी होती। दोपहर के वक्त, जब कि सूरज सर पर तपता होता, लू में डंडे के सहारे टेकता, पसीने से लथपथ किसी तरह वह घर पर पहुँचता, इस तरह की आवा-जाही में एक दिन उसे लू लग गयी और वह बिस्तर पर गिर पड़ा। नन्हों ने आम के पन्ने पिलाये, हाथों और पैरों में भुने आम की लुगदी भी लगायी, पर ताप कम न हुआ। पीड़ा के मारे वह छटपटाता रहा। नन्हों घर से निकलती न थी, किसी से मदद माँगना भी मुश्किल था। उसने कमारी को बुलाकर रामसुभग के गाँव भेजा। कहलाया कि कुछ सोचने-विचारने की जरूरत नहीं है, खबर मिलते ही जल्दी से जल्दी चले आवें। तीन-चार घड़ी रात गये, रामसुभग मिसरीलाल के दरवाजे पर पहुँचा तो वहाँ काफी भीड़ थी। भीतर औरतों के रोने की चीत्कार गूँज रही थी। बाहर मिसरीलाल का शव रखा था। नन्हों विधवा हो चुकी थी।

रामसुभग मिसरीलाल के क्रिया-कर्म में लगा रहा, नन्हों से कुछ कहने की उसे फुरसत ही न मिली। कभी सामने नन्हों दिख भी गयी तो उसमें इतना साहस न हुआ कि सान्त्वना के दो शब्द भी कह सके। काँच की चूड़ियाँ भी किस्मत का अजीब खेल खेला करती हैं। नन्हों जब इन्हें पहनना नहीं चाहती थी तब तो ये जबर्दस्ती उसके हाथों में पिन्हायी गयीं और अब जब वह इन्हें उतारना नहीं चाहती तो लोगों ने जबर्दस्ती हाथों से उतरवा दिया। कारज-परोजन के घर में इतनी फुरसत ही कहाँ थी कि नन्हों बैठ पाती, परन्तु कभी-कभी दोपहर में दो-एक घड़ी की फुरसत मिलती तो वह अपनी उसी सुहागी चटाई पर बैठी हुई चुपचाप आँगन में देखा करती। रामसुभग उसके इस देखने के ढंग से इतना परेशान हो जाता कि काम-काज के बीच में भी नन्हों की वे तिरती आँखें उसके हृदय को बेधने लगतीं। आँगन में इधर-उधर आने-जाने में वह घबराता, कहीं नन्हों पर नजर न पड़ जाय, इसीलिए गाँव के दूसरे लोगों को काम सौंप कर वह बाहर के कामों में सुबह से शाम तक जुता रहता। किरिया-करम बीत जाने पर भी वह घर में कम ही बैठ पाता। अक्सर सौदा-सामान खरीदने निकल जाता या खाली रहा तो गाँव में किसी दरवाजे पर बैठा दिन गुजार देता।

कई महीने बीत गये, बरसात आयी और गयी। पानी सूख गया, बादलों का घिरना बन्द हो गया। बौछारों से टूटी-जर्जर दीवारों के घाव भर गये, नयी मिट्टी से सज-सँवरकर वे पहले जैसी ही प्रसन्न मालूम होतीं। ऐसा लगता, जैसे इन पर कभी बौछार की चोट पड़ी ही न हो, कभी इनके तन पर ठेस लगी ही न हो।

उस दिन चमटोली में गादी लगी थी। कातिक की पूनो को हमेशा यह गादी लगती। बीच चौकी पर सतगुरु की तसवीर फूल-मालाओं से सजाकर रखी हुई थी। अगरबत्तियों के धुएँ से चमरौटी की गन्दी हवा भी खुशबूदार हो गयी थी। कीर्तन-मण्डली

बैठी हुई थी। गाँव की औरतें, बूढ़े-बच्चे इकट्ठे होकर भजन सुन रहे थे।

जो तुम बाँधे मोह फाँस हम प्रेम बंधन तुम बाँधे
अपने छूटन की जतन करहु हम छूटे तुम आराधे
जो तुम गिरिवर तउ हम मोरा
जो तुम चन्दा हम भये हैं चकोरा
माधव तुम तोरहु तो हम नाहिं तोरहिं
तुम सों तोर कबन सों जोरहिं

काफी देर तक कीर्तन चलता रहा। नन्हों लौटी तो उसके मन में रैदास के गीत की पंक्तियाँ बार-बार गूँजती रहीं। "जो तुम तोरो तो हम नाहिं तोरहिं···" वह धीरे-धीरे गुनगुना रही थी। दालान का दरवाजा रामसुभग ने बन्द कर रखा था। साँकल खटखटायी तो उसने आकर दरवाजा खोला।

"इतनी रात को तुम्हारा इस तरह गली-गली घूमना ठीक नहीं है भौजी···" जाने कहाँ का साहस आ गया था उसे। रामसुभग दरवाजा बन्द करते हुए बोला।

"हूँ" नन्हों ने और कुछ न कहा।

"मैं तुम्हीं से कह रहा हूँ···"

नन्हों एक झटके के साथ घूमी। रामसुभग के चेहरे पर उसकी आँखें इस तरह टिकी थीं मानो बेधकर भीतर घुस जायेंगी—"इतनी कलक होती है तो पहले ही ब्याह कर लिया होता। इस तरह डाँट रहे हो लाला, जैसे मैं तुम्हारी जोरू हूँ। खबरदार फिर कभी आँख दिखाया तो···।" रामसुभग माथा पकड़कर बैठ गया। गुस्से और ग्लानि के मारे उसका सारा बदन जल रहा था, पर मुँह से एक शब्द भी न निकला। उसने चादर खींचकर मुँह ढँक लिया और भीतर ही उफनता, उबलता रहा।

और तब से पाँच बरस बीत गये। आज पहली बार रामसुभग की चिट्ठी आयी है कि वह कलकत्ते से गाँव आ रहा है। ये पाँच बरस जाने नन्हों ने कैसे बिताये हैं। रामसुभग उसी रात को लापता हो गया। रोते-रोते नन्हों की आँखें सूज गयीं। मेरा कोई न होगा, मैं अकेली रहने के लिए ही जन्मी हूँ। वह अपने को धिक्कारती, कलपती। कभी मन पूछता—पर इसमें मेरी क्या गलती थी, मैं तो गादी देखने भर चली गयी थी, कौन नहीं गयी थी वहाँ, मैंने क्या कर दिया था ऐसा ? हाँ, गलती जरूर थी। मैं विधवा हूँ, उत्सव-तमाशा मेरे लिए नहीं है।

"बबुआ नहीं हैं क्या ?" दूसरे दिन शाम को कमारी ने पूछा था, "देखो दुलहिन, मेरी बात मानो, सुभग से ब्याह कर लो, तुम्हारी जात में यह मना भी नहीं है, कब तक ऐसे रहोगी···"

"चुप रह···" नन्हों ने उसे बरज दिया था। दूसरे ही क्षण वह सरम से गड़ गयी थी। जाने क्यों लोग मन के छुपे राज को भाँप लेते हैं। जिसे जितना छिपाओ, उसे उतनी ही जल्दी लोग खींचकर सामने कर देते हैं।

"चुप तो रहूँगी दुलहिन, पर पछताओगी, ऐसा दूल्हा हाथ न आयेगा। वह जिन्दगी-भर तुम्हारे लिए कुँवारा नहीं बैठा रहेगा, ऐसा मौका हमेशा नहीं आता···तुम्हारे बाबूजी ने तो उसी को देखा था, मिसरीलाल से तो ब्याह धोखे से हुआ···"

"मैं कहती हूँ चुप कर···" नन्हों की आँखें डबडबा आयीं—"मेरी जिनगानी में धोखा ही लिखा है, तो उसे कौन मेट सकता है ?"

कमारी सकपकाकर चुप हो गयी। आँसुओं की धार सँभालना उसके वश के बाहर था। वह चुपचाप दरवाजा भेड़कर चली गयी।

"नन्हों चाची, नन्हों चाची···" दूकान से कोई लड़का चीख रहा था। नन्हों माची पर से उठी और दूकान की ओर लपककर चली।

"क्या है रे—क्यों चीख रहा है ऐसे ?"

"ये देखो किसना बेर लेकर भाग रहा है···" जन्नू ने हकलाते हुए कहा। वह ललचायी आँखों से लाल-लाल बेरों से भरी टोकरी को देख रहा था।

"अच्छा, भाग रहा है तो भागने दे, तू भी ले और भाग यहाँ से, हल्ला मत मचाओ यहाँ···" लड़के जेबों में बेर भरे खिलखिलाते हुए बाहर चले गये। नन्हों ने दरवाजा बन्द कर लिया और रसोई में चली गयी।

कलकत्ते की गाड़ी शाम सात बजे के क़रीब आती थी। नन्हों आँगन में चारपाई डाले लेटी थी। झिलँगी चारपाई थी, मूँज की। पैरों में रेशों की चुभन अजीब लगती। हवा पहले जैसी सर्द न थी। हल्की गर्मी गुलाबी रंग की तरह हर झकोरे में समायी हुई थी। नन्हों के खुले हुए काले बाल सिरहाने की पाटी से जमीन तक लटके हुए थे। वह चुपचाप नीले आसमान के तारों को देख रही थी। आँगन की पूर्वी दीवार की आड़ से शायद चाँद निकल रहा होगा, क्योंकि उजला-उजला ढेर-सा प्रकाश मुँडेरे की छाजन पर मिट्टी की पटरियों से टकराकर चमक रहा था।

साँकल खड़की।

"भौजी !"

नन्हों ने दरवाजा खोला। सुभग था सामने। अँधेरे में वह उसे देखती रही।

"आ जाओ···" पंखुड़ियों के चिटकने जैसी आवाज सन्नाटे में उभर कर खो गयी। दोनों बिल्कुल खामोश थे। रामसुभग आँगन की चारपाई पर आकर बैठ गया। एक अजीब सन्नाटा दोनों को घेर कर बैठ गया था।

खा-पीकर रामसुभग जब सोने के लिए अपनी चारपाई पर गया, तो माची खींचकर नन्हों उसके पास ही बैठ गयी।

"क्यों बाबू, बहुत दिनों के बाद सुध ली···" नन्हों ने ही बात शुरू की—"बहुत दुबले हो गये हो, बीमार तो नहीं थे ?"

"नहीं तो" रामसुभग बोला—"पाँच साल तक तो भुलाने की कोशिश करता रहा भौजी, पर भूलता नहीं। मैंने कई बार सोचा कि चलकर तुम से माफी माँग लूँ,

पर हिम्मत न हुई। अबकी मैंने तय किया कि जो कहना है कह ही जाऊँ। मैंने अनजाने में गलती कर दी भौजी। मैं नहीं जानता था कि मेरी तनिक-सी गलती इतना फल देगी। मैंने जो कुछ किया मिसरी भैया की खुशी के लिए ही, पर कसूर तो है ही, चाहे वह जैसे भी मन से हो···" रामसुभग ने जमीन पर देखते हुए कहा—"मेरे कसूर को तुम ही माफ कर सकती हो···।"

"कसूर कैसा लाला, तुम जिसे कसूर कहते हो वह मेरे भाग्य का फल था। तुम समझते हो कि बाबूजी को कुछ नहीं मालूम था। मालूम तो उन्हें तभी हो गया जब डोला भेजने की बात हुई। बिगड़ने वाली बात को सभी पहले से जान लेते हैं बाबू ? जिनके पास बल है, उसे नहीं होने देते, जो कमजोर हैं उसे धोखा कहकर छिपाते हैं···बाबू को सब मालूम हो गया था, पर अच्छे घर के लिए जो चाहिए वह बाबू कहाँ से लाते ! इसमें तुम तो एक बहाना बन गये, तुम्हारा क्या कसूर है इसमें···" नन्हों ने आँचल से आँखें पोंछ लीं। रामसुभग बेवकूफ की तरह आँखें फाड़कर अँधेरे में नन्हों को देख रहा था।

"अच्छा बाबू, थके हो, सोओ, सबेरे फिर बातें कर लूँगी···" नन्हों उठकर अपने घर में चली गयी।

रामसुभग तीन दिन तक रहा। तीन दिनों में शायद ही वह दो-एक बार गाँव में घूमने गया। दिन-रात नन्हों से बातें करना ही उसका काम था—दुनिया-भर की बातें, कलकत्ते की, बाप की, माँ की, भाइयों और भौजाइयों की। नन्हों रामसुभग को एकदम बदली हुई लगती। उसकी आँखों में अब पहले जैसी तीखी चमक नहीं थी, उसके स्थान पर ममता और स्नेह का जल भरा था। अब वह एकटक सुनसान कोने को नहीं देखती थी, पर बरौनियों में नमी अब भी पहले जैसी ही थी। नन्हों को इस नये रूप में देखकर सुभग का मन नयी आशा से भरने लगा। तो क्या यह सब हो जायेगा—क्या भाग्य की गणना फिर सही हो जायेगी। पर नन्हों से कुछ कह पाना उसके लिए सदा ही कठिन रहा है। वह आज भी पिछली दो घटनाओं को भूला नहीं था, पर नन्हों भी तो ऐसी पहले न थी।

आज नन्हों को फिर पुरानी बातें याद आ रही हैं। रैदास के गीत की वह पाँत जाने फिर क्यों बार-बार याद आने लगी है।

"जो तुम तोरो तो हम नाहिं तोरहिं, तुम सों तोरि कवन सों जोरहिं।"

वह खुश है, प्रसन्न है। पर रामसुभग को चैन नहीं। शायद चलने की बात करूँ तो वह कुछ खुल के कहेगी। इसी आशा से उस दिन सुबह ही सुभग ने कहा—"भौजी, अब मैं गाँव जाऊँगा, आज रात वाली गाड़ी से।"

"क्यों बाबू, मन नहीं लग रहा है ?"

"मन तो लग रहा है···पर···"

"अच्छा, ठीक है।"

रामसुभग इस उत्तर से कुछ समझ न सका। वह मन मारे अपने कमरे में बैठा रहा। शायद चलते वक्त कुछ कहे, शायद फिर लौट आने के लिए आग्रह करे।

शाम को अपना सामान बाँधकर जब सुभग तैयार हुआ तो नन्हों अपने घर में से निकलकर आयी।

"तैयारी हो गई लाला ?"

"हाँ।"

नन्हों ने आँचल से हाथ निकाला और रामसुभग की ओर हाथ बढ़ाकर कहा—"यह तुम्हारा रूमाल है लाला।"

रामसुभग काठ की तरह निश्चेष्ट हो गया—"पर इसे तो मैंने 'मुँह-देखाई' में दे दिया था भाभी।"

"बाबू ने तुम्हारा मुँह देखकर मुझे अनदेखा सुहाग सौंपा था, तुम्हारी माँ ने उसी के अमर रहने के लिए रुपये दिये थे आशीर्वाद में। बड़ों ने जो दिया उसे मैंने माथे पर ले लिया। मैं कमजोर थी, बाबू, भाग्य से हार गयी। पर आज तो मैं अपने पैरों पर खड़ी हूँ, आज मुझे हारने मत दो। तुम्हारा रूमाल मेरे पाँव बाँध देता है लाला, इसी से लौटा रही हूँ, बुरा न मानना···।"

रामसुभग ने धीरे से रूमाल ले लिया। नन्हों उसका जाना भी देख न सकी। आँखें जल में तैर रही थीं। दीये की लौ जटामासी के फूल की तरह कई फाँकों में बँट गयी। नन्हों ने किवाड़ तो बन्द कर लिया, पर साँकल न चढ़ा सकी।

■

इन्हें भी इन्तजार है

सख्त इस्पात की लम्बी समानान्तर लाइनें, जिन पर साँप की तरह बल खाती गाड़ियाँ, धरती को कँपा देने वाले दैत्य की तरह भारी इंजन, जो आदमी की अँगुलियों के इशारे से पालतू हाथी की तरह आगे-पीछे लुढ़कते, आसमान को छूती हुई धुएँ की राशि, जो विशाल शक्ति को वश में करने वाले मनुपुत्रों की विजय का सन्देश देती; पक्के-खुले प्लेटफार्म जिन पर तरह-तरह की पोशाकें पहने नर-नारी रंग-बिरंगी मधुमक्खियों की तरह भन-भन करते, इधर-उधर मँडराते···यह सब-कुछ देखता मैं

एक बार बेंच पर बैठा अपनी गाड़ी के आने का इन्तजार कर रहा था।

सामने प्लेटफार्म पर एक गाड़ी अभी लगी थी। दौड़-धूप, धींगा-मुश्ती, उछल-कूद, नाना प्रकार के सामानों से दौरी-ठेला सजाये फेरी वाले घूम-घूमकर चिल्ला रहे थे। पाँच मिनट बीते होंगे कि सारी भीड़ बाढ़ के बाद थिराये पानी की तरह शान्त हो गयी।

सेकेण्ड क्लास के एक डिब्बे के सामने छोटी-सी भीड़ जमा हो गयी थी। लोग-बाग बुरी तरह चीख-चिल्ला रहे थे, कुछ हो-हो करके बेतहाशा हँसे जा रहे थे। मैं भी लपककर पास पहुँचा।

"बेहोश हो गयी है, बेहोश !" –एक लम्बा-तड़ंगा आदमी अपने पसीने से तर मुँह पर ताड़ की पंखी से हवा करते हुए, बेहद खुशी के साथ चिल्लाया–"वाह, गजब की हसीन है ! गुदड़ी में कहीं लाल छुपता है !"

भीड़ को चीरता हुआ एक टि. टि. आई. बाहर आया–"हम उसको रोजीना बोलता था कि इस तरह शरीफ लोग का डिब्बा में मत घुसो; मगर वह माना नहीं, पाया न बक्शीश !"

"कौन है, क्या हुआ ?"–एक बुड्ढा कुली पूछ रहा था।

सर पर भारी-सा गट्ठर लादे, भीड़ को चीरकर बाहर आया हुआ दूसरा कुली बोला–"पगली है, पगली ! सीकिन किलास में घुस रही थी, एक बाबू नौकर से धक्का देकर निकलवा दिया, पैदान में फँस के गिर गयी···"

एक पतली-दुबली-सी औरत भीड़ के बीचोंबीच गिरी पड़ी थी। उसे होश आ चुका था, वह अपनी फटी-मैली साड़ी से सिर और छाती को ढँकने की असफल कोशिश कर रही थी। पैरों में काफी चोट आयी थी। घुटने के छिल जाने से खून निकल आया था, जिसके कतरे उसकी मैली साड़ी में कत्थे के दाग की तरह उभर आये थे। वह हाथों का सहारा लेकर धीरे-धीरे बैठ रही थी। भीड़ में खड़े लोगों पर उसने एक उचटी नजर डाली। उसकी आँखों में आँसू न थे, मटमैली सफेद आँखों के कोने तकलीफ और शर्म के मारे अजीब तरह से खिंच आये थे। उसने गर्दन झुकाकर सिर को घुटनों पर रख लिया। साड़ी में चिपकी खून की बूँदें ऐसी लगती थीं, जैसे उन्हीं आँखों से चू गयी हैं।

सिगनल हो चुका था, भीड़ छँट गयी थी, वह औरत चुपचाप घुटने पर ठुड्डी सँभाले गाड़ी के काले-काले पहियों को देख रही थी। मैं उसे उसी समय पहचान गया था, जब उसने गर्दन उठाकर पहली बार भीड़ को देखा था, पर मैं दुबककर एक आदमी के पीछे हो गया था, क्योंकि मैं डरता था, कहीं ऐसे मौके पर कबरी मुझसे कुछ कहने-सुनने न लगे। मुझे उससे बातें करते देख लोग हँसेंगे। मधुमक्खियों की भनभनाहट बढ़ जाएगी, फूल की गन्ध में सने उनके डंक जहर उगलने लगेंगे···मैं चुपचाप आँखें चुराता वहाँ से हट आया। प्लेटफार्म की उसी बेंच पर आकर बैठ

गया।

गाड़ी खुल गयी थी। मामूली-से धक्के ने सैकड़ों पहियों को गति दे दी··· गोल-काले पहिये, चक्राकार, बर्तुल, समानान्तर, कभी न मिल पाने वाली पटरियाँ··· अछोर दौड़, आगे···पीछे···समय भी तो ऐसे ही घूमता है !

"कबरी !···कबरी !"

तीखी, झनकारती हुई आवाज डोमों की मड़ई से नदी-किनारे तक हवा के बहाव में तैरती चली आती। नदी के किनारे बालू पर बैठे लहरों का परस्पर टकराना देखते होते, गीले बालू के गड्ढे करते होते या गाज में उलझते हुए सेवार के पौधों को मुट्ठियों से खींचकर किनारे पर जमा करते रहते। इस आवाज से चौंककर हम खड़े हो जाते और साँप की तरह बंकिम, गिरते-उठते, ऊँचे-नीचे कगारों पर हमारी दृष्टि दौड़ जाती। कहीं-न-कहीं किसी तरफ कबरी होगी, उलझे हुए बाल हवा की लहर पर उसके धूल-माटी से गन्दे गालों से टकरा रहे होंगे, पैबन्दों से भरी हुई साड़ी उस के बदन में इस तरह चिपकी होगी, जैसे दोनों का जनम-जनम का साथ है, कलाइयों में जाने कब की पड़ी हैं दो मोटी-मोटी लाख की लहठियाँ, जिन्हें वह बालू से रगड़कर हमेशा साफ करती रहती है, कमर पर बाँस की खपच्चियों की बनी दौरी टिकाये वह हँसती हुई सामने खड़ी हो जाती–"माई बुला रही है" –वह इस आवाज को सुनकर बिना किसी सवाल के उत्तर देती, जैसे हम बड़ी उत्सुकता से यह जानना चाहते हों कि कबरी को कौन बुला रहा है। फिर, जाने क्यों, हमारे चेहरे की निर्भावता देखकर मुसकरा पड़ती और दौरी को वैसे ही कमर पर टिकाये, खिलखिलाती हुई ऊँचे कगार पर लुढ़कती-पुढ़कती, हरिनी की तरह छलाँग भरती, आँखों से ओझल हो जाती।

कबरी अक्सर हमारे गाँव आती। किसी के घर शादी-ब्याह पड़े, जनम का उत्सव हो या मरन का श्राद्ध, कबरी अपनी बूढ़ी माँ के साथ जरूर दिखायी पड़ती। शादी-ब्याह के दिनों में तो वे एक-एक पखवारा गाँव में रह जाते। आज माटी-मंगल के लिए नयी दौरी चाहिए, तो कल ब्याह के लिए वउखा। आज हल्दी का भोज है, तो कल भतवान, परसों शादी का भोज। गली की मोड़ पर, या किसी गन्दे पूरे के पास, लोगों की पहुँच से परे, ताकि अनजान में भी कहीं किसी पर उनकी छाया न पड़ जाय, कोई छू न जाय, कबरी अपनी माँ के साथ चिपकी हुई बैठी रहती। जीमने वालों की पातें बैठतीं, खाकर उठतीं, बारी या नाई जूठे पत्तल उठाकर कबरी और उसकी माँ के सामने फेंक देते। कबरी बगल से सोंटा खींचकर चौकन्नी खड़ी हो जाती, पत्तल पर टूट पड़ने के लिए उतारू कुत्तों को वह सोंटा हिला-हिलाकर धमकाती ओर उसकी माँ जूठे पत्तलों से पूड़ियों के टुकड़ों, बची-खुची तरकारियों, मिठाइयों के चूरे और दही-चीनी के सीरे को काछ-काछकर अलग-अलग हाँड़ियों में जमा करती जाती। बीच-बीच में कबरी की माँ आदत के मुताबिक एक अजीब लहजे

में चिल्लाती रहती :

"जय हो, जजमान ! तनिक डोमवाँ के एक टुकड़ा, सरकार !···"

"चुप रह रे !" —कोई नाई-बारी दहाड़ उठता, "अभी बाहान खा रहे हैं !"

"अच्छा, राजा !" —बूढ़ी चुप हो जाती। हाथ का एक खुदक्का कबरी के बाजू पर लगाकर बुढ़िया बुदबुदाती—घोड़पराड़-जैसी हो गयी बढ़के कि खड़ी हो तो बड़ेंर छू ले और तुमसे बोला नहीं जाता ? बोलते-बोलते गला बैठ गया, अब तू ही माँग।"

उसकी बात सुनकर कबरी हँस देती, "मुझे लाज लगती है, तू ही माँग !"

बुढ़िया गुस्से से बिफर पड़ी—"अरी ! तू कुत्ते की जनी ! तुझे लाज लगती है ? वाह-रे-वाह ! तेरा खसम बैठा है क्या यहाँ ?"—बुढ़िया तब तक दाँत किटकिटाकर, गालियाँ देती रहती, जब तक दूसरी पाँत के जूठे पत्तल उनके सामने न फेंक दिये जाते। और कबरी इस बीच सिर्फ हँसती रहती।

लोगों के जूठे पत्तलों का खाना बटोर-बटोरकर जाने कैसे जाती रहीं माँ-बेटी ! पर वे जीती रहीं, और एक दिन, जब मैंने कबरी को तीन-चार बरस के बाद बड़े भाई की शादी में देखा, तो मुझे एकदम यकीन न आया कि लोगों का बचा-खुचा जूठा खाकर कबरी इतनी अच्छी लगती है ! उसके बदन पर मैली पैबन्दों-भरी साड़ी की जगह लहरिया पाट की छींट थी। उसके बाल अब भी गन्दे थे, जो आपस में उलझकर बये के घोंसले की तरह लगते। साँवले, स्वस्थ मुख पर उसकी औसत से अधिक उजली आँखें खंजन की तरह थिरकती मालूम होतीं। इसी बीच कबरी की शादी हो गयी थी। इसीलिए उसकी बूढ़ी माँ ने उत्सव-पर्व में आना छोड़ दिया था। मँगरा बीस-बाईस की उमर का नवयुवक था, काला, तन्दुरुस्त और हँसमुख। कबरी प्रायः उसके साथ ही आती। दोनों गाँव-गाँव घूमकर रसबेनियाँ, बाँस की फिरकियाँ, डाली-मोन्ही आदि बनाकर बेचा करते। गाँव के बहेतू छोकरे, बड़े-बूढ़ों की आँखें बचाकर, कबरी को अकेली पाकर छेड़खानी करने से कभी बाज न आते।

"गाँव-गाँव घूमकर दही-पूड़ी तो ये खाती है, फिर मोटी कौन होगी भला ?" —एक कहता।

तब तक दूसरा पाकेट से बीड़ी निकालकर कबरी के सामने फेंककर इसरार करता—"ले न ले, कबरी ! महँकुई बीड़ी है, कलेजा तर हो जायगा !"

"जाके अपनी माँ-बहिन का करेजा तर करो, बाबू !" —कबरी जरा से गुस्से से कहती। फिर अपनी राह चल देती। उसके चेहरे पर बस वही पुरानी हँसी डोल जाती, एक तिरछी-आड़ी लहर की तरह, जैसी नदी के सफेद जल में उजली मछली के चिलकने से उठ जाती है।

भाई के लगन के दिन थे। गरमी पड़ने लगी थी। कबरी का आना केवल रंगीन रसबेनियों के लिए ही नहीं, उसकी रसीली बातों के लिए भी घर की औरतों

और बहुओं के लिए बड़ा आनन्ददायक हो जाता था। चौकठ के नीचे गली में रास्ते से थोड़ा हटकर कबरी बेनियाँ बना रही थी। बगल में बैठा मँगरा हरे बाँस के एक मोटे टुकड़े को काट-काटकर खपच्चियाँ बना रहा था। सफेद कागज की तरह पतली एक तार खपच्चियों के ढेर में से एक-एक उठाकर कबरी बड़ी सफाई से बेनियाँ बनाती जाती, उन्हें फिर अलग-अलग घरों में जाकर दे आती और बदले में रोटियाँ या भात ले आती। दोपहर में तालाब के किनारे, किसी पेड़ की छाया में बैठकर दोनों खाते-पीते।

नन्हे हाथ में रोटियाँ लिये दरवाजे पर खड़ा था। कबरी बेनियाँ बना रही थी और छोटे को बाँस की फिरकी चाहिए। देर होते देख उसका धीरज टूट रहा था और वह रुआँसा होकर बड़ी भाभी के पास जाकर ठुनकने लगा।

"रहो न, छोटे बाबू, अभी फिरकी बना रही हूँ। राम-राम, इत्ते बड़े हो गये और लड़कियों-जैसे रोये जा रहे हो !"

"क्यों न रोयें भला ?" —भाभी ने टनकारा—"मझले देवर का ब्याह रचाया जा रहा है और छोटे को कोई पूछती ही नहीं !"

"क्यों, छोटे बाबू, यह बात है ? हमसे ब्याह करोगे ?" —कबरी शरारत से मुसकराती हुई बोली।

"हाँ, तुझ-जैसी निखूटी गाय क्या छोटे सरकार को कहीं मिलेगी।" मँगरा भुनभुनाकर बोला और बंके से बाँस को काटकर छिलगाने लगा।

सभी हँस पड़े, कबरी भी हँसी। पर यह हँसी-खुशी और ताजगी का माहौल शायद केवल छोटे सरकार के लिए था, क्योंकि मैंने ऐसे भी मौके देखे हैं, जब गाँव के किसी छोकरे या किसी तरल तबीयत के प्रौढ़ के मजाक कर देने पर मँगरा के काले ललाट में नसें बिच्छू के डंक की तरह उभरकर तन जाती थीं और उसके बंके के एक बार से ही मोटा-हरा बाँस भुट्टे की तरह कटकर अलग हो जाता था। मँगरा कटीली नागफनी की बाड़ की तरह था, जिसके जिस्म की छाया में कबरी हरे दौने की तरह पनपती रही। दिनभर दौड़-धूप के बाद भी उन्हें भर पेट खाना शायद ही मिलता, और जितना मिलता, उतना भी रोज कहाँ मिलता, फिर भी दोनों अपनी उस जिन्दगी से खुश नजर आते। शाम हो जाने पर दोनों थके-थकाये स्याह खेतों की पगडंडी से जाते हुए दो काली छायाओं की तरह नजर आते।

अरसे तक किसी ने उनमें से किसी एक को कभी अकेले न देखा। कबरी और मँगरा का जोड़ा परवे का जोड़ा था।

मुझे दादा की मौत के बाद होने वाला श्राद्ध आज भी याद है, जब डोमों और करन्नों की अपार भीड़ जमा हुई थी। इस तरह का जमघट हमेशा नहीं होता। जैसे पके बाजरे या ज्वार के खेत पर नाना दिशाओं से आये हुए पक्षी मँडराते रहते हैं, चीखते हैं, लड़ते-झगड़ते और नाचते हैं, वैसे ही उस श्राद्ध पर भीख-भोजी जनों

की अपार भीड़ एकत्र हो गयी थी। सबकी अलग-अलग जमात थी, डोमों की, मुसहरों की, करन्नों की। डोमों की जमात सबसे अलग लगती, क्योंकि खंजड़ी और बाँस के टिप्पे बजाकर वे हमेशा नाचते-गाते रहते। मैंने उस भीड़ में कबरी और मँगरा को इसी तरह जुड़े देखा। मँगरा मण्डली के बीच में खड़ा होकर, खंजड़ी बजाकर गाता और कबरी उसके चौगिर्द मोर की तरह पंख फुलाये नाचा करती।

कहँवा पवले रे डोमवाँ कहँवा पवले रे-ए-ए
दंतरँगुई डोमिनियाँ डोमवाँ कहँवा पहले रे-ए-ए
गंगा पँवर के हो बाबुजी गंगा पँवर के पँवली
दंतरँगुई डोमिनियाँ बाबुजी गंगा पँवर के हो

सचमुच मँगरा को कबरी गंगा पैर के ही मिली थी।

असाढ़ लग रहा था। बादल घुमड़कर आते पर बिना बरसे लौट जाते। बदरफट धूप की उमस सही न जाती। ऐसी कड़ी गर्मी शायद ही कभी पड़ी हो। हम नदी के किनारे रोज जाते। घण्टों घाट पर बैठे रहते पर कबरी कभी दिखाई न पड़ी। गंगा-दशहरे के दिन काफी भीड़ थी। छोटा-मोटा मेला-जैसा लग रहा था। आदमियों की भीड़ से थोड़ा हटकर रास्ते के एक ओर एक मैली चादर फैलाये कबरी बैठी थी। गंगा नहाकर मन्दिर जाने वाले यात्री एकाध पैसा या एक मुट्ठी चावल उस चादर पर फेंक देते। कबरी उन्हें उठाकर बीच चादर में कर लेती, चावल के बिखरे दानों को नाखूनों से बीन-बीनकर चादर पर रखती जाती। वह बहुत दुबली हो गयी थी, आँखें गढ़ों में धँस गयी थीं, फटी-पुरानी, मैली, तेल में चुपड़ी साड़ी उसके शरीर की दुर्बलता को छुपाये थी। चादर की बगल में गूदड़ों में लिपटा, दो-तीन महीने का एक काला-सा बच्चा बुरी तरह रो रहा था। काजल से चुपड़कर उसका नन्हा-सा मुँह काले नारियल जैसा लगता। कबरी एक उदास, उचटी नजर उस लोथड़े पर डालकर उसकी रुलाई की बिना परवाह किये चावलों को बीनने-रखने का काम करती रहती।

"क्यों रे, तू आज अकेली है, मँगरा नहीं दीखता ?" —मैंने रास्ते से गुजरते हुए पूछा। उसने गर्दन उठायी और मेरी ओर एक क्षण देखती रही। उसकी आँखों में सूखी रेत की तरह एक वीरानी थी, जिस पर आँसुओं की लहर अपनी अमिट छाप छोड़ गयी थी।

"मर गया, बाबू," —उसने धीरे से कहा।

"मर गया ?···कैसे ?···कब ?" —मैंने सहानुभूति के स्वर में पूछा।

"कफनखसोटी करने गया था !"—वह गुस्से में बोली—"कहता था, डाली-मोन्ही के काम में कोई फायदा नहीं है। खाने-भर को रोटी भी नहीं मिलती। भला आप ही बताइए, बाबू, यह काम क्या कोई आज का है, जाने कब से डोम यही सब करते आ रहे हैं। पर वह न माना। हैजा फैला था न बरहने में, दीघा में, कई गाँवों में। लोग लास किनारे पर फेंककर चले जाते। वह रोज मुर्दघट्टी जाता था। कफन उतारकर

लास बहवा देता ! …टेसन पर कोई बनिया है मुआ, वही खरीदता था, धुला-धुलूकर फिर बेचता होगा पूरे दाम पर। घर आता था रोज दारू पीकर। धुत पड़ा रहता। राकस की तरह देखता था, लाल-लाल टेस आँखें !" —कबरी का सारा बदन पत्ते की तरह काँप रहा था। वह एक-एक शब्द जैसे सीने की सारी ताकत लगाकर बाहर कर देना चाहती थी—"मैंने बहुत समझाया, सरकार। अपनी सौगन्ध दिलायी। पर न माना। एक दिन साँझ को लौटा तो कै-दस्त हुई और आधी रात बीतते-बीतते… वीरान…" परती पर लहरों का उबाल उफन आया। कबरी हिचककर फूट पड़ी।

मैं चुपचाप रास्ते पर आगे बढ़ गया। यात्रियों की भीड़ के बहाव में जाने कब तक बहता रहा, मुझे याद नहीं। मन में भाई के लगन के वे दिन उभर आये थे जब कबरी मँगरा के साथ मेरे द्वार पर बैठी रसबेनियाँ बना रही थी, या दादी के श्राद्ध का वह दिन, जब वह डोमों की भीड़ के बीच खंजड़ी बजाते मँगरा के चौगिर्द मोर की तरह नाच रही थी, उसके चेहरे पर कैसी उमंग थी, कैसा निश्चिन्तता का भाव था, जो मँगरा के सुडौल और मजबूत जिस्म की ताकत के अहसास से दौने की कचनार पत्तियों से निकली गन्ध की तरह छाया हुआ था।

किसी ने कभी तिरस्कार से कहा था कि डोमों को जूठा खाने की आदत है। मजूरी में भी वह पकाया हुआ अन्न ही लेते हैं। कच्चा अनाज कभी नहीं लेते, क्योंकि चूल्हा-चक्की छूना उनके लिए अपमान की बात है। मैंने एक दिन हँसी-हँसी में मँगरा से यही बात पूछी थी, तो वह अजीब ढंग से मुसकराते हुए बोला था—"पीसने-कूटने को कुछ हो भी सरकार कि खाली चक्की ही चलाते रहें ? दो रोटी मिल जाती हैं इन बाँस की डाली-मोन्हियों से, यही बहुत है। खाली पेट एक गाँव से दूसरे गाँव घूमते हैं। ताल-पोखरा का पानी सूखकर कीच बन जाता है, पर हमारे लिए तो वही है। कुएँ पर कोई जाने नहीं देता, माँग के पीवें तो लोग यह भी कहेंगे कि डोम तो खींचकर पानी पीते नहीं !" —वह विचित्र तिरस्कार और ग्लानि में डूबी हँसी-हँसकर कहता रहा—"टेशन पर गुदामों में झारी करने के लिए भी हमें कोई नहीं पूछता। मुसहर-चमार गरीब हैं सही, पर उन्हें करने को नीचा-ऊँचा काम तो मिल जाता है, हम कहाँ जायँ सरकार, हमारी देह में तो ऐसी छूत भरी है कि कोई खाद-गोबर फेंकने का काम भी नहीं करने देगा।"

मैं उसकी बात सुनकर एकदम चुप रह गया था और आज कबरी ने जब कहा कि मँगरा मर गया, तो मुझे लगा कि मरा नहीं, उसने खुद को मार डाला।

मँगरा की मौत के बाद कबरी को मैंने कई बार देखा। वह बन्दरिया की तरह अपनी गोद में दुधमुँहे बच्चे को चिपकाये स्टेशन के आस-पास चक्कर लगाती रहती। हमारे गाँव का स्टेशन छोटा था, ट्रेनें भी कम रुकती थी। मगर वह बिना नागा हर रुकने वाली गाड़ी के डिब्बों के सामने बच्चे को दिखा-दिखाकर भीख माँगा करती। स्टेशन के अहाते से सटी हुई गन्दे पानी की एक बावली थी, कस्बे का सारा गलीज

बहकर इसी में गिरा करता। बरसात के दिनों में तो लगातार पानी बरसते रहने से गन्दगी कुछ कम हो जाती, पर क्वार की धूप पड़ते ही पानी सड़ने लगता और मच्छरों तथा दूसरे कीड़े-मकोड़ों की भनभनाहट के साथ पानी की बदबू हवा में फैल जाती। इसी बावली के एक किनारे जहाँ स्टेशन के अहाते को घेरने वाला कटीला तार लगा था, डोमों के दो-एक परिवार ने सिरकी डाल रखी थी। इस जमीन का कोई वारिस न था, फिर इस गन्दी जगह से इन्हें हटाने कौन आता ? लेहाजा, बिना रोक-टोक के उनकी दुनिया चलती रही। इसी सिरकी में कबरी अपने बच्चे के साथ रहती। गर्मियों में जब बावली सूख जाती, तो इन्हें पानी न मिलता। स्टेशन के कुएँ के पास कबरी काले रंग की पुरानी काई लगी गगरी लेकर जाने कितनी देर बैठी रहती। मिन्नत-आरजू के बाद कोई खलासी या कोई पल्लेदार अश्लील मजाक के साथ एक बाल्टी पानी दे देता···

मैंने उसे इस तरह भीख माँगते देखकर एक बार टोका भी—"क्यों ? अब यह सब भी करने लगी ? तू तो कहती थी कि डोम डाली-मोन्ही का काम जाने कब से कर रहे हैं, फिर तूने क्यों छोड़ दिया वह सब ?"

"क्या करूँ, सरकार ?" —वह छलछलायी आँखों से आसमान की ओर देखती हुई बोली—"देखते नहीं, बाबू ! सूखे और बाढ़ से गिरहस्थों की हालत तबाह है। जब अनाज ही नहीं, तो कौन उसे धरने-ओसारने के लिए डाली-दौरी खरीदेगा ? कई बार चक्कर लगा आयी। कुछ बिकता ही नहीं।" उसने गोद में चिपके बच्चे की ओर देखकर कहा—"इसी की खातिर सब करना पड़ता है, अपने मांस के टुकड़े का रोना नहीं देखा जाता, बाबू। रोती हूँ, गिड़गिड़ाती हूँ, किसी को दया-माया उपजी तो धेला-पैसा फेंक देता है। बस, किसी तरह इसे जिलाये जा रही हूँ। घाट की मड़ई बरसात में बह गयी। वहाँ रहकर क्या करती ? यहाँ तो धेला-पैसा मिल भी जाता है।" —वह आँचल से आँखें पोंछती धीरे-धीरे चली गयी।

मैं इस बार भी कुछ उत्तर न दे सका। गाँवों की हालत मुझसे छुपी न थी। अकाल के इन दिनों कौन किसे दो रोटी देगा। शादी-ब्याह अगले सालों के लिए टाल दिये गये थे। घरवाले भगवान् से मनाते रहते कि कोई बूढ़ी-बूढ़ा इस साल न मरे। श्राद्ध के लिए अनाज कहाँ से आयगा ? ऐसी हालत में कबरी-जैसे दया पर जीने वाले लोगों को कौन पूछता भला ?

कस्बे में कुछ काम था। माघ के दिन थे, पिछले तीन-चार दिनों से बड़ी तेज पछुवा चल रही थी। बारिश हुई थी और ओले भी गिरे थे। काफी धूप चढ़े घर से चला था। पर अब भी हड्डियों को कँपा देने वाले शीत का जोर कम न हुआ था। दस बजे वाली पैसेंजर अभी छूटी थी। स्टेशन बिल्कुल सुनसान लगता था। मैं चुपचाप पाकेट में हाथ डाले चला जा रहा था।

तभी मालगुदाम की बगल से दौड़ती-हाँफती कबरी आयी और मेरे सामने खड़ी

होकर अजीब ढंग से देखने लगी। उसके बाल बिखरे थे, साड़ी कई जगह फटी थी, हाथ में और पैर में खरोंच के लाल निशान उभर आये थे···

—ह-ह-ह-ह-ह···वह तीखी, चीरती हुई आवाज से जोर से हँसी और हाथों की अँगुलियों को बुरी तरह मरोड़कर चिल्लायी—"हट जाओ ! हट जाओ ! तूफान आ रहा है।···तूफान।···" उसकी आवाज में कुछ ऐसी सनसनाहट थी कि लगता, बिना बादल के ही कहीं बिजली टूट पड़ेगी, कोई पेड़ उखड़ जायगा, कोई सिर टकराकर चूर-चूर हो जाएगा।

एक अजीब दहशत से मैं बुरी तरह काँप उठा।

"कबरी ! कबरी !" बावली के तीर वाला बूढ़ा डोम उसके पीछे-पीछे आ रहा था, "मड़ई में लौट चल, बिटिया !···हे राम ! सारा बदन लहूलुहान कर डाला !···"

कबरी उसे देखते ही चीखकर भागी और 'तूफान-तूफान' चिल्लाते हुए प्लेटफार्म पर दौड़ने लगी।

"क्या हुआ इसे ?"

"पागल हो गयी है, बाबू। दो दिन से यही हालत है। इसका लड़का था न, वो कल मर गया निमनिया से।" —उसने हाथ का इशारा किया—मैंने देखा, बावली के किनारे की सिरकियाँ उजड़ गयी हैं, तीलियाँ बिखर-बिखरकर बावली के पानी में मरी हुई मछलियों की तरह तैर रही हैं। तो पिछली बारिश ने अपना सारा जोर इन गरीबों की मड़ई पर ही आजमाया।

बूढ़ा लुढ़कता हुआ कबरी के पीछे-पीछे दौड़ पड़ा। मैं चुपचाप खड़ा यह सब-कुछ देखता रहा।

और तब से लेकर जाने कितने दिन और महीने बीत गये। आज कबरी को इस बड़े जंक्शन पर इस हालत में देख रहा हूँ। कुली कह रहा था कि नौकर ने धक्का देकर निकाल दिया, पैदान में फँस के गिर गयी। पर मुझे इस बात का भरोसा नहीं। किसी ने उसे धक्का नहीं दिया, वह सिर्फ पैदान में फँस के गिर गयी।

मैं कनखी से देख लेता हूँ। कबरी वैसे ही घुटने पर मुँह टिकाये एक टक लाइन की समानान्तर पटरियों को देख रही है, जिन पर से अभी एक गाड़ी अनेक गोल-वर्तुल, स्याह-चक्राकार पहियों के सहारे रेंगती, साँप की तरह बल खाती चली गयी है···

वह धीरे से हाथ का सहारा लेकर उठी, एक उचटी नजर अपने घायल पैरों पर डालकर लँगड़ाती हुई चली और प्लेटफार्म के दूसरे छोर पर, पुल पर ले जाने वाली सीढ़ियों के पास बैठे अन्धे, अपाहिज, गूँगे, अपंग भिखारियों की भीड़ में मिल गयी, जो किसी दूसरी गाड़ी के आने का इन्तजार कर रहे थे···

■

धूल और हँसी

शाम। नयी कालोनी के बँगलों पर शाम की काली छायाएँ शायद ज्यादा गाढ़ी होकर आती हैं। अभी मुश्किल से पाँच ही बज रहे हैं और कमरों में अन्धकार छाने लगा। मैं खिड़की के पास बैठा हूँ। एक बहुत दिलचस्प किताब मेरी छाती पर लेटी है जिसे पढ़ते-पढ़ते मैं बहुत थक गया हूँ। दुखती आँखों को थोड़ी राहत देने के लिए खिड़की से बाहर देखना मैं जरूरी समझता हूँ।

"वह क्या है–" मैं कुरसी से उछलकर खड़ा हो जाता हूँ। सामने फैले अछोर दृश्यों से खिंचकर आँखें बँगले के नन्हे बगीचे में केन्द्रित हो जाती हैं। अभी-अभी एक चमकती हुई चीज तीर की तरह सनसनाती मेरे बगीचे में गिरी है–हाँ गिरी है। जरूरी गिरी होगी, उस तरह की रफ्तार में आने वाली ऐसी वजनी चमकदार चीज जरूर गिरेगी–गिरना चाहिए कहीं न कहीं।

"शायद कोई कबूतर रहा हो–"

कबूतर हो सकता है ! मगर कबूतर गिरह काटकर उतरता है। बगीचे की तरफ मुँह करके वह ऐसे झपट्टा क्यों मारेगा ? फिर बाज रहा होगा ! हाँ, बाज हो सकता है। बाज बीचोबीच आसमान में डैनों को नचाकर निशाना साधता है, फिर छूटी हुई गोली की तरह दन्नाकर नीचे की ओर गोता मारता है और इस तरह, अचानक बेखबर पड़े शिकार को धर दबोचता है। मगर एक बात है। बाज पंछी का रंग खासा मटमैला होता है, वह इस कदर साँझ की रोशनी में बिल्कुल चमक नहीं सकता। मैंने जो चीज देखी है, वह खासी चमकदार थी, इतनी चमकदार जैसे किसी ने शीशे को धूप में चौंधा दिया हो जिससे आँखें चौंधिया जायें। उतनी तेज चमक उस चीज में न भी रही हो, तो भी काफी चमक थी।

"आखिर, वह है क्या चीज ?"

मैं कुर्सी पर किताब रखकर कमरे से निकलकर बरामदे में आ जाता हूँ। मेरे दिमाग में कोई चीज बहुत तेजी से चक्कर काट रही है–काफी तेजी से, क्योंकि एक लमहे के लिए मुझे लगता है कि मैं इतनी देर से अभी कुर्सी के पास ही खड़ा हूँ। कुर्सी को मैं अपने हाथ से छू सकता हूँ और अगर मैं चाहूँ तो कुर्सी पर फिर बैठ सकता हूँ। जैसे कुछ हुआ ही नहीं। मैं चाहूँ तो अपने दिमाग से इस वहम को बिल्कुल निकाल सकता हूँ कि मैंने कोई चीज देखी है। पर मैं ऐसा बिल्कुल नहीं कर सकता, क्योंकि मुझे बिल्कुल वहम नहीं है। मैंने साफ-साफ देखा है कि एक चमकदार चीज बड़ी तेजी के साथ आसमान से बिछलती हुई मेरे बगीचे में आकर गिरी है।

मैं चुपचाप फिर अपनी कुर्सी पर बैठ जाता हूँ। पर दिमाग में चक्कर वैसे

ही जारी है। तभी एक ख्याल मेरे मन में कौंध उठता है।

"हो सकता है" मैं इस बार पहले की अपेक्षा कहीं ज्यादा फुर्ती से कुर्सी धकेलकर खड़ा हो जाता हूँ। जरूर यही बात है। रोज ही अखबारों में पढ़ता हूँ। आज यहाँ, कल वहाँ। रोज ही कहीं-न-कहीं किसी राकेट का 'कण्टेनर' 'पे-लोड' का कोई हिस्सा टूटकर गिरता है। जब से चन्द्रमा के रजत शिखर और उसके गहरे नीले 'क्रेटर' हमारी दुनिया के दिमाग में छाने लगे हैं, राकेट की अजीब घुड़दौड़ शुरू हो गई है। रोज किसी-न-किसी देश में इस तरह परीक्षण चलते हैं। हमेशा तीर निशाने पर ही नहीं जाते और ऐसे तीरों के बहकने और टूटने की आशंका तो और भी अधिक है जहाँ तीरन्दाज और निशाने की बीच हवा की हजारों मील चौड़ी पेटी दीवाल की तरह खड़ी है।

कभी 'एक्स किरण', कभी 'ब्रह्माण्ड किरण' कभी 'गामा किरण' —जाने किन-किन किरणों की जाँच-पड़ताल हो रही है। और इन छोटे-मोटे राकेटों से सारे यंत्र सुदूर वायुमंडल में भेज दिये जाते हैं और फिर इनमें से जाने कितने यंत्र, उनके टूटे-फूटे हिस्से या राकेट के ही कोई भाग हमारी अक्ल पर जोर का अट्टहास करते हुए इधर-उधर गिर पड़ते हैं।

मैं कुर्सी के पास से चलता हूँ और बरामदा लाँघकर बगीचे में आ जाता हूँ। सहसा मेरे पैर अटके जाते हैं। कोई ख्याल मजबूत रस्सी की तरह उन्हें अपने में लपेट लेता है। हाँ, कौन जानता है ! इन चीजों के रहस्य को समझना आसान नहीं है। डरना भी ठीक नहीं है। जाने कितने बड़े सौभाग्य से ऐसा अवसर आता है। इसे सौभाग्य ही कहना चाहिए कि एक ऐसी चीज अचानक सारी दुनिया का चक्कर लगाती हुई मेरे आँगन में आ गिरी। मेरी आँखों के सामने कल की सुबह नाच उठती है। हजारों अखबारों के पहले पन्ने सिर्फ मेरे और मेरे मकान के फोटो-चित्रों से रंगे हुए हैं। हजारों अखबारी नुमाइन्दे मेरे आँगन में भीड़ लगाये खड़े हैं। एक से एक सवाल पूछे जाते हैं, जिनका उस चीज से उतना सम्बन्ध नहीं है जितना मुझसे। मेरी आदतों से, मेरी रुचियों से, मेरे शौकों से, यानी उन तमाम बातों से जिनसे बँधकर मैं एक वह इंसान हूँ जो आज की इस अजीब महत्त्वपूर्ण शाम को अपने बगीचे में टहल रहा था।

मैं धीरे-धीरे बहुत इत्मीनान से उस तरफ जाने की कोशिश करता हूँ। मगर मेरा दिल काफी धड़क रहा है। ऐसे मौकों पर ऐसा होता ही है, मैं सोचता हूँ। इसमें परेशान होने की कोई बात नहीं है। सामने एक कलमी आम का पेड़ है। मैं उसके तने से टकरा जाता हूँ। टकराता नहीं उसी के सहारे थमने की कोशिश करता हूँ। सामने एक उथला-सा गड्ढा है। यह गड्ढा कहाँ से आया यहाँ ! नहीं-नहीं, ऐसा नहीं है। उस चीज के गिरने से ऐसा गड्ढा नहीं बन सकता। क्योंकि यह गड्ढा काफी पुराना मालूम होता है। उसके किनारों पर घासें उगी हैं। ओह, याद पड़ा।

बरसात के दिनों में मैंने ही खुदवाया था इसे खाद के लिए। मगर माली ने कहा था कि इसमें कूड़ा और गोबर डालने से बदबू होगी, सो यह गड्ढा वैसे ही पड़ा रह गया। यही बात है। मैं गड्ढे के पास जाना चाहता हूँ, पर जा नहीं पाता। धीरे-धीरे पेड़ की जड़ से सरककर गड्ढे की ओर झाँकता हूँ ताकि मैं उस चीज को देख सकूँ। मैं थोड़ा बढ़ता हूँ और गड्ढे में घूरता हूँ—बीचोबीच वह चीज चमक रही है। कितनी बड़ी है यह तो मैं नहीं देख पाया। उसकी चमकती पीठ देखकर ही मैं घबराकर पीछे हट गया। अक्सर ऐसी चीजें खतरनाक होती हैं। इनमें अणु सक्रियता हो सकती है। छूने में खतरा तो है, देखने में भी हो सकता है। आँखों पर असर पड़ सकता है। मैं डरता हूँ मगर मनुष्य की शक्ति पर गर्व भी करता हूँ। हमारे जैसे ही किसी आदमी ने यह सब बनाया है। चन्द्रमा तक पहुँचनेवाली अजीब-सी चमकीली चीजें।

तभी मुझे लगता है कि इस चीज का इस तरह खुला रहना ठीक नहीं है। यह चीज कहाँ गिर रही है, इसके टुकड़े किधर बिखर रहे हैं, यह सब बातें सरकारी आदमियों को बतायी जाती हैं, खुद मुझे भी नियमतः इसकी खबर पुलिस को देनी चाहिए—पर इससे मेरा क्या होगा ! सरकारी लोग मेरा तो कहीं नाम भी न लेंगे।

तभी मुझे एक अद्‌भुत बात सूझती है। माली ने गमलों में भरने के लिए खाँची में मिट्टी लाकर रखा था। मैं बड़ी फुर्ती से उस खाँची को झट से उठाता हूँ और उसकी मिट्टी को दूर से ही झटककर गढ़े में फेंक देता हूँ। धप्प की आवाज होती है और वह उथला-सा गड्ढा करीब-करीब आधा भर जाता है। मैं खूब अच्छी तरह झाँककर देखता हूँ। अब वह चमकीली चीज कहीं से भी दिखायी नहीं पड़ती है।

पीछे मुड़कर चलता हूँ तो चौंक पड़ता हूँ। एक सात-आठ साल का छोकरा दोनों हाथों को कमर पे अड़ाये जाने क्या घूर रहा है ?

"क्या है ?" मैं बड़ी रुखाई से पूछता हूँ।

"मेरी चरखी, कहीं देखी आपने ?" वह वैसे ही कमर पर हाथ धरे मुसकराता हुआ इधर-उधर देखता है, जैसे कुछ खोज रहा है।

"कैसी चरखी ?" मैं उसके इस आकस्मिक आगमन से बहुत नाराज हूँ।"

"नचाने वाली चरखी। बड़े भाई ने बनायी है।"

"कैसी है ?" मैं गुस्से में पूछता हूँ।

"क्यों, काफी बड़ी है।" वह दोनों हाथ फैलाकर बताता है, "टीन से काटकर बनायी थी। तवे की तरह। उसके बीच में एक छेद भी है। चाहो तो लकड़ी में डालकर नचाओ, चाहो तो हवा में फेंको, झन्न से उड़ती है—हाँ !"

"क्यों, चमकती भी है ?"

"वाह, चमकेगी कैसे नहीं, खूब चमकती है !"

"इधर कैसे आयी ?"

"सामने की छत पर से मैंने फेंकी थी।" वह इधर-उधर वैसे ही घूर कर देखता

है, "यहीं कहीं होनी चाहिए।"

वह सीधे गड्ढे के पास जाता है। बड़ी सावधानी से गड्ढे में ताकता है।

"वह रही। देखिए न, उसका मुड़ा-सा कोना दीख रहा है। पर इस पर इतनी सारी मिट्टी कहाँ से आ गयी ?"

मैं बिना डर के गड्ढे में उतर जाता हूँ और दोनों हाथों से मिट्टी उलटने लगता हूँ। वह चमकती चीज बिल्कुल सामने आ जाती है।

"मिल गयी, हुर्रा।" लड़का खुशी से चीखने लगता है।

मैं उसे बाहर निकालकर लड़के को दे देता हूँ। वाकई वह टीन की चरखी ही थी। मैं फीकी हँसी हँस जाता हूँ। तभी वह लड़का बड़े जोर से ठहाका मारकर हँस पड़ता है।

"क्या है ?" मैं खूब उबलकर पूछता हूँ।

"आपका पायजामा···हो···हो···हो···हो···देखिए ना कैसा सन गया है धूल से–"

"तो इसमें हँसने की क्या बात है ?"

"बात यह है कि कल हमारे भाई साहब साइकिल से जा रहे थे। गली में उन्हें मोटर से धक्का लग गया। एकदम सर के बल आ रहे। कई ढमनियाँ खा गये। सारा पायजामा धूल में सन गया था ऐसे ही–" लड़का बहुत हँसता है और चरखी को बगल में दबाये फुर्र से बगीचे के बाहर चला जाता है। मैं आकर फिर अपनी कुर्सी पर बैठ जाता हूँ। किताब उठा लेता हूँ। किताब काफी दिलचस्प है। ग्राउज की 'थर्ड वर्ल्ड वार'। पर पढ़ने का मन नहीं करता। जब भी कोशिश करता हूँ उस लड़के का हँसता हुआ गुलाबी चेहरा आँखों के सामने नाच उठता है।

■

टूटे तारे

नीचे द्वार पर पेट्रोमेक्स जल रहा था। उसकी रोशनी रात के अँधेरे की दीवारों को धकेलकर फैलती जा रही थी; पर मकान की ऊपरी छत पर बिल्कुल अँधेरा था जैसे चैत की वह अँधेरी रात अपने काले-काले डैने समेट कर उसी छत पर बैठ गयी

हो। श्यामा कमरे से निकलकर छत पर टहलने लगी। भला ऐसे खुशियों के मौकों पर भी ऐसी रात होनी चाहिए। वह बुदबुदायी। तभी आसमान से एक चमकीला तारा टूटा जैसे चाँदी का पिघला पानी ढुलक गया हो। बगल की एक छत से दो-तीन बच्चों ने देखा और तालियाँ पीटकर चिल्ला उठे। पास बैठी बूढ़ी औरत ने कहा 'थू-थू' और लड़कों की ओर देखकर बोली, "नन्हे, थूक दो, थूक दो ! तारे टूटने पर हँसते नहीं, थूक देते हैं।"

श्यामा का शरीर न जाने क्यों काँप उठा। बाहर वैसा ही अंधकार था। वह इधर-उधर घूमने लगी। नीचे द्वार पर शहनाई बज उठी। लोगों का शोर शुरू हो गया। श्यामा के मन में एक तरंग-सी छा गई। उसके पैरों में जैसे पंख लग गये हों। वह एक झटके से तमाम नहूसत के सागर को चीरकर निकल गई। आज शीला की शादी है। श्यामा चाहती थी कि वह इस शादी में शरीक न हो। मुद्दत से, जब उसने दुनिया से बिदाई ले ली है, वह किसी भी शुभ काम में शामिल नहीं होती; पर लाख समझाने पर भी इस बार वह मन को रोक न सकी। बिना सोचे-विचारे चल पड़ी। ज्यों-ज्यों निकट आती गई, मन का तूफान बढ़ता गया। कई बार तो उसने बीच राह से लौट जाना चाहा; पर पता नहीं किस सूत की ताकत थी जो श्यामा के पैरों को बरबस अपनी ओर खींचती गई और जब सबेरे-सबेरे वह इस घर में दाखिल हुई तो शीला का बाप फैली आँखों से उसकी ओर एकटक ताकता रह गया। उसकी आँखों को जैसे विश्वास ही न हुआ कि श्यामा बिना खबर किए इस तरह सामने आकर खड़ी हो जायेगी।

"अरे तुम !" पूछा उसने, फिर न जाने क्या सोचा और उसके अधरों पर एक बनावटी-सी हँसी फूट पड़ी। बगल में शीला बैठी थी। वह कभी आगन्तुक औरत की आँखों में, कभी अपने बाप के चेहरे की रेखाओं में अनगिनत चित्रों का आना-जाना देखती रही, तभी शीला का बाप बोला, "बेटी इन्हें छत पर ले जा, ये तेरे दूर के रिश्ते की माँ हैं।" श्यामा मुस्कराई। शीला चौंकी तो उसका बाप बोला, "यानी तेरी मौसी।"

छत के एक कोने में ईंट की दीवार कुछ झुकी थी, जहाँ से आँगन का आधे से अधिक हिस्सा दिखाई पड़ता था। श्यामा वहीं दीवार के सहारे अपने पूरे शरीर को टिकाकर खड़ी हो गई। उसने देखा कि बीचोबीच आँगन में हरे बाँसों का एक मण्डप बना है, छाजन के ऊपर बाँसों की चोटियाँ, जिनके शिरों पर आम के हरे पत्ते बँधे हैं; आपस में गुँथकर मन्दिर के गुम्बज की तरह आसमान में खो गई हैं। नीचे के हिस्से को अच्छी तरह सजाया गया है। रंग-बिरंगी झण्डियाँ, कपड़े के खिलौने, तोते, गौरैये, हाथी, घोड़ा आदि, छाजन से लटकती हुई सफेद फूलों की मालाएँ और इन सबको समेट कर आँगन से उठती हुई सुगन्ध, खुशी और शुभेच्छा का अंबार जो पूरे आसमान के खालीपन को भर रहा था। श्यामा को यह सब कुछ बहुत अच्छा

लगा। किसी भी औरत की जिन्दगी में ऐसा अवसर एक ही बार आता है और इस अवसर के नैसर्गिक फूल, कहीं जलते बगूलों में पड़कर तार-तार हो उठें, तो उसकी किस्मत को क्या कहा जाय !

श्यामा चुपचाप खड़ी थी। उसकी आँखों में पिछले दिन का संसार करवटें ले रहा था। उसका बाप यों कोई बहुत बड़ा आदमी नहीं था। सन् '18 की लड़ाई में उसने अपने देश की नाक रख ली थी। फ्रांस के मैदान में जर्मन फौजों से घिरी एक टुकड़ी का वह नायक था। उसने बड़ी वीरता से उस घेरे को चीरकर अपनी टुकड़ी की हिफाजत की थी। लड़ाई खतम होने पर उसे वीरता का एक पदक मिला। और सरकार की ओर से एक पेंशन। गाँव आकर उसने अपने मकान को ठीक किया। अगल-बगल कुछ बूँटे लगवाई। चहारदीवारी दौड़ा दी और फिर बहुत से निर्गंध अंग्रेजी फूलों के गमले बिठाकर उसने अपने पुराने ढंग के उस मकान को बिल्कुल अप-टू-डेट बनाने की कोशिश की। श्यामा उन दिनों पन्द्रह बसन्त देख चुकी थी; पर वह अपनी मौसी के पास रहती थी जिसके घर में बसन्त तो क्या हवा भी पैर डालने में सहमती थी। और श्यामा के लिए चौकठ लाँघना औरतपन लाँघना था। ऐसी ही आबोहवा में श्यामा पल रही थी कि एक दिन उसका बाप आया और उसे अपने घर ले आया; नये घर ने उसे नई जिन्दगी दी। उसे लगा कि वह मुद्दत की लम्बी बीमारी के बाद बिल्कुल भली-चंगी हो गई है। उसे हर चीज अजीब लगी, पहले से अधिक सुन्दर, रहस्यों से भरी हुई। उसके बाप ने उसकी पूरी हिफाजत की और दो-तीन वर्षों में श्यामा नई श्यामा हो गई।

कार्तिक की शाम थी। अधिक ठण्ड न गर्म। अपने मकान के सामने के लॉन पर श्यामा का बाप कुर्सी पर बैठा चाय पी रहा था कि डाकिये ने एक चिट्ठी दी।

नायक उछल पड़ा, बोला, "चिट्ठी, ओ श्यामा !"

श्यामा पास के बगीचे में निर्गंध अंग्रेजी फूलों पर रंगीन तितलियों का खेल देख रही थी कि बाप की आवाज सुनकर पास आकर खड़ी हो गई।

"सुना श्यामा, अरे मनोहर आ रहा है। लेफ्टनेन्ट ने लिखा है कि लड़का झक्की है। थोड़ी निगरानी में रखना।" नायक हँसा, "मुझे तो लड़के से ज्यादा उसका बाप झक्की लगता है।"

मनोहर के बारे में श्यामा ने बहुत कुछ सुन रखा था। वह लेफ्टनेन्ट का लड़का है, बाप को किसी चीज की क्या कमी है; पर लड़के को थोड़ा खफ्त है सो वह एक जगह से दूसरी जगह मारा-मारा फिरता है। श्यामा के बाप से लेफ्टनेन्ट की पुरानी दोस्ती है। लड़ाई के जमाने में मुल्क के बाहर और भीतर, कई कैम्पों पर दोनों इकट्ठा रहे हैं। मनोहर उसे ताऊ कहता है और उसकी माँ नन्हे के चाचा।

"बड़ा उम्दा लड़का है," नायक फिर बोला, "कहानियाँ तो कमबख्त को सैकड़ों याद हैं। रात में सोने नहीं देता। डाकुओं और परियों की ऐसी कहानियाँ तो कोई

ख्वाब में भी नहीं पा सकता।''

और फिर उसके दो दिन बाद–

कुलियों के सर पर भारी-भरकम गट्ठर लादे मनोहर आ पहुँचा। पतला छरहरा शरीर, खाकी रंग का थोड़ा चुस्त पैंट और उसके ऊपर बेढंगा सिला कोट। हाथ में एक नाइट कैप।

आते ही टोप को खूँटी पर उछाल, कोट को चारपाई पर दे मारा। दरवाजे के पास जाकर चिल्लाया, ''ताऊजी, अरे सुनते भी हैं !'' घबड़ाते-घबड़ाते भीतर घुसा तो सामने श्यामा को खड़ी देखकर हड़बड़ाकर पीछे भागा, जल्दी में उसका सिर चौकठ से लड़ गया। श्यामा खिलखिलाकर हँस पड़ी नायक भीतर से निकलकर दौड़ा आया, ''क्या है, क्या हुआ ?''

मनोहर चुप। सर का सहलाना छोड़कर बोला, ''कुछ नहीं ताऊजी, कुछ नहीं।''

''तो आओ दालान में बैठो।''

मनोहर चला तो उसने मुड़कर देखा। श्यामा वैसे ही खड़ी है। उसने अपनी हँसी दबाने के लिए मुँह में आँचल का खूँट दबा रखा है। मनोहर जल-भुनकर खाक हो गया।

नायक ने टेबुल खींची। एक कुर्सी पर खुद बैठा और दूसरी पर मनोहर को बैठने का संकेत किया।

''ताऊजी !'' मनोहर बोला। फिर न जाने क्यों चुप हो गया।

''कहो, कहो !'' नायक ने पुचकारा

''वह आपके घर में···''

''ओ, अरे वह मेरी बेटी श्यामा !''

इसके कई दिनों बाद–

शाम का समय था। मकान के सामने एक टेबुल के पास आमने-सामने मनोहर और श्यामा दोनों एक साथ बैठे थे।

''क्यों श्यामा, नहीं जी श्यामल। ऐं ठीक है न। हाँ श्यामा भी क्या बेहूदा नाम है !''

''हाँ,'' श्यामा बोली, ''बिल्कुल बेहूदा मनोहर।''

''क्या मतलब,'' मनोहर चिढ़कर बोला।

''यही कि नाम अच्छा नहीं है। इसे मनोहर यानी सुन्दर होना चाहिए।''

मनोहर खिलखिलाकर हँस पड़ा, ''राइट। हाँ तो श्यामल, ये कहो कि अब तक तुमने कितने शहर देखे हैं ?''

''शहर !'' श्यामा बोली, ''एक भी नहीं।''

''एक भी नहीं, वंडर ! तुम तो बिल्कुल पालतू मैना हो। बिल्कुल पिंजड़े में बन्द, न चीखना, न पंख मारना। ऐसी जिन्दगी मेरी हो तो बस काम तमाम। अच्छा,

यह कहो, तुम्हें कौन सवारी अच्छी लगती है ?''

''बैलगाड़ी।''

''धत्तेरे की, गिरी भी तो नर्क में। हुँः। कहाँ इतनी लम्बी दुनिया और कहाँ चुरमुर-चुरमुर बैलगाड़ी। एक दफे तो चढ़ने का इत्तफाक हुआ। तब से कसम खा ली कि ना बाबा, पैदल चलना कुबूल पर इस बैल रथ को दूर से प्रणाम। मेरा तो दिल होता है कि एक लम्बी सड़क बनवाऊँ। लम्बी इतनी कि दुनिया के तमाम शहरों को वह बाँधती चली जाय। दोनों तरफ हरे-हरे सायेदार पेड़ हों और बीच में सुर्खी की सड़क। उस पर फर्स्ट क्लास की स्पीड वाली एक खुली कार, उस पर हम और तुम चलते जायँ, चलते जायँ।''

''और फिर जहन्नुम में लुढ़क जायँ।'' श्यामा जोर से हँस पड़ी।

''क्या कहा, कैसी लगी बातें !''

''वंडर, कल जो तुमने कहानी सुनाई थी वैसी ही। पता नहीं क्या नाम था उसका। हाँ, याद पड़ा, डान क्विक्जोट।''

''क्या कहा, डान क्विक्जोट।'' मनोहर चिल्लाया, ''शटअप श्यामा।''

उसके धक्के से टेबुल पर से उसका टोप गिर पड़ा।

''टोप उठा लो, मिस्टर बर्कले, वह तुम्हारा नाइट कैप।''

श्यामा जोर से हँसी और मनोहर को चिढ़ता देख वहाँ से भागी।

''कहाँ भागती हो।'' मनोहर चिल्लाया, ''हाल्ट ! क्या एटीकेट है !''

श्यामा जाने लगी तो मनोहर मुँह लटकाकर बैठ गया। श्यामा उसके पास आकर, उसके कंधे पर हाथ रखकर बोली, ''नाराज हो गए !'' मनोहर ने देखा कि श्यामा की आँखों में शरारत नहीं है।

''अच्छा भाई, गलती हुई माफ करो। अब ऐसा कभी भी न होगा।'' मनोहर ने उसके लम्बे बालों को पकड़ लिया, ''और ऐसा फिर हुआ तो ?'' और फिर एक झटके से उसने उसके गालों पर अपने होंठ रख दिए। सूरज की डूबती किरणों की सुर्खी झिलमिलाई। श्यामा को न जाने कैसा लगा, पर उसने कुछ कहा नहीं। चुपचाप चली गई। मनोहर इधर-उधर घूमता रहा।

दूसरे दिन नायक सुबह ही शहर चला गया। आज उसकी पेंशन मिलने वाली थी। जाते समय वह इन दोनों को चौकन्ना करता गया—गाँव-देहात की बात है। होशियार रहना ठीक रहता है।

अगहन की काली रात पूरे मकान को समेटकर छा गई। हल्का जाड़ा पड़ रहा था।

''क्यों, सो रही हो श्यामा ?''

''नहीं तो, बड़ा डर लग रहा है। हाँ, तो फिर क्या हुआ ?''

और मनोहर डाकुओं की एक मनोहर कहानी सुनाता रहा। वह खुद उस कहानी

को कहने में काँप जाता।

काफी रात बीत गई। करीब बारह बजे होंगे। मनोहर बोला, नींद आ रही है न; सो जाओ।''

रात गहन हो गई। काला घुप् अन्धकार चारों ओर फैल गया। एकदम घोर सन्नाटा था।

रात के रहस्य ने जादू के पर्दे खींच लिए। रात का दूसरा पहर सम्पूर्ण मादकता बिखेरकर छा गया था। पास के बगीचे से नाना फूलों की सुगंध रंगीन साँपों की तरह रेंगने लगी थी। पूरब से चाँद का पीला गोला उठने लगा था जिसका प्रकाश खिड़की से होकर कमरे में झाँकने लगा।

''और कुछ हो गया तो !'' श्यामा ने मनोहर से कहा। उसकी आँखें नशे में बेहोश थीं।

''नीचे जमीन और ऊपर आसमान गवाह है। मैं सदा के लिए तुम्हारा हूँ।'' मनोहर बोला।

''तुम मुझे कभी छोड़ोगे तो नहीं ?''

''प्राणों की कसम।'' मनोहर के स्वर काँप उठे, ''तुम उनसे भी अधिक प्यारी हो।''

श्यामा ने सुना बाहर शहनाई बज रही है। उसने आँखें पोंछीं। मन ही मन अपने को धिक्कारा। पता नहीं यह क्या रोग है कि ऐसे अवसरों पर वह बीते दिनों की उन बातों को सोचने लगती है। शायद उसकी जिन्दगी के वे सबसे अधिक सुख-भरे दिन थे जिनकी चमकती चिनगारी को वह अपमान-बेइज्जती के अँधेरे में जिलाती रहती है। उसका बाकी जीवन तो बिल्कुल तीता है, प्रवंचनाओं से भरा हुआ। मनोहर ने उसे धोखा दिया। अपनी बेटी की इज्जत को नायक ने लेफ्टनेंट के पैरों पर रखा; पर उसने गरीब से ब्याह करने से साफ इन्कार किया। और एक दिन बाप को बेइज्जती से बचाने के लिए गर्भवती श्यामा घर से भाग पड़ी। महीनों बाद उसे एक लड़की हुई, जिसे अपमान की आग से बचाने के लिए वह नाच-गाकर तथा अपने शरीर का सौदा करके पैसा इकट्ठा करती रही।

ब्याह का काम शुरू हो गया। मांगलिक लग्न-चीर में लिपटी शीला मंडप में लाई गई। श्यामा की आत्मा जैसे आसमान की तरह द्रवित होकर पूरे उत्सव पर छा जाना चाहती। उसके रोम-रोम से आनन्द की ध्वनि निकलकर आशीर्वाद की तरह शीला को छूने लगी।

तभी एक व्यक्ति बाँस की तरह फटी आवाज में बोला—''बन्द करो। यह सब। ब्याह नहीं होगा।''

धातु के मंगल कलश झन्न से टूट गए। चारों तरफ सन्नाटा छा गया। सबकी साँसें थम गईं। शीला काँपी। श्यामा को जैसे बिजली मार गई।

शीला का बाप खड़ा हुआ।

"क्या बात है भाई सा'ब।" उसने वर के पिता से नम्रता से पूछा।

"वेश्या की लड़की से शादी करने चले हैं ! क्या यह लड़की आपकी है ?"

"आप कैसी बातें करते हैं। लड़की मेरी है। इसकी माँ मर गई है।"

"धोका मत दीजिए, मुझे सब मालूम है। आपने इसका पालन-पोषण किया है क्योंकि इसकी माँ आपको बहुत रुपया देती है। इसकी माँ वेश्या है जो आपकी छत पर बैठी है।"

सब सन्न हो गए। कुछ जीने पर चढ़ने लगे, धम्म धम्म का शोर बढ़ा। तभी छत के कोने से कोई चीज लुढ़क गई।

गली में लोगों की अपार भीड़ लगी थी। पेट्रोमेक्स के प्रकाश में लोगों ने देखा कि एक सुन्दर औरत खून से लथ-पथ पड़ी है।

लड़के तालियाँ पीटकर हँस पड़े, "आई थी लड़की की शादी देखने।" बुड्ढों ने थू-थू किया। राम-राम, धरम नहीं रहा।

ऊपर डरावना आसमान वैसे ही अचल था। उसमें हजारों तारे चमक रहे थे, पर किसे पता कि अभी कोई चमकीला तारा टूट पड़ेगा। लड़के तालियाँ पीटकर हँसेंगे। बड़े बूढ़े कहेंगे, थू, थू थूक दो। तारे टूटने पर हँसते नहीं, थूक देते हैं।

■

बहाव-वृत्ति

आज सुबह सुना कि बिहारी साधू हो गया, मोह-ममता का बन्धन तोड़कर चला गया।

अभी कल की बात है। गली के मोड़ पर काफी भीड़ थी। आँचल के खूँट को मुँह में दबाये औरतें, जिनके आधे चेहरे कपड़े में ढँके होने के कारण पहचाने नहीं जा सकते, किन्तु आँखें अजीब उत्सुकता से अब क्या होता है की प्रतीक्षा करती रही हैं; लाठी टेकते बूढ़े, जो दालान में बैठे-बैठे मक्खी मारने से परेशान होकर हमेशा ऐसी वारदातों की तलाश में रहते हैं, किन्तु ऐन मौके पर अपने शब्दों में मर्यादा की चाशनी लपेटकर ऐसा हलवा पकाते हैं कि वे किस पक्ष में हैं, यह जानना भी तजुर्बेकार की मौत हो जाता है। छोकरों की तो बात ही निराली है। ऐसे मौकों पर

तो! जैसे उनके बदन में पंख लग जाते हैं, आँख, कान, नाक, मुँह सब जोश से थरथराने लगते हैं।

उस भीड़ में भी इस तरह के तमाम लोग इकट्ठे थे। आदमियों की चौगिर्द कतार के बीचोबीच बिहारी मुँह लटकाये बैठा था। छुरे से कटी पट्टी, बारह अंगुल के लम्बे-लम्बे बालों की बबुली, जिसमें औसत से ज्यादा चुपोड़ा हुआ तेल कनपटी पर रेंग रहा था। वह मलमल का एक पुराना कुर्ता पहने था, जिस पर तिकोने गले वाली जरीदार जाकेट झूल रही थी जो उसकी कमर से काफी ऊपर तक ही आती थी, और जिसकी पीठ पर कमरबन्द की तरह एक काली पट्टी लगी हुई थी, इस तरह की जाकेट केवल नाचने वाले पहनते हैं। बिहारी के पिचके हुए गालों, या इस जरीदार जाकेट पर लोगों की नजर न थी। वे तो उसके हाथों पर तथा गरदन के पास उभरे हुए उन निशानों को देख रहे थे, जो बाँस की छड़ी से पीटने के कारण उभर आये थे। घर के दरवाजे पर बिहारी की औरत, उसकी बहू और बेटी जार-जार रो रही थीं। ऐसा हंगामा मचा था कि कुछ साफ सुनायी नहीं पड़ता था। बिहारी की बगल में खड़ा उसका बेटा हरिया छड़ी घुमा-घुमाकर अपने घर की औरतों को धमकाता था, चौकठ के बाहर पैर रखा, तो मारे खपची पीठ लाल कर दूँगा। गुस्से के मारे जैसे वह पागल हो गया था। बिहारी की बबुली पकड़कर खींचता और बुदबुदाता, बेहया ! बेशर्म !···

''जाने दे, भई, हरिया'' —कतार में सबसे आगे खड़े भोलू राम ने बड़े इत्मीनान से कहा, जैसे तमाशा देखकर उनका जी भर गया हो—''जो भी हो, बिहारी है तो तेरा बाप ही। उसके साथ तुझे ऐसा सलूक नहीं करना चाहिए।''

हरिया ने भोलूराम की ओर घूरकर देखा, तो वह सकपकाकर नीचे देखने लगे। फिर बिहारी की ओर मुँह करके बोले—''यह बिहरिया भी असली बेहया है। अरे, तेरे लड़के-बाले जवान हुए, खाने-पीने की खुशहाली है । भला तुझे क्या पड़ी है कि जनखे की तरह साड़ी-घुँघरू बाँधकर नाचता फिरे ? जईफी आयी, दो कवर खा और राम का नाम ले। सारी उम्र तो नाच-गाकर बेहयाई की है।''

भोलूराम की बात का सब पर असर हुआ। सबने मान लिया कि चौधुरी ने बात दो टूक कह दी। गलती दोनों की है। बिहारी को अब इस उमर में इस तरह घूम-घूमकर नाचना नहीं चाहिए और हरिया को भी अपने बाप को ऐसे पीटना नहीं चाहिए। बस, मामला रफा-दफा हो गया और भीड़ छँटने लगी। औरतों ने मुँह पर से पल्लू हटा लिये और घरों को लौटने लगीं। छोकरे नये खेल-तमाशे की फिराक में निकल पड़े। बूढ़ों ने अपने हमजोलियों को हुक्का पीने का न्योता दिया, ताकि इस सारे मामले पर फिर से विचार किया जाय और हर पहलू पर नये सिरे से रायें कायम की जायँ।

बिहारी को मैं छुटपन से आज तक इसी तरह देखता आ रहा हूँ। भोलूराम

ने उसे जईफ कहा था, उन्होंने उसकी जवानी देखी होगी, पर मेरे लिए तो बिहारी उस जाति का आदमी है, जिसे 'सदाबहार' कहते हैं, यानी न रत्ती भर कम, न रत्ती भर ज्यादा। फटा-पुराना कुर्ता, गन्दी-सी धोती, वही पट्टीदार बाल, वही चुचुके गाल। अलबत्ता, जब वह अपनी मण्डली के साथ नाचने जाता, तो उसके नाक-नक्शे में थोड़ा फरक मालूम होता। तिकोनी जाकेट पहनता और मलमल का पुराना वाला कुर्ता। मर्दों के इर्द-गिर्द वह कम दिखायी पड़ता। या तो अपने दरवाजे की चौकठ पर बैठा हुक्का पीता रहता, या इस घर, या उस घर जाकर औरतों से बातें करता। गाँव के हर घर में उसकी पैठ थी। औरतों में खास तौर से उसकी इज्जत होती, क्योंकि एक-दूसरी की शिकायत वह बड़े लाजवाब ढंग में बयान किया करता। मेरी पुरबहिया भाभी उसे 'एरों' और 'रवाँ' का संबोधन करतीं, चना मुरकी और बताशे का इनाम बाँटतीं और वह दिन-भर मेरे तीन वर्षीय भतीजे बब्बन को कन्धे पर लादे इस गली से उस गली घूमता फिरता। इधर-उधर कोई 'सरधावान' मिल गया, तो उसे वह बीसियों भाँड़-नचनियों के किस्से सुनाता और यह बताता कि आजकल किस मंडली में कौन-सा जानजोखम वाला लौंडा कला-करतब दिखा रहा है, उसे फोड़ने के लिए मंडली के उस्ताद छबीले ने कौन-कौन से पैंतरे बदले हैं और कैसे हर गाँव उनके खिलाफ गया है, लाचार उन्हें भी यह मानना ही पड़ा कि बिहारी से बड़ा और कोई 'करतबिया' इस इलाके में तो नहीं है।

पुरबहिया भाभी की इस उदारता पर माँ बहुत चिढ़तीं, पर बिहारी भी कम घाघ न था। ठीक ऐसे मौके पर आता, जब वे स्नान-ध्यान और पूजा-पाठ में लगी होतीं। चुपचाप भाभी को बुलाकर बब्बन को उन्हें सौंपता, मुरकी बताशे गमछे की खूँट में बाँधता और कुत्ते से डरी बिल्ली की तरह बिना पल्ला भड़काये चुपचाप दरवाजे से बाहर हो जाता। पर एक दिन पकड़ ही गया। दरवाजे से सरकर जीने की कोशिश ही कर रहा था कि माँ ने पुकारा—"बिहरिया !"

बिहारी को लगा कि दालान के भीतरी दरवाजे के दोनों बाजुओं में अनगिनत अदृश्य दाँत लगे हैं, हेलकर आँगन की ओर चला कि कर्र की आवाज़ होगी और उसकी हड्डी-पसली चकनाचूर हो जायगी; मारे डर के उसके लिलार पर पसीने की बूँदें चुकचुका आयीं।

"सुनता नहीं क्या रे ?"

"जी, मालकिन" —बिहारी हाथ जोड़कर माँ के सामने खड़ा मन-ही-मन देवी-देवता की मनौती मान रहा था।

"मैंने रुपये तेरे किरिया-करम के वास्ते तो नहीं दिये थे न ?" —माँ ने आँख तरेरकर देखते हुए कहा—"तीन साल से तू ब्याज भी नहीं दे गया। अब तो दया-मया की हद हो गयी। मैं तो मझले से कहे देती हूँ, तू जाने और तेरा काम ! मार के हाथ-गोड़ तोड़ दे, तो फिर मेरे पास मत आना !"

"नहीं-नहीं, बड़की मलकिन !" बिहारी गिड़गिड़ा रहा था, "मझले सरकार से मत कहना, दुहाई ! नहीं तो मेरी हड्डी-पसली साबुत न बचेगी ! पिछले रामनवमी के मेले से वे चिढ़े हैं।"

माँ जैसे उसके रोने-गिड़गिड़ाने से कोई वास्ता नहीं रखतीं। वह मन-ही-मन खुश थीं कि मझले भाईसाहब का क्या रोआब है, उसके नाम से लोगों में कँपकँपी आने लगती है।

"अब की लगन में आपका पाई-पाई लौटा दूँगा, मलकिन !" बिहरिया वैसे ही गिड़गिड़ाये जा रहा था।

माँ झटककर बोलीं, "आग लगे तेरे लगन में ? तुझे शरम भी नहीं लगती ! बूढ़ा-भक्कर हुआ, लौंडियों की तरह चोटी गूँथकर नाचता फिरता है ! मैं तेरी वैसी कमाई के रुपये लेने वाली हूँ !" जाने कैसे माँ को बिहरिया की नाचने वाली सूरत याद आ गयी, वह जोर से ठहाका लगाकर हँस पड़ी—"तू तो राजा हरिचन्दर की रानी बनता है न, रे ! बाहरे रानी ! ···अच्छा भाग, भाग ! लेकिन देख, अगर मेरे घर के चौकठ पर पैर रखा, तो मझले से पैर तुड़वा दूँगी, हाँ ! बब्बन को छूना मत, बेशरम कहीं का !"

बिहरिया चुपचाप भयभीत नेत्रों से आँगन की जमीन को कुरेदता हुआ चला गया। अब पुरबहिया भाभी की बारी थी। माँ ने उनकी गोद से बब्बन को छीनते हुए कहा, "इस कुलच्छनी के मारे तो मेरी नाक में दम हो गया ! बेला-कुबेला ऐसा चढ़ी है, चारों ओर शीतला का प्रकोप है और ये चौपट लड़के को उस मउगे के हाथ में सौंप देती है ! अपने रुपये बराबर टीका लगाकर सौकीनी करती है, तो कर ! चूले-भाड़ में जा तू और तेरी सौकीनी ! पर इसके मुँह में रंग काहे चुपोड़ देती हैं ?"

पुरबहिया भाभी ईंगुर का काफी बड़ा बुन्दा बनाती थीं, और आल्ते से बब्बन के नाखून, हाथ-पैर रंग देती थीं, यही नहीं, बिहरिया के कहने पर उसके होंठों को भी चुपोड़ देना वह शौकीनी मानती थीं। ऐसे दिनों में माँ का काम थोड़ा बढ़ जाता। वह कठवत में पानी भरकर बब्बन को उसमें बैठा देतीं और आले पर रखी लक्स की सिपटी-सी बट्टी से मल-मलकर धोतीं। बब्बन रोता-चिल्लाता, किन्तु जब तक उसके होंठों, पैरों और हाथों से रंग का लाल निशान मिट नहीं जाता, उसे छुटकारा नहीं मिलता। तौलिये से पोंछकर उसके लिलार पर काजल का टीका लगातीं, नील में रंगी कुर्ती पहनातीं और उसे चुपवाने के लिए हाथ में एक बताशा थमाकर कहतीं—"अब तो तू उसके साथ नहीं जायगा ?"

वह हमेशा की तरह अपना भंटा-जैसा सर हिलाकर कहता—'नहीं' और चुपचाप बताशे चुसककर मक्खियाँ बुलाया करता।

बहुत दिनों तक बिहारी दिखायी नहीं पड़ा। उसके आने-जाने का कोई बँधा वक्त तो था नहीं, मगर गर्मियों में लगन के वक्त के अलावा वह कातिक और चैत

को बचाकर कभी-न-कभी गाँव जरूर आता। जाड़े के दिन थे, इसलिए यह नहीं कहा जा सकता था कि किस वक्त बिहारी दिखायी पड़ जायगा।

और उस दिन तब मैं गली की मोड़ से गुजरा तो देखा, वह अपने दरवाजे पर बैठा हुक्का पी रहा है और गाँव के दो-चार सरधावान लोग उसे घेरे हुए बैठे हैं।

''कहो, बिहारी, कहाँ रहे अब तक ?'' मैंने पूछा।

मुझे देखकर वह उठ पड़ा, और हुक्का बाजू से टिकाकर, बड़े इत्मीनान से मुस्कराकर बोला, ''लिहरसल में फँस गये थे, छोटे सरकार। अब तो अपनी मंडली भी काफी नामी-गरामी हो गयी है न। इस साल में दो-दो नाटक की तैयारी हुई है। और क्या कहें, छोटे सरकार, छबीले उस्ताद ने परदा तो वह मँगाया है कि कोई देखे तो आँख फट जाय। सौ रुपये के दो परदे आये हैं बनारस से। एक तो रास का है, गोपी लोग नाच रही हैं और बीच में किसुनाजी बंसी बजाय रहे हैं। और एक जंगल का सीन है, बियाबान, बीच में बाघ दहाड़ रहा है, देखे कोई, तो रोंगटे खड़े हो जायँ, जैसे एकदम सच्चा-मुच्चा बब्बर चला आय रहा है !''

''अच्छा ?''

''हाँ,'' उसने खुश होकर कहा, ''उस्ताद छोड़ते ही नहीं थे, छोटे बाबू। कहते थे, बिहारीलाल इस मरतबे तो मंडली के पौबारा रहेंगे। तुम्हारा परातवाला नाच देख के तो लोग उँगली काट लेंगे !''

''परातवाला ?'' हमने आश्चर्य से पूछा।

''हाँ-हाँ, आपने भिखारी ठाकुर की मंडली का नाच देखा है कभी, छोटे सरकार ? वाह-वाह ! क्या बात है ! उसके करतबिया की देह में तो जैसे हड्डी ही नहीं है, ऐसी चकरी लगाता है कि बस ! सर पर दीया रखकर नाचता है, और परात पर पैर। जरा-सी चूक हुई नहीं कि दोनों पैर लहू-लुहान ! लेकिन क्या मजाल है कि बार बरोबर कुछ बिचल जाय···''

''फिर तुमने यह नाच कैसे सीखा, बिहारीलाल ?''

वह इस संबोधन पर मुस्कराया। उसे लगा कि एक बड़ा सरधावान सामने खड़ा है, तारीफ के भार को सँभालने में असमर्थ उसकी आँखें झुक गयी थीं। फिर आहिस्ते से बोला—''उसके करतबिया की संगत की थी, छोटे बाबू।''

मैं चुप रहा।

वह धीरे-धीरे कहने लगा—''बीसों रुपये गल गये, छोटे बाबू, कोई अपना करतब सेत-मेंत थोड़ों बता सकता है किसी को ! गाँजा, शराब, और जाने कितनी तरह से खुसामद, तब कहीं नाई-बच्चा तैयार हुआ बताने को ! हाँ, पर सरकार, आपका बिहारीलाल भी कोई नौसिखुआ थोड़े है, बीस साल से उस्तादों की संगत की है। वह बताये एक, तो मैं समझूँ दो और क्या !''

सामने से घास का भारी-सा बोझ लादे हरिया आ रहा था। दरवाजे पर उधर उसने बोझ पटका, इधर बिहारीलाल का सारा करतब छू-मन्तर हुआ, भीगी बिल्ली की तरह पैर दबाये घर में सिटक गये। उनके लिहरसल की दास्तान अधूरी ही रह गयी। मैं जानता था कि बिहारीलाल इतने दिनों गायब क्यों रहे। जबसे माँ ने रुपये का तगादा शुरू किया था, वह बड़ा परेशान था। महरी ने सारी बातें हरिया को बता दी थीं। पहले तो वह चुप रहा था, पर अन्त में बोला—"बेसर्म तो है ही यह, मलकिन ठीक कहती थीं।"

उसके तीसरे ही रोज मैंने देखा, बिहारीलाल मझले भैया के सामने गरदन झुकाये बैठे हैं। हरिया भी पास ही में बैठा था, और मझले भैया से कुछ कह रहा था।

"देख, हरिया," भैया कह रहे थे—"तू कहता है, तो मैं इन्हें रख लूँगा इस साल। पर मैं तो जानता हूँ कि मेरा चार बीघा और चार सेर रोज की मजूरी पानी में जायेगी। इस नचनिया से हल-बैल नहीं चल सकेंगे। तू लोग आदमी अपने हो, हम यह घाटा सह लेंगे, पर बीच खेती में अगर यह घुँघरू-सारी सँभालकर भगे, तो मुझसे बुरा कोई नहीं होगा !"

एक हफ्ते बिहारीलाल ने जैसे-तैसे करके हल-बैल सँभाले रखा और फिर उसके बाद जो भागे, तो आज ही दर्शन हुए।

जो भी हो, बिहारीलाल इस बार काफी तैयारी के साथ गाँव लौटे थे, उनके सरधावन लोगों ने उनके सुनाये हुए किस्सों की धूम मचा दी। परातवाले नाच की बात पर बड़ी चर्चा थी। औरतों के लिए सुई-तागा, छोकरियों के लिए गुड्डे-गुड्डियों तथा बूढ़ियों के लिए 'अचरज मलहम' की शीशी के खरीद-फरोख्त का काम बिहारीलाल ने फिर सँभाल लिया। इसी सिलसिले में उन्हें अपने लिहरसल की कहानी सुनाने का मौका मिला, लोगों को सुनी-सुनायी बातों का विश्वास हो गया और हर प्रकार के विरोध के बावजूद अगली रामनौमी के मेले पर बिहारीलाल की मंडली को बुलाने का प्रस्ताव पंचायत को पास करना ही पड़ा।

बिहारीलाल को इतना खुश मैंने कभी नहीं देखा था। चालीस साल के रँडुए को शादी के मौके पर भी ऐसी खुशी शायद ही होती हो। सुबह वह गाँव में घूम-घूमकर चौकियाँ और बाँस इकट्ठा करता रहा। इतना व्यस्त था कि खाने-पीने की भी फुर्सत न थी। दो बजे के करीब, पट्टी-वट्टी कटाकर, तेल-फुलेल डाल जब बिहारीलाल मेले में आये, तो सारे मेले की रौनक जैसे उनके इर्द-गिर्द इकट्ठी हो के रह गयी। पूछ-ताछ की झड़ी लग गयी :

"कौन नाटक होगा, कितने लौंडे है, मंडली अभी आयी कि नहीं···" आदि-आदि।

"ओफ्फोह !"

बिहारीलाल ने बाँह ऐसे हिलायी, जैसे मुँह पर बैठी मक्खी उड़ा रहे हों और

यह मक्खी है कमबख्त, कि वहीं आकर बैठ जाती है जैसे सारे मेले की मिठाई बिहारीलाल ने ही खायी हो। अभी पिछले साल बिहारीलाल इसी मेले में साड़ी पहने, घुँघरू बजाते, हाथ में आरती का थाल लिये चक्कर-पर-चक्कर मार रहे थे, तो कोई आँख उठाकर देखता भी न था, धेला-पैसा डालना तो दूर, और आज हैं बिहारीलाल, कि उनके रुतबे के सामने बड़े-बड़े पहलवान फेल हैं, दंगल छोड़कर लोग-बाग बिहारीलाल को घेर कर खड़े हो गये हैं।

बिहारीलाल ने ठीक ही कहा था। पर्दे नये थे। चौकियों का स्टेज बना था। उस्ताद हारमोनियम लिये बैठे थे। जनता साँस रोके गोपी-कृष्ण वाले परदे के उठने की प्रतीक्षा कर रही थी। सब-कुछ वैसा ही था, जैसा बिहारी ने कहा था।

नाच शुरू हुआ। बिहारीलाल बढ़िया चटक बनारसी साड़ी पहने, चुचके गालों को रंग से सँवारे हुए, पाउडर की मोटी पर्त से झुर्रियों को छुपाये, घुँघरू झनकारते जब स्टेज पर आये, तो तालियों की गड़गड़ाहट ने उनका स्वागत किया। हारमोनियम-मास्टर ने जोर से धौंकनी चलायी। बिहारी ने लम्बा आलाप लिया।

वह अपने सधे हुए गले की करामात दिखाना चाहता था। नाचना-गाना उसकी जिन्दगी थी, और आज जब अपने गाँव में ही बिहारी को अपना करतब दिखाने का मौका मिला था, तो वह जैसे हृदय निकालकर दिखा देना चाहता था कि वह भी कुछ है···किन्तु उसके गले में तो जैसे किसी ने पिघला राँगा डाल दिया हो। जोर से खाँसा। फिर आलाप लिया, तो गला फटे बाँस की तरह तड़क उठा। दो-एक बार और कोशिश की।

तभी पीछे से कोई जोर से गुर्राया—''बिहरिया !''

आवाज मझले भैया की थी। बिहारी को तो जैसे करेंट छू गया।

मझले भैया थोड़ा मूड में थे, चिल्लाकर बोले—''अबे, क्या भाँय-भाँय चिल्लाता है, जा कुलंजन खा ले !''

जोर का ठहाका लगा। बूढ़ों की उद्देश्य-भरी गम्भीर खाँसियाँ, औरतों की बेमानी फुसफुसाहटें। छोकरे जोर से चिल्ला रहे थे—''दूसरे को भेजो, दूसरे को !'' —उन्होंने तो बिहारीलाल की बायकाट करने की जैसे कसम खा ली थी। कोई अपरिचित होता, तो लोग थोड़ा सब्र भी करते, गाँव की इज्जत का लिहाज करते, पर बिहारी···मैं बगल में बैठा सब-कुछ देख रहा था। बिहारीलाल की अजीब हालत थी। चौके से बारात उठ गयी थी। सजी-सजायी दुलहिन की तरह वह खड़ा था। उसके करतब का जहाज सिसकारियों और तालियों के भँवर में आ गया था। पसीने से पाउडर पिघलकर मुँह में चुपड़ गया था। बिहारी का चेहरा मुर्दे की तरह सफेद और स्याह हो गया था। उसके जीवन की सारी साध एक लमहे में परकटे पंछी की तरह जमीन पर गिर पड़ेगी, आज से बिहारीलाल से कोई नाच-गाने का हाल न पूछेगा। कोई उसके कला-करतब से सहानुभूति न दिखायेगा···झुर्रियों में धँसी उसकी आँखें पीड़ा,

शर्म और दीनता के आँसुओं से डबडबा आयी थीं।

"खड़ा क्या है ?···दूसरे को भेजो !"—छोकरे चिल्लाये जा रहे थे।

रामनौमी बीते दो महीने हो गये। आसाढ़ की खेती नजदीक आ रही है। शायद फिर हरिया ने बिहारी को हल-बैल सँभालने को कहा होगा, पिछली बार से कहीं ज्यादा कड़ाई से। नतीजा सामने था। बिहारी की दोनों बाँहें, पीठ और गरदन उसी के लड़के ने पीट-पीटकर लहू-लुहान कर दी थी।

और आज सुनता हूँ कि बिहारी साधू हो गया। वह अब नाचे-गायेगा नहीं, राम-भजन करेगा। जिसने सुना, अचम्भे में रह गया। इतनी बड़ी तब्दीली पर जल्दी कौन विश्वास करता है ! किन्तु मुझे भी विश्वास करना ही पड़ा, जब मझले भैया ने विश्वास कर लिया। कई लोगों ने अपनी आँखों से बिहारी को एक मठ में गेरुआ पहने देखा था। उसकी बात चलती तो लोग कहते, "पिछली बातों पर मट्टी डाल दो भाई, अब तो वह साधू हो गया।"

हाँ, ठीक, बिहारी साधू हो गया।

पिछले नवम्बर की बात है। मझले भैया की आँख में दर्द था। डॉक्टर को दिखलाने के लिए हम बनारस आये। दवा-दारू की बात खत्म हुई। शाम का समय था। हम दशाश्वमेध घाट पर घूम रहे थे। काफी चहल-पहल थी। तरह-तरह के लोग, पूजा-पाठ, भजन-कीर्तन। तरह-तरह की भाषाओं में गाये जाने वाले कीर्तन से घाट गुंजान था।

सामने घाट की एक पुट्ठी पर, काठ की छोटी-सी चौकी पर, राधा-कृष्ण की तस्वीर लगी थी, माला-फूल से चौकी भरी थी। कीर्तन हो रहा था :

दिल हमारा हर लिया गोबिन्द माधव स्याम ने
किस्ना-किस्ना मैं पुकारूँ तेरे दर के सामने

भीड़ में बहुत-सी औरतें थीं, जो आँखें मूँदकर झूम रही थीं। हम पास पहुँच गये थे। देखा, रामनामी चादर ओढ़े, पैरों में घुँघरू बाँधे, सर पर आरती का थाल लिये एक साधु मस्त होकर नाच रहे हैं।

"अरे, यह तो बिहरिया है !" मझले भैया ने जोर से कहा।

हाँ, वह बिहारी ही था। उसने हमें देखा, तो थाल चौकी पर रखकर, पास आकर खड़ा हो गया। मझले भैया बड़े गम्भीर भाव से खड़े थे, बिहारी ने एक बार उन्हें देखा, और गर्दन झुका ली।

"क्या हाल है, बिहारीलाल ?" मैंने पूछा।

"कीर्तन हो रहा है, छोटे सरकार।"

"कीर्तन ?" भैया ने गुर्राकर कहा "तू साधू नहीं, महात्मा हो जा, फिर भी तेरा नाचना न छूटेगा ! मर भी जायगा, तब भी तेरी आदत न छूटेगी, तेरी आत्मा नाचेगी ! भाग जा, दूर हो जा !"

"छोटे सरकार" बिहारी ने धीरे से कहा, जैसे वह कुछ पूछना चाहता हो। वह शायद पूछना चाहता था अपने गाँव के बारे में, उन तमाम छोकरों के बारे में, जिन्हें वह अपनी गोद में लेकर घुमाया करता था; उन छोकरियों के बारे में, जो गुड्डे-गुड्डियों से खेलना छोड़कर ससुराल चली गयी होंगी, या उन बूढ़ियों के बारे में, जो उसके खरीदे 'अचरज मलहम' को आँखों में लगाकर पलकें मुलमुलाती अपने पोते-पोतियों को निहारती होंगी···वह शायद···

"लल्लू !" भाई ने मेरा हाथ पकड़कर खींचा "क्या खड़े हो ? आओ चलें, इससे बात करने में भी पाप है !"

मैं चलने लगा, बिहारी वैसे ही खड़ा था, सीढ़ियों के पास, जैसे वह आदमी नहीं, लकड़ी का खंभा है, जिससे लहरें टकराती हैं और लौट जाती हैं, नावें बँधती हैं और खुल जाती हैं।

■

शाखामृग

सब लोग निराश भाव से मुँह लटकाये अपने-अपने घरों को लौट चले, लखिया के सात पुश्त को कोसते हुए। यह भी क्या मजाक है, पहले तो हल्ला-गुल्ला मचाकर सारे गाँव को तमाशा देखने का न्योता दिया और जब सब लोग अपना काम-काज छोड़कर इकट्ठे हुए तो औरत को पिंजड़े में बन्द कर दिया और अपने दरवाजे पर इस तरह उकड़ू बैठ गया जैसे कुछ हुआ ही नहीं।

मगर धन्नो चाची भी एक ही थीं। चमाइन से पेट छिप सकता है, पण्डिताइन का लड़का मूर में पड़ जाये, पर धन्नो चाची से कुछ छिप जाना या उन्हें बेवकूफ बनाकर निकल जाना एकदम से मुश्किल है। वे मुँह देखकर भाँप लेतीं कि कुत्ते ने किसकी हाँड़ी में मुँह डाला है। माथे का पल्ला ठीक करती हुई बरजोरी अँचरा उड़ा-उड़ाकर लाज-शरम से खिलवाड़ करने वाली हवा को कोसती हुई धन्नो चाची इस तरह मुस्कराती हुई लौटीं जैसे गली में खड़े साठ-साठ के पाठे उनके सामने घुटने चलते बच्चे हैं। लोग-बाग चाची को देखकर ही समझ गये कि सुराग लग गया।

"उसकी घरवाली दूसरे के बैठ रहेगी," चाची ने झेंपते हुए इस अन्दाज से

कहा जैसे किसी औरत का चाल-चलन उन्हें कतई पसन्द नहीं।

"दूसरे के बैठ रहेगी···" अपनी मसवीरी को आँख की पलकों से ठेलने की कोशिश करते हुए बेलभद्दर ऐसे हँसा जैसे मकई से कौवों को उड़ाने के लिए कनस्तर पीटा जा रहा हो, "हम तो यारो पहले ही बोल दिया था कि लुगाई के लच्छन अच्छे नहीं हैं। ऐसे करम निखट्टू के साथ जिन्दगानी चलाने से वह रही। तिरिया के माथे से सरम का पल्लू खिसका नहीं कि पुरसे भर ऊँची चहारदीवारी घुटने को आ रही। बेलभद्दर चालीस के ऊपर में भी 'बाल बरमचारी' था, सो चाल-चलन के बारे में उसके बोल को दागदार कौन कहे, सब लक्खीलाल को करम का पीटा और उसकी घरवाली को निखूटी गाय का भद्दा-सा खिताब दे अपनी-अपनी राह लगे।

लक्खीलाल लाख में एक थे। कद भगवान् ने ठिगना दिया था, साँवला रंग, भरा-पूरा। लक्खीलाल ने बारह-बारह अंगुल के काकुल को उल्टे फेरकर अपनी ऊँचाई में तीन अंगुल का इजाफा कर लिया था। चेहरे पर चेचक के दाग थे, सो चेहरा अपनी नक्काशी में मायूसी से पनाह माँगता था। लक्खीलाल को जब देखिये, बत्तीसी खिली हुई। उनकी प्यारी-प्यारी हँसी हमेशा होठों का टट्टर खिसकाकर झाँका करती, लिहाजा होठों ने अपनी हद तै कर ली थी और उससे जौ बराबर सिमट जाने को वे गुनाह मानते। लक्खीलाल को अपनी तलवार-कट मूँछ पर इतना गुमान था, जितना टीपू सुलतान को अपने नेजे पर भी न रहा होगा।

पिछले साल की बात है। लक्खीलाल उस दिन कमरू-कमच्छा से लौटे थे। वैसे तो वे अक्सर ही एक-दो महीने बाद पन्द्रह-बीस दिन की छुट्टी मनाने के लिए कहीं निकल पड़ते, यह किसी को न मालूम होता कि लक्खीलाल कहाँ गये। लौटकर आते तो खुद ही अपनी तफरीह का हाल-चाल दोस्तों को सुना जाते। मगर इस बार पूरे पाँच महीने के बाद जब लक्खीलाल गाँव लौटे तो उनके वे पुराने दुश्मन भी मिलने के लिए आये जो उन्हें घाट-घाट का पानी पीने वाला लावारिस कुत्ता समझकर अपने दिमाग से निकाल चुके थे। पाँच महीने चाय-बगान में साधारण मजदूर की जिन्दगी बसर करके अपनी सैलानी तबीयत से लाचार होकर जब लक्खीलाल गाँव लौटे तो उनके चेचकरू गालों पर सँवराई थोड़ी घनी हो गयी थी, चेहरा थोड़ा पिचककर लम्बोतरा हो गया था, पर मूँछ वैसी की वैसी थी, उसमें किसी तरह की तब्दीली नहीं आयी थी।

"कहाँ गये थे लक्खीलाल ?" गलियों में, चौराहों पर जो भी उन्हें देखता पूछ बैठता।

"देसाउर" लक्खीलाल यों कहते मानो पास के बाजार से सौदा-सुलुफ खरीदकर लौट रहे हों। लोग-बाग उनका जवाब सुनकर चुँधिया जाते, आँखें झपकाकर शान्त श्रद्धा भाव से खड़े हो जाते। लक्खीलाल का दिल पसीज जाता, धीरे से कहते—"कमरू-कमच्छा से आ रहा हूँ, चाचा।"

"कमरू-कमच्छा, बाप रे, अरे वही जहाँ आदमियों को औरतें भेड़ा बना लेती हैं ?"

लक्खीलाल के चेहरे पर चिरपरिचित प्यारी हँसी खेल जाती, वे बड़े ढंग से सिर हिलाते, उत्सुकता, आश्चर्य और कुतूहल की अभेद्य दीवार को फाँदते-कूदते अपने घर पहुँचते।

दूसरे दिन लक्खीलाल के चबूतरे पर आदमियों की खासी भीड़ जमा थी। बीचोबीच रस्सी बनाने की एक परेता-मशीन लगी थी। तीन परेते, गड़ारी पर जड़े हुए, जिसे बैठकर एक आदमी रस्सी में लपेटकर खींचता। सन की एकरस पतली बिना गाँठ की सीधी सुतली तैयार होती जाती, लक्खीलाल इन सुतलियों को रीठे के पानी में धोकर तरह-तरह के रंगों में रँगते। चबूतरे पर एक तरफ कोने में एक बोरसी में उपले की आग जल रही थी जिसके पास पीले, नीले, हरे और लाल रंग की कई पतुकियाँ रखी थीं ! लक्खीलाल के हाथ मशीन के पुर्जे की तरह घूमते। बीच-बीच में रस्सी बटने, रंग तैयार करने आदि की कला पर वे अपना व्याख्यान भी देते जाते। बैलों के लिए गरौधियाँ, सिट्टे, पगहियाँ, घास बाँधने की रंगीन रस्सियाँ, कुएँ से पानी निकालने के लिए पतली रंगीन डोरियों की उनके चबूतरे पर ढेर लग गयी। दाम भी बहुत कम। बस रँगाई-बनाई के थोड़े से पैसे। सन तो किसान दे जाते। लक्खीलाल का धन्धा चल निकला।

बेलभद्दर पगहे की गराँव बनाने में देस-दिहात में मशहूर था। उसके पैर के अँगूठे की घाहों में आधे इंच मोटे घट्ठे उभर आये थे। अँगूठे में रस्सी फँसाकर वह इतना तेज खींचता कि गाँठें जमकर रह जातीं, जैसे मशीन में दबायी गयी हों। पर लक्खीलाल तो हाथ की पतली-पतली उँगलियों से ही ऐसे करतब से गाँठ बनाते कि कल्ले लहसुन की पोटी की तरह बैठ जाते। इनकी सँड़सी की तरह काली पतली उँगलियों में से तीन में गिलट की सफेद छल्लियाँ पड़ी थीं।

"लक्खीलाल, कान फूँककर हमको चेला कर लो।" बेलभद्दर अपनी मसवीरो को मचकाकर कहता, "अपने हाथ का गुन थोड़ा हमें भी सिखा दो।"

"सरकार," लक्खीलाल ने चाय-बगान से यह नया अन्दाज सीखा था, "माई की दया है, गुन बताने से नहीं बाबू, दया-दृष्टि से पाया जाता है।" वे अपनी काली-काली अँगुलियों को जोड़कर माथे से लगाते और श्रद्धा-भाव से आँख मूँदकर 'माई' को प्रणाम करते।

दो दिन के बाद लक्खीलाल का परेता चबूतरे से उखड़कर भीतर आँगन में चला गया। घर का दरवाजा बन्द रहने लगा, वैसे द्वार पर सन और सूत की कुछ रंगीन रस्सियाँ, पतली-पतली लरों वाली गरौधियाँ तथा घण्टी और गुरियों से भरी हुई गरावें खूँटियों में टँगी रहतीं। आँगन में अब मर्दों की जगह औरतों की भीड़ रहने लगी। सूत की रंगीन डोरियाँ, पलंग के लिए ओरदवानी, अरंगनी के लिए रस्सी,

यहाँ तक कि साये के लिए इजारबन्द भी लक्खीलाल ही बनाने लगे। लक्खीलाल का रस्सी-बटाई का धन्धा करीब एक महीने तक यों ही चलता रहा। बहुत दिनों के बाद वे आज चबूतरे पर आकर बैठे थे, उनकी दिलचस्प कहानियाँ और कमरू-कमच्छा के जादुई रूप की दास्तान सुननेवालों की एक खासी अच्छी भीड़ इकट्ठी हो गयी, पर लक्खीलाल बड़े उदास नजर आ रहे थे, बोलते-बोलते चुप हो जाते, जैसे किसी गुम हुई चीज के बारे में सोचते रहे हों।

"ए छोरा, मेरी चूल काटना माँगता है।" लक्खीलाल ने वीरा नाई के छोकरे को गली से जाते देखकर पुकारा, "आ जा बाबू, जरा चूल कर दे तो।" नाई के छोकरे को तो जैसे किसी ने पेट में घूँसा जड़ दिया हो। हक्का-बक्का ताकता रहा, "क्या कर दें चूल···चूल क्या ?"

लक्खीलाल खिलखिला के हँसे, जैसे भाड़ में पड़े चने पर गरम बालू गिराया गया हो, "अरे छोरे, बाल काटना है बाल," फिर कुछ सोचकर वे मन-ही-मन शरमाये, "जाओ गनीमत है, असम देश में होते और बाल काटने को कहा जाता तो नाई बेटा लोग दौड़ाके चपेटते, मारकर भुरकुस ही निकाल देते, हाँ।" लक्खीलाल हँसते-हँसते लहालोट हो गये। कोई काण्ड याद आ गया शायद, बोले, "असम भी अजूबा देस है, केला कह दो तो औरत लोग जूता खींचकर खदेड़ लें, बाप रे !" उनका चेहरा बड़ा गमगीन हो गया। नाई का लड़का चबूतरे पर आ गया था, जिसे लक्खीलाल काकुल और तलवार-कट मूँछ काटने की स्टाइल पर हिदायतें देने लगे।

एक महीना हो गया, किसी को पता नहीं कि लक्खीलाल कहाँ चले गये। दो-चार रोज तक उनकी गैरहाजिरी की टीस को लोग चबूतरे की तरफ झाँक-झाँककर दबाते रहे, इसी बीच पछुवा की गरम हवाएँ टिड्डी दल की तरह खेतों के ऊपर से गुजरने लगीं। एक हफ्ते के अन्दर ही सारा सीवान गेरुए लिबास में ढँक गया, पकी फसलें हवा में यों सरसरातीं जैसे गेहूँ की बालियों में अदेखे सर्प फरफराते निकल गये हों। सभी लोग अपने काम-धाम में जुट गये। किसी को याद ही न रहा कि लक्खीलाल के बारे में भी कुछ सोचना-विचारना चाहिए।

चैत बीत चला। खलिहान में अनाज की ढुरियाँ बनीं और बखारों में जाकर बन्द हो गईं, गलियों में बाइसकोप, बन्दर-भालू वाले मदाड़ियों तथा दूसरे किस्म के खेल-तमाशे दिखाने वालों का ताँता बँध गया, गाँव में अनाज था, इसलिए फेरीवालों का आना-जाना लगा रहा। इसी मास में एक दिन लक्खीलाल बड़ी-सी रंगीन दौरी को लाल रंग की गाउटी से ढके हुए गाँव में घुसे ! गाँव के बीचोबीच टेढ़ी नीम के नीचे उन्होंने दौरी उतार दी। भूँकते कुत्तों को पुचकारा तो छोकरे घरों से बाहर निकल आये। लक्खीलाल ने नीम की पेड़ी से सटाकर दरी बिछा दी। बगल की दौरी से एक-एक चीज इस तरह निकालने लगे जैसे मदारी अपने झोले से जादुई सामान निकालता है। बकरे की झोंझरी की बनी डफलियाँ, जिनके मिट्टी के बने मेंड़रे के

दोनों तरफ मोटे सूत में छोटे-छोटे फुग्गे लगे थे जो डंठल नचाने पर डफ-डफ बोलते। सस्ते भी बहुत, दो पैसे का एक। रबड़ के बबुए और चिड़ियाँ, जिनका पेट दबाने पर पिश्-पिश् की आवाज निकलती, टिन की पिपहरी, रबर के बैलून, दुअन्नी वाली लाल-हरी कंघियां, एक-एक आने के बूटेदार शीशे, जिनमें गोल मुँह लम्बा, और लम्बा मुँह सुईनुमा हो जाता था। लाल-हरे बुन्दे कागज के डब्बे में बन्द थे जिन्हें देखकर क्वाँरी लड़कियाँ ललचाई नजर से अपनी माताओं की ओर ताकने लगतीं।

"क्यों लक्खीलाल !" बेलभद्दर बगल से हथेली में सुरती मलते हुए चला आ रहा था। गाँव में कोई नई बात हो जाए, कोई नया कांड खड़ा हो जाए और वैसे मौके पर बेलभद्दर अगर सबसे पहले न पहुँचे तो जानना चाहिए कि वह बीमार है या कोई और किस्म की गड़बड़ी है।

सुरती की खिल्ली को होंठ और दाँतों के बीच दबाते हुए बेलभद्दर बुदबुदाया, "बहुरुपिया साला" फिर जरा तेज होकर बोला : "क्यों लक्खीलाल, एक डफली जरा हमको भी दे दो भाई।"

"तुम क्या करोगे डफली, यह तो लड़िका लोग के वास्ते है—या कहीं कोई आमद तो नहीं है।" लक्खीलाल अपनी तलवार-कट मूँछ को पूरी लम्बाई में फैलाकर बोले—"दो-चार सौ का जोगाड़ करो तो तुम्हारे वास्ते वो चिड़िया ला दूँ कि पिंजरे में बन्द कर दो तो टिक्कस लेने वालों की भीड़ लग जाए—रावलमुनियाँ ! हाँ, एकदम से रावलमुनियाँ, कनपटी से माँग काढ़ती है, बाल में ऐसा फूल काढ़ती है कि बस मन उलझकर रह जाए।"

बेलभद्दर की आँखें कसककर रह गयीं, सारा शोखी और मजाक का आलम चेहरे की निरीहता में सिमटकर रह गया, डफलियों के ढेर के पास धीरे से बैठते हुए बोला : "सच, कहाँ की है चिड़िया, लेकिन देखो लक्खी भाई, तुम चार साल से मुझे झाँसा दे रहे हो, सुघराई का बयान करके खाली मुँह में पानी ढरकाते हो कि कुछ करोगे भी; चार सौ तो जाने कब का जोड़ के रक्खे हूँ···" बेलभद्दर वैसे ही गिड़गिड़ाये जा रहा था, पर लक्खीलाल को तो जैसे फुरसत ही नहीं, डफलियाँ फुर्र से उड़ रही थीं। दो पैसे की एक—"हाँ भई, लेना होय सो लइ लो, उठी जात है पैठ—समय चूक पुनि का पछताने, हाँ नहीं तो डफ् डफ् डफ्—" लक्खीलाल चिल्ला-चिल्लाकर गाहकों का मन फँसा रहे थे, उधर बेलभद्दर जलकर राख हुआ जा रहा था।

"लक्खीलाल," बेलभद्दर गुसमुसाकर बोला, "डफला डफली तो बिकी रही है, जरा मेरी भी तो सुनो···"

"रहो भाई, हाँ रे, खोखा डफली नहीं, भिसिल लेगा, फिश हाँ—ना ना ना तो ई तो एक आने में आएगी—डफली दो पैसे की आती है तो क्या हुआ, ई टीन की है वह माटी की—हाँ हाँ जाकर माँग ला दो पैसे और···ये छोरी तू काहे को खड़ी

है। अरे हाँ, तू तो गुलाबो, अरे टिकुली ले ले लाल, हरी, फिर मत कहना कि लक्खीलाल ने बताया नहीं।"

गुलाबो वैसे ही खड़ी रही, लक्खीलाल ने उसकी ओर देखा और टिकुलियों का एक पोथा उसकी ओर बढ़ाते हुए बोले : "छाँट ले छाँट, पैसे तेरी माँ से लूँगा।" पर गुलाबो अब भी टस-से-मस नहीं हुई, लक्खीलाल ने घुड़ककर कहा, "लेती क्यों नहीं !"

गुलाबो रोने लगी। सीपिया आँखों से झर-झर आँसू बरस पड़े। वह मुड़कर जल्दी से घर में चली गई। लक्खीलाल टिकुलियों का पोथा हाथ में लिये अजीब ढंग से हक्का-बक्का ताकते रहे।

"लक्खीलाल," बेलभद्दर जैसे सोकर उठा हो—"तो बताओ न···"

"रहो यार, तुमको अपनी ही पड़ी है, यह गुलाबो को क्या हुआ है, अरे इस जगपती चाचा की छोरी को ? हाँ इत्ती बड़ी हुई, टिकुली छाँटने को कहा तो छोरी झर-झर रोने लगी। इसमें भला रोने की क्या बात है···"

"जगपती का जमाई मर गया, गुलाबो की तो किस्मत ही फूट गई, कुल एक महीना हुआ—तुमको मालूम नहीं···खैर छोड़ो, यह तो पुरानी बात हुई, हाँ ये बताओ कि इस बार भी तो···"

लक्खीलाल ने टिकुलियों का पोथा दौरी में फेंक दिया और धीरे से उठकर जगपती के दरवाजे पर गये। वह कुछ कहना चाहते थे, गलती हो गई थी, पर बात बढ़ न जाए, कहें कि न कहें, गुलाबो की माँ से ही माफी माँग लें। वे दरवाजे पर दो-चार चक्कर काटते रहे, हिम्मत न पड़ी तो धीरे से लौट आये। एक मिनट भी न लगा होगा, कि लक्खीलाल ने बचा-खुचा सामान दौरी में कस लिया। ऊपर से गाउटी डालकर दौरी उठाई और चल पड़े। "लक्खीलाल !" बेलभद्दर ने उन्हें जाते देखा तो पीछे से लपककर बोला—"अरे कुछ हमारा भी तो सुनते जाओ···"

"अरे जा भी, बूढ़ा खूसट, आईने में अपनी मसवीरी नहीं देखता ?" लक्खीलाल को बेहद गुस्सा आ गया था, उन्होंने मुड़कर देखा भी नहीं। ढुलकते हुए गाँव के बाहर चले गये।

लक्खीलाल के तमाशे का पहला चरण समाप्त हो चुका था, सदा की भाँति उन्होंने फिर एक महीने का मध्यान्तर डाल दिया। किसी को नहीं मालूम कि इस बीच के समय में वे क्या करते, कहाँ रहते। तरह-तरह की बातें सुनाई पड़तीं। कोई कहता सड़क पार वाली कसबिन से उनकी आशनाई है। पैसा रहता है तब घर में रहने देती है, खत्म होते ही लक्खीलाल कोई-न-कोई रोजगार शुरू कर देते हैं। पैसा हुआ नहीं कि फिर उसी जगह बन्द। कोई कहता, गँजेड़ी है, दम साधे पड़ा रहता है, टेट खाली होती है, नशे में फरक पड़ता है, तब रोजगार की सुध आती है। कितने लोग तो लक्खीलाल से इन्हीं सुनी-सुनाई बातों के आधार पर घृणा भी करने लगे,

अपने दरवाजे पर उनका आना-जाना भी इन्हें अच्छा नहीं लगता।

कार्तिक का पहला पखवारा था। इस बार लक्खीलाल ने लम्बा गैप डाल दिया। गाँव में उनके बारे में बड़े अपशकुन-भरे विचार मँडराने लगे थे। कुछ ममतावाली औरतें उनकी चर्चा चलने पर आँखों में आँसू भर लातीं—"कौन है बेचारे की खोज-खबर लेने वाला। मर भी जाए तो कोई आँसू न गारेगा।" लक्खीलाल के बारे में वे ऐसे बातें करतीं जैसे आदमी के बारे में नहीं किसी हड़के कुत्ते के बारे में बात हो रही हो। जो रात ढले जब चारों तरफ घोर सन्नाटा छा जाता है, गाँव अपनी ही उपजाई उदासी में इस तरह सिमटा रहता है जैसे महामारी ने खड़ी दीवारों से सारी जिन्दगी छीन ली हो, तब हवा की आहट पर भी वह हड़का कुत्ता भूँक देता, घरों में सोये लोग कुड़मुड़ाते, हाँ, ऐसे ही भूँक देता है कभी-कभी—बिना मतलब, फिर चुप, जैसे कुछ हुआ नहीं और चार महीने हो गये, वह कुत्ता जो कभी-कभी नींद में सोये लोगों को भूँककर जगा देता था, बे-मतलब, दिखाई नहीं पड़ता, रेल से कट गया, किसी हड्डी गुदाम में फँसा है, या किसी ने गुड़ में कुचिला खिला दिया उसे। क्या हुआ बेचारे का। किसी को पता नहीं।

और तब एक दिन, भोर में कोई पाँच ही बजे, लक्खीलाल की दालान में एक विचित्र तरह की आवाज उठने लगी, एक ऐसी आवाज जो गाँव में छाये सन्नाटे को बेधती हुई लक्खीलाल के विषय में फैली 'शुभ चिन्ताओं' को चीर रही थी। जो चिल्ला-चिल्लाकर लक्खीलाल के होने का ऐलान कर रही थी। आने-जाने वाले अचम्भे से खिंचे चले आते, खिड़की से झाँककर देखते। लक्खीलाल ने अपनी दालान में सिलाई की मशीन डाल रक्खी थी। पैडल पर पाँव मारते तो मशीन की चरखी ऐसे चिर्राती जैसे बहुत दिनों से तेल के अभाव में रखी हुई कुएँ की गड़ारी आवाज करती है। एक फटे-पुराने कपड़े को सुई के नीचे खिसकाते हुए लक्खीलाल बुदबुदाये, "ठीक है, चलेगी।"

किरणें आसमान में आयी भी न थीं कि बेलभद्दर ने दरवाजे की साँकल खड़खड़ायी।

"कौन है भाऽइ" लक्खीलाल को जैसे फालतू लोगों से मिलने की कतई फुर्सत नहीं है। बेलभद्दर भीतर घुस आया।

"क्या बात है—ओह तुम हो, कहो-कहो, बनियान सिलानी है कि तकिये की खोली" लक्खीलाल मुस्कराये; जैसे कह रहे हों क्या समझा है तुमने। बारीक-से-बारीक कपड़े की सिलाई कर सकते हैं हम।

बेलभद्दर ने उनकी सिलाई-मशीन की ऐसी जाँच शुरू की गोया वह तमाशबीन न होकर कोई मिस्त्री हो। मशीन का लोहा बिलकुल मुर्चीला हो गया था, चरखी में लगी डोरी इतनी गन्दी हो गयी थी जैसे रसोईघर की बल्लियों में बँधी मुद्दत से पड़ी हुई थी।

''कहाँ से जाकड़ी माल उठा लाये'' बेलभद्दर ठठाके हँसा—''किसी दर्जी ने नीलाम बोला होगा, लाओ, हाथ मारो, कसम से।''

''बैल की पूँछ मरोड़ो और हल की मिट्‌टी काछो, भकचोनर कहीं के'' गुस्से के मारे लक्खीलाल की मूँछ फैलने-सिकुड़ने लगी, ''कभी देखी भी है सिलाई की मशीन। इतनी अच्छी मशीन करीमबख्श टेलर मास्टर की दुकान में भी एक नहीं होगी। गरीबी जो न कराए राजा, वरना वह दर्जी इस मशीन को मखमल की खोल पेन्हा के रखता था, हाँ नहीं तो, और तुम हो नयनसुखदास कि इसको जाकड़ी माल कहते हो, और हुजूर आपकी उस चिड़िया का ब्लाउज भी इसी मशीन से उतरेगा, और जब वह पेन्हेगी तब तुम अपने इस भोथर चैले जैसे हाथ से एक बार सहलाकर लक्खीलाल के पास गोड़-चुमौना करने आओगे। तब लक्खीलाल पैर की ठोकर से दरवाजा भेड़कर चिल्लाएँगे—निकल जाओ, बेहूदे बदतमीज, यह क्या कोई यतीमखाना है कि तेरी मेहर रहती है यहाँ जो आकर डेरा डाल···'' लक्खीलाल ने दाँत से जीभ काट ली। बेलभद्दर को डाँटते वक्त अनजाने में उन्होंने वे ही बातें दुहरा दीं जो सड़क पार वाली कसबिन गुस्से में उन्हें कहा करती थी।

''अच्छा भई, गुस्सा थूको यार, यह बताओ कि वो चिड़िया वाली बात कुछ आगे भी बढ़ेगी कि बस हर बार झाँसा ही दिये जाओगे···''

''भाड़ में जाओ तुम और तुम्हारी चिड़िया···लेकिन ठहरो, तुम्हारा सब काम ठीक कर दूँगा लेकिन एक शर्त पर—गाँव में घूम-घूमकर ऐलान करना होगा···''

''क्या ऐलान करना होगा···''

''यही कि लक्खीलाल कपड़ा तो ऐसा सीता है कि बस, एक बार पहन ले तो फिर बस। अब लोग-लुगाई को कस्बे जाने की जरूरत नहीं, सिलाई भी एकदम से कम। सब तरह का कपड़ा, कुर्ता, कमीज, साया, ब्लाउज, हाँ खासतौर से बनियान और तकिया की खोल। पहलवानी वाला जाँघिया भी।''

''इसमें क्या धरा है, अभी लो।'' बेलभद्दर हँसते हुए बाहर चला गया।

बेलभद्दर ने ऐलान तो ऐसा किया कि तमाशबीनों की भीड़ लग गयी। लक्खीलाल का पागलपन देखने बहुत आये, मर्द, बच्चे-लुगाई, सभी; पर कपड़ा किसी ने न दिया। दो-चार रेखियाउठान छोकरों ने कुश्ती वाले जाँघिये के लिए दो-चार गज गाढ़े का कपड़ा जरूर दिया। लक्खीलाल बड़े खुश थे। शुरुआत बुरी नहीं हुई।

रात-रात-भर जाग कर लक्खीलाल ने जाँघिए तैयार किये। यह उनका इम्तहान था। यदि इसमें पास हो गये तो बस पौ बारह है। सुबह थोड़ा शंकित, थोड़ा खुश-खुश जब लड़के लक्खीलाल की दालान में आये तो उन्होंने आलमारी से जाँघिए यों निकाले जैसे दूल्हे के लिए जामाजोड़ा निकाल रहे हों। बड़े प्यार से उन्होंने कपड़ों को मशीन के तख़्ते पर रखा। जाँघिए पहन कर लड़के जब बाहर आये तो एक गुस्से से बोला—''यह जाँघिया है कि तकिये का खोल। देखो तो जाँघ पर इत्ता ढीला है कि दो सेर मिट्‌टी

घुस जाए।''

''बस इत्ती-सी बात, अन्दाज नहीं मिला, मोरी बड़ी हो गयी, लाओ अभी तुरुप दें, एक मिन्ट का काम है, हाँ नहीं तो।''

लक्खीलाल ने मोरी छोटी करके जाँघिया लौटाया। लड़के की कसरती जाँघों पर इस बार जाँघिया चस्पा बैठा पर ऊपर अब भी ढीला था। तभी खिड़की से नेवले की तरह झाँकते हुए बेलभद्दर बोला--''ओ रे बुट्टू, तेरा जाँघिया तो कमाल का सिला है पर पीछे इतना उभरा क्यों है ? कबूतर तो नहीं चुराये हैं।''

बुट्टू ने पीछे मुड़कर देखा तो उसका चेहरा गुस्से से लाल हो गया, कमर के नीचे इतना ढीला था कि वह झुककर पीछे लटक गया था। उसने गुस्से से जाँघिया उतारकर लक्खीलाल के मुँह पर दे मारा : ''ऐसा अच्छा कपड़ा खराब करके रख दिया, बुड़बक कहीं के, सहूर नहीं था तो सिलाई की मशीन लाकर क्यों डाल लिया।''

''सुनो राजा बाबू, हाथ ही तो है जरा-सा घूम गया, हम इसे उभार कर ठीक कर देते हैं, इसमें गुस्से की कोई बात है क्या ? आपका जाँघिया बिल्कुल मुफ्त में बनाएँगे, गलती तो इन्सान से ही होती है'' लक्खीलाल एक साँस में इतना कुछ कह के चुप हो गये। उनका चेहरा हारे जुआरी की तरह बेरौनक हो गया था, वे कभी मशीन की ओर देखते कभी जाँघिये की ओर। पहले कपड़े की सिलाई की यह शुहरत उनकी रोजी का गला टीप देगी, मशीन में लगे रुपये भी डाँड़ जाएँगे--लेकिन कोई बात नहीं, उन्होंने अपने मन को दिलासा दिया, अभी रियाज नहीं है, दो-एक कपड़े और सिलने पर सब हो जाएगा।

''बुट्टू बाबू, आप खड़े क्यों हैं सरकार, बैठ जाइए गरीब परवर, अभी एक मिन्ट में सब हुआ जाता है। रात का माजरा था, हाथ हिल गया और जाँघिया एक ऐसा कपड़ा है सरकार, कि इसमें एक इंच का भी ढीला-ढाला नहीं चलता। एकदम चस्पा होना चाहिए, बदन में ऐसा फिट होना चाहिए कि मालूम ही नहीं हो कि जाँघिया पहने है। है न, कुर्ता, कमीज वगैरह सीना तो बिलकुल आसान है पर जाँघिया सीना बहुत मुश्किल।'' बेलभद्दर दरवाजा खोलकर भीतर आ गया और कुटिल ढंग से मुसकराते हुए बोला--''ठीक बात है बुट्टू, जाँघिया सीना कोई हँसी-खेल नहीं--औरत का ब्लाउज और मरद का जाँघिया दोनों का ही सीना टेढ़ा काम है'' फिर वह लक्खीलाल के पास धीरे से फुसफुसाया--''तुम्हारा काम कर आया लक्खीलाल, मेरे को याद रखना।''

''ठीक है, ठीक है,'' लक्खीलाल ने उसे विदा करने की गरज से कहा, ''फिर बात हो जाएगी, है न।'' और वे जाँघिये की सीयन को सुई की नोक़ से उभार कर दाँतों से कुटकने लगे, ''अभी हो जाता है बुट्टू बाबू।''

''खाक हो जाता है'' बुट्टू भुनभुनाया और एक तरफ तख्त पर बैठ गया।

इस तरह लक्खीलाल के सिलाई के धन्धे का बिसमिल्ला ही गलत हो गया,

पर उन्होंने आज तक अपने जीवन में कभी हार नहीं मानी। हुनर की कमी की शिकायत उन्होंने कभी न सुनी। तरह-तरह के धन्धे किये, किसी काम को उन्होंने एक महीने दो महीने से अधिक नहीं चलने दिया, यह इसलिए कि उसमें उनका मन न लगा, कोई ऐसी चीज न मिली जो उन्हें बाँधकर रख सके, कुछ ऐसा न था जो उन्हें उलझाये रहे। पर पहली बार उन्हें लगा कि सिलाई की मशीन उनके मन के खिलाफ जा रही है। यह उन्हें मंजूर न था।

दो महीने हो गये, लक्खीलाल के मकान में मशीन का खड़खड़ाना बन्द हो गया था, वे फिर कहीं निकल पड़े। पर इस बार लौटे जल्दी और गाँव में हर बार से अधिक सनसनी के साथ। पहले तो लोगों को विश्वास ही नहीं हुआ कि लक्खीलाल जैसे आदमी की भी शादी हो सकती है, पर जब दरवाजे पर डफला और नगाड़ा बजा, नाई, धोबी, बाभन और अन्य परजा-पौनी को नेग-निछावर देकर लक्खीलाल ने घर में बहू को उतार दिया, तो दुलहिन का मुँह देखने के लिए औरतों की जमात टूट पड़ी।

और अभी एक महीना भी नहीं बीता, दुलहिन के नाखूनों के रंग फीके भी नहीं हुए, चूनर ने धोबी का घर भी नहीं देखा, दरवाजे का कोहबर पानी की बौछार से धुला तक नहीं, गली के सामने खंडहर में भोज के पत्ते-पुरवे अभी भी टूटे-फूटे पड़े ही हैं कि यह तूफान खड़ा हो गया। लक्खीलाल ने अपनी घरवाली को पीटकर पिंजड़े में वन्द कर दिया। लोग-बाग तमाशा देखने आये और निराश होकर लक्खीलाल को गालियाँ देते लौटने लगे।

''कहीं भागने का डौल बाँध रहा होगा'' रामलगन पंडित ने कहा, ''करक लगन का जन्मा है यह लखिया। कोई काम आदमी की तरह नहीं करता, बहुरुपिया—आज कुछ, कल कुछ। कभी बाजा, कभी सिलाई, कभी दौरी, कभी बटाई। बन्दर है एकदम से बन्दर। शाखा मिरिग। तुलसीदास कह गये हैं न :

शाखा मृग की यहि मनुसाई, साखा ते साखा पर जाई।''

लक्खीलाल अपने दरवाजे की बाजू के साथ वैसे ही चिपककर बैठे थे।

बेलभद्दर को रहा नहीं गया। हाथ में खैनी मलते, होठों में कुटिल मुसकराहट का चूना पोते वह लक्खीलाल के पास जाकर खड़ा हो गया।

''क्यों लक्खीलाल,'' बेलभद्दर यों हँसा जैसे पुरानी बातों का उसे पूरा बदला मिल गया। दूसरों के लिए चिड़िया फाँसते थे बेटा। बोला—''क्या बात है लक्खीलाल ?''

''बात क्या है···कुछ भी नहीं। यह बेहया कहती है कि दूसरों के बैठ रहेगी। कहती है कि मुझे भी क्या डफली समझ लिया है कि उँगली नचाओगे और मैं बाजूँगी। इसकी धौंस देखो—कहती है कि मुझे परेता समझा है कि सिलाई की मशीन, छोड़ के चले कि दूसरों के बैठ रहूँगी···''

लक्खीलाल गुस्से के मारे हाँफने लगे थे।

"तब क्या होगा अब !" बेलभद्दर बोला।

"होगा क्या, निकले तो घर से, मार के पैर तोड़ दूँगा, न मैं दरवाजे से हटूँगा न उसे घर से बाहर निकलने दूँगा।"

बेलभद्दर पास की गली में मुड़ गया। लक्खीलाल के पक्खे में एक मुक्का था, जिसके सामने उसकी घरवाली खड़ी थी। जाने क्यों वह बड़ी खुश नजर आ रही थी और आईने में मुँह देखकर मुसकरा रही थी।

■

सुबह के बादल

अभी-अभी सूरज निकला था। ताजा, लाल-लाल। नये-नये जन्मे बच्चे की तरह किलकता हुआ। उषा के मायूस साँवले मुँह पर पलभर के लिए सुनहरी आभा छा गयी थी, बच्चे को जनने के बाद जैसे हर माँ के पीड़ा से साँवले पड़े चेहरे पर छा जाती है। रूखी अलकों की तरह पूरबी दिशा में फैली हुई बँसवरियों से उषा के चेहरे का उल्लास झाँकने लगा था, चिड़ियाँ चहक उठी थीं, काले भुचंगे ने अपनी आखिरी ठनकार तक लुटा दी। तभी भोर में काँपते पेड़ के पत्ते एक झटके से काँप उठे थे। तेज हवा के साथ ही सारा आसमान मुर्दे की आँखों की तरह निस्तेज उदास बादलों से भर गया।

आम की गीली कुसली पैर के नीचे आ गयी थी। दीनू गोला की पूँछ न पकड़ता तो अभी तक आसमान ताकता होता। पहले तो एक क्षण तक गोला भी भौंचक खड़ा रहा, पूँछ मरोड़ने वाले इन्सान तो उसने बहुत देखे थे, पर पूँछ से लटक जाने वाले से पहली बार सामना हुआ था। वह हड़बड़ा गया और बिदककर भाग चला। दीनू ने इधर-उधर देखा, गली के मोड़ पर ठाकुर की बखरी के कोने से नेवले की तरह गरदन निकालकर बहिरा झाँक रहा था, और दीनू की ओर हाथ फेंक-फेंककर बेतहाशा हँसे जा रहा था।

"अबे, हँसता क्या है, वो देख, कैसा हरिने की तरह कुलाँचे मार रहा है, तू तो साला कहता था कि गोला गद्दड़ है—पूँछ तोड़ के रख दो तो भी न टसकेगा,

देखा कैसा दौड़ाया है, रेल से भिड़ा दो तो डाँक जाए, तेरा वो घोंचा मैना क्या खाके पाएगा इसे।''

बहिरा वैसे ही हँसी के मारे लोटन कबूतर बना जा रहा था, दीनू कुछ कह रहा है यह तो वह देख रहा था, पर क्या कह रहा था यह उसे मालूम नहीं और न जानने की जरूरत ही थी उसे।

''बहिरबंड कहीं का साला ! कुछ सुनना न जानना बस हें-हें हँसता जाएगा।'' दीनू ने अपनी झेंप मिटाने के लिए आसमान की ओर देखा, गोला को एक भद्दी गाली दी, लाठी को झटककर कन्धे पर रखा और इधर-उधर ताककर रेंगने लगा :

बदरा बंगाले से आये, हाँ-हाँ रे राम···

''ए छोकरे, सुनता भी है, जाने कब से बुला रहा हूँ, और तू है तानसेन का दादा बना कि बस अलापचारी भरे जा रहा है···मुड़कर देखता तक नहीं।'' दीनू ने मुड़कर देखा, नकद दो दर्जन गालियाँ निकाल ली थीं हलक तक, ताबड़तोड़ दाग देने को। पर सामने डाकिये को खड़ा देख सहम गया।

''क्या है मुंशी जी, जय हिन्द।''

''जय हिन्द'' मुंशी ने उँगली जीभ पर मारी और सटी हुई एक चिट्ठी को चुरमुराते हुए पूछा, ''क्यों रे, सुदामी पासिन कोई है क्या तेरे यहाँ ?''

''हाँ-हाँ, है क्यों नहीं, अरे जरा, सम्हलकर मुंशीजी, आगे गीली कुसली देखते हैं न, पैर के नीचे पड़ी नहीं कि बस ऐसे गिरेंगे—ऐसे—बस—गामा पहलवान की तरह, जब मंगलाराय ने उसको कलाजंग पर मारा था—सुना आपने। पैसे के तीन आम मिलते थे पारसाल और यह बुढ़िया अब तीन पैसे का एक देती है, पर राम जाने इतनी कुसलियाँ कहाँ से आ गयी हैं कि हर गली में कोई-न-कोई, पत्ते के नीचे, राख के भीतर, छिपी बैठी है, बस, पैर पड़ा नहीं कि ऐसा धोबिया पाट मारती हैं कि धड़ाम···''

''अच्छा भई मान गये, तू खाली तानसेन का ही बाप नहीं गामा का भी बाप है, ये ले चिट्ठी और दौड़ जा, बुढ़िया को दे देना, दो ठो आम भी ले लेना, एक अपने लिए और एक मेरे लिए।''

मुंशी कुछ और भी कहता तब तक दीनू ने एक झपट्टा लगाया, चिट्ठी को फड़फड़ाता गली में भागा, ''तुम्हारे आम रक्खे रहेंगे मुंशी, कभी आ के ले लेना।''

''अच्छा, अच्छा'', मुंशी ने चश्मा उतारकर, भागते हुए लड़के को देखा और तभी उनके बटुरकर गूलर बने होठों पर एक प्यारी-सी हँसी दौड़ गयी, आँखों पर चश्मा चढ़ाते हुए बुदबुदाये, ''लड़का है कि चरखी है, कभी भी तो कल से रहता। जैसे कमबख्त के पैर में कोई जोड़ ही नहीं है, बरू कुलाँचें मारा करता है।'' मुंशी ने जीभ पर उँगली मारी और कार्ड चुरमुराते गली में मुड़ गये।

दीनू वैसे ही बेतहाशा भागा जा रहा था। सामने पुरसा भर ऊँचे चबूतरे पर

चौकी पर बैठे पंडित घूरेलाल तेल की मालिश करा रहे थे, पर आज जाने क्या हो गया था छोकरे को कि वह उन्हें देखकर भी अनदेखा कर रहा था। मांस के लोथड़े में धँसी आँखें एक लमहे के लिए लड़के के इस गुमान पर कड़वे तेल की तरह झनक उठीं, पण्डित घूरेलाल ने अपनी जनानी आवाज में गुस्से की बुकनी डालकर ललकारा, "क्यों रे दीनू, किस प्रकार का कागद है···" पण्डित घूरेलाल एक वाक्य बोलकर व्यग्रता के साथ अपनी तोंद पर लरजती तेल की बूँदें देखने लगे थे। ऐसे मौकों पर उनका बुरा हाल हो जाता क्योंकि वे लाख चाहने पर भी आज तक गुस्से से भरा एक वाक्य भी नहीं बोल सके; कितनी ही बार गुस्सा आता, पूरी तैयारी के साथ ठाँय से कुछ कह जाने की बारहा कोशिश करते, पर हर बार अंगारे की तरह दहकते हुए लफ्ज उनके मुँह के बाहर निकलते ही पिघले हुए लावे की शकल में कुड़मुड़ाकर रह जाते—अपनी इस असफल कोशिश के बाद वह हमेशा बेहद खामोश हो जाते—क्योंकि गली से गुजरने वाला कोई भी उनके सवाल का जवाब ही न देता, पर जाने कैसे आज दौड़ते घोड़े की बाग को करारा झटका लग गया था, दीनू के उतावले पैर एक क्षण को थम गये थे—और उसने सामने चबूतरे पर पण्डित जी को देखते ही धनुष सम्हाला और बीसों बार का सधाया हुआ पुराना तीर छोड़ दिया।

काँगरेस के तीन दलाल, बब्बन, झब्बन, घूरेलाल।

पंडित घूरेलाल के दोनों लड़के बब्बन और झब्बन बगल की पलंगड़ी पर बैठे फरुही का फंका मार रहे थे। अचानक हमले से वे तमतमाये और ओरवानी के नीचे से गिट्टी उठाकर फटाफट फेंकने लगे ! दीनू को मालूम था कि तीर निशाने पर लगा है इसलिए वह एक हाथ में चिट्ठी को टाँगे, विजय के झंडे की तरह फहराता गली में भागा जा रहा था। घूरे पण्डित अपनी झंकार भरी आवाज में हँसी की किलकारियाँ भरे जा रहे थे। वे आज बेहद खुश थे क्योंकि उन्हें लग रहा था कि आज उनका गुस्सा बेकार नहीं गया। उनके दोनों लड़के अगिया-बैताल की तरह गिट्टी उठा-उठाकर अंधाधुन्ध फेंके जा रहे थे। घूरेलाल को बड़ा गुस्सा आया कि ऐसे अवसर पर ये गधे शान्त क्यों नहीं बैठते। जोर से दहाड़े, "अरे मुर्खों···" पण्डित घूरेलाल ने सोचा था कि उन्हें अब गुस्सा करना आ गया है, पर आवाज इस बार फिर चिनगारी की जगह ठंडी राख बनकर ही निकली तो एकदम निराश होकर मायूसी-भरी आवाज में बोले, "बब्बनजी और झब्बनजी सुनो, सामने खरल में दवा डाल दी है जाके उसे कूटो, अभी स्नान-ध्यान से निवृत्त होकर मैं भी आ रहा हूँ···"

सुदामी पासिन गाँव के एक छोर पर अपनी बगिया में ही फूस की छपरी डाल के रहती थी। उसे एक लड़का था जो उसे छोड़कर कलकत्ता चला गया था इसलिए सन्तान के नाम पर पाँच पेड़ आम थे, घरबार के नाम पर यही बगिया। वह आमों की नींद सोती थी, और आमों की नींद उठती, उन्हें वह जान से ज्यादा जोगा के रखती। किसकी मजाल थी कि कोई उसकी आँख के नीचे से एक जूठी कोंपल भी

छू दे।

''सुद्दो चाची'' चिट्ठी को एक हाथ से कमर के पीछे छुपाये दीनू ने कहा—''मैं तो नहीं बताऊँगा'' सुदामी भूरे बालों से अपने मुँह को ढाँके बैठी थी, वह पानी की मटकी में पीले आमों को डालती और उन्हें धो-धो कर बगल की दौरी में रखती जाती। बालों के झोंझ के भीतर से उसकी आँखें बया के बच्चे की तरह बाग के तमाम पेड़ों को टुकुर-टुकुर देखती रहतीं, वह बैठे-बैठे ही हर पेड़ के नीचे चूने वाले आमों की गिनती करती जाती, अभी कुल दो कम दो बीसी आम चुए थे कि दीनू ने फिर पुकारा, ''सुद्दो चाची, हम तो नहीं बताएँगे।''

दौरी के बगल में सोये हुए डंडे को चट से खींचते हुए बुढ़िया भटककर खड़ी हुई। उसे हमेशा इस तरह के छोकरों से डर बना रहता। बहुरूपिये की तरह मुखौटा डालकर छोकरे आते, सुद्दो चाची की बीस बार जुहार करते, पालागी करते और जरा नजर भँजी नहीं कि दो-एक आम झटककर चलते बनते। इसी कारण बुढ़िया हमेशा अपने पास सोंटा रखकर बैठती और किसी को 'सुद्दो चाची' कहते सुनती तो चटाक डंडा खींचकर खड़ी हो जाती। बुढ़िया की इस आदत से दीनू खूब परिचित था, वह कलाबाज बन्दर की तरह छटककर एक तरफ खड़ा हो गया। चिट्ठी को कमर के पीछे छुपाये हुए दोनों पैर पर जोर देकर, एक खटके पर ही सरकसी जवान की तरह कूद जाने की अदा में खड़ा होकर वह बुढ़िया के भूरे बालों और झुर्रियों में धँसी आँखों में आँखें डाले घूरता रहा।

''क्या है रे, सुद्दो चाची को अपनी माँ की···'' बुढ़िया ने एक गन्दी जनाना गाली देकर होठों को ऐसा फैलाया कि उसके मिस्सी से करियाये दाँत शरीफे के दाने की तरह बाहर निकल आये—''यहाँ क्या तेरे वास्ते कफ्फन रखा है जो सुद्दो चाची से माँगने आया है ?''

''नहीं सुद्दो चाची'' दीनू ने होठों को गोल बनाकर एक बार 'पू' किया और बोला—''मिसिर चाचा पूछ रहे थे तुम्हारे लिए नये बाँस की टिकठी बनेगी या पुराने की।''

बुढ़िया ने खींचकर सोंटा फेंका, दीनू चौंककर चिट्ठी वाले हाथ को हवा में भाँजते अलग खड़ा हो गया।

''यह चिट्ठी किस की लिया है, बचवा ने भेजी है क्या—'' अचानक बुढ़िया की आँखें भर आयीं और वह खुशी में मुँह फैलाये, साड़ी में हाथ पोंछती, ललचाये लड़के की तरह चिट्ठी को लेने के लिए आगे बढ़ी।

''मैं नहीं बताता, मैं क्या तेरा नौकर हूँ, तू समझती है कि सब लोग तेरे ये खट्टे आम चुराने को आते हैं। कंजूस, डाइन कहीं की।''

''अरे बेटा तू है दीनू, भगवान् तुझे जल्दी जवान बनायें, मैं तो सोचती थी बहिरा है—''

"हाँ, हाँ, मैं ही हूँ बेटा दीनू, तू तो समझती थी कि बस मुफ्त में आम लेने आया हूँ। डाक मुंशी ने चिट्ठी दी तब से दौड़ते-दौड़ते दम फूल गयी, और तुमने आम देना तो दूर उल्टे सोंटा मारा। कहीं मेरी टाँग टूट गयी होती तो तू अन्धी मुझे बैठाकर खिलाती, क्यूँ ?" दीनू ने चेहरा ऐसा बनाया कि एक क्षण के लिए बुढ़िया भी अपने को गुनहगार माने बिना न रही।

"अच्छा बेटा, माफ करो भैया," बुढ़िया की झुर्रियों में धँसी आँखें खुशी और याचना के भाव से अजीब मालूम होती थीं। वह चिट्ठी लेने के लिए हाथ फैलाकर यों आगे बढ़ी जैसे कोई बड़ी देर से रोता हुआ लड़का उसकी परेशानी में ही आनन्द लेने वाले किसी प्रौढ़ के हाथों से अपनी कटी पतंग लेने को मचल उठे।

"ना ना," दीनू चिट्ठी को पीठ के पीछे करते दो कदम खिसकता हुआ बोला—"बिना आम के चिट्ठी नहीं मिलने की—"

बुढ़िया झुँझला उठी पर लाचार थी। आखिर को उसने अपनी दौरी से एक छोटा-सा पिचका हुआ आम निकालकर दीनू को दिया और 'बचवा' की चिट्ठी को रक्तहीन सूखे हाथों में लेकर छाती से लगा लिया गोया वह चिट्ठी नहीं थी कोई सन्देश-वाहक कबूतर था जिसके नन्हे से गर्म दिल की धड़कन बुढ़िया की ममता-भरी छाती में समाती जा रही थी।

इधर चिट्ठी को छाती से लगाये अपने निर्दयी बचवा के बारे में जाने बुढ़िया क्या-क्या सोचती हुई बुत की तरह निश्चेष्ट खड़ी थी उधर दीनू आम को हाथ में दबाये दौड़ता जा रहा था। दौड़ने की सारी जिम्मेवारी उसने अभ्यस्त पैरों पर ही छोड़ दी थी, क्योंकि बुद्धि तो उस समय पिचके हुए उस छोटे-से आम की सुरक्षा में लगी हुई थी। उँगलियों की पकड़ मुलायम थी जैसे आम न होकर वह कोई जानदार नाजुक चीज हो जो जोर से पकड़ने पर मर जाएगी। इसलिए उँगलियों को इस कदर रखना होगा कि चीज पकड़ में भी रहे और उस पर दबाव भी न पड़े।

भागते हुए सरपट कुत्ते को बगल से गुजरते देख जैसे बुरी नसल के घोड़े भड़क उठते है वैसे ही दीनू को दौड़ते देख ठाकुर का नौकर हरिया चरनी पर से यों भड़ककर कूदा जैसे उसने ऊदबिलाव देख लिया हो।

"अबे मुझी से उस्तादी," उसने रास्ता काटकर बीचोबीच खड़ा होके कहा, "बुढ़िया का आम तिड़ी करके यों भागा जा रहा है जैसे कहीं आग लगी हो ! वाह उस्ताद, आधा तो हमें दे ही दो, हमारा-तुम्हारा पुराना वादा है—"

"ऐ है, बड़ा आया साझीदार; चमार कहीं का, जाके अपना मुँह तो देख आ, सूअर की तरह थूथन निकाले, जब भी कोई चीज हाथ में देखी सामने खड़ा हो जाता है—" हरिया दीनू की बात पर यों हँसा जैसे अलादीन के चिराग वाला जिन्न किसी आदमजात को देख के हँस पड़ता था, उसने अपने लोहे की तरह सख्त हाथों में दीनू की कलाई पकड़ ली, दीनू ने झटककर कहा—"देख बे, हाथ छोड़ दे मेरा, नहीं

साले वो लंगी दूँगा कि तेरे सात पुश्त की कमर टूट जाएगी हाँ···क्या समझा है तूने–" मजबूत हाथ की पकड़ सख्त होती जा रही थी, दीनू जोर से चिल्लाया, "बाबू साहब–" आवाज छावनी में सोये बुढ़ऊ ठाकुर को पुकार रही थी जिनके नाम से हरिया को दिन में ही तारे नजर आने लगते थे। मजबूत हाथ की पकड़ ऐसी ढीली हो गयी जैसे किसी ने जलती सलाख रख दी हो।

"जाओ न, जाओ, तुम्हें कौन पकड़ता है–झूठे चिल्ला रहे हो···" हरिया का चेहरा ऐसा हो गया था जैसे किसी ने सेंध के दरवाजे पर चोर को पकड़ चार जूते रसीद कर दिये हों। वह भुनभुनाया–"अच्छा बेटा बदला न लिया तो मेरा नाम हरिया नहीं···" और बन्दर की तरह उचक कर चरनी में छुप रहा।

दीनू ने विजय की किलकारी मारी और हुर्र से घर की ओर भागा। दरवाजे से झाँककर देखा माँ आँगन में नहीं थी, वह भीतर हेल गया और किवाड़ के पल्ले हटाकर कोने वाले कमरे में चला गया। भीतर का सारा वातावरण लोहवान और किसी तीखी दवा की गन्ध से भरा हुआ था, शायद राजी ने अभी-अभी कै की थी। तेल की चीकट से काली पड़ी दरी पर एक गन्दे से तकिये पर सिर टिकाये राजी लेटी थी–"राजी···" दीनू फुसफुसाया, "ये ले, बड़ी मुश्किल से मिला है एक, जाने कितना दौड़ना पड़ा। जल्दी खा डाल, नहीं तो अम्मा देख लेंगी तो फिर आफत हो जाएगी।"

"एक ही लाया है !" राजी ने नाराज होकर कहा, "मैंने तो दो माँगे थे।"

"पर मिलता कहाँ से ! बिना पैसे के बुढ़िया देती है ? एक के लिए ही कितना करना पड़ा।"

छिलका उतारकर जब दीनू ने राजी को आम थमाया तो उसके मुँह में पानी भर आया पर राजी ने उसे एक कतरा भी न दिया, उल्टे नाराज होकर बोली, "मरा-सा आम लाया है···"

राजी को सुलाते वक्त उसने उसका सिर छूकर देखा तो वह तवे की तरह जल रहा था–"राजी, तुझे तो बहुत जोर का जर है न ?" वह कुछ न बोली। दरवाजे पर पैरों की आहट सुनायी पड़ी। दीनू ने छिलके और कुसली चुनकर मुट्ठी में भर लिया और दबे पाँवों दरवाजे के पास सिकुड़ कर खड़ा हो गया, झाँककर देखा माँ बगल वाले कमरे में जा रही थीं। वह हड़बड़ाकर भागा तो दरवाजा खड़क उठा !

"दीनू !"

माँ के सामने वह अपराधी की तरह खड़ा था।

"पीछे क्या चुराये है, सामने हाथ कर···" भय के आँसुओं में डबडबायी आँखें माँ के चेहरे पर लगी थीं–खुले हाथों में छिलके और कुसली देखकर माँ बिफर पड़ी और उसने जोर से एक थप्पड़ मार दिया, "हत्यारा कहीं का, मारना है तो उसे लेकर गँड़ासा काट दे, घुलाकर काहे मारता है···कहाँ से चुराकर लाया था आम ?" दीनू

सुबक रहा था, वह कुछ बोल न सका। माँ गुस्से में काँप रही थीं, "बाप रुपये कमाने गया था, हंडा लाने; वहीं चुड़ैल रखकर अपनी मिट्टी दे रहा है और तू है साढ़े साती पैदा हुआ कि घर भर को गंगा में भेजकर तब कल पाएगा···एक पखवारा हो गया वह तो न मरेगी न जीयेगी···घर में मुट्ठी-भर अन्न नहीं कि हाँड़ी चढ़े—और तू है लाट का नाती बना कि सारे गाँव में ऊधम मचाकर हमारी छाती तोड़ रहा है—एक बाँड़ा बैल है वह किसी के खेत में पड़ा होगा तो अभी कोई उलाहना लेकर आएगा—खड़ा क्या है चौपट कुलच्छन, जाकर कहीं मर खप।"

गुस्से में अम्मा ने धोयी हुई थाली उठा ली थी, उसे वह नाबदान के पास बड़ी देर तक मलती धोती रही और अपनी छाती में जमे दर्द के पत्थरों को गलाकर बहाती रही···

"दीनू," बड़ी देर के बाद उन्होंने पुकारा, "जा के वैद्य जी को बुला ला, मैं अभी गयी थी तो वह नहाकर पूजा पर बैठे थे। देख खाली हो गये हों तो साथ ही बुलाते आना।" दीनू चौखट पर बैठा वैसे ही सुबक रहा था। माँ की बात सुनकर उठा। कुसली और छिलके वह वैसे ही हाथ में दबाये था जो उसके आँसुओं में सनकर और भी गीले हो गए। उसने इन्हें धीरे से चौकठ के नीचे फेंका, कुर्ते से आँसू पोंछते हुए दालान से बाहर निकल गया, माँ ने कनखी ताककर उसे देखा और थाल में लगी राख को छुड़ाने के लिए आँसुओं की धारा बहाने लगीं।

बादल घने होते जा रहे थे। हवा बिलकुल बन्द थी। मुश्किल से दो घरी दिन चढ़ा होगा, अभी-अभी सबेरा हुआ था, अभी उषा के स्वागत में पंछी बोले ही थे, वृक्षों की फुनगियों पर अभी एक क्षण के लिए ही बाल-सूर्य की लाल रोशनी पालने में झूली थी कि बादलों के काले झुण्ड ने सारे आसमान को ढँक लिया। बड़ा उदास मौसम था, गलियाँ बिलकुल सुनसान थीं, जैसे किसी को घर से बाहर निकलने की फुरसत ही नहीं मिलती।

पण्डित घूरेलाल अपने दालान में बैठे, सुरती का बड़ा-सा खिल्ला मुँह में दाबे 'आरोग्य' का कोई अंक देख रहे थे। बीच-बीच में सफहों के बीच उँगली लगाकर वे मुट्ठी बन्द करके पत्रिका को छाती से लगा लेते और चारपाई के नीचे गरदन करके पिच् से थूकते और फिर इत्मीनान से उँगली लगे हुए पन्ने को उलटकर बड़े गौर से पढ़ने लगते। दालान के बाहर चौकठ पर बैठकर बब्बन जी और झब्बनजी खरल में दवा कूट रहे थे। दीनू को चबूतरे पर चढ़ते देखा तो दोनों कनकनाकर दौड़े। शिकार सामने था, अभी घंटे-भर पहले दीनू ने जो सधा तीर मारा था उसकी चोट कलेजे में साल रही थी। पर छोकरा तो जैसे अभी-अभी नहाकर आ रहा है, जैसे वह वह नहीं है जो था। बब्बन और झब्बन जी एक क्षण के लिए सहमकर खड़े हो गये। दीनू चुपचाप चौकठ के पास गया। उसने अपने दोनों कान पकड़े और बिना किसी के कुछ कहे उठा-बैठी लगाने लगा। बब्बन जी और झब्बन जी उसके

पास आकर खड़े हो गए। और दोनों गिनती गिनने लगे—एक, दो, तीन, चार, पाँच, दस, बीस···

"क्या है मूर्खो··· !" पण्डित घूरेलाल जोश में आकर बोले—"बब्बन जी और झब्बन जी, इस समय दवा कूट डालो बेटा, गिनती बाद में गिनना···" घूरेलाल ने 'आरोग्य' को मुट्ठी में बाँधा और पिच् से थूककर फिर पन्ना खोलकर पढ़ने लगे।

बाइस, तेइस, चौबीस, पच्चीस, छब्बीस-चालिस-पैंतालिस गिनती के साथ किसी के हाँफने की आवाज सुनकर घूरेलाल बाहर आये। दीनू का चेहरा लाल हो गया था। उसकी आँखों में पानी तैर रहा था, पर जाने कैसे वह बाहर नहीं आ पाता था।

घूरेलाल एक क्षण के लिए हतप्रभ खड़े रह गये, "यह सब क्या हो रहा है ?"

"बाबू जी," बब्बन जी ने कहा, "यह माफी माँगने आया है, इसने आपको सुबह चिढ़ाया था न।"

"हाँ, अब तक पचास बार उठा-बैठी कर चुका है," झब्बन जी ने हँसते हुए अपने बाप को देखा।

"बन्द करो यह सब—मूर्खो ! शाम तक दवा कूटो, बब्बन जी और झब्बन जी···" घूरेलाल गुस्से में जाने क्या कहना चाहते पर कुछ कह न सके। उन्होंने आगे बढ़कर दीनू का हाथ पकड़ लिया—"यह सब क्यों कर रहे हो दीनू बेटा···"

बाँध टूट गया, आँखों में तैरता पानी बिखर गया।

"राजी बहुत बीमार है पण्डित चाचा !" वह आगे कुछ न कह सका और फूटकर रो पड़ा।

"हाँ, हाँ राजी ठीक हो जाएगी, इसमें रोने की क्या बात है ! बब्बन जी, दवा की झोली लाना मेरी···चलो-चलो अभी देखता हूँ···अभी···"

दवा देकर और जल्दी ठीक हो जाने की भविष्यवाणी करके घूरेलाल चले गये। दीनू चुपचाप दोनों हाथों पर गाल टिकाये अपने घर के चौकठ पर बैठा सामने फैले सीवान को देख रहा था। नयी-नयी घासों की हरियाली में पूँछ उठाये बछवे, गायें, बैल कुलाचें मार रहे थे। दूर ताड़ के पेड़ों के नीचे कुछ छोकरे होला-पाती खेलने में मशगूल थे। उनकी खुशियों की किलकारियाँ मोर की आवाज की तरह पूरे खित्ते को बाँध रही थीं। दीनू शायद अपने बाप के बारे में सोच रहा था, पर वह तो बहुत दूर था कलकत्ते में। किसी और के साथ अपनी जिन्दगी की गाड़ी को खींच रहा था वह। सारे सीवान में नयी खेती का उत्साह फैला है। सब लोग अपने-अपने खेतों में काम कर रहे हैं—लड़के दौड़-धूप मचा रहे हैं, दीनू चुपचाप सब देख रहा था।

"क्यों बे कहा था न, कि बदला नहीं लिया तो मेरा नाम हरिया नहीं ! देख ले यह तेरा ही बाँड़ा है न, मालिक की बीया में पड़ा था, देख ले पैर में अभी भी पाँक लगी है, ले चलता हूँ बुढ़ऊ के पास, अभी आते हैं छोटे सरकार तो तेरी माँ

की···" हरिया ने एक निहायत भद्दी किस्म की गाली दी जिसे सुनना दीनू के लिए सदा मुश्किल हो जाता है। वह अपनी औकात के खिलाफ ऐसे मौकों पर गाली देने वाले का मुँह नोच लेना जरूरी मानता है। हरिया, चमार कहीं का। सूअर का थूथुन—माँ की गाली !

दीनू तमक कर उठा और हरिया के पास जाकर खड़ा हो गया। पर खुली मुट्ठियाँ भिंच न सकीं।

"देखो हरी चाचा, गलती हो गयी मुझसे, माफ कर दो मुझे।"

"गलती हो गयी सूअर कहीं का !" हरिया ने अपनी सख्त उँगलियों से उसका कान पकड़कर खींचा।

"तुम मेरा कान तोड़ दो, मुझे थप्पड़ मार दो···पर बुढ़ऊ से मत कहना, नहीं मेरी माँ को बड़ा दुःख होगा, राजी बहुत बीमार है—" दीनू की आँखों में जैसे आज बाढ़ आ गयी थी, झर-झर आँसू गिरे जा रहे थे। हरिया घबराकर आगे बढ़ आया। उसने उसका हाथ अपने हाथों में लेकर दुलारा, "अरे तो बुढ़ऊ से कौन साला कहने जा रहा है, रोओ मत, रोओ मत, दीनू, धत् तेरे की, इतनी-सी बात पर रोने लग गये—हरिया चुपचाप चला था, पर जाने क्या था दीनू की उन उदास आँखों में कि उसका भी गला भर आया।

"अच्छा-अच्छा, दीनू तुम घर जाओ, हम इसे तुम्हारी चरनी पर बाँध आते हैं, कोई फिकर की बात नहीं है—" जैसे-तैसे करके हरिया बैल को हाँककर वहाँ से चला जाना चाहता था, उसे नहीं मालूम था कि दीनू को समझाने के लिए और क्या कहना चाहिए।

दीनू ने आँसू पोंछ लिये। हरिया बाँड़ा हाँककर गली में चला गया था। दीनू आकर चौकठ पर फिर उसी जगह बैठ गया। घर में घुसने की हिम्मत नहीं पड़ती थी। राजी का बुखार तेज हो गया था। अम्मा सिरहाने बैठी ठंडे तेल की पट्टियाँ बनाकर उसके सिर पर रखती जाती थीं, राजी बेहोशी में छटपटा रही थी।

बादलों से बूँदाबाँदी शुरू हो गयी थी। ताड़ के पेड़ों के नीचे खेलते छोकरे भींजने के डर से इधर-उधर जाकर छिप गये थे। फुहारों के पड़ने से मवेशी कनकना कर दौड़ते हुए पेड़ों की छाया में आ रहे थे। दीनू वैसे ही बैठा सब देख रहा था—

"क्यों उस्ताद, दोनों खा गये या एक हमारे लिए भी रखा ?" डाकमुंशी बूँदाबाँदी से बचने के लिए दालान में आकर खड़ा हो गया।

दीनू चुप।

"अरे बोलो तो उस्ताद, यह क्या मुँह फुलाकर बैठ गये हो, ऐसे ही कमबख्त सुबह-सुबह बारिश होने लगी और दूसरे तुम मुँह फुलाकर बैठ गये, तुम्हारी माँ ने बुलाया था, क्या बात है, शायद चिट्ठी के लिए पूछना था, हाँ-हाँ तो चिट्ठी आ जाएगी, इसमें क्या मुँह फुलाने की बात है।"

"राजी बहुत बीमार है, मुंशीजी ?"

"राजी बीमार है तो क्या हुआ, वह भी ठीक हो जायेगी, इत्ती-सी बात है, बाप की चिट्ठी नहीं आयी और बहन जरा-सी बीमार हो गयी, बस सारा दाँव भूल गये, अरे वाह उस्ताद ! अरे भाई हँसो, हँसो जरा हँस दो तो बादल फट जाएँ, हमें दूसरे गाँव जाना है···

"नहीं हँसोगे ? अच्छा तो भई जय हिन्द, मैं तो चला।"

चौकठ के नीचे कुसली पर मुंशी का पैर फिसल गया—चिट्ठियों का थैला धब्ब से दूर जा गिरा। मुंशी ने दीवाल का सहारा लिया और एक हाथ से किसी तरह चश्मे को गिरने से रोका। दीनू खिलखिलाकर कूदा—"कहो मुंशीजी हः हः हः···कहता था न कि पैर पड़ा नहीं कि बस लगा धोबियापाट और गिरे धड़ाम···" दीनू तालियाँ पीटकर ठहाका लगाये जा रहा था। गली की ओर से बहिरा भी आ गया। मुंशी ने झोला उठाया और छोकरों की ओर गुस्से से देखते चल दिये।

"कुसली पर फिसल गया था।" दीनू ने कहा।

"ठीक किया, एक ही लंघी मारी न, एक और मारना चाहिए था—"

दीनू ने घूरकर बहिरा को देखा—"बहिरबंड कहता कुछ है सुनता कुछ है।" बहिरा बेवकूफ की तरह हँसता रहा पर दीनू की हँसी ऐसी थी जैसे उसने वह हँसी आज ही सबेरे अर्जित की हो।

■

आखिरी बात

फुन्नन मियाँ आशिकाना तबीयत के आदमी थे। लाल-हरे तारों से बँधी नैची, जरीदार दुपलिया टोपी, मोटी नाक और उस पर ऐंठ के साथ जमे हुए चश्मे की तरह यह तबीयत भी उन्हें बाप-दादों की पुश्तैनी जमींदारी के साथ विरासत में मिली थी।

जमींदारी टूटी तो बड़े मियाँ को गम न हुआ कि जमीन चली गयी या कि नैची-टोपी और चश्मे की सदाबहारी रौनक में कोई फर्क आ गया। उन्हें गम असल में इस बात का हुआ कि लोग-बाग अब खाहमखाँ उनकी उस तबीयत को फितूर समझने लगेंगे, सन्देह की नजर से देखेंगे और बहुत जले-भुने तो वे मूजी लोग भी,

जो चन्द दिनों पहले उनके फेंके हुए टुकड़ों पर कुत्तों की तरह टूटते थे, उनके मिजाज को मुरादाबादी मुलम्मा कहने के अहमकपने से बाज न आयेंगे।

इसी डर से फुन्नन मियाँ ने जमींदारी टूटने के साथ ही अपनी चार बच्चों वाली बीवी की सलमे-सितारे जड़ी ओढ़नी पर फबतियाँ कसना छोड़ दिया, कुएँ पर पानी भरने वालियों के सामने नये तर्ज के बाल काढ़ने के हुनर पर लेक्चर देने की आदत को तर्क किया। यही नहीं, उन्होंने गाँव के 'रेखिया उठान' छोकरों को 'गुलबकावली' की दास्तान सुनाना भी बन्द कर दिया।

फुन्नन मियाँ के इस असमय वैराग्य से गाँव में एक अजीब उदासी छा गयी। बैठकें अब भी होतीं, नैची अब भी गुड़गुड़ाती; पर फुन्नन मियाँ थे कि जुबान से कब्ज के ताले खोलना गुनाह मानते। लोगों की बातों पर पलकें मुलका कर यों मुस्कराते जैसे कोई प्राइमरी स्कूल का मास्टर टेढ़ी-मेढ़ी लकीर को हरफ समझने वाले छोकरों को बढ़ावा दे रहा हो।

पर जाने कैसे उस दिन फुन्नन मियाँ को बड़ा गुस्सा आ गया। मोटी नाक पर ऐंठ से जमे चश्मे से घूरते हुए बोले, "हरखू पण्डित, कभी तुम्हारे बाप-दादा ने भी घोड़ा पाला है ! ढेले तोड़कर चार सीकड़े जोड़ लिये और बन गये धन्ना सेठ ! पड़ोसी का घर उजड़ा तुम्हारे लिए ईंधन हुआ ! एक घोड़े को जितनी रातिब लगती है उतने में तुम्हारे खानदान भर का खाना होगा। घोड़े की नस्लों के बारे में ऐसे बात कर रहे हो जैसे घोड़े न हुए धान के पौदे हों—कि बाल लटकती देखी तो कह दिया—सामजीरा, सहदेइया, दाऊदखानी, कुमोद, सगुनी, रायहँस, केतुकी···!"

फुन्नन मियाँ जाने और कितने किस्म के धानों के नाम गिना जाते तभी उन्हें जैसे याद आ गया कि बात घोड़ों की हो रही थी। चट से पैंतरा बदलकर बोले, "कभी सलोतर (शालिहोत्र) देखा है ? घोड़े की बाल-भौंरी का भी कुछ इलम रखते हो ? काका, कुम्मैत, लील, ज़रदा, मुश्की रंग के घोड़ों की पहचान से वाकिफ हो ? अबलक, चाल, सुरंग, ताजी, नुकरा, खुरमुज, पंचकल्यान का नाम सुना है ?" एक साँस में घोड़ों की इतनी सारी किस्में बयान कर फुन्नन मियाँ ने हरखू पण्डित की ओर यों देखा जैसे दो-एक दिन धूल लपेटकर रियाज ठोंकने वाले घगण्डी छोकरे को चारों खाने चित पटककर कोई बड़ा पहलवान मुस्करा रहा हो।

बात बहुत छोटी थी, पर फुन्नन मियाँ को बड़ा तैश आ गया था। हरखू पण्डित ने अभी पिछले सावन में एक कुम्मैत बछेड़ा खरीदा था। चाल सिखाने के लिए मुकर्रर किया था अकनी वाले बख़्तावर को जिसे वे दुनिया-भर के सवारों में यकताँ मानते थे। हाथों में खैनी मलते हुए, अपनी मिरजई की जेब से चुलौटी निकालकर उन्होंने फुन्नन मियाँ की खसखसी दाढ़ी पर यों आँख गड़ायी थी जैसे कोई पुराना सूदखोर अपने असामी के छप्पर की तीलियाँ गिन रहा हो। फिर होठों के बीच सुरती का बीड़ा जमाते हुए बोले, "बात कोई कुछ करे पर बख़्तावर के जोड़ का सवार हमने

नहीं देखा। मदन भी कोई बड़ा घोड़ा फेरता है, जिस अभागे की पीठ पर बैठा या तो उसे इक्के में जोतने के लिए निकालना पड़ा या फिर किसी बनिया-तेली को लद्दू की जरूरत पड़ी तो ले गया बोरियाँ लादने। सुरती की पीक को पिच्च से थूककर हरखू पण्डित ने आस-पास बैठे लोगों की ओर देखा और लम्बी उसाँस लेकर बोले, "हमारे बाप-दादे तो जजमानी करते थे राज-रियासतों में, ईश्वर की कृपा से एक-से-एक जानवर बँधते रहे हैं अपने थान पर। हम कोई भभूत पोतकर जोगी नहीं बने हैं। अण्डे-मछली बेचकर, धोके से जमींदारी हड़पने का कार-बार हमारे पुरुखों ने नहीं किया है।"

हरखू पण्डित ने आँख दबायी और ऐसे ढंग से हँसे कि फुन्नन मियाँ का चेहरा पेशावरी बादाम की तरह निकल आया। पर उन्होंने एक लफ्ज भी न कहा, मुस्कराते हुए सामने के पेड़ को देखते रहे। क्योंकि वे जानते थे कि हरखू पण्डित की बात अभी खत्म नहीं हुई है, लेहाजा बीच में बोलना दंगल के वसूल के खिलाफ होगा। "बख्तावर खाली सवार नहीं है श्रीमान्, वह गुरू है, ओस्ताद ! घोड़े के पैर में पैजनी बाँधकर जब वह पीछे लम्बी हण्टर लेकर एक हाथ से झाँझ बजाता तो घोड़े थिरक उठते। उसके मुँह से 'वाह बेटा' की आवाज निकली नहीं कि पैजनी झनकने लगती, गरदन की मोहरमाला तो ऐसे ठुनकती कि कुछ पूछो मत, और झाँझ की आवाज पर घोड़े ऐसे नाचते कि कोई रण्डी हो···क्या खाकर कोई मुकाबला करेगा बख्तावर का।"

फुन्नन मियाँ जोर से ठहाका लगाकर हँस पड़े। हवा की लहर पर उनकी दाढ़ी ऐसे सुरसुरायी जैसे सरपत में उदबिलाव घुस आया हो। ताली पीटकर बोले, "भई वाह, वाह वाह, वल्लाह, आपने तो हद कर दी। घोड़े को रण्डी बना दिया। मैं भी कहूँ कि क्यों घुड़दौड़ों में बख्तावर के घोड़े इतनी नजाकत दिखाते हैं—दूसरे घोड़े जब दौड़कर मील भर दूर जाते हैं तो बख्तावर के घोड़े एक ही जगह पर वो जमावट दिखाते हैं—जैसे कोई भालू नाच रहा हो। पण्डित जी, घोड़े को रण्डी बना देना बड़ा आसान है, पर किसिम-किसिम की चालें सिखाकर पक्का जानवर बना देना बहुत मुश्किल। मदन पाण्डे घोड़े को घोड़ा बनाता है, ऐसा घोड़ा कि हजारों में एक। अभी पिछले साल तो ठाकुर सुभगसिंह के नुकड़े को फेर रहा था। इलाके-भर के सवारों ने ऐलान कर दिया था कि ऐसा गद्दड़ जानवर नहीं देखा।" लेकिन घोड़े को देखते ही मदन ने कहा था, "बाबू साहब, जानवर खानदानी है, दोकड़हे सवारों से मत फिरवाइये, नहीं फिर हाथ आने से रहा। जानवर था कि शैतान था सा'ब ! वो बदन कि ऊपर चारपाई डाल दो तो बाल बराबर फरक न पड़े, पर हुनर के नाम पर एकदम फिसड्डी। कूदना, भड़कना, सरपट दौड़ना, पुश्तें मारना—इसके अलावा वो जानता ही क्या था। दूसरा सवार होता तो मारे कोड़े के खाल खींच लेता। पर मदन ने तिनके से भी न छुआ। गाँव के पूरब वाले रास्ते पर लोमड़ी देखकर कमबख्त बिदका।

पर वाह रे मदन ! चट भाँप गया कि बिदकने में ही घोड़े के पैर दोगामा में पड़े हैं। बस चटाक नीचे उतरा, घी पिलाया, किशमिश खिलायी, कहा बस बेटा, मार लिया, यही है, यही है ! और साहब दो हफ्ते में घोड़ा था कि दोगामे में हवा से बातें करता था।"

हरखू पण्डित मुस्कराये। वे जानते थे कि जबाँदानी का असर अफीम से भी तेज होता है। श्रोता-मण्डली ने फुन्नन मियाँ को आत्म-समर्पण कर दिया था। हरखू पण्डित ने पलक झपते दस्ती का एक हाथ लगाया, "और लाइन पार वाली जहीरन के डेरे पर देबा पहलवान ने जो हाथ मारा तो मदन पाण्डे ने दो ढमनियाँ के बाद दोगामा की वह चाल दिखायी कि कुछ पूछो नहीं।" हरखू पण्डित सूखे पेड़ की तरह खड़खड़ाये, "हे ईश्वर, उसने तो खानदान की नाक कटा दी खाँ साहेब ! अरे ऐशबाजी भी करे तो पीट के आये, यह क्या कि किसी ने एक धौल जमायी, और बस, सिर पे पाँव रख के भगे !"

"बात बदल दी न ?" फुन्नन मियाँ निराश भाव से जमीन की ओर देखने लगे। जहीरन के नाम से जाने क्यों वे बहुत गम्भीर हो गये। उनकी मोटी नाक जैसे चिन्ता के भार से झुक गयी। गहरी साँस लेकर बोले, "दुनिया कहती है पण्डितजी की रण्डी की जात बेवफा होती है, वह आदमी से नहीं पैसे से मुहब्बत करती है। पर भला आप ही सोचिये मदन के पास कौन-सा खजाना था। खाने के लाले पड़े रहते थे। पर वह बेवकूफ छोकरी उस पे जान देती थी। जिस महफिल में मदन न हुआ, बस–लाख कोशिश हुई मगर महफिल न जमी। और मदन का चेहरा दिखायी पड़ जाना चाहिए, जहीरन पपीहे की तरह चहकने लगती, सारी महफिल जैसे नयी खुशबू से भर जाती। ठाकुर सुभगसिंह ने वो अपनी लड़की की शादी पर मजाकन पूछ भी दिया था, "मदन में कौन-सा सुर्खाब का पर लगा है भला ?" जहीरन ताव खाकर बोली थी, "सुर्खाब के पर पैसे से नहीं उगते बाबू साहब, मासूम दिल की तरावट से उगते हैं वो।" कोई नहीं समझ सका वह राज साहब कि मदन ने जहीरन पर जादू कैसे कर दिया। सीधी-सी बात–जो अपनी ममता से जानवर को वश में कर सकता है, वह यदि इन्सान को वश में कर ले तो क्या आश्चर्य !"

"पर देबा के सामने मदन की क्या हस्ती थी खाँ साहेब !" हरखू पण्डित को गम का यह वातावरण कतई पसन्द न था; वे बोले, "वह भी तो रियासती पहलवान था। अलकपुर के राजा साहब ने उसके खाने-पीने के लिए तीन गाँव मुफ्त छोड़ दिये थे। उस टक्कर का पहलवान भी तो नहीं दिखाई पड़ता। देव जैसा शरीर, रुपये-पैसे तो पानी की तरह बहाता था। क्या करें हरि की इच्छा–मूर्ख बदफेली में फँस गया नहीं तो सितारे-हिन्द हो जाता।"

"रहने भी दीजिए, नानी के आगे ननिहाल का बखान ! जो जानता न हो उसे बताइये ये सब।" फुन्नन मियाँ जाने क्या सोचकर फिर तैश में आ गये थे,

"देबा पहलवान है कि कसाई ! शैतान की सात पुश्तें दोजख में जायें ! जिस शख्स ने ईमानदारी छोड़ दी उसने इन्सानियत छोड़ दी। हमीदा के साथ क्या सलूक किया उसने ? देखा था आपने हमीदा को ? देबा उसके सामने पिद्दी था पिद्दी ! लम्बी फूली तोंद, मोटे लुज-लुज हाथ-पैर—यह भी कोई बदन है ? हमीदा को देखते तो आप उँगली काट लेते। बदन कि जैसे राँगा पिलायी हुई शीशे की मूरत ! वह कसी देह कि पत्थर गिरे तो साहब बालू हो जाये। सारे मुलुक में उसे कन्धा लगा देने वाला कोई माई का लाल नहीं जनमा था। कमबख्त सीधा तो ऐसा था कि कोई आदमी मुँह पर थूक भी दे तो मुस्करा देता था। चलता तो तमाशबीनों की भीड़ लग जाती। हाथी की तरह झूमता था हमीदा ! उसकी पीठ पर मीर हम्जा के पंजे के निशान थे, उसे कोई भी जमीन नहीं छुला सकता था। पर अफसोस, देबा ने कसाई की तरह उसकी जान ले ली।"

"देबा ने ? आप भी खाँ साहेब कमाल करते हैं ! सारी दुनिया जानती है कि हमीदा कुश्ती में थक गया था और खून की कै करके मर गया—और आप हैं जो झूठ-मूठ बेचारे देबा को अपराधी बना रहे हैं !"

"अरे साहब, आपको क्या मालूम। जिस शाम हमीदा मरा, मैं वहाँ मौजूद था। बाल्टी में दूध भरकर दिया गया। दिया भी किसने ? राजा की तवायफ ने। कम्बख्त उस पर जी-जान से निसार था। वह समझता था कि दुनिया में कोई उसका कुछ बिगाड़ दे पर कामरान उसका कभी बुरा न चाहेगी। वो किसी के हाथ का कुछ दिया खाता ही न था। बाल्टी में दूध तो उसने खुद दूहा था। पर उसकी भीतरी जमीन में जहर का रोगन लगा था। बाल्टी कामरान ने दी तो उसे ज़रा भी शक न हुआ। दूध का पीना था कि बस, उसका रेशमी बदन झुलस के काला हो गया। आधे घण्टे के अन्दर उसने दम तोड़ दिया।"

वातावरण बहुत संजीदा हो गया था। खाँ साहेब और पण्डितजी दोनों चुपचाप बैठ गये थे। इस उदासी को तोड़ने की गरज से मैंने कहा, "खाँ साहेब, इजाजत हो तो एक बात पूछूँ ?"

फुन्नन मियाँ ने चश्मे से घूर के देखा और मुस्कराये, "वाह साहेबजादे, हमसे पूछने के लिए हुक्म की जरूरत होती है ? पूछो, पूछो !"

"आपने तो कसम खायी थी कि इश्कबाजी की बातें नहीं करेंगे।"

"मतलब ?" फुन्नन मियाँ घबराये।

"जी कुछ नहीं"···बगल से एक छोकरा पनवाड़ी की दूकान से पान ले आया था। फुन्नन मियाँ के इशारे पर उसने दो बीड़े पण्डित जी को दिये, दो फुन्नन मियाँ को। गिलौरी मुँह में दबाकर फुन्नन मियाँ बोले, "देखो, बरखुरदार, बिना इश्कबाजी के कुछ होता जाता नहीं। इश्क के बिना कोई बड़ा नहीं हो सकता। लेकिन इश्क के मातहत नहीं होना चाहिए। जिसने इस पर कब्जा किया वो बढ़ा, जो इसके कब्जे

में गया, वो गया।"

अब की जाने क्यों हरखू पण्डित ने भी स्वीकृति में सिर हिला दिया। फुन्नन मियाँ बहुत खुश हुए और उन्होंने पॉकेट से एक इलायची निकालकर पण्डित जी को नजर की, बोले, "जनाब, कभी-कभी गरीबखाने पर भी आते रहें। अब तो चाँदी के बाल सफेद हुए, बातों-बातों में ही रंगीनी रह गयी है, क्यों ?" दोनों बुड्ढे जोर से खिलखिलाकर हँस पड़े।

■

ताड़ीघाट का पुल

"ए बाबू बुलाते हैं," नदी के जल से रोही मछली की तरह मुँह निकालकर कमली बोली और बालों से टपकते हुए पानी को गालों से पोंछती हुई मुसकरायी। कमली जब मुसकराती तो उसके औसत से अधिक छोटे-छोटे होठ रोही के मुलायम गलफर की तरह खुल जाते, जिनके पीछे उसके सफेद-सफेद दाँत बहुत भले लगते। जरूर यह रोज इन्हें गंगा की अभ्रकनुमा चमकीली बालू से घण्टों रड़गती होगी, तिलक सोचता। कमली साँवली थी, पर उसकी देह की चमक रोही की पीठ की तरह जल की पारदर्शी चादर के भीतर से झलका करती थी। तिलक न चाहते हुए भी पानी की धार से खिंच जाता था और उसकी आँखें कमली के मुँह, गले के नीचे उभरी हुई चमकदार हड्डियों और उनके नीचे कसकर बाँधी काली पट्टी पर केन्द्रित हो जातीं। कमली तब थोड़ी परेशान होती—उसकी आँखें तिलक की आँखों की राह रोककर खड़ी हो जातीं, एक हल्की-सी टकराहट होती, साँवला रंग थोड़ा ललछौंहा होता और वह पानी में तुरन्त डुबकी मारती तो यों आवाज होती कि कोई अनजानी लहर चमककर बोल गयी, 'धत्'।

थोड़ी देर बाद जल से मुँह निकालकर कमली गम्भीर हो जाती, "मैंने कहा न कि बाबू बुला रहे हैं।"

उसकी गम्भीरता से तिलक को न जाने क्यों गुस्सा आ जाता, "तो क्या मैं तेरे बाबू का नौकर हूँ कि जब मन हुआ हुकुम दाग दिया कि चले आओ ! हुँह, भाग यहाँ से और जाकर कह दे कि मैं नहीं आता।"

तिलक की बात पर कमली को गुस्सा बिल्कुल नहीं आता, वह सिर्फ हँसती रहती। मगर उसे हँसते देख तिलक गुस्से से उफन जाता। पास से कोई कंकड़ खींचकर वह उसकी ओर तेजी से फेंकता, मगर इसके पहले कि कंकड़ कमली के सिर पर गिरे, वह डुबूसे गोता मारती और जल के भीतर ही भीतर घाट की ओर चल देती। बुज्जियों की एक कतार उसके जलीय मार्ग की सूचना देने के लिए सतह पर उभर जाती। तिलक बुदबुदाता और चुपचाप घाटी की ओर चल देता।

तिलक कगार पर बैठा है। पिछले कई दिनों की बातें नीरस बादलों के झुण्ड की तरह सामने के क्षितिज पर जमी हुई हैं—आँच में झुलसी छाली की तरह। पर कौन जाने अभी पुरवा हवा का एक झोंका चले और सामने के छालीनुमा बादल गुमसकर साँवले हों और चिंघाड़ते हाथियों की तरह अपनी सूँड हिलाते, झूमते हुए पूरे आसमान को घेर लें। पर ऐसा कुछ नहीं होता। बादलों की सेंध से नीला आसमान उसी तरह झाँकता रहता और तिलक के भरे-भरे मन को थोड़ी राहत मिल जाती।

ताड़ीघाट नाम जिसने भी रखा हो, काफी सोचकर रखा था। क्योंकि गंगा के कगार पर पूरब मुँह करके खड़े हों, तो दाहिनी तरफ आपको ताड़ के पेड़ों की एक पूरी कतार दिखाई पड़ेगी, जिसे लगता है किसी ने हरी जमीन पर सीधे रूल से हाशिया खींचकर बिठा दिया है। एक तरतीब से बराबर दूरी पर जमीन की छोटी-बड़ी इच्छाएँ मानो सिर उठा-उठाकर आसमान से बात कर रही हों। बायीं ओर गंगा पूरे कगार को अपने इठलाते शरीर से रोमांचित करती हुई खिलखिलाती रहती है जिसके दूधिया वक्ष में इक्के-दुक्के पेड़ों की छाया शीर्षासन करती प्रतीत होती है। सामने गाजीपुर का शहर है उस पार, जहाँ घाटों पर माल और मुसाफिरों से लदी नावें अपने नुकीले मुँह को लहरों के थपेड़ों में यों हिलाती रहती हैं जैसे अनगिनत सूँस धारा में कलाबाजियाँ खेल रहे हैं। अब इन दोनों घाटों को जोड़ने के लिए पीपे का पुल बिठा दिया गया है जिसके काले-काले पुश्ते पानी पर जमनापारी भैंसों की तरह तैरते रहते हैं और उनकी पीठ से करीब दो गज चौड़ी सड़क उस भूरे अजगर की तरह पड़ी रहती है जो गरमी की वजह से बहुत परेशान हो जाता है और जिसकी गरम-गरम तपती साँसें पानी की सतह पर बीन की गों-गों आवाज का जाल फैलाती हैं और उसके मुँह से निकला ढेर-सा झाग किनारों पर वैशाखी धान और पूजा के लिए निवेदित फूलों की अपनी गोद में भरे रुई के गाले की तरह मटक-मटककर सिर हिलाया करता है।

अभी-अभी दिलदार नगर से आयी पैसेंजर रुकी है जिससे उतरकर तरह-तरह के चेहरे और पोशाकों वाले लोग तेजी से घाट की ओर ढुलक रहे हैं। दशहरे के दिन से, जब गंगा का पानी बढ़ने लगता है, पुल तोड़ दिया जाता है; तब यात्रियों को उस पार पहुँचाने का काम केवल स्टीमर और नावें करने लगती हैं।

सामने स्टीमर आदमियों से भर चुका है। बहुतेरे आदमी घाट पर खड़े अब भी चिल्ला रहे हैं जिन्हें अपनी योग्यता और नावों की विशेषता समझाते हुए मल्लाह

अपनी ओर बुलाने की कोशिश कर रहे हैं। यह सभी शोर-शराबा, धमा-चौकड़ी, उठा-धापी का आलम एक लमहे में अपनी अन्तिम साँसें तोड़ देगा। तब एक अजीब तरह की खामोशी सब जगह छा जायेगी—एक ऐसी खामोशी कि जिससे बचने की जितनी कोशिश करो उतनी ही तेज आवाज में अपने होने का इजहार करती रहती है। कभी अनजानी लहरों की सरसराहट में, कभी सूँस और दूसरे जलजीवों की लम्बी साँसों की रफ्तार में, कभी अचानक बिना सूचना दिये खड़खड़ा उठने वाले भुतहे पीपल के पत्तों में जैसे यह खामोशी अपना बसेरा ढूँढ़ रही हो···।

तिलक चुपचाप यह सब कुछ देख रहा है अथवा देखने का अभिनय कर रहा है, क्योंकि वह खुद नहीं जानता कि जब वह इन्हें देखता होता है तो अचानक उसकी आँखों में कहाँ की शक्ति आ जाती है कि वे सामने फैले विशाल परदे को फाड़कर किसी ऐसे अदृश्य नेपथ्य में खो जाती हैं, जहाँ अजीब तरह के मुखोश लगाये, दाढ़ी-मूँछ के नकली बाल लगाये, तरह-तरह के लोग बड़ी संजीदगी से कुछ बातें कर रहे हैं, जिनके अधरों का कम्पन तो वह देख पाता है पर बातें साफ नहीं सुनाई पड़तीं।

आज कमली नहीं आयी है—आज उसके बाप ने उसे बुलाने को नहीं भेजा। अब शायद कभी न भेजे या पता नहीं भेज ही दे, कौन जाने। इन लोगों की माया समझ में नहीं आती। तब तिलक को लगता है कि कमली को जरूर आना चाहिए। मगर कुछ देर हो गयी, शायद नहीं ही आये। कमली का साँवला मुख नदी की धार पर तैरता है—लहरें टेढ़ी होती हैं। और उसका मुख जैसे ईथर का गोला हो, जो लहरों की तरह ही उनके हर मोड़ पर मुड़ता हुआ, फैलता-फैलता अदृश्य हो जाता है। तभी एक दूसरी लहर आती है, हर लहर से मोटी, हर लहर से ज्यादा जिन्दगी वाली। विसू पण्डा—तिलक के पिताजी जैसे उनके गोरे-चिट्टे छरहरे बदन में इस तरह का मुख किसी ने गलती से बैठा दिया था। कितना सीधा मुँह है यह, बस सिर्फ दो-चार रेखाएँ उसके सारे नक्श को बाँध ले सकती हैं। नाक के दोनों तरफ ठुड्डी की सीमा बनाती दो तिरछी रेखाएँ जो उनके मन के अगाध वात्सल्य को सूचित करती थीं, और दो रेखाएँ भौंहों के ऊपर जिनका अर्थ तिलक ठीक से सोच नहीं पाता, क्योंकि वे अपने अस्तित्व की सूचना तब देती थीं जब घाट से कमली के बाप का कोई सन्देश मिलता। विसू महराज तर्जनी को मोड़कर त्रिपुटी में अड़ा देते, आँखें मुँदतीं और तभी ये कुंचित तिर्यक् रेखाएँ ललाट पर उभर आतीं। इन रेखाओं के उभरने से सिर्फ विसू महराज ही नहीं परेशान होते तिलक भी परेशान हो जाता; क्योंकि उसे लगता कि पिताजी का मुँह उलट गया है, ललाट सिकुड़ गया है—ठुड्डी की तरह, और ठुड्डी बड़ी हो गयी है—उनके चौड़े ललाट की तरह।

विसू महराज तुरन्त अपनी लाठी लेते, ललछौंही नुकीली गाँठों वाली जिसे मिर्जापुर के किसी जजमान ने दिया था, जिससे कपड़े का एक पतला तेल-चक्का कलाई की सफेद चूड़ी की तरह झूलता रहता, जिसके सहारे वह लाठी रोज सुबह-शाम एक छटाँक

तेल पी जाती।

"कहाँ चले इत्ती रात को?" दरवाजे से माँ टोकती।

"घाट पर।"

"अरे, इतनी रात गये कौन-से व्यापारी आ गये···!" माँ ऐसे कहतीं मानो वह व्यापारियों के आने-जाने के पूरे विवरण से वाकिफ हो।

"पता नहीं, गरमी है, कोई आ गया हो रात-बिरात। गरमी में किसान रात को ही गाड़ी हाँक देते हैं। लट्ठे, बल्लियाँ, कोरइयाँ लादे आधी रात गये गाड़ी हाँक दी, सूरज उगते-उगते गाँव हाजिर। लू-लपट से जान बच जाती है।"

"हूँ!" माँ कहतीं, पर उनकी मुख-मुद्रा पिताजी की इस कर्तव्य-परायणता से जरा भी प्रसन्न नहीं मालूम होती।

"मुन्ना!" चलते वक्त विसू महराज तिलक के कन्धे को थपथपाते। तिलक तिरछी आँखों से उनके चेहरे को देखता जो अब बिलकुल सीधा मालूम होता। स्नेह और वात्सल्य वाली वे ही रेखाएँ उभरी होतीं—नाक के पास!

"तुम सुबह फीस के लिए कह रहे थे न, ये लो रुपये। काम से कुछ अधिक हैं, कुछ खा-पी लेना। अब इम्तहान आ रहा है बेटे, जरा मन लगाकर पढ़ना—हाँ···।"

और तिलक रुपये लेकर यों सिकुड़ जाता जैसे वह नन्हा बच्चा हो, जो पिताजी की गोद में चिपक जाने के लिए आतुर हो गया है।

"ए···ए···एबाबू···" तिलक आवाज सुनकर ही जान जाता है कि कमली है, पर वह उसकी ओर नहीं देखना चाहता। मन मारे चुपचाप बालू को मुट्ठी में भरकर उठाता है और उसे अनजाने अँगुलियों के बीच से बिखर जाने देता है।

"ए···सुनते नहीं, बाबू बुला रहे हैं।"

कमली पास आ जाती है। उसके शरीर से खरबूजे-जैसी महक आती है। तिलक न चाहते हुए भी धीरे से कनखी ताककर उसे देखता है। उसका साँवला गोल मुख डूबते सूरज की रोशनी में सिन्दूरी लगता है। उसकी हलकी-सी नुकीली ठुड्डी जैसे गालों में छिप जाने की कोशिश करती है। उसके ढेर सारे काले-काले केश हवा से टकरा-टकराकर उसके मुख पर काली जाली बुनने लगते हैं। तिलक देखता है, और देखता रहता है। अचानक वह जमीन पर हाथ का बल देकर झटके से उठता है और कमली को भुजाओं में बाँध लेता है। वैशाखी धान की करवाइन गन्ध से जैसे उसकी नाक पूरी तरह भर जाती है और फिर गन्ध का एक बड़ा-सा डला फिसलकर फेफड़े में उतर जाता है। एक अजीब तरह की आत्मसात् कर लेनेवाली गन्ध से उसकी तनी नसें, जलती हुई आँखें, धड़कती कनपटें शान्त हो जाती हैं।

"हिश, कोई आ जावेगा!···" कमली उसकी बाँहों की गुँजलक को अन्यमनस्क भाव से छुड़ाकर अलग हो जाती है। फिर दोनों चुपचाप घाट की ओर चल पड़ते हैं।

तिलक जब घाट पर पहुँचा तो अँधेरा गहरा हो चुका था। नदी के किनारे दो-तीन जगह उपले के अहरे जल रहे थे, जिन पर लकड़ियाँ खरीदने के लिए आये हुए किसान बाटियाँ बना रहे थे। ऊपर कगार पर दो बैलगाड़ियाँ खड़ी थीं—सिपाये के सहारे—जिनमें जुए के नीचे लटके बोरे के झोले में मुँह हिला-हिलाकर बैल भूसा खा रहे थे। उनके गले की घण्टियाँ बीच-बीच में सन्नाटे को चीरकर टुनटुना उठती थीं।

कगार पर फूस की एक झोंपड़ी है तीन खानों वाली, जिनमें से एक में खाना पकता है, एक में सबसे भीतर कमली सोती है, एक में उसके बाप गोलू की चारपाई है जिसके पास ही कभी-कभी जब विसू महराज आते थे तो उनके लिए भी एक चारपाई डाल दी जाती थी। तिलक झोंपड़ी के पास पहुँचकर ठिठक गया। भीतर गोलू दो आदमियों से फुसफुसा-फुसफुसाकर कुछ कह रहा था। पैरों की आहट से उनके कान चौकन्ने हो गये। सामने तिलक को देखा तो गोलू बेहद प्रसन्नता दिखाते हुए ललककर उठा।

"आ जाओ, तिलक भैया, बाहर काहे खड़े हो !" फिर उसने पास के आदमियों की ओर आँखें घुमाकर गरदन को थोड़ा झटका दिया और वे चुपचाप टाँग के झटके से जूतों को पैरों में डालते पास टेकी लाठियों को समेटते झोंपड़ी के बाहर चले गये।

तिलक चारपाई पर बैठ गया। उसने अजीब तरह से झोंपड़ी में इधर-उधर, गोलू के चेहरे पर, देखा और फिर एक क्षण के लिए ठुड्डी को छाती में अड़ाकर खामोश पड़ा रहा। उसके मन के किसी कोने में कहीं नागफनी का काँटा करक उठता था। वह उसे निकाल फेंकने के लिए बुरी तरह उकता रहा था, "ये लोग कौन थे, गोलू चाचा ? लकड़ी खरीदने वाले किसान तो नहीं लगते थे ये।"

गोलू एक क्षण तिलक की आँखों में देखता रहा। नदी की धार काफी तेज थी। कूदने के पहले लहरों की भयंकरता देखता हुआ-सा गोलू एक क्षण चुप ही रहा, फिर बोला, "अब जब बात खुल ही गयी है तिलक भैया, तो साफ-साफ कर लेना ही ठीक है। कई दिनों से मैं ये सब बातें आपसे करना चाहता था, लेकिन जाने क्यों हिम्मत न पड़ी। कई दफे कमली को भेजा। आप नहीं आये तो बुरा लगा, पर बाद में खुशी भी हुई कि यह सब कहने की तकलीफ से बच गया। पर अब तो यह सुनना ही पड़ेगा, क्योंकि यह काम-धाम ही ऐसा है कि इसमें ढील हुई तो करा-कराया सब चौपट हो जायेगा। विसू महराज थे तो सब ठीक था। अब जब वे नहीं रहे तो सब-कुछ आपको करना है—चाहें तो उसे चलायें, चाहें तो बन्द कर दें। मगर हाँ, जो भी करिए, सोच लीजिए। दुनिया में धन से बड़ी कोई चीज नहीं है। वह है तो आप शरीफ हैं, ईमानदार हैं, इज्जत वाले हैं, बुद्धिमान हैं, दो आदमी आस-पास बैठते हैं, हाँ में हाँ भरते हैं, मुँह जोहते हैं, धरम-करम सब तो उसी पर है··· !"

तिलक को गोलू की बातें अजब लग रही थीं। लम्बी-लम्बी मूँछों से उसके मुँह का आधा से अधिक हिस्सा ढँका रहता था। तिलक को इतमीनान था कि लकड़ी, बल्ले-बल्लियाँ, कड़ियाँ, धरन तथा मन-सेर के वजन और बहुत हुआ तो दो-चार गन्दी-भद्दी गालियों के अलावा इस मुँह से ओर कुछ बात नहीं निकल सकती; पर उसे यह देखकर बड़ा अचम्भा हुआ कि गोलू बड़ी बारीक-बारीक बातें कर लेता है। वह उसी अचम्भे में चुपचाप गोलू की ओर ताकता रह गया। थोड़ी श्रद्धा भी हुई गोलू के लिए।

''आपको शायद बड़ा धक्का लगे यह सुनकर तिलक भैया कि···'' गोलू थोड़ा हकलाया, ''विसू महराज का यह अड्डा सिर्फ लकड़ी के लेन-देन पर कायम नहीं है। असली रोजगार कुछ और है। लकड़ी की टाल तो सिर्फ बहाना है—एक परदा, बस ! असली रोजगार तो अफीम और गाँजे का लुका-छिपा व्यापार है।''

तिलक को लगा कि उसके मन की नीली दीवार पर टँगी कोई तस्वीर झटके से नीचे गिर पड़ी, मालाएँ उलझकर टूट गयीं, शीशा चाक-चाक हो गया और तरह-तरह के आकार के तीखे टुकड़े उसके फेफड़े में, आँतों में, हृदय में धँस गये। वह एकदम गुरचकर रह गया।

''गोलू—'' उसकी आँखों में ढेर-सा खून बहने के लिए अकुला उठा जैसे।

''मैं जानता था कि यह आपको बुरा लगेगा। विसू महराज खुद कहा करते थे कि तिलक को यह सब मालूम न हो। वे बड़ा डरते थे अपने मन में। आपकी माताजी को भी जब यह सब मालूम हुआ तो विसू महराज कई दिन तक परेशान रहे। हालाँकि आपकी माताजी ने कभी उनसे कुछ कहा नहीं, पर महराज को शक था कि वे जान गयी हैं। लेकिन भैया, यह सब उतना बुरा नहीं है जितना आप सोचते हैं। बुरा है बेशक, मगर करें भी क्या ? आप तो पढ़े-लिखे आदमी हो। नौकरी खोजने के लिए क्या कुछ नहीं किया आपने; क्या मुझे मालूम नहीं ? माताजी ने हमेशा आपको घाट पर आने से रोका। मगर जब कोई दूसरा रास्ता नहीं मिला तो वे भी मन मार कर बैठ गयीं। है कि नहीं ? बदमाश, घमण्डी, घूसखोर लोगों के सामने एक इज्जतदार का जलील होना अच्छा है या यह सब कुछ करना जिसमें किसी के सामने हाथ नहीं फैलाना है, आरजू-मिन्नत नहीं करनी हे ? इसमें सरकार को करना भी कुछ नहीं है, गोलू के सिर पर हाथ रख देना है, बस। करूँगा तो मैं सब कुछ। विसू महराज का अफसरों से बड़ा हेल-मेल था। वो लोग भी आपसे आस लगाये हैं। कभी-कभी मिलते-जुलते रहने से बड़ा काम हो जाता है। शरीफ लोगों पर कोई शक भी नहीं करता···।''

तिलक कुछ न बोला, चुप बैठा रहा। फिर धीरे से उठा और अँधेरे में गुम हो गया। वह पुल के पास कगार पर बैठ गया। नदी में लहरों का उठना धीरे-धीरे बन्द हो रहा था। एक निष्क्रिय थकावट का अचेतन भाव किनारे पर टकरा-टकराकर

गाज उगल रहा था। तिलक को लगा कि जैसे उसके सारे जिस्म को बालू का अजदहा धीरे-धीरे निगल रहा है। उसे पिताजी का वह चेहरा याद आया जो उस रात बिलकुल उलटा नजर आ रहा था। ललाट सिकुड़ गया था और ठुड्डी का हिस्सा फैलकर सपाट हो गया। माँ की वे शंकाभरी आँखें, पिताजी की ग्लानि और गुस्से से भरी टेढ़ी भौंहें, एक-एक करके उसके मन में जलती उल्का से खिंची तसवीरों की तरह उभरने लगीं। उँगलियाँ पसीने से चिपचिपा उठीं। तिलक मुँह को गीली हथेली में दबाकर साँसों को शान्त करने की असफल कोशिश किये जा रहा था, तभी धान की दूधिया बालों की गन्ध उसके जिस्म को छू गयी।

"तिलक बाबू···!" कमली उसके पास सटकर बैठ गयी। तिलक थोड़ा खिसककर बैठ गया।

"क्यों, क्या मेरे बदन में ऐसी छूत भर गयी ?" कमली मुँह नीचे किये ही बोली, "बेबसी में आदमी जो काम करता है उससे मन मलिन नहीं हो जाता तिलक बाबू !"

"तुम्हें बेबसी किस बात की है ? गुण्डे-बदमाशों के साथ सैर-सपाटा करो और अफीम-गाँजे के रुपयों से मौज उड़ाओ ! बेबसी काहे की ?"

कमली अधमरे साँप की तरह लहर कर खड़ी हो गयी। "तुमने शायद यह नहीं सुना है तिलक महराज, कि अफीम खाने से नशा भी होता है—और यदि आदमी ज्यादा खा ले तो मर भी जाता है···।" वह एक झटके से मुड़कर दौड़ती हुई अँधेरे में गुम हो गयी।

"जा मर !" तिलक बुदबुदाया। उसने पैर को बालू में जोर से अड़ा दिया, जिससे ढेर-सी बालू फिसलकर नीचे की ओर मरे साँप की तरह रेंगने लगी। पर पता नहीं क्यों, वह पहले से भी अधिक बेचैन हो उठा और धीरे-धीरे पीपे के पुल से शहर की ओर चल पड़ा। रात गहरी होती जा रही थी। पुल से मुसाफिरों का आना-जाना प्रायः बन्द हो चुका था। बीच नदी में आकर तिलक एक क्षण के लिए रुक गया। सामने के घाट की बत्तियाँ पहले से कहीं अधिक चमकीली हो गयी थीं और ज्यों-ज्यों रात घनी होती जाती थी उनके इर्द-गिर्द फैला रोशनी का चक्का भी ज्यादा चमकीला और गाढ़ा होता जा रहा था।

काफी रात गये वह घर पहुँचा। दरवाजा बन्द था। माँ शायद सो गयी थी। उसने धीरे से कुण्डी खटखटायी।

"तिलक···इतनी रात को आ रहा है ?" माँ ने दरवाजा खोलकर पूछा।

"हूँ।"

दरवाजे को फिर बन्द करते हुए माँ बड़बड़ायी, "कुछ खाया-पीया भी है कि नहीं ?"

"खाया है," तिलक झूठ बोल गया। वह धीरे से आँगन में पड़ी एक चारपाई

पर लुढ़क गया।

माँ ने कुछ कहना चाहा पर उसे एकदम चुप देख सहम गयी।

सुबह तिलक बहुत खामोश था। मुँह-हाथ धोकर चुपचाप बैठके में पड़ा रहा। सामने किसी सेठ की कोठी है—चौतरफा बगीचे से घिरी हुई। छोटे-बड़े अनेक पेड़ों के बीच ताड़ का एक लम्बा पेड़ है जो हवा के आघात से नुचे पंछी की तरह प्रतीत होता है। उसके कई बड़े-बड़े छितनार पत्ते टूटकर लटक गये हैं—सूखे-सूखे, पीले। आगे सड़क के मोड़ पर कुछ लड़के लुका-छिपी का खेल कर रहे हैं। घर के आँगन में धुआँ भरा है शायद, क्योंकि बैठके की खिड़की से कड़वाहट की फुहारें उड़-उड़कर फेफड़े को खरोंचने लगी हैं। उधर घण्टी की आवाज उठने लगी है, जो धीरे-धीरे तेज होती जा रही है, जो एक लमहे में अपनी पूरी ऊँचाई पर चढ़कर यों खामोश हो जायेगी मानो पालने में झुलाने वाले हाथ ने ही उसका गला घोंट दिया हो। माँ शायद पूजा कर रही हैं। तिलक चुप बैठा यह सब सोचता रहा।

"तिलक !" माँ दबे पाँव कमरे में घुस आयीं, "अरे, ये देख न पुष्पा आयी है।" तिलक एक क्षण यों ही माँ की ओर देखता रहा।

"पंखा चला ले न ! तू तो पसीने से नहा गया है।" माँ ने स्विच दबाये-उठाये, एक के बाद एक, तब पंखा चला।

"नहीं याद पड़ा तुझे ? अरे वो पड़ोस वाले शोभनाथ मिसिर की लड़की। तू तो इसके साथ बचपन में बहुत खेला-कूदा है।"

"पर वे लोग तो कहीं बाहर थे बहुत दिनों से। पता नहीं पलामू या कहाँ···।"

"हाँ थे तो, पर अब मिसिर जी रिटायर हो गये हैं। अब घर पर ही रहेंगे सब लोग। कल मैं गयी थी पुष्पा की माँ से मिलने। बहिनजी तनिक भी नहीं बदली हैं। वही भरा-पूरा मुँह, वैसे ही बात-बात में हँसी का फुहारा।" माँ एकाएक चुप हो गयीं। उनका मुख अचानक जाने क्यों उदास होकर रह गया।

पुष्पा शायद द्वार पर ही खड़ी थी, भीतर आ गयी। उसके हाथ में माँ ने पूजा का थाल थमा दिया है। आरती की लौ मद्धिम हो चुकी है, पर सुवास तो वैसी ही है। कमरा एक क्षण के लिए जलते घी की सुगन्ध से भर जाता है जिसमें फूल और चन्दन की ही नहीं, माँ के हाथों की गन्ध भी मिल गयी है शायद। इस खुशबू का तिलक पर एक ही असर होता है कि वह न चाहते हुए भी ऊबने लगता है। शरीर जैसे कुनकुने पानी में शिथिल होकर डूबा जा रहा हो। माँ पुष्पा के हाथ से थाल लेकर आँगन में चली जाती हैं।

"बैठ जा बेटी, तुम लोगों के नाश्ते के लिए कुछ लेती आऊँ···।"

"मैं तैयार कर देती हूँ अम्मा···।" पुष्पा माँ के साथ ही चली जाती है। पर

पता नहीं क्यों तिलक को लगता है कि वह गयी नहीं, आयी है। दरवाजे से जितनी बाहर निकली है, कमरे में उतनी ही भीतर धँसी है। पुष्पा—उसके बचपन की डाल पर खिली गोलमटोल, रंगहीन, गन्धहीन कोंढ़ी—आज एक खुशबू-भरे रंगीन पुष्प में बदल गयी है। हँसी की एक हिलकोर उठती थी—आँगन में माँ और चाचा की बातें एक-दूसरे से टकराती थीं, फिर दो लहरें मिलकर एक दिशा में, एक धारा में बह चलती थीं—चलो बहन, आपने तो मुझे एकदम से उबार लिया। पुष्पा और तिलक···तिलक और पुष्पा···माँ की आँखें सुदूर छिपे भविष्य की प्यास से चमक उठती थीं। और आज पुष्पा सामने है, आत्मा की सारी प्यास का इकट्ठा उत्तर लिये—पीड़ा, निराशा, थकन के ऊपर चम्पई गन्ध का सम्मोहन फैलाती पुष्पा। और तभी उसे याद आयी कमली···धान की गन्ध, रोही मछली की तरह चमकदार त्वचा—और वह एक बार के लिए उस क्षण को पास खींचकर उसी में डूब-सा गया, जब उसने झटके से कमली को भुजाओं में भर लिया था। पर नहीं, कमली उसकी आत्मा तक पहुँच नहीं पाती। उसके स्पर्श में कोई रुकावट है, जो अतल को छूने को मचलती आत्मा को स्थूल बन्धन में बाँध लेता है—कमली कभी भी मेरे मन के संघर्ष को समझ नहीं पायेगी।

"क्यों, बहुत परेशान-से लगते हो ?" नाश्ता रखते हुए पुष्पा बोली, "कोई खास बात है क्या, या मेरा आना अच्छा नहीं लगा ?"

तिलक उसकी ओर देखकर हँस दिया, जैसे यह हँसी कह रही हो कि उपकार के बोझ से अब ज्यादा न लादो, तुम खुद से पूछो कि तुम्हारा आना कैसा लगा। और शायद इन उभरते चित्रों के पूरे अर्थ को पुष्पा समझ गयी, नहीं तो तिलक की हँसी में ऐसा क्या था कि वह हलके से मुसकराकर गरदन झुका लेती।

उसके सिर्फ दो रोज बाद बड़ी उतावली करके माँ मिसिरजी के घर चलने को तैयार हुईं। उनकी खुशियों का समुद्र झुर्रियों में जैसे अँट नहीं पाता था।

"आज मैं सब बातें पक्की करके ही लौटूँगी।" तिलक की ओर बड़े उत्साह से देखती हुई माँ बोलीं, "पुष्पा आ जाये तो मुझे चैन मिले। सारी गृहस्थी उसे सौंपकर निश्चिन्त हो जाऊँ। पुष्पा रहेगी तो सब ठीक रहेगा···।" माँ पता नहीं क्यों थोड़ा गम्भीर हो गयीं। तो क्या उन्हें मुझ पर सन्देह है या मजबूरी से लड़ने की तैयारी है यह, जिसने माँ के मन को भी परास्त कर दिया है। शायद वह सोचती हैं कि तिलक को किसी अदृश्य के चंगुल से पुष्पा ही छुड़ा सकती है। तो पुष्पा मेरे लिए जीमूतवाहन का अवतार बनकर आने वाली है···। क्या करे माँ बेचारी। खुद तो हार गयी है। खैर···और जाने कितने उलझावों में अपने को लपेटता-बुनता तिलक सो गया।

उठा तो माँ आ चुकी थीं, पर बिलकुल चुप थीं। चूल्हे पर चाय की केतली रख रही थीं कि तिलक जाकर पास के पाटे पर बैठ गया।

"क्या बातें हुईं माँ, तुम इतनी गुम-सुम क्यों हो ?"

"पता नहीं किसने उलटी-सीधी बातें जोड़ दी हैं मिसिर जी से ! लगे उपदेश देने कि लड़के को किसी ठीक-ठाक काम-धन्धे में लगाओ। कोई अच्छी-सी नौकरी कर लेनी चाहिए। जमाना बड़ा खराब है और फिर बुरी संगत आदमी को कहाँ नहीं खींच ले जाती ?···मैं कुछ न बोली, क्या कहती ? वो तो मैं दोपहर में ही चल देती, मगर पुष्पा ने रोक लिया। कहने लगी, चाची, लू तेज है, शाम को चली जाना। क्या करती, मन मारकर रुक जाना पड़ा।"

"पुष्पा ने नहीं कहा कुछ···?"

"वह क्या कहती बेचारी ? कभी सामने आँखें हुईं तो गरदन झुका ली। उसकी माँ ने उसे दूसरे कमरे में भेज दिया।"

तिलक बाहर आया तो गर्द में शाम डूब रही थी, पीली रोशनी मटमैली हो रही थी। हवा अब भी गरम थी, पर नदी की मुरदा रेत से छूकर ऐसी महकती थी कि दम घुटने लगे। अँधेरे की चादर शहर के मकानों पर, चिमनियों पर, घाटों पर, अफीम की कोठी पर, विक्टोरिया स्कूल पर—सब जगह धुएँ का गोटा लगा रही थी। तिलक चुपचाप चलता गया। वह नदी के किनारे आ पहुँचा। जरा हटकर बगल से पीपे का पुल शुरू होता है, जो उस पार के घाट को जोड़ता है। तिलक कुछ देर वैसे ही खड़ा रहा, फिर वह पीपे के पुल पर आ गया। नदी में नावें थीं, स्टीमर थे। उन सबसे अलग एक पुल था, जिस पर तिलक था। तिलक को लगा कि वह पुल उसके पैरों में बुरी तरह सट गया है, अब वह चल नहीं पायेगा। वह पुल की छोटी रेलिंग पर पीठ टिकाकर बैठ गया, जैसे वह कोई चेतन प्राणी न होकर उस पुल का ही एक हिस्सा है, जो पानी कम होने पर इस पार से उस पार जानेवालों के लिए नदी की धार पर बिछा दिया जाता है और फिर बरसात के आने पर बीच से तोड़ दिया जाता है।

■

धतूरे का फूल

स्टेशन के उत्तर तरफ स्टेशन-मास्टर और अन्य कर्मचारियों के क्वार्टर बने हैं। प्लेटफॉर्म के पश्चिमी हिस्से के कोने में एक छोटी-सी चाय की दुकान है, जिस पर नोरेन बाबू

बंगाली अकेले सब कुछ हैं, यानी प्याले धोता है, चाय बनाता है और ग्राहक की फरमाइश पर दौड़कर सिगरेट भी खरीद लाता है। सामने के स्टूल पर बैठने से स्टेशन-मास्टरों के क्वार्टर्स साफ नजर आते हैं जिनकी छतों पर सारस की झुकी गर्दन की तरह बादामी चिमनियाँ मुझे बेहद अच्छी लगती हैं। इनमें से रसोई का धुआँ भी निकलता ही होगा, पर, इन पर कबूतरों को बैठते फड़फड़ाते और फिर उड़-उड़ जाते तो मैंने अक्सर देखा है। इन क्वार्टरों से थोड़ा हटकर एक कच्ची सड़क है जिस पर हजारों पैरों, खुरों और चक्कों से पिसी धूल सीने पर तरह-तरह की तस्वीरों की चादर ताने गुमसुम लेटी रहती है, इससे थोड़ा और हटकर एक बड़ा-सा पीपल का पेड़ है जिसकी छाया में सारे देहात के ढोर दोपहर बिताते हैं। जुगाली करते हैं, सींगें लड़ाते हैं, दुलत्ती झाड़ते हैं, और प्रेमालाप करते हैं। मैं शाम को कई बार इस पीपल की पास वाली पगडंडी से गुजरा हूँ। कई बार दिल हुआ है कि उसके तने में पीठ टिकाकर आराम से लेटूँ···सामने के खुले-खुले आसमान को देखूँ···

या डूबते हुए सूरज की सुरमई रोशनी में उड़ते हुए पंछियों पर आँखें टिकाऊँ, पर हर बार वहाँ जाने पर मुझे ऊब हुई है। सामने की पटपर जमीन बैलों के खुरों से रगड़कर बुरी तरह उलट गयी है। चारों तरफ गोबर···कंकड़ियाँ···

बगल की ऊँची मेंड़ के पास थोड़ी हरियाली जरूर है। धतूरे के पौधे हैं जिनमें सफेद-नीले रंगों की अनगिनत मिलावट के तरह-तरह के आकार के फूल खिलते हैं, या गोल-गोल काँटेदार फल···जिनके छूने में सुख जो हो...भीतर के दूध की तीखी और विषैली गंध की कल्पना से माथा काँप जाता है···

''ऐ···बंगाली बाबू···तोमार की नाम···?'' एक अजीब झनझनाती हुई आवाज गूँज उठी। कहीं रोशनी के दायरों को चीरती हुई आरती की घंटी बजी।

नोरेन बाबू मुस्कुराया। उसने एक क्षण सामने देखा फिर चाय के प्याले में चम्मच घोलने लगा, और चीनी थी कमबख्त कि उसके रोरे जल्दी घुलते ही न थे।

''बड़ा बाबू का खोकी।'' बंगाली ने ऐसे कहा गोया खोकी और चीनी का मैं फर्क ही नहीं समझता।

लड़की आगे बढ़ गई थी। वह इस अन्दाज से धीरे-धीरे चली जा रही थी जैसे सारी प्लेटफॉर्म पानी में डूबी हो। तेरह-चौदह की साँवली-सी लड़की थी वह। फ्राक पहने। फ्राक उसके बदन पर बिल्कुल नहीं जँचता था। दोनों में एक अजीब कशमकश थी। फ्राक उसे छोटी बच्ची बनाये रखने के लिए सचेष्ट था और बदन था कि बचपन की हद तोड़ फेंकने के लिए आमादा। घुटने से एड़ी तक के पैर नंगे थे, पर भरे-भरे थे और इसीलिए चलते समय बहुत सुन्दर लगते थे। केश बहुत काले थे उलझे हुए और पीठ पर लापरवाही से फैले हुए थे। लड़की बहुत शरारती मालूम होती थी क्योंकि प्लेटफॉर्म के सभी परिचित खलासियों, पैटमैनों, खोमचे वालों से छेड़खानी करती, उसी तरह झनझनाती आवाज में खिलखिलाती, हाथों को नचाती,

पैरों को आहिस्ता-आहिस्ता बढ़ाती चली जा रही थी।

बंगाली चाय बनाकर मेज पर रख गया था। बगल में शीशे का एक हरा ग्लास था, जिसमें पानी था जो इस समय बिल्कुल स्थिर था और उसमें आसमान का एक टुकड़ा गोला होकर फँस गया था जिसकी नीली गहराई में कोई एक काला पंछी था—जो एकदम अडोल था जैसे नीले कन्वैस पर किसी ने काली स्याही का धब्बा लगा दिया हो। आज मैं इधर कुछ पहले आ गया था। शाम को मेरे स्कूल के हेडमास्टर ने एक पता दिया था। बोले—वे सज्जन हमारे परिचित हैं। अभी-अभी बदल कर यहाँ आये हैं। स्टेशन के उत्तर वाले रेलवे क्वार्टर्स में किसी में रहते हैं। उनके यहाँ एक ट्यूशन है। उम्मीद है, आप इस काम को अच्छी तरह से करेंगे, और हमें किसी तरह की शिकायत का मौका न देंगे।

मैंने हेडमास्टर के प्रति अपनी कृतज्ञता व्यक्त की। ईमानदारी से काम करने का भरोसा दिलाया और फिर उस कागज पर लिखे पते को पढ़ने लगा।

"आप इनसे परिचित तो जरूर ही होंगे !" उन्होंने पूछा—"भले आदमी हैं। अभी नये-नये स्टेशन-इंचार्ज होकर आये हैं। बस आज ही चले जाइये और शाम को काम शुरू कर दीजिए।"

"जी" मैंने फिर एक बार कृपा के लिए उन्हें धन्यवाद दिया और ऑफिस से बाहर आ गया।

शाम घनी होने लगी थी। स्टेशन सुनसान। दूर तक समानान्तर फैली रेल की पटरियाँ जहाँ तक दिखाई पड़ती हैं, वहीं क्षितिज है जिसके बीच से रात काली दीवाल की तरह ऊपर को उभरने लगी है और उसके काले शरीर पर सिगनल की लाल-हरी बत्तियाँ अजीब संजीदगी से टिमटिमा रही हैं। मैं धीरे से उठा और स्टेशन-इंचार्ज के क्वार्टर पर जा पहुँचा। कुंडी खटखटाई तो नीले रंग की मटमैली वर्दी पहने एक खलासी ने दरवाजा खोला।

"आप मास्टर साहब हैं न ?" जैसे उसने हुलिया देखकर ही समझ लिया हो कि मैं मास्टर हूँ। बोला—"बड़े बाबू उधर के कमरे में आपको जोह रहे हैं···अभी आपके बारे में पूछ रहे थे।"

मैं चुपचाप उसके साथ हो लिया। बगल की कुर्सी पर बैठने का संकेत करके बड़े बाबू ने मेरी ओर गौर से देखा, "बद्री बाबू ने आपको भेजा है न ?"

"जी !"

सहसा बड़े बाबू जोर से ठहाका लगाकर हँस पड़े। मैं उनकी इस बेमतलब हँसी के जोर से थोड़ा खीझ गया। मुझे अजीब तरह से अपनी ओर ताकते देखकर वे थोड़ा झेंपकर बोले, "मास्टर हाजिर और विद्यार्थी गायब···"

तभी बाहर का दरवाजा खड़का और वही लड़की अपने उभरते बदन पर सिकुड़ता फ्राक पहने, दरवाजे को बुरी तरह बाजू की ओर तड़ाक से धकेलती, एक क्षण सहमकर

सारे कमरे का मुख़्तसर-सा मुआयना करती कमरे में हेल आई।

"पापा··· !" वह अपने बाप से इस तरह गुँथ गई जैसे टाफियाँ लेकर ही दम छोड़ेगी।

"ठीक से खड़ी हो शीला !" बड़े बाबू ने जोर से डाँटा और फिर मुस्करा पड़े। लड़की के होंठ गुस्से से थोड़ा थरथराये फिर खिल गए। मैं डाँटने के इस नये तरीके पर मुस्करा पड़ा।

"ये देखो, तुम्हारे मास्टर साहब आये हैं !"

लड़की ने कनखी से मेरी ओर देखा और फिर मुँह टेढ़ा कर बाप की ओर इस कदर आशा लगाये देखने लगी कि वे जल्दी मुस्कराएँ, पर इस बार बड़े बाबू मुस्कराये नहीं। गंभीर होकर बोले—"बद्री बाबू ने भेजा है इन्हें, मन लगाकर पढ़ो ! इस बार तुम्हें हाई स्कूल के लिए जी-तोड़ कोशिश करनी है। मन लगाकर पढ़ोगी तो···"

"जी !" लड़की ने बीच में बात काटकर एक हाथ की उँगलियों पर दूसरे की तर्जनी से गिनती गिनते हुए कहा—"मन लगाकर पढ़ूँगी तो डॉक्टर, कलक्टर, वकील कुछ भी हो सकती हूँ। पढ़ाई बहुत बड़ी चीज है, पढ़ने से आदमी क्या नहीं हो सकता। पढ़ने से ही···"

बड़े बाबू लड़की की बात सुनकर बेतहाशा खिलखिला पड़े।

"बड़ी शरारती है। मास्टर साहब, जरा इसकी पढ़ाई का खयाल रखियेगा।"

दो-एक दिन की पढ़ाई के बाद ही मुझे मालूम हो गया कि यह काम उतना आसान नहीं है, जितना मैं समझता था। कठिनाई इस बात की न थी कि शीला कम-अक्ल थी। न ही इसी बात से कि उसका पढ़ने में जी बहुत कम लगता था। ये तो इस्तमरारी रोग हैं, और हर ट्यूटर को इनका सामना करना ही पड़ता है। कठिनाई असल में इस बात की थी कि यह लड़की पढ़ते वक्त भी फ्राक ही पहनती थी जो उसके बदन से हमेशा चिढ़ा रहता था। जाने क्यों इस तरह की फ्राक को देखकर बेहद गुस्सा आता था। उस समय जाड़े में भी आठ-नौ बजे सूरज मुझे बुरी तरह तपता मालूम होता, सामने की नीम के पत्ते बेमौसम बिखरकर बरसने लगते। लगता कोट के नीचे मैं पसीने से चिपचिपा गया हूँ। पर वह लड़की थी कि फ्राक पहने ही जाती थी और उसमें किसी तरह की तब्दीली करना उसे कतई मंजूर न था।

उस घर में शीला की माँ के अलावा उस वक्त कोई न होता। मैं जिस चबूतरे पर बैठकर पढ़ाता था, उसके बीच से क्वार्टर के भीतर जाने वाला दरवाजा अमूमन भेड़ दिया जाता था, कि कहीं पढ़ते वक्त रसोई का धुआँ, या आँगन में बात करने वाले किसी खलासी की आवाज, या किसी पड़ोसिन के बेमतलब कहकहे हमारी पढ़ाई में किसी तरह का खलल न डालें। मैं पढ़ाते-पढ़ाते उस काले तारकोल-पुते दरवाजे

पर एक नजर देख लेता था जो उस लड़की की अक्ल की तरह ही मौसम की कोई चेतावनी सुनने को तैयार न था।

एक बार इस सपाट काले दरवाजे पर देखते-देखते आँखें थमक गईं। एक अजीब तरह की ऐंठन नाभी से कलेजे तक घुमड़ गई। किसी ने रूमाल के सिरे में भावरें दे दीं। और जब कपड़ा ऐंठकर कड़ा हो गया तो उठाकर फर्श पर फेंक दिया। बटी हुई रूमाल का खूँट यों तड़प-तड़पकर खुलता गया जैसे घायल साँप सर पटक रहा हो। उस दिन दरवाजों के फाँक से दो चिनगारियाँ दिखी थीं···बुझी-बुझी, जो हवा के किसी झोंके की प्रतीक्षा कर रही थीं। बड़ा बुरा लगा। भ्रम है तो विश्वास का पर्दा क्यों और यदि विश्वास है तो भ्रम का नाटक क्यों ? मन तिलमिला गया था, पर बाद में खुशी भी हुई। मुझे लगा कि इन चिनगारियों में सिर्फ हाथ जलाने वाला दाह ही नहीं है, एक ऐसी गर्मी है जो दूध औंटने के काम में भी आती है। जो हो, मुझसे मतलब, मैं तो सिर्फ एक मशीन हूँ, एक काम है, एक विनिमय है, मुझसे क्या मतलब ? मुझे सिर्फ पाठ देखना है, अक्षर के काले समूह और उनका एक कल्पित मतलब, जो आपस में मिल-मिलाकर हमारी सारी संस्कृति का निर्माण करते हैं। मैं सब भूलकर सिर्फ इन काले अक्षरों में खो जाने को तैयार था, पर यह लड़की और उसके बदन को कसे हुए तंग फ्राक। रंगीन, गौरीशंकर की बनी प्यालियों पर हथौड़े लगातार गिरते जाते और मैं सामने की नीम के बिखरते पत्तों में खो जाता।

उस दिन पढ़ाई चल रही थी। मैं किसी कविता का अर्थ समझा रहा था। हाँ याद आया, वह बिहारी का दोहा था–

कनक-कनक तें सौगुनी मादकता अधिकाय !

तभी वह लड़की तालियाँ पीटकर हँस पड़ी। मुझे इस तरह पागल की तरह तालियाँ बजाना बड़ा बुरा लगा। मैंने डाँट दिया तो वह चुप हो गई। पर उसका ध्यान कविता पर जरा भी न था, वह कहीं और थी, कहीं ज्यादा आकर्षक वस्तु थी जो उसके मन को किसी अदृश्य पर मजबूत सूत से बाँधे थी और उस पर किसी की अँगुलियाँ जोर-जोर से झटके दिये जा रही थीं। अभी ठीक हो जायेगी--मैंने सोचा। ज्यादा गुस्सा होने से कहीं बात बिगड़ न जाए। यह लड़की सिर्फ कम-अक्ल ही नहीं, गुस्सैल भी है। देखने में कैसी भोंडी लगती है, बातें यों करती है जैसे दो दिन की दूधपीती बच्ची है, पर जब अकड़कर चलती है तो लगता है जैसे सारी दुनिया को अपनी एड़ियों से कुचलकर रख देगी।

मैंने दोहे को आगे बढ़ाया–वा खाये बौरात हैं, वा पाये बौराय !

तभी न सिर्फ वह तालियाँ बजाकर खिलखिलाई ही, बल्कि कूदकर अपनी कुर्सी से खड़ी हो गई। मैंने किताब बन्द करके इस उछल-कूद मचाती बंदरिया को ठीक करने के लिए आँखों में रुखाई का रंग भरा ही था कि वह मेरी ओर मुड़कर चिल्लाई–"मास्टरजी, मास्टरजी, वह देखिए, वो···"

मैंने उसकी भागती आँखों के पीछे अपनी आँखें दौड़ाई तो गरदन नीचे झुक गई, आँखें थीं कि कुर्सी के पटल में गड़ी कील को बुरी तरह नोच रही थीं, होठों पर एक अजीब तरह का टेढ़ापन उभरने लगा, मगर जुबान न खुली। हो सकता है कि यह लड़की कम-अक्ल ही नहीं, निहायत मूर्ख है। हो सकता है कि यह अभी कुछ नहीं जानती। हो सकता है कि इसने इन बातों पर कभी खयाल ही न किया हो···हो सकता है···

''मास्टर जी,'' वह फिर वैसे ही तालियाँ पीटती हुई हँसी के मारे दुहरी होती हुई चिल्लाई–''देखिए न, कितना अच्छा तमाशा है !''

मैंने ग्लानि के लबादे को सिर पर से खींच लिया। गुस्से के मारे मेरा सारा शरीर काँप रहा था। मैंने बेमुरव्वत उस पर्दे को चीर-चीरकर धज्जियों में बाँट दिया।

''बैठो, मूर्ख, बेवकूफ कहीं की !'' मैं इतनी जोर से चीखा कि वह गनगनाकर कुर्सी पर बैठ गई। वह फटी-फटी आँखों से मुझे देखे जा रही थी, एकटक देखे जा रही थी। जैसे उसे कुछ भी मालूम नहीं कि मैं गुस्सा क्यों हुआ। इसकी इस बनावटी मासूमियत से मैं और भी चिढ़ उठा। भाड़ में जाय यह लड़की ! जो करना हो करे, पर कम्बख्त मेरा खयाल क्यों नहीं करती ! इसका तो कुछ न होगा, दुनिया इसे मासूम समझकर भुला देगी, पुचकारेगी, बच्ची है बेचारी, अभी जानती ही क्या है। पर मैं ? मैं तो किसी ओर का न रहूँगा। मेरी तो शामत आ जायेगी। तभी मैं सहमते-सहमते उस काले तारकोल-पुते दरवाजे की दरार पर देखने लगा, देखता रहा। राहत की साँस आई क्योंकि आज उस सेंध से दो बुझी-बुझी टिमटिमाती चिनगारियों की चमक दिखाई न पड़ी। मैंने एक बार फिर उस लड़की की ओर देखा, वह वैसे ही अपलक चकबकाई हुई मुझे घूरे जा रही थी।

''जानती हो, वह तमाशा क्या है, वह···मूर्ख कहीं की !'' मैं दो मिनट तक चुप रहा। गुस्सा व्यक्त करने के लिए भी मेरे पास शब्द न थे। आज सारे शब्द जैसे अपनी अर्थवत्ता से रहित हो चुके थे। इस मूर्ख लड़की को असलियत समझाने के लिए मेरी भाषा तड़फड़ा रही थी। पर खोजे से भी कोई माकूल शब्द अपनी बलि देने के लिए हाजिर न था।

मैं थोड़ा शान्त हो गया। सोचा, गुस्से से काम न चलेगा। इसे समझाना ही होगा। नहीं आज अकेले में सिर्फ मेरे ही सामने यह तालियाँ पीटकर हँसी है, कल पास में कोई दूसरा तमाशा देखकर किसी के सामने यही नाटक करने लगी तो बस, लुटिया ही डुबो देगी !

''शीला,'' मैंने बड़े स्नेह से अपने शब्दों में मास्टरी-जीवन की तमाम नैतिकता और मर्यादा का पुट देकर कहा : ''तुम्हें इस तरह की बातें नहीं करनी चाहिए ! तुम एक शरीफ लड़की हो। दुनिया में इस तरह के तमाशे होते ही रहते हैं। इन्हीं से सृष्टि होती है ! पशु, पक्षी, मनुष्य सभी ऐसा करते हैं। पुरुष और नारी का यही

जीवन है। पशु पशु हैं, इसलिए कि इस तरह की चीजों को छिपाकर नहीं करते। मनुष्य मनुष्य है, इसलिए कि उसने सभ्यता का निर्माण किया है, सब कुछ पर्दे के भीतर करता है,···ऐसा होता है, होता था और होता रहेगा। इसी से संसार आगे बढ़ता है···उनके यहाँ कोई नियम नहीं है, कोई मर्यादा नहीं है। मनुष्य ने अपने को नियम से बाँधा है। वह सबके साथ ऐसा सम्बन्ध ठीक नहीं समझता, इसलिए शादी होती है, उसका पारिवारिक रूप होता है···है न ?''

मैं एक साँस में सब भाषण सुनाकर चुप हो गया। उस लड़की ने गर्दन झुका ली थी और वह एकटक जमीन में कुछ खोज रही थी। मैंने कनखी ताककर देखा, पीपल के नीचे जानवरों की भीड़ शान्त है। क्षण-भर पहले जो उनके बीच हलचल थी, एक उछल-कूद थी, वह बन्द हो गई है। वे चरवाहे जो गाय-बैल को घेरकर हल्ला मचा रहे थे, अपने-अपने खेलों में मशगूल हो गये हैं। पशु इधर-उधर बिखरकर शान्त भाव से जुगाली कर रहे हैं।

दूसरे दिन मैं जब शीला के मकान पर पहुँचा तो पता चला, वह बीमार है, आज पढ़ न सकेगी।

मैं चुपचाप लौट आया। दिन-भर मन में तरह-तरह की शंकाएँ मँडराती रहीं। पता नहीं, उसने क्या समझा। न जाने क्या-क्या कहा होगा माँ-बाप से ! कहीं झूठी-झूठी बातें जोड़कर···तब तो आफत आ जायेगी ! हेडमास्टर क्या कहेंगे···

शाम को बंगाली की चाय की दूकान पर बैठा रहा ताकि कुछ पता चले, पर कुछ मालूम न हुआ।

सुबह शीला के घर पहुँचा। सामने बरामदे में कुर्सी खींचकर बैठा तो, वह बगल के कमरे से धीरे-धीरे आई। उसे एकटक देखता ही रह गया। लाल साड़ी उसके बदन पर कितनी फबती है ! उसका साँवला बदन मानो सावन की धरती बीर-बहूटी की छींट में झूम रही थी। बये के घोंसले की तरह, बिना सँवारे हुए बालों का झोंप आज वेणी की शकल में उसके पीठ के नीचे तक झूल रहा था। इस साड़ी में वह कितनी कमजोर और दबी-दबी लगती थी ! मैं तो उसे देखते ही खड़ा हो गया।

''आइये···आओ···बैठो !''

वह चुपचाप गर्दन झुकाये कुर्सी पर बैठ गई।

मैं पढ़ाकर चलने लगा तो शीला की माँ आँगन से चबूतरे पर आ गई। वही बुझी-बुझी चिनगारी की तरह चमकने वाली आँखें।

''मास्टरजी, क्या हाल है आपके चेले का ?'' —झुर्रियाँ खिंचकर एक अभिनव चमक में बदल गईं : ''आपने तो इसे पूरी औरत बना दिया···''

शीला सिमटकर धरती में समा जाने को बेकल हो उठी।

''क्यों, क्या आप इन्हें जिन्दगी-भर लड़की ही रखना चाहती हैं ?'' मेरे मुँह से अचानक निकल गया। वे एक क्षण घायल की तरह मेरी ओर देखती रह गईं।

"नहीं-नहीं, हम तो इसे जाने कब से समझा कर हार गए। कई दफा कहा कि कुछ ढंग-सलीके से रहा करो, पर यह मेरी कुछ सुनती ही कहाँ थी ! सच आपने हमारा बड़ा उपकार किया ! यह तो इतनी सर चढ़ी थी कि···" शीला की माँ कितना अच्छा मुस्करा लेती हैं। मैं उनकी मुस्कराहट का पूरा अर्थ भले न समझ पाया, पर इतना मुझे जरूर लगा कि वे खुश हैं।

मैं घर चला तो मेरे पाँव धरती पर न थे। मैं मन-ही-मन खुश था। गर्वान्वित था कि मैंने एक व्यक्ति को जिन्दगी के यथार्थ का बोध करा दिया है। मैंने एक बिगड़ते हुए प्राणी के मन में गुलाब का पौधा बो दिया है, जिसकी खुशबू से कम-से-कम एक परिवार महमहा सकता है। सच, उस दिन मैं बड़ा खुश था, सन्तुष्ट था, जैसे आज मैंने अध्यापक होने का कर्तव्य पूरा कर दिया था। मेरा श्रम सफल हो गया था।

शीला अब भी पढ़ती थी, मैं अब भी पढ़ाता था, किन्तु मुझे सामने की बेमौसम बिखरती हुई पत्तियों को देखकर अब अफसोस नहीं होता था। पढ़ाने में नया उत्साह था, कर्तव्य की भावना के साथ-ही-साथ एक ऐसा भी भाव था जिसमें मनुष्य अपने देने का पूरा-पूरा मूल्य नहीं चाहता, बल्कि कुछ मूल्य न पाकर सिर्फ देने में ही सन्तोष पाता है ! जैसे उसके दान की कीमत व्यक्तिगत दायरे से उठकर किसी विस्तृत बड़ी चीज के लिए है,··· एक ऐसा सुख था मुझे शीला को पढ़ाने में कि···

उस दिन जब मैं शीला के क्वार्टर पर पहुँचा तो वह दरवाजे पर खड़ी थी। मुझे देखते ही अचानक भीतर आँगन की ओर भागी। मैं उसकी लज्जाशीलता पर प्रसन्न ही हुआ। मुझे उसका इस तरह शिष्टाचार निभाना बहुत पसन्द आया।

तभी चबूतरे के पास मेरी नजर गई। सामने धतूरे का फूल था। नीला-नीला। उलटी, बार के गिलास की तरह...जिसमें पराग-भरी भुंडियों वाले रेशे बाहर उलझ रहे थे। मैंने उस फूल को उठा लिया। एक तीखी गंध से सिर की नसें पीड़ा से छटपटा उठीं, आँखों में अजीब मायूसी का रंग चिलक उठा। गुलाब का पौधा···धतूरे के फूल ! तभी मेरी आँखें पीपल के पेड़ की तरफ मुड़ गईं। जहाँ अब भी चरवाहे दो जानवरों की उछल-कूद देख रहे थे और जोर-जोर से तालियाँ पीट रहे थे।

"कहिये मास्टर जी !" —शीला की माँ मुस्कराती हुई बोलीं : "आज तो आप बड़ा अच्छा फूल ले आये। मेरे लिए ले आये ! देंगे क्या ?" उनकी आँखों में अजीब तरह की उदासी-भरी याचना थी।

"हाँ, हाँ लीजिए !" मैंने कहा और चबूतरे से उल्टे पाँव वापस लौट आया।

■

परकटी तितली

वर्षा से धुली काली सड़क पर मोटरों की बत्तियों का प्रकाश पिघली चाँदी की लहर की तरह बिछल उठता। आसमान में काले-काले मेघों के हृदय को फाड़कर इक्के-दुक्के तारे झाँकते, पर उसकी कालिमा वैसी ही भयानक थी। मैं चुपचाप सड़क की बाईं पटरी से चला जा रहा हूँ; पर मन तूफान में कटी पतंग-सा उस पीछे छूटे हुए मकान के पास ही चक्कर लगा रहा है जिसे मैं अभी छोड़ आया हूँ।

बात कुछ विचित्र है। आज सुबह से ही कुछ अनमना रहा। दोपहर होते-होते तो जैसे चढ़े फागुन की उदासी ने नस-नस में एक थकान-सी भर दी। और जब लाख कोशिश करने पर भी मन न लगा सका तो हाथ के उपन्यास को टेबल पर फेंक दिया और झटके से तकिए को खींचकर उसकी मुलायम ठण्ड में जी बहलाने की कोशिश की। बाहर निकलकर आया तो देखा दोपहर का घमका सूखी डालों में आसन जमाये बैठा है। बड़ा उदास-सा मौसम, तीखी धूप, रह-रहकर पागल-सी दौड़ पड़ने वाली हवा के बेरहम थपेड़ों से अनायास बिखरती पत्तियाँ, फूलों पर आवारा-सी मँडराती मधुमक्खियाँ। जिस-किस तरह दोपहर कटी, शाम को घूमने निकला तो—सहसा भयंकर बारिश शुरू हो गई।

जाड़े की बारिश में भीगना यों भी अच्छा नहीं लगता, दूसरे हवा भी तेज थी। सड़क के मोड़ पर बूँदी महाराज की एक कोठी है। सामने की सड़क काफी चौड़ी है। कई बार जब रिक्शे से, इस सड़क से होकर गुजरा हूँ, तारीफ के पुल बाँध चुका हूँ। सचमुच इतनी चौड़ी, और विचित्र स्थिति की सड़कें कम मिलती हैं। एक ओर बूँदी-कोठी की दो पुरसा ऊँची चहारदीवारी, जो सड़क के मोड़ के साथ ही दो फर्लांग तक पश्चिमवाहिनी गंगा के कगार की तरह, कमान के आकार की झुकी हुई चली गई है और दूसरी ओर लम्बे शिरीष के पेड़ हैं, जिनमें लंबे-लंबे फल लटकते हैं, पिटे स्वर्ण-पत्र की बनी तलवारों की तरह। मगर इस समय यह पूरा दृश्य बड़ा ही बुरा लगा। मैंने जी भरकर उस कोठी को कोसा जिसकी सर्वग्रासिनी चहारदीवारी के कारण न तो कोई अन्य मकान ही मिल सकता था और न तो उसके भीतर घुसकर कोठी में ही पनाह ले सकना संभव था।

आगे एक मकान मिला। लाल ईंटों की दीवारें जिन पर जगह-जगह जमी हुई काई और धूल के मिश्रण से बनी एक काली खुरदरी-सी पर्त पड़ गई थी, लगता था, जैसे अपने मालिक की असावधानी का दुलार कई वर्षों से सँभाल रही हैं। दरवाजे के सामने टीन की एक छाजन थी, जो लकड़ी के दो खम्भों पर टिकी दरवाजे के ढाँचे को बचाए थी, जिसकी वजह से उसके खम्भों और कार्निस की सीमेंट की पर्त ओदरकर गिर जाने से बच गई थी। मैं चुपचाप उसी छाजन में एक ओर खड़ा हो

गया। पुरवा की दहाड़ मारती बौछार का सन्नाटा और आकाश में पीले-पीले साँप-सी उमठती हुई बिजली की कड़कड़ाहट उस गरीब छाजन को चौंका देती। मेरे कोट-पैंट का बहुत-सा हिस्सा उस बौछार की नमी से ही भीग गया। इस कोने से हटकर उस कोने में खड़ा हुआ, पर वहाँ भी बौछार का एक-सा अधिकार था। लाचार मन मारे उस लकड़ी के खम्भे की आड़ में खड़ा रहा जो ऊँचाई में मेरे सिर के बराबर था और जिसके एक भाग से मेरा सिर बिल्कुल छू जाता था और जहाँ तीखी बौछार की तड़तड़ाहट गूँज रही थी। एक बड़ी भयंकर आँख झपा देने वाली चमक के साथ कड़ाके की आवाज हुई और पड़-पड़ पड़-पड़ करके ओले गिरने लगे। मैं डरकर एक ओर लपका तभी पीछे से आवाज आई—"आ जाइये भाई साहब, भीतर, क्यों भीगते हैं ?"

"धन्यवाद।" मैं चुपचाप उस आवाज की ओर लपका। उसी पुराने सीमेंट वाले खम्भे को छूता, उसके अनजाने रहस्य को छूकर भाँपने की कोशिश करता मैं फाटक में हेल गया। उसने दरवाजा बन्द किया। सीढ़ी के पास एक बल्ब था जिससे मुश्किल से मोमबत्ती जैसा हल्का प्रकाश फैल रहा था जिसमें मैंने देखा, उस कोठरी में एक ओर ऊपर जाने के लिए सीढ़ियाँ हैं। सीढ़ियों के बीच खाली जगह में पुराने बोरे का एक टुकड़ा, दो-चार टूटी-फूटी ईंटें, और एक टूटे, मुर्चा लगे लोहे का टुकड़ा पड़ा था। बगल में एक हाँड़ी थी, उँह, होगा कुछ उसमें भी। मैं चुपचाप उसके पीछे-पीछे सीढ़ियों पर चलता रहा। सीढ़ियाँ जहाँ खत्म हुईं वहाँ एक फाटक था, हरा, जिसपर नई-नई वार्निश की गई थी। फाटक के सामने जूट की पाँवदान थी। उसने दरवाजा खोला, "आइए बैठ लीजिए थोड़ी देर, जल्दी बारिश थमने की तो कोई उम्मीद नहीं मालूम होती।"

"जी हाँ, बुरी तरह फँस गया।" मैं पास के सोफे पर बैठ गया। कमरा चौड़ा था, जिसमें उसी के नाप की मोटी पर्त की रंगीन दरी बिछी थी। एक तरफ दीवार में सोफा सेट था। सामने एक छोटी-सी अठकोनी मेज थी, जिस पर मिर्जापुरी मिट्टी के एक गुलदस्ते में मुरझाये हुए, निर्गन्ध अँग्रेजी फूल थे। मेरे सामने रखी एक कुर्सी पर वह बैठ गई। मैंने उस चमकते हुए बिजली के प्रकाश में देखा, वह एक बीस-बाईस वर्ष की तरुणी थी। रंग साफ था। उसके इकहरे शरीर पर सफेद साड़ी थी जो पतली थी और इतने सधे हाथों पहनी गई थी कि शरीर के प्रत्येक उभार के साथ जैसे उसका पुराना समझौता था, बिल्कुल ठीक-ठीक चस्पा, न ढीली-ढाली, न चुस्त। साड़ी के नीचे जो ब्लाउज था, लगता, वह भी सफेद ही है क्योंकि साड़ी के मेल में उसके रंग की कोई भिन्न पहचान नहीं थी। हाँ, उसी आकार में साड़ी का, उस हिस्से का रंग भी गहरा सफेद जरूर था जो नीचे सफेद ब्लाउज की ही सूचना देता था।

लम्बी-लम्बी उँगलियों को आपस में उलझाती हुई वह मेरी ओर घूमकर बोली, "कहाँ रहते हैं आप ?"

मैंने एक बार उसके चेहरे को देखा जो सुन्दर था। बहुत भड़कीला, सजा-सजाया

नहीं। कुछ उतरा हुआ पीला-सा। उसकी उलझी उँगुलियों में, एक में चमकीली अँगूठी थी, जिस पर बिजली का प्रकाश चमककर जल उठता था।

"जी, देवपुरे में।" मैंने धीरे से कहा। और लगा जैसे कुछ और कहना चाहिए। मैंने उसके चेहरे पर देखा। शायद वह कुछ और सुनना चाहती हो। उसके पतले होंठ सावधानी से चिपके हुए, निर्भाव पड़े थे जिनमें किसी आकांक्षा का खिंचाव न था, किसी लालसा की सजगता न थी। एक उचाट, उदास मौसम की थकान थी जो इस कड़कती बरसात में बड़ी अनोखी लगी।

"इधर कहाँ से आ रहे हैं आप ?" उसके शब्द गोया यों ही निकल पड़े थे। सच कहता हूँ, इस सवाल के बाद भी जैसे उसे उत्तर मिलने की कोई आकांक्षा न थी। सामने एक आदमी बैठा है, जिसके अस्तित्व का बोझ वातावरण में भिन्नता उत्पन्न करता है, इसलिए उससे कुछ कहना चाहिए, सभ्यता की, आपसी व्यवहार की रक्षा के लिए, सो उसने पूछ दिया। अपने शब्दों के लिए उसे कोई ममत्व नहीं। उनका उत्तर मिलेगा या वे निरुत्तर कमरे की दीवारों से टकराकर लौट आयेंगे, इसकी भी उसे क्या चिन्ता। उसके उत्तर में मैं कुछ कहूँगा तो सुन लेगी और यदि सभ्यता के तकाजे ने उसके मन के किसी हिस्से को स्पर्श किया तो फिर कुछ और पूछ लेगी वरना चुप बैठी रहेगी—"जी, ऐसे ही घूमने आ गया था।" मैंने कहा और उसके चेहरे की ओर देखा जिस पर उत्तर सुनने का नहीं, पास रखे गुलदस्ते में कुछ ढूँढ़ने का भाव था।

सामने दीवार पर लंबी तस्वीर थी, मैंने उसे देखकर पूछा, "क्यों, यह तस्वीर आपकी बनाई हुई है ?"

उसने एक गम्भीर साँस लेकर कहा, "जी हाँ !"

सामने एक पहाड़ी का दृश्य था। ऊँचे-ऊँचे भूर्ज के पेड़। उस ऊँची पहाड़ी पर साँप की तरह घूमती हुई चिकनी पगडण्डी, जो उसे विशाल शिवलिंग की तरह अपने गुँजलक में लपेटे जा रही थी। पगडण्डी से दो छायाएँ चली जा रही हैं, काली-काली छायाएँ। एक के शिरोभाग से बिखरकर एक पतली स्याही की लकीर, जो शायद हवा में उड़ती लट थी, पूरी मानवी छाया को समेटकर, एक काली महीन साड़ी का लहरदार घेरा जो कहता था कि उन दो छायाकृतियों में एक औरत है, जो थकी है, चलने में असमर्थ है और जिसे अपने हाथों का सहारा दिये एक पुरुष लिये जा रहा है। मैं एकटक उस छाया-चित्र को देखता रहा। उस समय वह बड़ी चंचल-सी हो गई।

मैंने पूछा, "आपने यह चित्र कब बनाया था ?"

उसने कुछ कहा नहीं, वह हिली-डुली भी नहीं। उसके उदास चेहरे की सजीव सीप-सी आँखों में एक चमक-सी उठी जिसे देखकर मैं अकचका गया। वह मेरे चेहरे पर एकटक देख रही थी निश्चल, मूक भाव से। मन की किसी मरोड़ ने जैसे उस

चेहरे की ओर देख सकने की पूरी ताकत छीन ली। पर चेहरे की वह विवर्णता मुझे बहुत अच्छी नहीं लगी जो मेरे प्रश्न के साथ घनीभूत होकर फैल गई थी। लगा, जैसे यह प्रश्न करके उसे दुःख दिया है। क्षमा माँगने के भाव से मैंने कहा, "मुझसे शायद कोई गलती हो गई। मैंने आपको किसी प्रकार दुःख देने के भाव से यह प्रश्न नहीं किया।"

"न-न, इसमें दुःख-सुख की क्या बात। आपने शायद गलत समझा।" वह विश्वस्त शब्दों में बोली, "किसी चित्र के बारे में ऐसी जिज्ञासा होती ही है।" लेकिन मुझे लगा जैसे उसके चेहरे पर अभी-अभी जो विश्वास का रंग शीशे पर पड़ी रोशनी-सा कौंध उठा है, उसमें कुछ भी ढूँढ़ लेना मुश्किल है, पर उस चकाचौंध करने वाली पानीदार रोशनी के पीछे कुछ और ही भाव है जो असली है।

वह मुझे और भी अधिक आश्वस्त करते हुए बोली, "यह चित्र मैंने मसूरी में बनाया था अपनी शादी के साल। आज से करीब तीन साल पहले। आप जानते हैं मसूरी कितनी सुन्दर जगह है। वहाँ की पूरी रौनक किसी भी आदमी को कुछ कर सकने की ओर प्रेरित करती है। उन्हीं दिनों मन में आया एक तस्वीर खींच लूँ। यह आपको अच्छी लगी, यह जानकर सचमुच मैं खुश हूँ।" और फिर उसके चेहरे पर वही भाव छा गया जिसका अर्थ था मेरे अस्तित्व की ओर से बिना झिझक खिंच जाना और एक हल्के टुकड़े की तरह वातावरण में चक्कर काटते डूब जाना। वह फिर उसी तरह गुलदस्ते पर ताकने लगी थी।

सहसा वह उठी, "मैंने आपको यों ही बातों में बहलाया। जरा चाय पी लीजिए।"

और मेरे बार-बार मना करने पर भी वह बगल के कमरे में गई। मैं कुछ देर तक अकेला बैठा उस प्रसंग पर सोचता रहा। ध्यान से मैंने देखा, उस सजे-सजाये कमरे में सीढ़ियों के पास वाले दरवाजे को छोड़कर दो दरवाजे और थे। एक से आकार के हरे-हरे, चमकती हुई वार्निश में रँगे। एक दरवाजे को खोलकर वह गई है, वह सामने पश्चिम की दीवार में है और दूसरा मेरे बायें हाथ की ओर दक्खिन की दीवार में। दक्खिन वाले दरवाजे के पास एक वीणा रखी है जो लाल कपड़े की खोली में बन्द है।

वह चाय लेकर आई। टेबुल खींचकर सब सामान रख दिया। मैंने उससे भी चाय पीने का आग्रह किया तो बोली, "जी, मैं चाय नहीं पीती।" और चुपचाप बगल वाले सोफे पर बैठ गई। कोई चाय नहीं पीता तो न सही, पर दूसरे को पिलाने में थोड़ा आग्रह, थोड़े विनय की जरूरत होती ही है; पर उसके लिए जैसे इसका कोई खास महत्त्व नहीं था। वह एक क्षण तक सामने लगे चित्र की ओर देखती रही। उसके मन में जैसे उस चित्र के बारे में इतना ही भाव नहीं था कि उसे उसने मसूरी में आज से तीन साल पहले, अपनी शादी के साल बनाया था। कुछ और था जो उसके तमाम दूसरे भावों पर झीने आवरण-सा छा जाता था और जिसके नीचे ऊपरी

सतह के भाव दुबके पड़े रहते थे।

मैंने चाय पीकर उस कोने में रखी वीणा की ओर इशारा किया, "आपको गाने का शौक है ?" वह मुस्कराई। हाँ, मुस्कराई ही। उसकी वह मुस्कान कुछ विचित्र थी। उसके लाल होंठ और उसके चमकते दाँत बिजली के प्रकाश में बड़े सुहावने लगे, यह कोई विचित्रता नहीं है। उस हँसी में मन के किसी मरोड़ को छू जाने का भाव था। वह टूट रही थी, दब-दबकर मिटती जा रही थी। लगा जैसे कोई सोई लहर उठकर चल पड़ी है, जिसमें जलन भी है, शीतलता भी। वह उसके अधरों पर चाँदनी की एक रेखा-सी फैल गई, जिसके चारों ओर काले-काले बादलों की लंबी छायाएँ मँडरा रही थीं।

"जी हाँ, शौक तो नहीं, पर गाती हूँ। गाती ही नहीं, अक्सर गाती हूँ। गाना ही मेरा जीवन है।" और वह खिलखिलाकर हँस उठी, "सुनिएगा आप भी ?"

मैंने उसकी ओर उत्सुकता से देखा, "जरूर-जरूर, क्यों नहीं !" बाहर बारिश जैसे रुक गई। सारा तूफानी बादल छँटता-सा लगा। उसकी हँसी की हिलकोरें अब भी कमरे में गूँज रही थीं। मैंने देखा, वह कोने से वीणा उठा लाई और सोफे से टिकाकर बैठ गई। उसकी लम्बी-लम्बी उँगलियाँ वीणा के तारों पर फिरने लगीं। मैंने उसकी आँखों में देखा, उसके अधरों पर देखा, सर्वत्र एक प्रसन्नता की छाया थी। उसके होंठ खास अन्दाज में तिरछे खिंचे हुए, हँसने की मुद्रा में बन्द थे। उसने फिर सामने टँगे चित्र की ओर एक नजर देखा। उसकी उँगलियाँ तारों पर दौड़ गईं। एक बड़ी ही करुण, एक बड़ी ही संजीदा, दर्दभरी स्वरलहरी दीवारों को छूकर सनसना उठी। लगा जैसे, हजारों छोटे-छोटे चिड़ियों के बच्चे तूफान के चक्र में चीत्कार कर रहे हैं। वह गाए जा रही थी। उसके गाने में एक दर्द था। जो मेरे दिल की हर धड़कन के साथ दीवारों से टकराकर बिखर जाता था। उसके गाने का हर शब्द, उसके आहत हृदय की किसी व्यथा का बोझ लिये, घायल भौंरे-सा दीवारों से टकराकर सर धुनता था। उसने वीणा के तारों पर अपनी आवाज को खींचा और एक झटके-से मूर्छना की तरह सब स्वर सो गए और तभी एक लम्बी चीख सुनाई पड़ी। भयानक व्यथा से जैसे कोई कराह उठा।

वह झटके से उठी। दक्खिन वाली दीवार का दरवाजा खोलकर भीतर घुसी। मैं भी उसी हड़बड़ाहट में उसके पीछे हो लिया। कमरे के भीतर जो दृश्य देखा तो पूरा शरीर सिहर उठा। कमरे के भीतर एक चारपाई थी जिस पर सफेद बिस्तरे पर एक आदमी लेटा था। जिसके दोनों पैर, घुटने तक कट गए थे। बाकी हिस्सा भी सूजा हुआ था। उस पर जगह-जगह पट्टियाँ बँधी थीं। उस नवयुवक का पूरा शरीर सूखकर अस्थिमात्र बच रहा था।

उसने पहुँचते ही पास रखे गिलास में पानी लिया, बगल के आले से एक साफ-सा कपड़ा उतारकर पानी में भिगोया और उसे उस बेहोश आदमी के सिर पर

लपेटकर पंखे से हवा करने लगी। ये सब काम उसके अभ्यस्त हाथ बड़ी सावधानी से कर रहे थे। थोड़ी देर बाद उस आदमी ने आँखें खोलीं।

"रानी !"

उसने धीरे से कहा और यह उसके हाथों से लिपट गई।

"मुझे क्षमा कर दो।" वह गिड़गिड़ाकर बोली, "क्षमा कर दो मुझे, मैंने गलती की।"

उसने बड़े इत्मीनान से उत्तर दिया, "इसमें क्षमा की क्या बात रानी ! गाने के लिए तो मैं तुम्हें सदैव कहा करता हूँ। मुझे खुद तुम्हारे गान से बड़ी शान्ति मिलती है। लगता है, ये दुःख के दिन तुम्हारे गाने के सहारे काट दूँगा।"

"नहीं, नहीं, मैंने आज वही गाना गाया। इसके लिए मुझे दुःख है। मैं ऐसी गलती फिर कभी न करूँगी।"

"उस गाने में कुछ झूठ तो है नहीं। तुमने मेरे लिए क्या नहीं किया। आज तीन बरस हो गए। मसूरी में जब से मोटर लड़ी, और मेरी यह हालत हुई, तब से आज तक तुम मेरी इस जीवित लाश के साथ जलती रहीं। रानी, तुमसे क्या मैं तुम्हारा गाना भी छीन लूँ ?" और वह फिर बेहोश हो गया।

बारिश बन्द हो गई थी। वह चुपचाप सीढ़ियों पर उतरती हुई चली और मैं उसके पीछे मूक चलता रहा। दरवाजे पर आकर वह रुकी। मैं चुपचाप उस कमरे से बाहर हुआ। मेरे मन में एक अजीब तरह की हुंकार-सी उठ रही थी। मैं चाहता था कि उस व्यथित नारी को मैं कुछ सान्त्वना के शब्द कहूँ, उस दुखिया के प्रति कुछ सहानुभूति जताऊँ, पर मेरे मुँह से एक शब्द भी न निकल सका। और मैं चुपचाप दोनों हाथ जोड़कर खड़ा हो गया। उसने अँधेरे में शायद देखा भी नहीं। फाटक बन्द हो चुका था। मैं चुपचाप उस टीन की छाजन के उसी खम्भे को छूता हुआ बाहर चला आया।

और अब सड़क की उसी बाईं पटरी से चला जा रहा हूँ जिसके धुले शरीर पर मोटरों की बत्तियों का प्रकाश पिघली चाँदी की लहर की तरह बिछल उठता। रात वैसी ही भयानक है। मन को लाख रागझाता हूँ; पर बरबस मेरी आँखों के सामने एक चित्र आता है जिसे उसने अपनी शादी के साल बनाया था। पहाड़ी की पगडण्डी पर वह जिस पुरुष के हाथ का सहारा लिये चल रही थी वह छूट चुका है। मेरे मन पर उसके गाने के स्वर झंकार कर उठते हैं। कड़ियाँ तो साफ नहीं उठतीं; पर एक दर्द-भरी तान मन पर उस भाव की अमिट छाप छोड़ जाती है :

मेरी पाँखें कितनी रंगीन हैं। हाँ, हाँ, मैंने इन्हें नाना भावों के रंगीन फूलों से पराग लेकर सजाया था। जरा छूकर देखो न कितने चटकीले हैं ये रंग। तुम्हारे हाथों में सटकर ये चमक उठेंगे। मैं तितली हूँ। एक परकटी तितली।

■

आँखें

“इसकी आँखों में जरा भी शरम नहीं है।” ऐसा कहते समय पत्नी की आँखों में हिकारत थी, बँधी-बँधायी लीक पर चलते रहने के प्रति असन्तोष या अपनी पारम्परिक लज्जाशीलता के लिए गर्व का एहसास था, या और कुछ, यह मैं सहसा समझ न सका। पर इतना मुझे जरूर लगा कि इस तरह की औरत का मेरे परिवार से मिलना-जुलना या मेरे घर आना-जाना ठीक नहीं है। मास्टर आदमी ठहरा। दुनिया के सामने अपनी किताब का हर पन्ना साफ-साफ खुला होना चाहिए। कहीं अचानक, अनचाहे काले अक्षरों की एक छोटी पाँत भी खिंच गई तो आफत आ जाएगी। चारों तरफ से उँगलियाँ उठने लगेंगी। समाज ने हमें बिला वजह जो एक ऊँची जगह पर बिठा रखा है, उससे बाल-बराबर भी इधर-उधर होने से हंगामा मच सकता है, सनसनी फैल सकती है।

“इस तरह के लोगों से मिलना-जुलना ठीक नहीं है।” मैंने किताब पर आँखें टिकाने की कोशिश करते हुए कहा।

यह जानकर कि इस औरत के प्रति मेरे मन में कतई दिलचस्पी नहीं है, पत्नी खुश हो गईं और इस विषय में बिना कुछ और कहे-सुने वह अपने काम में लग गईं।

मैं बड़ी देर तक उस औरत के बारे में सोचता रहा। अभी मुश्किल से दो महीने हुए होंगे, मैं इस देहाती कस्बे में स्थानीय इण्टर कॉलेज के हिन्दी टीचर की हैसियत से रहने लगा हूँ। छोटा-सा कस्बा है, छोटा-सा स्टेशन। रेलवे की पटरियों को काटती हुई एक धूल-भरी कच्ची सड़क है, जिसके दोनों तरफ मकान हैं—कच्चे-अधपके, चीकट, धूल और बेशुमार गन्दगी से लदे हुए। इनमें सभी तरह की जिन्सें—गल्ला, नमक, तेल, घर-गृहस्थी के छोटे-मोटे सभी सामान—बिकती हैं। देहात वाले अक्सर अँधेरी भोर से लेकर सूरज गिरने तक धूल-भरी सड़क पर, घुटने तक सफेदी में सने, सर पर डाला या बोरी लिये चक्कर लगाते रहते हैं। अपने ढीले ढाँचे को बुरी तरह झटकती हुई, चरमर की आवाज करती बैलगाड़ियाँ, बड़े-बड़े जालीदार खँचोले में गुड़ लादे लदियल टट्टू या पूँछों में कपड़े की गद्दी से पीठ का भार सँभाले मरियल बैल—अटूट ताँतों में निरन्तर आते-जाते दिखायी पड़ते हैं।

इस तरह के ठसाठस बाजार में यदि कई दिन केवल मकान खोजने में खर्च हो गए तो इसमें क्या आश्चर्य ! बड़ी मुश्किल के बाद एक छोटा-सा मकान मिला, जिसके ऊपरी हिस्से में कुल दो कमरे और बाहर को खुली एक छोटी छत थी। नीचे से एक जीना ऊपर जाता था, जिसकी बगल में दो दुकानें थीं—एक मामूली-सी किराने की, जिसमें सन-से पके बालों वाली एक बुढ़िया बैठती थी; दूसरी पान-बीड़ी की,

जिसमें वही औरत थी, जिसके बारे में आप सुन चुके हैं।

"क्यों भई, मकान ठीक हुआ कोई ?" उस दिन कॉलेज में पूछा था मेरे एक सहयोगी ने।

"जी हाँ, मिल गया, किसी कदर···"

"सुना, आपने जगह बड़ी जोरदार पसन्द की है !"

"क्यों, मुझे तो कोई खास बात नजर नहीं आयी ?"

"दो-चार रोज और रह लीजिए, बस खास बातें नजर आने लगेंगी !" स्टाफ-रूम में बैठे दो-चार अन्य जन भी उनकी बात सुनकर दया-भरी मुस्कराहट में खिल उठे और मैं एक अजीब अनजानी आशंका से दबता चला गया।

कॉलेज से लौटा तो जीने पर चढ़ते वक्त वह बीच में मिल गई। शायद मेरे घर गयी थी। खिड़की से मुझे आते देखा होगा। इसके पहले कि मैं जीने पर चढ़ूँ, वह उतरकर चली जाना चाहती थी, पर ऐसा न हो सका और बीच जीने मुठभेड़ हो गई। वह दीवाल में एक तरफ चिपककर खड़ी हो गई। चौबीस-पचीस की पतली-दुबली युवती थी। काले किनारे की साफ धुली धोती, और काली छींट का ब्लाउज पहने थी। बहुत तो नहीं, पर काफी साफ रंग था। नाक-नक्शे से सुघड़ मालूम होती थी। हाथ उसके कुछ ज्यादा लम्बे थे ही, या शायद लग रहे थे वैसे। कलाई के पास और केहुनी की हड्डियाँ उभरी हुई थीं जो असमय प्रौढ़ता के ताबीज की तरह लगीं। मैं एक क्षण सामने ठिठककर खड़ा हो गया।

"नमस्ते !" उसने उभरी हुई हड्डियों और मांसहीन पतली-पतली उँगलियों वाले हाथों को परस्पर जोड़कर मेरी ओर उचटी नजर से देखते हुए कहा।

कितनी हलकी-सी फुसफुसाहट-जैसी आवाज थी उसकी ! उसका चेहरा एकदम बच्चों जैसा था—अलिप्त, स्वतः सन्तुष्ट। गोल, पीले मुँह पर सूरजमुखी के बीज की तरह काली-सफेद आँखें। मुझे बड़ा आश्चर्य हुआ कि इतने पतले-दुबले हाथों वाले व्यक्ति का चेहरा इतना भरा-पूरा कैसे है !

"नमस्ते-नमस्ते !" मैंने कहा और खट्-खट् जीने पर चढ़ गया। मैंने एक बार भी मुड़कर उसकी ओर नहीं देखा। देखना ठीक नहीं लगा। वह धीरे-धीरे सीढ़ियों से उतरकर बाहर चली गई।

शाम होने में अभी थोड़ी देर थी, पर मेरे कमरे में अँधेरा घना होने लगा था। खिड़की खोली तो बाहर की नम, सीली हवा पास की तलैया से सड़ी हुई घासों, सिंघाड़े के फूलों और न जाने किन-किन चीजों की मिली-जुली गंध को कंधे से चिपकाए भीतर घुस आई। इसी के साथ थकी-सी, अलसाई हुई गर्भिणी नारी के पीले चेहरे की तरह डूबते सूरज की मद्धिम रोशनी भी मेज के पास पसरकर बैठ गई।

पत्नी ने अभी चाय का प्याला रखा ही था कि नीचे किसी के जोर-जोर से चिल्लाने-झगड़ने की आवाजें गूँजने लगीं। खिड़की से झुककर नीचे की ओर देखा

तो दंग रह गया। मेरे मकान के निचले हिस्से की दोनों दुकानदारिनें बुरी तरह एक-दूसरे से गुँथने की तैयारी किये आमने-सामने खड़ी थीं। सन की तरह सफेद बालों वाली बुढ़िया के शरीर में तो जाने कहाँ की ताकत आ गई थी ! वह पैरों को थोड़े फासले पर समानान्तर टिकाये हुए, शरीर का सारा भार उन्हीं पर लादे, हाथों को बुरी तरह नचा-नचाकर चिल्ला रही थी, "कुतिया कहीं की ! कुतिया ! ···बेसवा ! ···राम-राम, इस राँड के मारे इस मुहल्ले में कोई भी शरीफ नहीं रहने पाएगा···"

"चुपचाप जाकर दुकान में बैठ हरजाई ! खूसट कहीं की ! नहीं ईंटा मार के टाँग तोड़ दूँगी ! ···हाँ, हमसे तेरा कुछ छिपा नहीं है, सत्तर चूहा खाके चली है भगतिन बनने !"

पागल की तरह चीखती हुई और सारे बदन को गुस्से के मारे कँपाती बुढ़िया ने उस औरत के मुँह के पास अपने हाथ का इस तरह झपट्टा मारा, मानो उसके भरे हुए गालों से भर-मुट्ठी गोश्त नोच रही हो। फिर उसने अपने दन्तहीन पोपले मुँह से अस्फुट शब्दों का पूरा बवण्डर उँडेलते हुए कहा, "कौन-सा करम किया है हमने रे, जो तुझसे छिपा नहीं है ? बोल ! बोल ! सिचन्ना की नानी ! ···मैं तो तेरा और तेरी उस अन्हरी माई दोनों का गोत्तर उचार कर रख दूँगी ! ···दुनिया तुझे नहीं जानती जो जेंवाय छोड़कर बेसवागीरी करती है, कि तेरी नानी को नहीं जानती जो चकले की कमाई खाती है !···"

"बेटा, बेटा गुलाबो !" अजीब तरह की उदासीनतापूर्ण, घरघराती हुई आवाज थी वह। मैंने बारजे से लटककर उस तरफ देखा। गुलाबो की दुकान में लम्बे-चौड़े शीशे के पीछे बैठी एक बुढ़िया थी, जिसके धूमिल बदरंग शरीर में चश्मे के गोल-गोल शीशों पर फिसलने वाली हलकी चमकदार रोशनी के अलावा कहीं कोई चेतना नजर नहीं आती थी। बुढ़िया के उभरे हुए, कभी नबन्द होने वाले होठों के आस-पास गुस्सा, ग्लानि और क्षोभ के जाने कितने भाव टँगे थे, जिन्हें वह मच्छरों के उड़ाने के बहाने उँगलियों से छू-छूकर कुरेद दिया करती थी।

"उससे लड़कर तुझे कुछ न मिलेगा, बेटा···नागिन से जबान लड़ाने से अच्छा है, चुप होकर चली आओ।" इतना कहकर बुढ़िया एकदम चुप हो गई जैसे बहुत थक गई हो।

"हाँ-हाँ, मैं तो नंगी-लुच्ची हूँ ही। काहे से कि मैं तो बुढ़ापे में भी मसक्कत की कमाई खाती हूँ न, सरीफ तो तू है मुहझौंसी, जो अपने तन की जनी से बेस्वागिरी कराती है ! हुँह !···"

माँ की बात को सुनी-अनसुनी करके गुलाबो वहीं डटी रही और इस बार जो गालियों का दूसरा अध्याय शुरू हुआ, तो मैं चुपचाप बारजे से हटकर कमरे में चला आया और उधर की ओर खुलने वाली सारी खिड़कियाँ बन्द कर दीं। अद्भुत बेहयाई-भरा दृश्य था वह !

औरतों के मुँह से औरत के तन की ऐसी लानत-मलामत मैंने कभी न सुनी थी। दोनों एक-दूसरी को इस कदर जलील भाषा में गालियाँ दे रही थीं कि कोई भी सुने तो हाथों से कान बन्द कर ले। बुढ़िया की तीखी, झनझनाती आवाज से उतनी तकलीफ नहीं हुई, जितनी गुलाबो के मुँह से भद्दी गालियाँ सुनकर। भरा-पूरा सुघड़ मुँह, मधुमक्खी की गुंजार की तरह फुसफुसाहट-भरी आवाज, सूरजमुखी के बीज की तरह काली-उजली आँखें···और इन सबके बीच, सबको चीरकर बहती हुई गन्दी, बदबूदार, पीलू और मच्छरों से भरी हुई नाली के घिनौने पानी की खड़खड़ाहट ! मलाई की परत के नीचे गोबर की बदबू ! छिः-छिः ! मन एक अजीब तरह की तिलमिलाहट से भर उठा। मैं कमरे से बाहर निकल आया और इस कड़वे-तीखे धुएँ से कलमलाती आँखों को पोंछकर रेलवे सड़क के किनारे-किनारे बहुत दूर तक चलता रहा।

शाम उतर आई थी। अँधेरा काफी घुल गया था। दूर तक फैले हुए धान के हरे खेतों पर अजीब सन्नाटा छाया हुआ था, जैसे अनजाना अदृश्य साँस रोके किसी घटना के होने की प्रतीक्षा कर रहा हो। सड़क के दोनों बाजुओं के नीचे ढलवाँ जमीन में पानी भरा था—साफ, उजला, चमकता हुआ अचंचल। पैर की ठोकर लगी और एक बड़ा-सा कंकड़ चमकती सतह को तोड़कर नीचे उतर गया। धक्के से छपाक की आवाज आई और हलकी परत के नीचे से सड़ी हुई काई और सेवार से भरा कीचड़ उछलकर पानी को मटमैला कर गया।

सामने बैताली नाले का पुल है। बरसात में जब इसकी रगों में रवानी और दिल में जोश रहता है तो यह बड़ी-बड़ी चट्टानों को कलाबाजी खिलाता पुल के नीचे ढकेलकर भयंकर अट्टहास करता है और आज बरसात उतर जाने पर रगों की रवानी और दिल का जोश ठण्डा हो गया है और उसके पेट में चट्टानों के अनगिनत ढोके सिर ऊँचा किये खड़े हैं, जिनसे बचकर पानी की पतली-पतली धाराएँ अन्तिम साँस तोड़ती-सी, मुँह से ढेर-सा झाग उगलती हुई धीरे-धीरे बह रही हैं।

"इस मकान में रहना वाकई बदनामी का सबब हो जायेगा।" मेरे मन को अछोर धानों के खेत, बलखाती पतली-पतली जल-धाराओं का कलरव कुछ भी अच्छा नहीं लगता। मैं आज के दृश्य को भुला देना चाहता हूँ, क्योंकि इससे परेशान होकर बचने का कोई तरीका नहीं है। पर लाख कोशिश करने पर भी मैं इसे भुला सकूँगा क्या ? कितनी दिक्कतों के बाद इतनी दूर एक देहाती कस्बे में नौकरी मिली। कई दिन धूल-भरी सड़क और गन्दगी से भरी बदबूदार गलियों की खाक छानने के बाद यह मकान मिला। इसे छोड़ दूँ तो फिर रहेंगे कहाँ ? न छोड़ें तो कहीं बिना वजह ऐसी-वैसी बात फैल गई तो नौकरी से भी हाथ धोना पड़ सकता है। पूरबी आसमान में चाँद कस्बाई इमारतों से घिरे क्षितिज के ऊपर सरकने लगा था। धीरे-धीरे फालसई रंग की धूमिल चाँदनी धान के खेतों पर, सिसककर बहते हुए नाले की धाराओं पर

रेलवे की स्याह पटरियों पर, खेतों के बीच-बीच में खड़े अगणित दूहों और रहस्य-भरी झाड़ियों के माथों पर फैल जाएगी; फिर अँधेरे का परदा उठ जाएगा—एक में मिली-जुली काली भ्रमात्मक छायाएँ अपना असली अर्थ उगल देंगी···

मैं चुपचाप उठा और रेल की सड़क के किनारे-किनारे कस्बे की ओर लौट पड़ा। कितनी जल्दी, शाम होते ही, यहाँ सन्नाटा छा जाता है। काली सड़कों पर केवल पान-बीड़ी की एकाध दुकानों पर छोटी-छोटी लालटेनें जलती हैं। मैं जीने से चढ़कर घर में घुसना ही चाहता था कि भीतर के कमरे से आने वाली आवाजों ने मेरे पैर बाँध लिये। ओह, कितनी बेशरम और बेहया है यह औरत ! शाम तक नीचे गला फाड़-फाड़कर गन्दी-गन्दी गालियों का तूफान उठाती रही और अब मेरे कमरे में घुसकर कैसी हँस-हँस बातें कर रही है।

"जो भी हो, अगर वह बुढ़िया कटहे कुत्ते की तरह चिल्लाती है तो चिल्लाए, लेकिन तुमको इस तरह गन्दी-गन्दी गालियाँ नहीं देनी चाहिए। वह तो बूढ़ी हुई, शरम-हया घोलकर पी गई है, अब करे भी तो किसलिए ! पर तुम तो अभी जवान हो, कैसे ऐसी-ऐसी बातें जबान पर आती हैं तुम्हारी ?" पत्नी काफी समझदारी के साथ उस बेशरम लड़की को यह उपदेश दिये जा रही थीं।

"आप नहीं जानतीं बहूजी !" वह अनायास खिलखिलाकर बोली, "सुरेबा चाची से पार पाना बहुत मुश्किल है। अगर उससे तेज और गन्दी गालियाँ देकर उसका मुँह न बन्द कर दें, तो वह रात-भर उसी तरह चीख-चीखकर चिल्लाती और मुहल्ले-भर की नींद हराम कर देती।"

"फिर तुमसे वह चिढ़ती काहे है इतना ?"

"जाने काहे चिढ़ती है ! कहती है, हम उसके ग्राहकों को फँसा लेते हैं। अब आप ही बताइए, जब सारी दुनिया में पैसे की तीन बीड़ी मिलती हैं, तो उससे दो कौन लेगा ! सुरती का एक पत्ता एक आने में आता है तो सुरेबा चाची एक आने में सिकुड़ा-सा नन्हा पत्ता थमाती है ग्राहकों को ! राम-राम, उस पत्ते से तो मलुई तमाकू भी नहीं बनाता कोई ! हमारी दुकान पर सिगरेट बिकती है तो अब वह भी सिगरेट रखने लगी है। पर खरीदता कोई नहीं। मिट्टी के तेल के हाथ से कौन लेगा सिगरेट भला···"

मैं बरामदे में हेल गया तो मेरे जूते की आवाज से वह एकदम चौंककर उठ खड़ी हुई। उसका चेहरा पहले जैसा ही हँसमुख लगता है, अभी-अभी शाम को उसकी गरदन और कनपटी की नसें जो जोर-जोर से चिल्लाने से सूज आई थीं, जिसके कारण वह काफी भयंकर और वीभत्स लगती थी, अब बिल्कुल शान्त हो गई हैं। उसका मुँह ठंडे जल में धोये पान के पत्ते की तरह ताजा लगता है। सामने की रोशनी में उसकी उजली-उजली, काली-काली आँखें झुकी हुई पलकों की आड़ में सेवार-कुंज में छिपी चलवे मछली की तरह चमक रही हैं। कितना चुम्बकीय आकर्षण है इन

आँखों में ! शायद इनकी यह खूबी उससे भी छिपी नहीं है। इसी कारण शरम का नाटक करते हुए भी उसके लम्बे-लम्बे, चिकने पपोटे आँखों की पुतलियों को पूरा ढँक नहीं पाते। वह अपने तनिक झुकाये हुए मुँह को इस अन्दाज से सँभाले रहती है कि रोशनी की लहर उसकी लम्बी-लम्बी, काली बरौनियों के ऊपर ही पड़े और उनकी झिंझरी से फूटने वाली धूप-छाँही में पुतलियों की चमक डबडबाए तारे की तरह हमेशा झलकती रहे।

"नमस्ते !" वही फुसफुसाहट की तरह त्वचा को छूने वाली आवाज, जैसे किसी ने अभी-अभी कानों के पास जलते होंठ रख दिए हैं। मैं इस काल्पनिक छुवन से सिहरकर प्रसन्नता में खिल नहीं उठा, बल्कि कड़वा मुँह बनाकर मैंने बड़ी रुखाई से दूसरी अरे गरदन घुमा ली और उसके नमस्ते का जवाब तक नहीं दिया। वह धीरे से दीवार को अपने बाजू से दरेरती हुई, सिकुड़ी हुई बिल्ली की तरह पैर दबाए जीने की ओर बढ़ गई। पत्नी अपराधिनी की भाँति मुँह लटकाए चूल्हे पर रखी कड़ाही में कुछ खोज रही थीं।

मैं चुपचाप कमरे में चला गया। कुरता उतारकर बाहर आया तो मुझे गुमसुम देखकर पत्नी खुद ही सफाई देती हुई धीरे-धीरे बोलीं, "हमने बुलाया नहीं था उसे। दाई के हाथ पैसा भेजा था कि सिगरेट लेके दे जाना। उसने पैसा रखकर दाई को लौटा दिया कि खाली होते ही खुद सिगरेट पहुँचा देगी। दाई उधर से ही घर चली गई। अब आ गई सिगरेट लेकर तो कैसे कहती कि यहाँ मत बैठो ?" उन्होंने कलछी को कड़ाही में रगड़ना शुरू कर दिया। शायद तेज आँच से मसाला जलकर पेंदी में सट गया था।

"मैंने कुछ कहा तो नहीं, मैंने तुमसे कब पूछा कि वह कैसे आयी ?" मैं चुपचाप चारपाई पर से उठकर सिगरेट जलाने लगा।

"वैसे लोग-बाग दूसरों के बारे में बातें उड़ा भी तो देते हैं।···अब इसमें क्या दोष है, मैं समझ नहीं पाई। बेचारी सलीके से बैठती है, ढंग से बात करती है।"

"हाँ-हाँ, बड़ी सलीकेदार है !···ऐसी ही सलीकेदार थी तो मरद को छोड़कर चौराहे पर पान की दूकान खोलकर क्यों बैठ गई ?"

"वो तो मैंने भी पूछा था। कहती थी कि अब आप ही बताइए बहूजी, मेरे एक अपाहिज बूढ़ी माँ है, आज नहीं कल बेचारी ढुलक जाएगी, मौत के किनारे खड़ी है, कौन इमरित पीके आई है ! मैंने कहा कि तुम कलकत्ता-बम्बई जहाँ भी चलो मैं चलने को तैयार हूँ, पर माँ को भी साथ ले लो। कोने-अँतरे कहीं बैठी रहेगी। रूखी-सूखी दो रोटी कुत्ते को न फेंकी उसे फेंक दी। कै दिन की अब मेहमान है बेचारी ! मेरी बात सुनकर उसने गुस्से से आँखें लाल-भभूका कर लीं और घूरकर बोला कि चलना हो तो अकेले चलो, नहीं तो साफ कह दो किसी और के बैठना चाहती हो। शादी मैंने तुमसे की है, तुम्हारी माँ से नहीं, जो उसे भी छाती पर लादकर

सारी दुनिया घूमता फिरूँ। मुझे भी गुस्सा आ गया बहूजी, मैंने कहा कि समझ लो किसी और के बैठ रही। मैं माँ को मँझधार में छोड़कर नहीं जा सकती। बस उसने छोड़ दिया।''

मैं कुछ बोला नहीं। नायकीनी के छल्ले बनाकर छत की ओर उड़ाता रहा। पत्नी ने भी बात बढ़ाना ठीक न समझा होगा। बस कोई कुछ न बोला। दोनों बड़ी देर तक चुप रहे।

अक्सर दाई घर का काम-काज निपटाकर चली जाती थी। जरूरी चीजें उससे इकट्ठा मँगा ली जाती थीं, पर कभी सिगरेट खत्म हो जाती या पान खाने को जी होता तो मैं खुद ही घर से बाहर निकलता और लाइन के उस पार काफी दूर जाकर पान लेता और अगली शाम तक के लिए पूरी सिगरेट खरीदकर साथ ले लेता, ताकि किसी भी बहाने उस औरत को मेरे घर आने का मौका न मिले। उसकी दुकान पर दुनिया-भर के बदमाश और आवारा लोग साइकिल टिका-टिकाकर खड़े रहते। पता नहीं, कैसा पान बनाती थी वह कि मुँह में रखते ही या तो पान गल जाता होगा और दूसरे बीड़े की फरमाइश होती होगी, या फिर पहला बीड़ा लगाने में ही कई मिनट लग जाते होंगे। कभी-कभी जीने से उतरता और उधर नजर पड़ती तो भीड़ में हलचल मच जाती। साइकिलें टकरा उठतीं और हड़बड़ी में कोई गिरते-गिरते बचता। स्कूली लड़के आँखें बचाते, बिना रास्ते का रास्ता बनाते, भाग खड़े होते।

मैंने आते-जाते अक्सर यह खयाल किया है कि वह मुझे दूर से ही देखकर अपनी दुकान पर खड़े ग्राहकों को जल्दी-जल्दी विदा कर देती और बड़ी शराफत से बैठकर मेरी ओर इस आशा से आँखें बिछाये रहती कि मैं कभी तो उसकी दुकान पर आकर सिगरेट या पान की माँग करूँ। मुझे तो अक्सर यह भी लगता कि यदि मैं पान-सिगरेट कुछ न भी खरीदूँ तो न सही, पर उसकी ओर एक बार उचटी नजर से भी देख दूँ तो वह प्रसन्न हो जाएगी, मेरी ओर लगातार देखकर असफल होने की खीझ के खिंचाव कम हो जाएँगे। वह खुश हो जाएगी और उसकी चलवे मछली की तरह चिलक उठने वाली आँखें कुँई के फूल की तरह रेशे-रेशे को आनन्द से कँपाती हुई खिल उठेंगी। पर मैं उस बदनामी की मूरत की ओर आँखें उठाना भी सदाचार के खिलाफ समझता था। इतना ही नहीं, ऐसे मौकों पर जब उसकी आँखें बेपनाह होकर मेरे चारों तरफ चक्कर लगातीं, तो मेरी नसें खिंच जाती थीं, चेहरे पर एक बनावटी गम्भीरता और रौब का परदा टँग जाता था।···कभी-कभी मैं कमरे में लेटे जब अपनी उस स्थिति पर खुद सोचता हूँ तो मुझे हँसी आ जाती है, पर मेरे जैसे व्यक्ति के लिए इस तरह का परदा लटकाए रहना बहुत जरूरी है। मैं मास्टर हूँ न!

मेरे इस रुख से या हम लोगों के खिंचे-खिंचे रहने के कारण लोग अब पहले की तरह हमारे मकान की 'विशेषता' पर कोई फिकरा नहीं कसते थे। हम भी उस

मकान में इस तरह रहते, गोया उसके नीचे के बाशिन्दों से हमारा कोई सम्बन्ध ही न हो।

कई दिन बाद की बात है। उस दिन किसी कारणवश कॉलेज दो ही बजे बन्द हो गया। मैं घर आया तो पत्नी ने पानी रखते हुए धीरे से कहा, "आज तो अजब तमाशा देखा मैंने ! राम-राम ! कैसी होती हैं औरतें भी ! आप ठीक कहते थे। मैंने तो आज अपना कान पकड़ा कि उस चटकबाज को कभी ऊपर नहीं हलने दूँगी !"

"क्यों, क्या बात हुई ?"

"हुई क्या, अभी तो हो रही है !" ऐसा कहते वक्त पत्नी इस तरह लजाकर सिकुड़ीं, गोया किसी ने नहाते समय बाथरूम का दरवाजा खोल दिया हो।

"क्यों, क्या बात हुई ? बोलो न !"

"वह लाल गाउटी वाला आता था न शाम को अक्सर उसके यहाँ पान खाने; कहते थे न आप, पास के किसी गाँव का चौधरी है और यहाँ किसी गोदाम में दरवानी करता है···"

"हाँ-हाँ, बलईसिंह न ?"

"हाँ, वही। अभी-अभी एक घंटा पहले उसकी दुकान पर गया। जाने क्या-क्या बातें कीं फुसफुसाकर ! सुरेबा की दुकान भी बन्द थी। वह भीतर खा-पी रही होगी। बस, वह सीधे गुलाबो की दुकान में हेल गया और दोनों ने भीतर से फाटक बन्द कर लिया। बुढ़िया बाहर दरवाजे पर आकर बैठ गई। अभी-अभी कई छोकरे पान खाने आये थे। बुढ़िया कह रही थी कि गुलाबो तो खैर-चूना लाने चौमुहानी की तरफ गयी है। लड़कों ने कहा कि तुम्हीं पान लगा दो तब, बूढ़ी दादी ! तो बुढ़िया बोली, खैर-चूना कुछ नहीं है, बेटा ! अब बाद में आना। अरे, कुछ तो लगा-वगा होगा, दादी ! उठाकर लाओ तो ! उठाकर कैसे लाऊँ ? ताला बन्द करके गयी है न। अन्धी, अपाहिज ठहरी। घर खोल के कैसे जाती ? लड़के चले गए। मैंने बारजे से लटककर देखा तो वाकई बुढ़िया ने बाहर से ताला लटका रखा है। हाय राम, कितनी नीच है यह बुढ़िया ! सुरेबा उस दिन ठीक ही कह रही थी।"

मुझे उस दिन बड़ा दुःख हुआ। दुःख तो क्या, दुःख जैसी ही एक अर्थहीन, निरर्थक-सी मरोड़, जो आदमी को जाने क्यों बहुत अनमना बना देती है। शायद मुझे अच्छा नहीं लगा कि गुलाबो यह सब करे।···मासूम बच्चे-सी आँखें···शीशे की ताजी चमकदार गोलियाँ नाबदान के पानी में गिर गईं···या गोश्त का टुकड़ा समझकर कोई चील झपट्टा मार गई। ···हूँह !···मुझसे क्या मतलब ? मुझे बुरा-भला क्यों लगने लगे ? जो उसे करना हो करे, मैं कौन हूँ व्यर्थ की बातें सोचने वाला ! मैंने सिगरेट जलाकर अपनी मूर्खता पर हँसी के छल्लों का एक पूरा जाल रच दिया। दो-चार बार करवटें बदलीं और आँखों को एक सोचहीन शून्यता के जल में बार-बार

डुबाता रहा, डुबाने की कोशिश करता रहा।

अप्रैल में परीक्षाएँ चल रही थीं। खासी गरमी पड़ने लगी थी। लू के झँकोरे अपने पूरे जोर से मकान की छाजनों को उड़ा देने की तैयारी कर रहे थे, जैसे दुनिया में आदमी के सिर पर कहीं छाया रहने ही नहीं देंगे। उस दिन शाम को दूसरी पाली की परीक्षा का निरीक्षण करके घर लौटा तो मेरे मकान के नीचे काफी भीड़ थी। पुलिस के दो जवान भी खड़े थे। बड़ा हंगामा मचा था। आस-पास के बहुत-से लोग एकत्र हो गए थे।

एक सिपाही गुलाबो को पकड़कर पास खड़े रिक्शे पर बिठाना चाहता था और वह उसके हाथों से छटपटाकर छूटने की कोशिश कर रही थी। भीड़ में बहुत-से लोग आपस में कुछ कहकर जोर से ठहाका लगाते--इतने जोर से मानों पास की छतें तोड़कर रख देंगे।

सुरेबा बुढ़िया अपनी दुकान पर खड़े एकाध ग्राहकों से, जो असल में तमाशा देखने आये थे, पर जिनकी आँखों का पानी पूरा ढला न था, इसलिए बिला जरूरत कोई छोटी-मोटी चीज खरीदने सुरेबा की दुकान पर खड़े हो गए थे, भुनभुना-भुनभुनाकर कह रही थी, "अब करे बेस्वागीरी हरजाई कहीं की ! ब्याहता आखिर ब्याहता ही है ! चढ़ा दिया न पुलिस ! कहाँ गये उसके गुंडा दोस्त ? आकर छुड़ाए न अब कोई ! मैं तो कई दिन से सुन रही थी कि बेलभद्दर कलकत्ता से गाँव आया है। मरद का बच्चा है, अपनी जोरू को दूसरों के साथ गुलछर्रे उड़ाते कैसे देख सकता है ? राम-राम···छिः-छिः !"

सिपाही गुलाबो को रिक्शे पर लादने के लिए पसीना-पसीना हो रहा था और वह उसके हाथों में से रोहू मछली की तरह बिछलकर बाहर आ जाना चाहती थी। सिपाही ने हाथों को थोड़ा और कसा। गुलाबो उसके हाथों से निकल जाने के लिए जोर लगाकर जमीन की ओर धँसने लगी कि उसकी साड़ी और साया सरककर सिपाही के हाथ में रह गया और वह पाँवों तक नंगी जमीन पर पसर गई।

मैं इस तमाशे को और न देख सका और झपटकर जीना चढ़ घर में घुस गया। मेरे ठीक पीछे गुलाबो की बुढ़िया माँ भी डंडा टेकती, खट-खट करती ऊपर आ रही।

"बहूजी ! बहूजी !" बुढ़िया की आँखों में आँसू न थे, पर वह गले से बुरी तरह काँप रही थी। सारा आँसू जैसे गले के रास्ते बह रहा था, "अरे जरा बाबू से कह दो बहूजी, गुलाबो बेटा की सिपाही दुरगत कर रहे हैं, जरा डाँट दें।" बुढ़िया इतना कहकर बुरी तरह बिफर पड़ी। वह जाने क्या-क्या कहती रही थी, कुछ समझ में न आया। मैं बड़े संकट में पड़ गया। इस हंगामे में बाहर जाना और फिर गुलाबो की ओर से कुछ कहना जान-बूझकर आफत मोल लेना नहीं तो और क्या था ? झुलसा देने वाली लू में घर के साए में रहना ही ठीक था, ऐसे में बाहर निकलना

बुद्धिमानी नहीं। मैं जानता था कि सिपाही केवल उसके मर्द के बहकाने से उसे डराने-धमकाने आये हैं। एकाध रुपया सुँघा दिया होगा, बस चल पड़े मर्दानगी दिखाने ! इस गरीब की ओर से विरोध ही कौन करेगा ? मैं यदि एक बात भी बोल देता, तो जरा-सा कड़ा पड़ते ही सिपाही भाग खड़े होते। उनके पास गुलाबो के खिलाफ सबूत भी क्या था ? पर मैं अपने बन्द कमरे से बाहर निकलने को तैयार न था। बुढ़िया का रोना-धोना अजब पसोपेश में डाल रहा था।

"वह क्या करेंगे वहाँ जाकर ? हम क्यों तुम लोगों के झगड़े में पड़ें ? जाओ-जाओ, कहीं किसी और से कहो-सुनो।" पत्नी ने बुढ़िया को इस तरह झटकारा कि वह बिलकुल निराश होकर चुपचाप चली गई। मेरी जान में जान आई। चलो, संकट से छुटकारा मिला। आफत टली।

शाम को एक मित्र के यहाँ चला गया। लौटकर आया तो करीब आठ बज रहे थे। गुलाबो की दुकान पर साइकिलों की भीड़ वैसी ही थी। वह खिलखिला-खिलखिलाकर हँस पड़ती थी। पान-बीड़ी का दौर पूर्ववत् चालू था। घर आया तो पत्नी ने बताया कि करीब एक घंटा हुआ बलईसिंह के साथ रिक्शे पर बैठकर वह वापस आयी। बेलभद्दर को बलई ने बहुत धमकाया है और वह भागकर गाँव चला गया है।

परीक्षाएँ समाप्त हो गईं। गरमी की छुट्टियाँ चौदह मई से शुरू हो रही थीं। हम तेरह से ही अपना सामान बाँध-बूँध रहे थे। सुबह का स्कूल था। गाड़ी दो बजे के करीब जाती थी। घर आये तो सामान बँधकर तैयार था। खा-पीकर थोड़ा लेट गए। स्टेशन कुल पाँच मिनट का रास्ता था। इतनी जल्दी न थी। दाई बरतन मल रही थी। पत्नी इधर-उधर की फुटकल चीजें ठीक-ठाक कर रही थीं। मेरी पलकें झपने लगीं।

"सुनते हैं ?" पत्नी ने झककोरकर जगाया।

मैं उठा तो वह जमीन पर गिर पड़ी। बुरी तरह हाँफ रही थी। शरीर पसीने से लथपथ हो रहा था। मैं चारपाई से कूद पड़ा। उसके पास बैठते हुए मैंने पूछा, "क्यों, क्या बात है ?"

"पाँच-छः कै-दस्त हो चुके हैं," उसने अजीब भय से आँखें नचाते हुए कहा। "सारे शरीर में जलन हो रही है। लगता है, जैसे मिर्चा पी लिया हो !" वह बुरी तरह हाँफने लगी थी। मैंने सहारा देकर पास की चारपाई पर लिटाया तो उसे जोर से हूल आई और बिस्तरे पर कै हो गयी।

"दाई !"

दाई खुद दौड़कर आ गयी थी।

"क्या है, बाबू ?"

"जरा इन्हें देखो, कै-दस्त हो रहे हैं। मैं झपटकर डॉक्टर बुलाता आऊँ।"

"अच्छा बाबू, मैं जरा सुरेबा बुढ़िया को खबर कर दूँ। वह जानकार है, पास

रहेगी तो ठीक रहेगा।''

''अच्छा-अच्छा, जल्दी करो।''

''दाई चली गई और मैंने खूँटी से कुरता उतारकर बदन पर डाला। लुंगी छोड़कर पायजामा खींचा और जीने से उतरकर नीचे पहुँचा।

''हैजा है,'' दाई भुनभुनाकर कह रही थी।

सुरेबा ने तड़ाक से दरवाजा बन्द कर लिया। मैंने देखा, दाई मकान के पीछे वाली गली से लपकती हुई भागी जा रही है। मैं एक क्षण के लिए बेसहारा, असहाय-जैसा खड़ा रह गया। दिल की धड़कन बढ़ गई थी। हे भगवान्, क्या होने वाला है ! कहाँ सामान बाँधकर घर जाने को तैयार थे, कहाँ यह आफत आई ! मैंने बड़ी करुणापूर्ण आँखों से ऊपर के कमरे की ओर देखा, जिसमें मेरी पत्नी निढाल और बेबस पड़ी थीं। मैं सड़क की ओर भागा।

कोई पन्द्रह-बीस मिनट लगे होंगे। डॉक्टर तुरन्त साथ हो लिए थे। घर के पास पहुँचा तो मेरा दिल एक अजीब आशंका में डूबने लगा। जीने पर पैर रखते डर लगता। पता नहीं क्या हुआ होगा बेचारी को ! कोई देखने-सुनने वाला भी नहीं था।

कमरे में जहाँ पत्नी लेटी थीं, फर्श पानी से धुला था। बिस्तरा बदला जा चुका था और सामने की छत पर उनकी साड़ी, साया, ब्लाउज वगैरह सूख रहे थे। मैं अचम्भे में पड़ा इधर-उधर देखता रहा।

डॉक्टर ने सब-कुछ देखकर हमें ढाढ़स बँधाया, ''घबराइए मत। रोग से अधिक नर्वस शॉक है। डर गई हैं ज्यादा। यह पाउडर और यह कैप्सूल मँगा लीजिए। पन्द्रह-पन्द्रह मिनट पर पाउडर और एक-एक घंटे पर कैप्सूल देते जाइए। फिर जैसी हालत हो खबर दीजिए। घबराने की कोई बात नहीं है।''

''आप यहाँ खड़े न होइए, दवा ले आइए। मैं हूँ न यहाँ।'' वही फुसफुसाहट वाली आवाज। वह दरवाजे की आड़ में चिपकी खड़ी थी। मैं उसकी ओर एकटक देखता रह गया।

दवा आई। शुरू हुई। कई बार तो दवा पीते-पीते ही कै हुई। उसने मुझे उठने तक न दिया।

''आप चुपचाप बैठे रहिए, ठीक से दवा दीजिए। यह सब काम मर्दों के बस का नहीं है।'' उसने एक कपड़े से कै का उछला पानी पोंछा और पत्नी का मुँह धोकर उन्हें लिटा दिया। यह सब करते वक्त उसके चेहरे पर डर न था, कहीं कोई शिकन न थी। एक घंटे के बाद कै और दस्त दोनों रुक गए, पर बेचैनी बढ़ गई। चेहरा बिलकुल काला पड़ गया। साँस भी जैसे कठिनाई से आ रही हो। पत्नी की यह दशा देखकर मैं बिलकुल ही घबरा गया। आँखों में अनायास आँसू आ गया।

''घबराइए नहीं, दौड़कर डॉक्टर बाबू को बुलाइए।'' उसने मेरे कन्धे को हाथ

से झकझोरते हुए कहा।

कैसे गया, कैसे आया, मुझे मालूम नहीं। मन केवल बुरी-बुरी कल्पनाओं से भरा था। डॉक्टर ने नाड़ी देखी। ब्लडप्रेशर लिया।

"ठीक है, घबराने की बात नहीं। ग्लूकोज की एक सुई दे रहा हूँ। आप बिलकुल बेफिक्र रहिए। बीमारी कन्ट्रोल में आ गई है।"

पाँच बजे के करीब पत्नी को जाड़ा मालूम होने लगा और थोड़ी ही देर में बुखार आ गया।

"बस, आफत टल गई," मुस्कराते हुए डॉक्टर ने कहा, "अब आप उन्हें आराम करने दीजिए। जगाने की जरूरत नहीं है। कुछ माँगें तो थोड़ा ग्लूकोज और नीबू का शर्बत, बस। वह कैप्सूल बन्द कर दीजिए। दवा की बाकी दो खुराग आधे-आधे घंटे पर दे दीजिएगा।"

जाने कब वह मेरी आँख बचाकर बाहर गयी। देखा तो एक बाल्टी में पानी और एक हँडिया में फिनायल घोलकर सारा घर धो रही है। तार पर फैले कपड़ों को उतारकर उसने तह करके कुर्सी पर रख दिया। फिर रोगी के सिरहाने धुला हुआ गिलास और सुराही में पानी रखकर बोली, "अच्छा जा रही हूँ, नमस्ते।" वही उभरी हुई अँगुलियों वाले दोनों हाथ, जिन्हें जोड़कर वह एक क्षण मेरी ओर देखती रही। उसकी आँखों में कोई भाव न था, कोई अहसान, कोई शिकायत, कुछ भी नहीं। सिर्फ एक चमकदार गहरी नीलिमा थी, जिसकी थाह लेने में ही मैं डूबता-उतराता रह गया।

मैं इतना कातर हो गया था कि कोई बात मुँह से निकली ही नहीं। उससे कुछ कह न सका। सुबह पत्नी बिलकुल ठीक हो गईं। डॉक्टर ने कहा कि दो बजे की गाड़ी से आप जा सकते हैं। थोड़ी कमजोरी जरूर है, पर कोई बात नहीं।

सामान तैयार था ही। पत्नी ने मूँग की खिचड़ी खाई।

"गुलाबो को बुला लेतीं जरा," मैंने गरदन झुकाए ही कहा।

थोड़ी देर के बाद पत्नी लौटीं मुँह में पान दबाए। एक पत्ते में अलग भी पान बँधे थे। मैंने पान हाथ में ले लिए। पत्नी के पीले चेहरे और सूखे पर लाल होठों को देखता रहा, जैसे अब की हमारी दूसरी बार शादी हुई है।

"पान दिया है उसने, आ नहीं सकती। कह रही थी, काम है, खाली नहीं हूँ।" उनकी मासूम मुस्कराहट जैसे कह रही हो कि औरत को समझ पाना इतना आसान नहीं है।

वह चुपचाप कमरे में चली गईं। आज जाने क्यों, मेरी आँखें जीने पर किसी के लिए पलक-पाँवड़े बिछाए खड़ी थीं, देर तक खड़ी रहीं, पर कोई नहीं आया। सामान-रिक्शे पर लदा। पत्नी गुलाबो से मिलने फिर उसकी दुकान तक गईं, पर दुकान बन्द थी।

"कहीं घूमने गयी हैं माँ-बेटी।"

मैंने लम्बी साँस ली। रिक्शा चला। मैं पान की उस बदनाम दुकान की ओर ताक रहा था, पर आज किसी की बेपनाह आँखें मेरी प्रतीक्षा में खड़ी नहीं थीं।

■

बीच की दीवार

बाबू लहरी सिंह की उमर बीस-बाईस साल से कम न होगी, पर वे उस काठी के इनसान थे जो समय को भी धता बताकर निकल जाते हैं। उनकी माँ ने पता नहीं घुट्टी में भटकटैया का फूल पीसकर पिलाया था या और कुछ, पर उन्हें देखने से तो यही लगता था कि इनके जनम के लिए सनक सनन्दन आदि बाल योगियों की मनौती मानी गई थी। बाईस के होने को आये पर देखने में कुल चौदह-पन्द्रह के लगते। छोटा-सा ठिगना बदन, गोल मुँह, सँकरा लिलार जिसे सिर के बाल कुएँ के पास की लहलहाती दूब की तरह हमेशा ढँके रहते। यदि उनकी नाक और होंठ के बीच काले बालों की एक रेखा बचपन गुजरने का ऐलान न करती होती तो उन्हें पन्द्रह से ज्यादा उम्र का बताना कतई मुश्किल हो जाता।

बाबू लहरी सिंह का बचपन बड़े दुःख में बीता, इसलिए नहीं कि उनके घर में खाने-पीने की कमी थी या उनके पालन-पोषण में कोई किफायत की गई; बल्कि इसलिए कि उनके बड़े भाई ने उन्हें अक्सर बिला वजह बुरी तरह पीटा। यदि लहरी सिंह के भाग्य में अँग्रेजी की पढ़ाई का कोई योग न था तो इसके लिए उन्हें दोषी ठहराना भला कहाँ का न्याय था। सुबह खाना खाकर, झोले में किताबें भरकर, गमछे में दोपहर की 'टिफिन' के लिए एक सेर भूँजा बाँधकर बाबू लहरी सिंह जब स्टेशन के स्कूल की ओर चलते तो दूर-दूर से खेतों में काम करते किसान या सौदा-सामान खरीदने के लिए बाजार जाने वाले व्यापारी या बैलों को सिवान ले जाने वाले चरवाहे सभी उनकी चाल को देखकर ही बता देते कि बाबू लहरी सिंह स्कूल जा रहे हैं। वे चलते-चलते ताल के किनारे रुक जाते। क्या हुआ भई, क्यों रुक गये। वह देखते नहीं किनारे पर सफेद-सफेद खड़िया मिट्टी के बने मधुचक्र की तरह लहरों में हिल रहा है ? क्या है भाई। घोंघे का अण्डा है और क्या ? जब तक लहरी सिंह इस

अण्डे को पानी में कूदकर निकाल नहीं लेते, झोले की किताबों को तालाब के कगार पर किसी पेड़ के पास शयन करना ही पड़ता। अण्डा हासिल करके लहरी सिंह आगे बढ़ें न बढ़ें कि दूसरे किनारे से किसी की दर्द भरी आवाज उन्हें बलात् आकृष्ट कर लेती। वे मध्यकालीन योद्धा की तरह अबला की चीत्कार सुनकर गुस्से के मारे आग-बबूला हो जाते। बस्ते को फेंक देते और सामने जो कुछ मिल जाता, ईंट, पत्थर—उसी को लेकर पैरों की बाग मोड़ देते, सरपट दौड़ शुरू हो जाती। मुहिम पर पहुँचकर वे अपनी चाल रोक देते और शिकारी की तरह पैरों पर पूरा भार देकर धीरे-धीरे पहुँचकर मामले की जानकारी करते। अच्छा, तो साँप ने पकड़ लिया है बेचारी को। इसी से इस तरह चीख-चीखकर चिल्ला रही है—मैं भी कहूँ कि क्या बात है। निशाना लगाकर पत्थर दे मारते। साँप घबड़ाकर मेंगची को मुँह से उगल देता, और सरककर पानी में डुबकी लगा जाता—'निकल गया साला'···बाबू लहरी सिंह मन-ही-मन बड़बड़ाते।

फिर वे कगार से नीचे उतरकर घायल अबला के पास पहुँचते। "च्-च्-च्-च्—साले ने गर्दन ही पकड़ ली थी बेचारी की—" उन्हें मेंगची की मासूम आँखें धन्यवाद देती प्रतीत होतीं। वे उसे पकड़कर सहलाना चाहते। कुछ बहल जाएगी, हालत ठीक होते ही वे उसे फिर पानी में छोड़ देंगे, और वह कितनी खुशी से कुलाचें मारकर पानी में तैरने लगेगी···

वह धीरे-धीरे एक हाथ को पत्ते की तरह फैलाये, अपनी हरकत को इस तरह सँभाले कि कहीं मेंगची उनके डर से भड़क न जाए—धीरे-धीरे उसके करीब होते जाते···करीब, और करीब···

तभी डुब् की आवाज होती, मेंगची उछलकर पानी में चली जाती। "जा साली मर···" बाबू लहरी सिंह बड़े दुखी हो जाते। उस दिन उनका किसी काम में मन न लगता। बस्ते का तकिया बनाकर वे कगार पर ही किसी पेड़ की छाया में सो जाते।

शाम को घर लौटते तो भाई से आँख चुराते रहते। "अरे लहरिया, कहाँ था आज दिन-भर···" बड़ा भाई गुस्से से कटकटाता हुआ पूछता···और मझले को बुलाकर कहता—"हमारी छड़ी ले आना तो बब्बन···"

"जी···" बब्बन चुपचाप छड़ी ले आकर बड़े भाई को थमा देता।

"हाँ, तो कहाँ था तू अब तक···"

"मदरसे में···"

तड़ाक्-तड़ाक् की आवाज होती। बाबू लहरी सिंह की आँखों में आँसू का नामोनिशान न होता। बस जलता हुआ गुस्सा, जिसकी वजह से उनका गोल मुख लाल गुब्बारे की तरह फूल उठता, नाक के पुटेरे अजीब तरह से थरथराने लगते। पर बड़े भाई के बार-बार पूछने पर भी सही बात बता देना वे अपनी शान के खिलाफ

समझते और बहादुर सूरमा की तरह लड़ाई के मैदान में डटे रहते। रात ढल जाती तो वे धीरे से अपने हमउम्र दोस्तों की मण्डली में जाकर बैठ जाते और दिन-भर के वाकये का खुलासा बयान सुनाने लगते। उनमें चीजों के बयान करने की अद्भुत प्रतिभा थी और अपने वीरतापूर्ण कामों का ऐसा दिलचस्प बयान करते कि भय के मारे लड़कों की साँस टँग जाती···

"···सच्चा गेहुँअन था, बाप रे तीन साढ़े तीन हाथ का, फन तो साले का दो-दो बित्ते के बराबर। जब तक मैं पहुँचूँ न पहुँचूँ कि साला गेंडुर मारकर हाथ-भर का सीना तानकर लगा लहराने जैसे कोई सामने बैठकर बीन बजा रहा हो, मेंगची सामने गिर पड़ी थी और जहर के मारे छटपटा रही थी···बाप रे, मुझे देखते ही गेहुँअन सन्न से झपटा और मेरे से एक लट्ठे के फासले पर आकर खड़ा हो गया···मेरे तो काटो तो खून नहीं, सारा बदन पसीने-पसीने हो गया, कलेजा साला धुकुर-पुकुर करने लगा···" सारी श्रोता मण्डली पत्थर की गढ़ी मूरतों की तरह निश्चेष्ट हो गई···

"तब-तब···" एक क्षण के बाद कई ने एक बार ही पूछा।

"तब क्या, जाने कैसे याद पड़ गया और मेरे मुँह से, वही रे छबीले, घोघई नटवाला मन्तर निकलने लगा···"

"अच्छा !" छबीले ने आँखें फैलाकर कहा।

"हाँ, मन्तर का निकलना था कि बस साँप साला पानी-पानी हो गया, धीरे से फन बटोरकर जमीन पर रेंगने लगा जैसे मिन्नत कर रहा हो। मैंने कहा, जाओ बच्चू छोड़ देता हूँ इस बार, पर फिर किसी भलेमानुस से मत अकड़ना···हाँ, मेरी बात सुनकर साला धीरे-धीरे सरकता हुआ बगल की झाड़ी में घुस गया।"

"फिर··· ?"

"फिर क्या···बस मैं भी चला आया।"

बाबू लहरी सिंह का पूरा बचपन इसी तरह के मंत्र-प्रयोग में बीत गया, पर वे उस साँप को कभी न वश में कर सके, जिसके डर से खेल-कूद में खोये-खोये या किसी पेड़ की छाँव में सोये-सोये सारा दिन गुजारते हुए वे डर के मारे चौंक-चौंक जाते। बड़े भाई के हाथों बार-बार मार खाकर उन्होंने अपने कलेजे को ऐसा कड़ा कर लिया कि उन पर मार-पीट की खौफ का अब कोई असर ही न होता। इसी बीच बड़े भाई ने बहुत सोच-विचारकर उनकी शादी कर दी। सोचा, औरत रहेगी तो नाक में नकेल पड़ी रहेगी, कभी-न-कभी सीधे रास्ते पर भी आ ही जाएगा। स्कूल वे अब भी जाते, पर ताल के किनारे पेड़ों की साया में सोकर समय बिताने को वे व्यर्थ की काहिली मानने लगे थे और इसकी जगह कस्बे के लड़कों के साथ ताश खेलना, गुच्ची में पैसे फेंककर जुआ खेलना या कोई साथी न मिला तो घंटों स्टेशन के प्लेटफार्म पर मटरगश्ती करना, पैसे दो पैसे की मूँगफली तोड़ना और फिर आने-जाने वाली गाड़ियों में बैठे लोगों को मुँह चिढ़ाना आदि उनके सार्थक और महत्त्वपूर्ण काम

हो गये थे। इन तमाम शुहरत वाले कामों को देखकर भी गाँव वाले जब यह मानने को तैयार न हुए कि बाबू लहरी सिंह जवान हो गये, उन्हें अब तक बच्चा समझते जाना गलती है, तब उन्होंने एक ऐसा काम किया कि उन्हें नाबालिग समझने वालों को मजबूरन अपने विचार बदलने पड़े। उनके बड़े भाई का कहना था कि इस तरह की बातें लहरिया खुद कभी नहीं कर सकता था। उस लौंडे को भला इतनी अकल कहाँ, जरूर-न-जरूर से मेरे मुखालिफों ने उसे भड़काया है, पर बहुत कोशिश करने पर भी यह मालूम न हो सका कि बाबू लहरी सिंह के वे कौन-से गुमनाम गुरु हैं, जिनकी सीख मानकर उन्होंने आसपास के गाँवों के बड़े-बूढ़ों की एक पंचायत बुलायी और बीच सभा में सिसक-सिसककर यह फरियाद की कि बड़ा भाई उन पर जोर-जुलुम कर रहा है और यदि पंचों ने उसे समझा-बुझाकर बाबू लहरी सिंह का हिस्सा न दिलवा दिया तो वे किसी-न-किसी दिन रेल के नीचे कट मरेंगे और इस निर्दोष हत्या का सारा पाप गाँव और आस-पास के लोगों के मत्थे पड़ेगा।

"देखो बेटा, हम समझा-बुझाकर तुम्हारे भैया को राजी कर लेंगे कि वे तुम्हें मारा-पीटा न करें। अलग होकर क्या करोगे ! हल-बैल, खेत-कुदाली यह सब तुमसे न सपरेगा। फजीहत में पड़ जाओगे—अभी तुम बच्चे हो, खेलने-कूदने के दिन हैं…" पंचों ने बड़े प्यार-दुलार से उन्हें समझाया।

बाबू लहरी सिंह को बड़ा बुरा लगा कि गाँव के मूर्खों की तरह पंच लोग भी उन्हें बच्चा ही समझते हैं। बड़ी कोशिश करके उन्होंने अपने को सँभाला और हाथ जोड़कर विनयपूर्वक बोले, "नहीं बाबा—चाचा, अब तो हमसे यह सब नहीं सहा जाएगा। मैं अपनी स्वतन्त्र जिन्दगी बिताना चाहता हूँ। मैं कोई नाबालिग नहीं हूँ, सब समझता हूँ। मैं किसी के दबाव में नहीं रहना चाहता—।" बाबू लहरी सिंह ने बिना पलक झपकाये, बिना होंठ मुरकाये यह सब कुछ एक झटके से कह डाला। पंच लहरी सिंह की बातें सुनकर सन्न रह गये। स्वतन्त्र जिन्दगी—ठीक बात है। यदि लड़का स्वतन्त्र जिन्दगी चाहता है, तो गुलामी का फैसला कौन दे !

बाबू लहरी सिंह अपने भाइयों से अलग हो गये। बूढ़ी माँ ने अपने जीते जीं लहरी को इस तरह बँटवारा करते देखा तो रो-रोकर आँखों की रोशनी खो बैठी, पर इस 'बौरहे' के प्रति उनके मन में कुछ ऐसा प्रेम था कि उन्होंने नयी बहू के साथ ही रहने का निश्चय किया। बीच आँगन में एक तरफ 'डँड़वारी' पड़ गयी। बाबू लहरी सिंह ने पुश्तैनी आँगन को उसकी तमाम सुख-दुःख भरी यादगारों के साथ ही दो टुकड़ों में बाँट दिया। गली में नया दरवाजा खोल दिया और बगल में बँटवारे में मिले दो बैलों के लिए चरनी बना ली। एक बैल तो कुछ कड़ा था अभी; पर दूसरा अपनी सारी माटी धरती को उपजाऊ बनाने में खो चुका था। बैठ जाता तो पूँछ पकड़ कर खींचने, टिटकारने का उस पर कोई असर ही न होता। दोपहर को पानी पिलाने या शाम को छप्पर के भीतर ले जाने के लिए भी दो-चार लोगों

की चिरौरी करनी पड़ती, तब कहीं लगलगूकर लोग उसे भीतर कर पाते। बाबू लहरी सिंह बड़े खुश थे। गलियों में सीना तानकर चलते। लोगों से इस तरह बात करते जैसे सारे गाँव की देख-रेख की जिम्मेदारी उन्हीं पर आ पड़ी है।

चैती की फसलें कटने लगीं। लोगों के खलिहान अनाजों से भर गये। सबके परे एक तरफ बाबू लहरी सिंह का खलिहान था जिसमें 'डाँठ' वैसे ही पड़े थे। किसी तरह लोगों से बैल माँग-मूँग कर उन्होंने काम चलाया। साल-भर की पूरी कमाई से शायद ही साल-भर पूरा होगा, पर लहरी बाबू खुश थे क्योंकि अब वे बिल्कुल स्वतंत्र थे। उन्हें कोई कुछ कहने-सुनने वाला न था।

उसी साल गर्मियों में बाबू लहरी सिंह ने पूरे एक मन गेहूँ बेचकर 'चोरबत्ती' खरीदी, एक मऊ वाली चारखाने की तहमत सिलायी, खैर की लकड़ी का एक डेढ़ फुटा डंडा खरीदा जिसे वे हमेशा काँख में लगाये इधर-उधर घूमते रहते। एक मोटे तल्ले का बूट भी खरीदा जिसमें बटन बराबर की कीलें लगवायीं, जो गाँव की गलियों में खपरैलों या कंकड़ियों पर पड़ता था तो मचर-मचर की आवाज होती थी। वैशाख में शादियों की धूम मची थी। आस-पास के गाँवों में शादियाँ होतीं, सिनेमा के गानों के रिकार्ड बजते तो बाबू लहरी सिंह का हृदय नाचने लगता—तहमत बाँधे, डंडे को काँख में, 'चोरबत्ती' को हाथ में लेकर वे शाम को ही खाना-दाना करके निकल पड़ते। बूढ़ी माँ बैलों को पानी पिलाती, भूसा डालती, गोबर निकालकर पाथती-थापती, तब कहीं घर में चूल्हा जलता···पर लहरी सिंह को इससे कोई मतलब न था, क्योंकि अब वे पूरे स्वतंत्र थे।

उस दिन शाम को वे ताल के कगार पर अपनी पूरी वर्दी में सुशोभित, बड़े उदास भाव से बैठे थे। घोंघे के अण्डे अब भी बहते थे, मेंगचियों को साँप अब भी पकड़ते थे, पर उन्हें इन चीजों पर विचार करने की कतई फुर्सत न थी। वे बड़े आहिस्ते-आहिस्ते अपने नाकामयाब गले की मदद से उखड़े-उखड़े चित्त से गा रहे थे।

···छोड़ मेरी बइयाँ, हो गयी आधी रात अब घर जाने दो···

"कौन है हो, लहरी बचवा, तुम्हीं हो न, अरे भैया रात को यहाँ अकेले काहे बैठे हो ?" गाँव के एक बूढ़े ने पूछा।

"कुछ नहीं दादा, वह देखो—"

दूर के एक गाँव में बारात आयी थी, गैसबत्ती जल रही थी···

"देखा न दादा, वह गैस जल रही है, नौटंकी आयी है, महफिल लग गयी होगी, नाच हो रहा होगा, बनारस की मशहूर नौटंकी है···"

"ठीक है बेटा, तो हो आओ···आजकल अँधेरे में जाने का जमाना नहीं है बेटा—"

"हाँ दादा, पर पता नहीं छबिलवा, घुरवा, टेंगरा···सालों को क्या हो गया

है···कहा था कि ताल पर बैठना लहरी भैया···अभी आये हम लोग···दो घंटा हो गया पर···" बाबू लहरी सिंह बड़े उदास हो गये।

बूढ़े को इतनी फुर्सत नहीं थी कि वह रुककर लहरी सिंह का दुःख-दर्द समझता, इसलिए वह हाथ-मुँह धोकर चला गया। लहरी सिंह अकेले रह गये और उनकी उदासी घनी हो गयी जिसे दूर करने के लिए वह उसी पुरानी कड़ी को बार-बार दुहराते रहे।

दो साल का जमाना क्या होता है, पर इन दो सालों ने ही लहरी के दिल को तोड़ डाला। एक बैल उसी साल मर गया। ले-देकर एक ही बचा जिसके सहारे हल खड़ा नहीं हो सकता। माँग-मूँगकर काम कभी-कभार चल सकता है, हमेशा नहीं। सूखे अकाल के दिनों में हल-बैल वालों की हालत खराब थी, तो भला लहरी की क्या बिसात थी। बाबू लहरी सिंह को इन दिक्कतों ने बुरी तरह झकझोर दिया। बात-बात में चिढ़ जाना, लोगों से गाली-गलौज कर लेना, उनका रोज का काम हो गया। दुलहिया को सूना घर भाँय-भाँय लगता। एक में थी तो काम-काज निबटाकर सबसे घड़ी दो घड़ी बात हो जाया करती थी। मन बहल जाता था। वह अक्सर बीच की दीवार के पास ओखली लगाकर खड़ी हो जाती थी और उस पार बैठी जेठानियों से बातचीत किया करती। कभी मट्ठा खाने को जी होता तो कभी खटाई के लिए मन ललच जाता। ऐसे समय में कभी लहरी सिंह आ जाते, उनकी नजर पड़ जाती, बस घर में आफत मच जाती। जो कुछ सामने मिल जाता, वही उठाकर वे दुलहिया पर टूट पड़ते। घमाघम की आवाज सुनकर गली में आते-जाते लोग ठिठक जाते, दर्द-भरी चीख से आँगन सिहर उठता। बहुत से लोग सोचते कि जाकर लहरी को हटा दें, पर डर के मारे कोई न जाता कि कहीं लहरिया उसी से न लड़ पड़े।

दरवाजे पर चारपाई डाले बाबू लहरी सिंह लेटे रहते। तहमत जाने कब की तार-तार हो गयी थी, चोरबत्ती का मसाला चुक गया था, बूट की कीलें फटे तल्ले से नोक निकाले झाँका करतीं। बूढ़ी माँ किसी से कुछ न बोलती, वैसे ही उदास मन से गोबर काढ़ने और उसे पाथने-थोपने में लगी रहती। बड़े भाई ने कई बार कहा कि तुम उस 'आवारे' के साथ रहकर बुढ़ापे में यह सब क्यों कर रही हो, पर बूढ़ी माँ ने लहरी का साथ न छोड़ा और किसी-न-किसी तरह अपनी जिन्दगी को घिसटती रही। बड़े भाई ने खुद तो कभी कुछ न कहा, पर गाँव के कई लोगों को लहरी के पास भेजा। समझाया-बुझाया कि जिद की बात हो गयी, अभी कुछ नहीं बिगड़ा है, आँगन की 'डँड़वारी' गिराने में कोई कठिनाई न होगी। शुभचिन्तकों के मुँह से यह बातें सुनकर लहरी उखड़ पड़ते।

"भूखे मरते हैं तो अपने मरते हैं। किसी साले के घर भीख माँगने तो नहीं जाते—किसकी हालत छिपी है इमसे, आते हैं, बड़ी सिच्छा देने, हुँह···" कभी-कभी बात बढ़ जाती तो लहरी सिंह गुस्से के मारे थरथराने लगते, उनका मुख्तसर-सा शरीर

हवा में पड़े रेंड की तरह खड़खड़ा उठता : "निकल जाओ यहाँ से···" इस डर से बाद में कोई चाह कर भी समझाने का साहस न करता।

जाड़ा बीत रहा था। गरमी बढ़ने लगी थी। पछुवा की तेज हवा मुँह पर धूल के झोंके उड़ाने लगी थी। दुलहिया को बुखार आ रहा था। उसकी हालत दिन-ब-दिन खराब होती जा रही थी। लहरी उसे देखते थे और तुरन्त आँखें फेर लेते थे। क्या करें, किससे कहें, समझ में न आता। कई लोगों ने कहा कि भाई किसी अच्छे डाक्टर-वैद्य को दिखाओ—लहरी सुनकर हाँ-हूँ कर देते थे। पास में पैसा न था, लहरी सिंह ने कई लोगों से कहा, चिरौरी-मिनती की, पर किसी ने कुछ न दिया। जमाने का हवाला देकर सबने अपनी असमर्थता ही प्रगट की। लहरी हर जगह से लाचार होकर लौटते, घर में घुसने की हिम्मत न होती। वे जानते थे कि एक बार भूलकर भी बड़े भाई से इसका जिक्र कर दें, तो कहीं-न-कहीं से, लाख इन्तजाम करके भैया रुपये-पैसे का जोगाड़ कर देंगे। पर बड़े भाई की सूरत से भी उन्हें चिढ़ थी। मर जाएँगे, पर उस कसाई के सामने हाथ नहीं फैलाएँगे। बूढ़ी माँ की आँखों में कोई तिरस्कार या तीखापन नहीं होता था, पर वे आँखें लहरी के दिल में बिना नोक की बर्छी की तरह बिंध जाती थीं। बुढ़िया किसी तरह रोटी-पीठा सेंक-साँककर लहरी को खिलाती और दिन-भर बहू के पास बैठी अँगोरती रहती। वैद्य जी ने आकर देखा था और कहा था कि मियादी बुखार है—ठीक से देख-रेख होनी चाहिए। खाने में कुछ न दिया जाए, खाली मूँग की दाल का पानी ले सकती हैं। दाल घर में न थी, दुलहिया खुद ओखली पर चढ़कर जेठानियों से दाल माँगने लगी थी कि अचानक बाहरी निकसार का फाटक खुला और लहरी सिंह आँगन में चले आये—दुलहिया उन्हें देखते ही डर के मारे काँप गयी। सँभल भी न पायी, मुँह के बल गिर पड़ी। इस पर भी लहरी सिंह का गुस्सा ठण्डा न हुआ, वे उसे डण्डा उठाकर पीटने लगे···चीख सुनकर जेठानियाँ भी चिल्ला उठीं। बड़ा भाई घर में ही था। उसे बड़ा बुरा लगा। बहू काफी दिनों से बीमार थी। दवा-दारू कराना तो दूर रहा, यह हत्यारा उसे पीट-पीटकर ही मार डालेगा। वह डँड़वारी पर चढ़कर लहरी सिंह के आँगन में कूद आया। झपटकर डण्डा छीन लिया और उसी डण्डे से उसने लहरी सिंह को पीटना शुरू कर दिया। लहरी सिंह अचम्भे से ताकते रह गये।

"हम अपनी मेहरारू को मारें चाहे काटें तुमसे मतलब···" उन्होंने गुस्से से काँपते हुए भाई की ओर घूरते हुए कहा।

जवाब में कुछ न सुनाई पड़ा। तड़ाक् की आवाज हुई और बड़े भाई ने धड़ाधड़ पीटना शुरू कर दिया। आसपास के घरों के लोग चौखट पर आकर खड़े हो गये—पर कोई कुछ न बोला। लहरी सोचते थे कि अभी कोई दौड़कर आएगा और इस कसाई को पकड़ लेगा, तब मैं इसकी गालियों से खूब मरम्मत कर दूँगा। पर जब कोई भी दौड़कर इन्हें बचाने नहीं आया तो लहरी बेचारे एकदम निराश हो गये। मझला

भाई सामने खड़ा था। उसको पुकारकर बड़ा भाई बोला,...''गाड़ी जोत के ले आ, बहू को शाम वाली गाड़ी से बनारस ले जाना है···वहीं रह जाना सात-आठ दिन। पूरी तरह ठीक हो जाए तभी लौटना।''

''जी अच्छा, अभी ले आ रहा हूँ गाड़ी···''

शाम को बहू बनारस जाने लगी तो लहरी एकटक उसे देखते रहे। एकदम सूख कर काँटा हो गयी थी। बाँहों पर डण्डे की चोट के निशान अब भी बाकी थे। लहरी चाहते थे कि दौड़कर बैलों की नाथ पकड़कर खड़ा हो जाऊँ—कहूँ कि हमारी मेहरारू है, मरे या जिये तुमसे मतलब, कौन पूछता है तुमसे—पर पास में बड़े भाई को खड़ा देखकर उनकी हिम्मत न पड़ी। कसाई ठहरा, फिर कहीं पीटने लगे।

''तू क्या खड़ा ताक रहा है बे···'' बड़े भाई ने डपटकर कहा, ''जाता क्यों नहीं उसके साथ। दो आदमी रहेंगे तो टिकट-विकट लेने में आसानी रहेगी···'' फिर उसने मझले के पास जाकर कहा, ''बब्बन, यह लो साठ रुपये हैं, घटें तो तुम खुद आ जाना और इस बहेतू को मत भेजना रुपये के लिए···और चरवाहे को लेता जा स्टेशन से बैलगाड़ी हाँक लाएगा।

''जी !'' उसने रुपये लेकर रख लिये और गाड़ी हाँक दी।

पूरे एक पखवारे के बाद लहरी घर लौटे तो उन्हें बड़ा अचम्भा हुआ। आँगन की डँड़वारी वैसे ही खड़ी थी, चरनी का बैल भी वैसे ही बँधा भूसा खा रहा था। बूढ़ी माँ द्वार पर आकर बहू को भीतर ले गयी। सब लोग उससे तबीयत का हाल-चाल पूछ रहे थे। सबके चेहरे पर खुशी थी। जेठानियाँ भी डँड़वारी पर चढ़कर बहू से बनारस की खबर पूछना चाहती थीं। मझली उधर से ओखली लगाकर चढ़ भी गयी, पर सामने लहरी को खड़ा देख धक्क से हो गयी और डर के मारे घबड़ा कर उतरने लगी।

''क्या है···उतरती क्यों है ?'' बड़ी ने उसी पार से पूछा।

''लहरी देवर हैं, गुस्सा हो जाएँगे···''

लहरी ने सुना तो उनके मन में दर्द की आँधी घुमड़ गयी। आँखें छलछला आयीं।

''अरे नहीं भौजी, तुम लोग बात करो, डँड़वारी से देखने की क्या बात है, तुम्हीं चली आओ···या इसी को ले जाओ उधर···'' लहरी की पलकें आँसुओं को थाम न सकीं, कोई देख न ले, इसलिए वे तुरन्त मुड़े और आँगन से बाहर चले गये।

■

पैटमैन

उस दिन दोपहर के करीब सिजोगी मरा।···नीले, सुनसान आकाश में औंधे मुँह टँगा एक भारी-सा अदृश्य थाल टूटकर नीचे आ गिरा और सख्त जमीन से टकराकर झनझना उठा। गाँव की गलियों में निरुद्देश्य घूमते हुए लोग, बैलों को सिवान की ओर हाँक ले जाने वाले चरवाहे, कुएँ या बावली से पानी लाती हुई औरतें···सभी एक क्षण के लिए ठिठककर खड़े हो गए।···मौत हमेशा अपने आने की सूचना दे देती है, नहीं तो आज सुबह से ही गाँव के वातावरण में किसी दुखद घटना के होने की ऐसी आशंका कैसे फैल जाती, हवा की सरसराहट में किसी छिपे अर्थ का संकेत क्यों मिलता, रह-रहकर धूप में ऊँघता गाँव चौंक-चौंक क्यों उठता···? कुत्ते जोरों से चीख उठे, जैसे बाहरी रास्ते से गाँव में आने वाली मौत को उन्होंने देख लिया हो। अपने मुँह को नचाते हुए, नाक को सिकोड़-सिकोड़कर जमीन पर चलते किसी अदेखे निशाने पर वे झपट पड़ते, कटकटाते···विक्षिप्त की तरह दौड़ते और फिर अपनी असफलता पर दुःख के मारे कराह-कराह रोते, मानो वह चीज उनके रोकने की शक्ति के बाहर है, वे विवश हैं।

सिजोगी की मौत भी उन तमाम लोगों-जैसी ही थी, जो एक-दो दिन की मामूली-सी बीमारी में, घर-परिवार के सुख-दुःख की बिना परवाह किये, पल्लू झटककर चल देते हैं। उसकी लाश के पास बैठकर रोने वाले तो कई थे, पड़ोस की तमाम औरतें आँखों से आँसुओं की धारा उमड़ा रही थीं। पर सिजोगी-बो का रोना बिल्कुल दूसरी तरह का था। उसके मन से बिथा के स्वर आसानी से बाहर नहीं निकल पाते थे। सिसक-सिसककर बहने वाले पानी की पतली धारा में मानो बर्फ के अनगिनत ढोके डाल दिये गए हों। एक सरसराहट, रुकावट, कम्पन और फिर पानी के जोर-जोर के हिचकोले ! उसका सारा बदन थरथराकर, बिथर-बिथर कर टूट रहा था, जैसे तीखे तीर से बिंधकर कोई भारी-सा पंछी अपने डैनों को पटक-पटककर अंतिम साँसें तोड़ता है।

सिजोगी-बो एक अधेड़ उमर की औरत थी। बच्चे तो उसे कुल छः हुए पर रहे दो ही। चार बच्चों को वह अपनी आँखों के सामने ही दम तोड़ते देख चुकी थी, हर बार पीड़ा की नोकदार अनी उसके कलेजे में आर-पार चुभी थी और हर बार उसने घावों को आँसुओं में डुबो-डुबोकर भर लिया था। पर इस बार की चोट कुछ दूसरी तरह की थी। इस बार पखेरू के पर नहीं कटे थे, डैने ही टूट गए थे। चार-चार बच्चों के मरने का दुःख शायद वह इसलिए सह गई थी कि उनका अस्तित्व दिल के घेरे तक ही सीमित था; उनके न रहने पर सारी जिन्दगी इस कदर अनजाने मोड़ पर कभी खड़ी न हुई थी। आज सिजोगी नहीं रहा तो उसको उन तमाम बच्चों

की यादें भी फिर सताने लगी हैं, मौत जाने कितने गुना बड़ी होकर उसके मन को मसोसने लगी।

"नहीं रहे तो अच्छा ही हुआ" रोते-रोते वह हृदय की बात को मूर्च्छा की हालत में जोर-जोर से कहने लगी, "दो ही टूअर क्या कम हैं मुझ दुखियारी को ढोने के लिए ? हे भगवान् ! उनके बदले मुझ अभागिन को ही उठा लेते तो इन बेसहारों को दाने-दाने के लिए मुहताज तो न होना पड़ता !"

"जाने वाला तो चला गया बहिनी," दयादी की एक औरत ने सिजोगी-बो के कन्धों को थपथपाते हुए ममता-भरे शब्दों में कहा, "अब रो-रोकर जी हलकान करने से क्या फायदा ?"

"क्या करे बेचारी ! रोना तो उसके भाग्य में बदी गया चाची !" दूसरी ने आँखों में आँसू भरकर कहा, "दो-दो अनबोल बच्चे हैं। वैसे मुनुवाँ तो मेरे टेंगरा से दो-ही-एक साल छोटा है; उसके हाथ-पैर हो गए हैं, पर लड़का एकदम बहेंगवा है। उससे क्या सहारा मिल सकता है बेचारी को !"

"ठीक बात है, बहिनी !···अपना-अपना करम है। नहीं तो भला सिजोगी देवर की उमर ही क्या थी !···क्या कहा जाय इस जमाने को !···इसी गाँव में देखती हो, एक-से-एक बूढ़े पड़े हैं; खटिया काटकर टट्टी-पाखाना कराया जाता है उन्हें। रोज दसों नँह जोड़कर ईसर से मनौती मानते हैं बेचारे, पर मौत दरवाजे पर नहीं झाँकती।"

सहानुभूति और संवेदना के इन स्वरों से सिजोगी-बो के कलेजे का रहा-सहा बाँध भी टूट जाता और आँखों में धीमी पड़ती लहरें नये जोर से पलकों को ठेलकर बरसने लगतीं।

पास-पड़ोस के लोग दरवाजे पर जमा हो गए थे। एक आदमी बाजार से दौड़कर कफन ले आया। बाँस काटकर टिकठी साल दी गई। मुर्दे को उठाकर जब बाहर लाया गया तो सिजोगी-बो पछाड़ खाकर गिर पड़ी।···बेहोशी में ही हाथ की चूड़ियाँ तोड़ दी गईं, माँग का सिन्दूर पोंछ दिया गया।···

सिजोगी रेलवे में पैटमैन था। यों तो पूरे दिन का नौकर था, पर उसका असली काम तब शुरू होता जब किसी गाड़ी को शंटिंग में ले आना या ले जाना होता। सुबह-शाम उसे कहीं भी बैठे हुए या घूमते हुए या किसी जान-पहचान के खलासी के साथ चिलम पीते हुए देखा जा सकता था। पर दस बजे से आठ बजे तक वह हमेशा रेल की काली-काली लाइनों के बीच हाथ में भारी-सा रेंचू लिये घूमता-फिरता दिखाई पड़ता। लोहे की सख्त, मजबूत रेंच उसके हाथ का एक अभिन्न हिस्सा हो गया था, जिससे वह रेल के जोड़ों के बाल्टुओं को कसा करता। एक लम्बे अरसे तक इन लाइनों पर आते-जाते उसके पैर इतने सध गए कि वह पतली-सीधी पटरी पर बिना हिले या डगमगाए तेजी से चलता जाता। बाल्टुओं को दूर से देखकर ही

वह समझ जाता कि वे अपनी जगह पर ठीक से जमे हैं या उनमें किसी तरह की कोई गड़बड़ी है।

दस बजे के करीब पतरौल साहब का ठेला गुजरता तो वह सातवें नम्बर के पुल के पास खड़ा होकर उन्हें झुककर सलाम करता।

"कहो सिजोगी, सब-कुछ ठीक है ?"

"जी मालिक," वह जरा-सा मुस्कराकर गर्दन झुका लेता, क्योंकि पतरौल साहब इस सवाल-जवाब के बाद हमेशा ठेलेवालों से सिजोगी की तारीफ करते और उनकी मुस्तैदी से सबको शिक्षा लेने की सलाह देते। ऐसे मौके पर सिजोगी का माथा शरम से झुक जाता और वह खुशी के मारे ऐसा गद्गद हो जाता कि पतरौल का ठेला चला जाता और वह उन्हें जाते वक्त हाथ भी न उठा पाता।···

"के है हो ?" सिजोगी की लाश जब दीघा के फाटक पर पहुँची तो बूढ़े चौकीदार ने पूछा।

"सिजोगी, बाढ़ू चाचा !"

"सिजोगी ?" बूढ़े चौकीदार की झुर्रियों के जाल में तड़फड़ाती आँखें भय और आश्चर्य से बाहर निकल आईं। अभी दो दिन पहले तक सिजोगी रोज शाम को यहीं फाटक के पास बैठकर अपने लड़कों के स्कूल से आने का इन्तजार किया करता था।

"जरा जल्दी करो चौकीदार जी," लाश ढोने वालों में से एक बोला, "शाम तो यहीं हो गई। घाट पर पहुँचते-पहुँचते तो अँधेरा हो जायगा।"

"ऐं-हाँ-हाँ !" चौकीदार अपने नीले कुर्ते की जेब में ताली टटोलने लगा, जो उसके काँपते हाथों की पकड़ में नहीं आ रही थी।

फाटक खुला और लाश लाइन पर आ गई। बूढ़ा चौकीदार कफन में लिपटे सिजोगी के शव को देखता रहा, जैसे उसे विश्वास ही न हो रहा था कि यह लाश सिजोगी की है। सब लोग चले गए तो उसने धीरे से फाटक बन्द कर लिया और चहारदीवारी के पास उठंगकर बैठ गया। सामने स्टेशन के सिगनलों की बत्तियाँ जल गई थीं, जो धुंध और गर्द से मटमैली बनी साँझ के स्याह जाल में फँसी सुनहरी मछलियों की तरह तड़फड़ा रही थीं। गोधूलि की बदरंग बादामी रोशनी में मीलों फैली रेल की काली पटरियाँ वैसे ही निश्चेष्ट सोई थीं, जैसे इन पर बहुत लम्बे अरसे से कोई गाड़ी न गुजरी हो।···

सिजोगी अक्सर शाम के समय बूढ़े बाढ़ू चाचा के पास आकर बैठ जाता और इधर-उधर की बातें किया करता। वह बड़ी उत्सुकता से बाजार जाने वाली सड़क को देखा करता और जब तक मुनुवाँ और नन्हकू स्कूल से आ नहीं जाते, यहीं बैठकर वह उनकी इन्तजार किया करता। बाढ़ू चाचा को सिजोगी बहुत भला लगता, पर उसकी औसत से अधिक मुस्तैदी उन्हें परेशान कर दिया करती। सिजोगी दस से

आठ बजे के बीच शायद ही कभी बैठता; लगातार हाथ में रेंच लटकाये लाइन पर घूमता रहता। बरसात के दिनों में बाढ़ का पानी लाइन पर चढ़ जाता, तो सिजोगी घबड़ा जाता। वह कई बार स्टेशन जाकर स्टेशन मास्टर से हाल-चाल बताता और बड़े अफसरों को फोन करने के लिए आग्रह करता। कभी बीच के किसी हिस्से में लाइन खराब हो जाती, पुराने सिलापटों को निकालकर लोहे के नये पटरे लगाने होते, या कंकड़ दब जाता और नये कंकड़ बिछाने होते, तो सिजोगी का काम बढ़ जाता। वह बिला जरूरत खलासियों के पास बैठा रहता, जैसे लाइन के जल्दी सुधार दिये जाने की सारी चिन्ता उसी को हो। वह इधर-उधर से आती गाड़ियों को लाल झंडी दिखाकर खड़ी करता और फिर ड्राइवर से किंचित् मुस्कराकर कहता, ''ड्राइवरजी, जरा सँभालकर ले जाना भैया, आगे पुल नं. 7 का रास्ता खराब है, हाँ !''

''अच्छा-अच्छा !'' नौजवान ड्राइवर उसकी बातों पर हँस देता, ''फिकिर मत करो पैटमैन साहब, सब ठीक हो जायेगा !···लाइनें खराब होती रहती हैं, बनती हैं, पर गाड़ियों का आना-जाना कभी बन्द नहीं होता।''

''का हो, सिजोगी बेटा ? तुम्हारी तो जैसे लाइन में पूँछ काटकर गाड़ दी गई है ! जब देखो लाइन पर चक्कर लगाते रहते हो। भैया, हमने तो बहुत-से पैटमैनों को देखा, पर कोई भी इस तरह लाइन पर चौबीसों घंटा खड़ा नहीं रहता। अरे, गाड़ियाँ आईं, लाइन भीतर ठेल दिया, गईं साली अपने काम से, बस फुर्सत।'' हँसी-हँसी में एक बार बाढ़ू चाचा ने कहा था।

''ठीक कहते हो, दादा ! पर क्या बताऊँ, तबियत नहीं भरती। रोज ही सुनते हो, आज यहाँ गाड़ी गिरी, कल वहाँ गिरी। कुछ हो-हवाय जाय तो नाहक गरीब आदमी की जान आफत में पड़ेगी। है कि नहीं ?''

''हाँ-हाँ, बात तो ठीक कहते हो बेटा, बाकी जो होने वाला होता है वह रोकने से रुकता है कभी ?''

''फिर भी अपनी ओर से तो कुछ उठा नहीं रखना चाहिए, आगे गौसैयाँ की मर्जी !''

सिजोगी की इस बात से बाढ़ू चाचा चुप हो जाते। वह धीरे से सुलफी चिलम सिजोगी की ओर बढ़ा देते। सिजोगी साफी में चिलम लपेटकर हाथों में दबा लेता और जोर का कश खींचता। धुएँ की गुंजलक के बीच से उसकी आँखें फिर सूनी सड़क पर केन्द्रित हो जातीं।

''मुनुवाँ का इन्तजार कर रहे हो क्या ?'' चौकीदार हँसता हुआ कहता, ''तुमने उस छोकरे को बिलकुल बिगाड़ रखा है। सात-आठ साल का हुआ, कोई दूध-पीता बच्चा तो नहीं है जो उँगली पकड़कर ले जाओगे। आता होगा, खुद चला जायगा घर। इसमें इतना घबराने की क्या बात है ?''

''मैं उस हरामी के लिए नहीं बैठा हूँ दादा ! मैं तो नन्हकुआ को जोह रहा

हूँ। वह बेईमान मेरी कब सुनता है ! मरे या जीये, नाक में दम कर रखा है, कमीने की औलाद ने। सोचा था, कुछ पढ़-लिख लेता तो दो पैसे का कहीं ठिकाना लग जाता। पर मदरसे में जाने से भी कोई फायदा नहीं। कुछ लोग दूसरों को तकलीफ देने के लिए ही जन्म लेते हैं दादा।···हो, जो हो ! जब साले की किस्मत में भीख माँगना ही लिखा होगा तो मैं क्या करूँगा।'' सिजोगी को जब भी मुनुवाँ की याद पड़ जाती, वह गुस्से के मारे इसी तरह बिफर उठता।

मुनुवाँ के पहले सिजोगी के चार बच्चे एक-एक करके मर चुके थे। मौत ने जैसे एक सीमा तय कर दी थी, जहाँ पहुँचते-पहुँचते वह हर बच्चे को उठा लेती। मुनुवाँ जन्मा तो सिजोगी ने हर बच्चे की तरह उसे भी अजन्मा ही मान लिया। पर मौत की तयशुदा सीमा के बाद भी मुनुवाँ जब जीता रहा, तो सिजोगी ने उसे उपेक्षा के घूरे से उठाकर कलेजे से लगा लिया। उसके स्नेह की सारी रेखाएँ सिमटकर मुनुवाँ की परिधि में खो गईं। बाजार से नये कपड़े, खिलौने, लेमनचूस, रेवड़ियाँ इस तरह लायी जाने लगीं कि सिजोगी-बो की समझदारी ने पति के पुत्र-स्नेह को बेवकूफी मान लिया। पर सिजोगी पर इस खीझ और झल्लाहट का कोई असर न होता और वह मुनुवाँ की नींद सोने और मुनुवाँ के साथ जागने के अपने नियम से कभी विचलित न हुआ। पर मुनुवाँ ज्यों-ज्यों बड़ा होता गया, सिजोगी के हृदय का स्नेह गुस्से में बदलने लगा। लोगों के उलाहने सुनते-सुनते कान पक गए। सिजोगी को इस बात पर और भी गुस्सा आता कि उसकी परेशानियों को देखकर भी मुनुवाँ अपनी आदत नहीं बदलता।

उस दिन सिजोगी को कस्बे में कुछ काम था। सोचा, बच्चों को स्कूल पहुँचाकर बाजार चला जाऊँगा। मास्टर जी से भेंट भी हो जायगी। कितने सज्जन आदमी हैं ! जरा-सा भी खयाल कर देंगे तो इस कामचोर आवारा की जिन्दगी सुधर जायगी।

सिजोगी जब बच्चों के साथ मदरसे के पास पहुँचा तो मास्टर जी बाहर ही मिल गए। वह स्कूल के अहाते में घूम रहे थे। सिजोगी ने उन्हें देखते ही सलाम किया।

''तुम्हारा ही नाम शिवजोगी है न ? तुम मुन्नू के बाप हो ?''

''जी, सरकार !''

''मैं कई दिन से सोच रहा था कि चपरासी भेजकर तुमको बुलवाऊँ। तुम्हारे लड़के की शरारतों से नाकों दम हो गया है। उसने सेक्रेटरी साहब के लड़के का झोला गायब कर दिया। कल वो आये थे, और बहुत बिगड़ रहे थे। हम तो इस लड़के को पीट-पीटकर थक गए। यह अपनी आदत से बाज नहीं आता। किसी की दावात इधर-से-उधर कर देगा, तो किसी की किताब गुम कर देगा ! दो दिन पहले एक लड़के की कमीज फाड़ दी, बाद में उससे झगड़ भी गया और दाँतों से उसकी बाँह काट ली। उसका बाप आकर उलाहना दे गया और लड़के की फूली बाँह दिखा

गया।··· अब बोलो तुम !''

''मुनुवाँ !'' सिजोगी ने लपककर मुनुवाँ को पकड़ लिया, जो स्कूल की सीढ़ियों पर चढ़ते-चढ़ते रुककर सुनने लगा था कि मास्टर जी उसके बाप से क्या-क्या बातें कर रहे हैं।

बाप को गुस्से में अपनी ओर लपकते देख मुनुवाँ निश्चल होकर खड़ा रह गया। वह बड़ी दयनीय आँखों से सिजोगी की ओर ताक रहा था, पर सिजोगी को गुस्से में यह सब देखने की फुरसत न थी। उसने बड़े जोर का एक तमाचा लड़के के गाल पर जड़ दिया। तड़ाक की आवाज हुई और लड़का गनगनाकर रह गया। इतने पर भी सिजोगी का गुस्सा कम न हुआ। बिना यह देखे कि चोट कहाँ लगती है, उसने लड़के को बेतहाशा पीटना शुरू कर दिया। आखिर दौड़कर चपरासी ने बीच-बचाव किया और लड़के को एक ओर खींच लिया।

''नहीं-नहीं, आप छोड़ दें इसको !'' सिजोगी चपरासी से कह रहा था, ''मैं इस साले को मार-मारकर अधमरा कर दूँगा।···जो काम हमारे सात पुश्त में किसी ने नहीं किया, वह इस साले ने किया। चोरी करता है हरामी कहीं का !'' वह लपककर फिर लड़के के पास पहुँचा और उसका कान पकड़कर उमेठते हुए पूछा, ''क्यों बे, कहाँ रखा है चुराकर झोला ? बोल, बोल, नहीं तो···''

मुनुवाँ बुरी तरह रो रहा था। उसके गालों पर उँगलियों के ललछौंहे निशान उभर आये थे। मुनुवाँ को रोते देख नन्हकुवा भी घिघियाकर रोने लगा। भीतर से कई लड़के और मास्टर बाहर आकर खड़े हो गए थे। सिजोगी अब भी मुनुवाँ का कान वैसे ही उमेठे जा रहा था।

''मैंने झोला नहीं चुराया बाबू !···उसने तो मेरी किताब फाड़ दी थी। झोला तो जग्गू ले गया।'' मुनुवाँ सिसक-सिसक कर कह रहा था, पर उसकी आवाज किसी की समझ में नहीं आ रही थी। बाद में हेडमास्टर ने सिजोगी को समझा-बुझाकर शान्त करा दिया।

उस दिन सिजोगी का मन किसी काम में न लगा। सुबह पतरौल साहब का ठेला आया तो उसने झुककर सलाम तो किया, पर बहुत चाहने पर भी उसके चेहरे पर वह शर्मीली हँसी न उभर सकी।

''क्यों सिजोगी, तबियत तो ठीक है न ?'' पतरौल साहब ने पूछा।

''जी !''

ठेला चला गया और सिजोगी हाथ में रेंच लटकाये रेल की पटरी पर अनमने भाव से घूमता रहा। उसके मस्तिष्क में नाना प्रकार की शंकाएँ मँडरा रही थीं। कितना प्यार था उनके मन में मुनुवाँ के लिए ! चालीस रुपये तनख्वाह की बिसात ही क्या ! चार प्राणियों की गुजर-बसर कितनी दिक्कत से होती। इसी में काट-कपटकर वह हर महीने कुछ रुपये बचाकर रख लेता, ताकि मुनुवाँ की फीस और किताब के लिए

कभी दिक्कत न पड़े। पढ़-गुन लेगा तो रेलवई में कोई नौकरी लग जायगी। गाँव में भला उसे कौन पूछेगा ? अब तो भैंसों के चराने के लिए भी गृहस्थ चरवाहे नहीं लगाते। अपने ही खाने-कपड़े के लाले पड़े हैं तो मजूरी कौन कराएगा ?···

दोपहरी का सूरज सिर पर आ गया था। हवा में गर्मी बढ़ गई थी। लाइन के दोनों किनारों पर खड़े तार के पोपले खम्भों में हवा की सरसराहट से एक दर्द-भरी गूँज उठने लगी थी। खम्भों के ऊपरी भाग में, जहाँ हाथ की तरह फैले पट्टों में काँच के लट्टुओं के सहारे अनमिल तार लटके हुए थे, हवा का जोर और भी तेज था और उसमें लगातार झनझनाहट की आवाज उठ रही थी। सिजोगी जलती पटरी से उतरकर किनारे की पगडंडी से चलने लगा था। आज उसकी नजर पटरियों के जोड़ पर नहीं थीं, ढीले-कसे बाल्टुओं पर नहीं थी। वह चुपचाप, सिर पर गमछा रखे, स्टेशन की ओर चला जा रहा था।

"क्या सोच रहे हो सिजोगी बेटा ?" बाढ़ू चौकीदार ने उठते हुए कहा, "जरा फाटक बन्द कर लूँ भैया, कोई गाड़ी आ रही है शायद !"

फाटक बन्द करके बाढ़ू फिर वहीं आकर बैठ गया और बोला, "किसको-किसको सोचें बेटा ? इस नये जमाने की यही हालत है। छोकरे किसी की बात सुनते ही नहीं। सही राय दो तो सोचते हैं, माई-बाप उन पर सख्ती कर रहे हैं। और माई-बाप अपना रोना रोते हैं कि लड़का कुछ करता नहीं, आवारा हो गया। अब परमेसर को ही देखो, टीसन मास्टर बाबू से आरजू-मिन्नत करके मालगुदाम में पल्लेदारी का काम दिला दिया था। दो ही दिन के बाद बबुआ भाग खड़े हुए। कहते क्या हैं कि हम ऐसा लीचड़ काम नहीं करेंगे। हमसे मुनीबी नहीं होगी, दिन-भर बैठकर कागज गोदना। ···तो कौन-सा काम करोगे, भाई ? ड्राबरी करेंगे। गोया ड्राबरी हमारे बाप की है कि जब चाहेंगे, उठाकर दे देंगे।···सो बबुआ जी अब घर पर बैठे बिरहा गा रहे हैं, लफंगों के साथ ताश खेलते हैं···हुँह !"

"ठीक कहते हो दादा ! यह नये जमाने की हवा का ही असर है। इन लोगों का दिमाग ही जाने कैसे बना है ! उस दिन लाइन खराब थी, मैंने सत्ताइस अप के ड्राइवर से कहा कि भैया लाइन आगे खराब है जरा सँभल के जाना, तो हँस के बोला, 'पैटमैन साहब, घबराइए मत, लाइनें खराब होती रहती हैं, गाड़ियाँ चलती रहती हैं।···हँ-हँ-हँ-हँ !' "

गाड़ी की खड़खड़ाहट गूँजने लगी थी। मालगाड़ी थी। फाटक से इंजन पार हो गया था, डिब्बे एक-एक करके गड़-गड़ की आवाज करते खिंचते चले जा रहे थे।···तड़-तड़-तड़···

"यह आवाज कैसी है बाढ़ू दादा ?"

"पता नहीं; लगता है कि कोई छोकरा उस पार से ढेले फेंक रहा है।"

गाड़ी चली गई तो फाटक के उस तरफ दो-तीन स्कूली लड़के खड़े दिखाई

पड़े। एक कुछ कह रहा था, और मुनुवाँ उसकी बात पर ताली पीट-पीटकर हँस रहा था।

"नहीं-नहीं, तुम्हारे कुल तीन ही लगे। मैंने पाँच मारे थे और पाँचों तड़ाक-तड़ाक लगे ! क्यों रे कलुआ ?"

सिजोगी अपनी जगह से किटकिटाते हुए उठा, "यह साला हरामी सारे घर-भर को हवालात भिजवाकर दम लेगा, बाढ़ू दादा ! देखते हो न नन्हकुआ को फाटक के इस पार खड़ा किये है। जरा-सा डरकर छोकरा हिले तो लाइन में आ जाय। इस हरामी को कोई फिकर नहीं है कि छोटे भाई का भी कुछ खयाल करे। इसकी चले तो उसे तो लाइन में झोंक दे। किसी की कमीज फाड़ेगा, किसी का गन्ना तोड़ेगा, कभी रेल पर ढेले फेंकेगा।···रहो, आज मैं इसकी अच्छी मरम्मत कर देता हूँ !" सिजोगी हाथ की मुट्ठी को आसमान में उठाये गुस्से से बौखलाता मुनुवाँ की ओर दौड़ा।

मुनुवाँ धीरे से फाटक के भीतर आ गया था, सिजोगी को लपकते देख फुर्र से फाटक के बाहर निकल गया और गाँव की ओर दौड़ पड़ा। सिजोगी नन्हकुआ को उठाकर फाटक पार आया और बड़ी देर तक भुनभुनाकर मुनुवाँ को कोसता रहा।···

और आज जब सिजोगी नहीं रहा तो बाढ़ू चाचा को फिर मुनुवाँ की शरारतें याद आने लगी हैं। बाढ़ू चाचा ही क्यों, जब से सिजोगी मरा है सभी लोगों ने सिजोगी-बो को चुपवाते वक्त, ढाढ़स देते वक्त, मुनुवाँ की नालायकी का भी जिक्र जरूर किया। अकेली बेचारी औरत, जाने कैसे जिन्दगी की गाड़ी खींच पाएगी ! लड़का भी है तो बेकाम का। सात-आठ साल का हुआ, जो भी कुछ करता-धरता, थोड़ा सहारा तो होता।

उस दिन शाम को जब मुनुवाँ और नन्हकुआ स्कूल से लौटे तो बगल की पड़ोसिन ने देख लिया और उन्हें अपने घर ले गई। सोचा, लड़के हैं, गमी का घर ठहरा, डर न जायँ। सिजोगी-बो से कहला दिया कि लड़के ठीक से हैं, कोई फिकिर न करना। दूसरे दिन पड़ोसिन ने ही दोनों का मुँह-हाथ धुलाया और गमछे में भूजा बाँधकर स्कूल भेज दिया।

सिजोगी-बो दूसरे दिन भी लगातार रोती रही। उसकी आँखों से आँसू की सतर टूटती ही न थी। एक आँसू टूटकर गिरता कि दूसरा आकर उसकी जगह ले लेता। और इस तरह आँसुओं का ताँता हमेशा जारी रहता।

शाम का समय था। बाहरी निकसार में सिजोगी-बो बैठी थी। वह चुपचाप बाहर की गली की ओर सूनी आँखों से देख रही थी। इतने में नन्हकू का हाथ पकड़े मुनुवाँ आया और दरवाजे के सामने खड़ा हो गया। सिजोगी-बो लड़कों को देखते ही जोर-जोर से रो पड़ी। मुनुवाँ धीरे-धीरे सहमता हुआ अपनी माँ के पास जाकर खड़ा हो गया। उसकी माँ अपनी आँखों को आँचल से ढँके फफक-फफककर रो

रही थी। नन्हकू कुछ न समझता हुआ-सा खड़ा था। मुनुवाँ पास जाकर माँ की पीठ पर हाथ रख कर बोला, "रोती काहे हो अम्मा, चुप हो जाओ ! बाबू नहीं रहे तो हम तो हैं न !" और वह भी सुबक-सुबककर रो उठा, "मैं अब किसी से झगड़ा नहीं करूँगा अम्मा, किसी से भी नहीं ! देखो न, नन्हकू के पैर में ठोकर लग गई थी तो मैं उसको पीठ पर लादकर ले आया। मैं किसी का कुछ नहीं लूँगा, किसी का गन्ना नहीं तोड़ूँगा !···मैं कभी बदमाशी नहीं करूँगा !" मुनुवाँ हिचक-हिचककर फूट पड़ा।

अम्मा ने उसे खींचकर अपने बाहुओं में भर लिया।

■

खैरा पीपल कभी ना डोले

चाहे धूल-भरा अन्धड़ हो, चाहे ताजा-ताजा, साफ आसमान, गाँव की तरफ नजर उठती तो वह जरूर उस बूढ़े पीपल से टकराती जो दक्खिन को जाने वाले छोर पर खड़ा जाने कब से आसमान को निहार रहा है। हाँ, जब आसमान घिरा होता, ऊदे-ऊदे बादल झुककर गाँव की बँसवारियों को दुलराने लगते तो वह पहले से कहीं ज्यादा हरा-हरा लगता। एक साथ कई साल जैसे उसकी उम्र से अलग हो जाते और उसकी बूढ़ी नसों में जवानी का ज्वार मचलने लगता।

पुरुषोत्तम काका को मरे अभी कै दिन हुए, पर शायद ही कभी किसी को उनकी याद आती हो। जब वह जिन्दा थे तो लगता था कि उनके बिना गाँव जिन्दा नहीं रह सकता। गलियों के मोड़, चौमुँहानियों के चौबारे, कुएँ की जगतें उनकी बेलाग हँसी के हिचकोलों से घण्टों गूँजती रहतीं। पर जब पुरुषोत्तम काका उठ गए तो लोग-बाग उन्हें यों भूल गये, गोया वे लोगों को हँसते देख कभी हँसे ही न हों। यही हालत तुलसी बुढ़िया का हुआ, जाऊ खट्टिक का और जगरोपन साहू का भी। ये सभी ढोल की थाप पर जुड़ते हुए तमाशे की तरह आये और धरम की चादर पर यादगारों के दो-चार दाने फैलाकर चले गए। मैं तो गाँव के इन छोकरों पर हैरान हूँ कि जो सुबह से शाम तक इन भलेमानसों के चारों ओर हाथ-में-हाथ फँसाए चक्कर लगाया करते थे और जिनके दिलों की खुशियाँ कबूतरों की तरह पर फड़फड़ाती

हुई पुरुषोत्तम काका या तुलसी बुढ़िया के कहकहों के अड्डों पर हमेशा मँडराया करती थीं, वे ही इन्हें इस तरह बिल्कुल कैसे भूल गये ? जब भी मैं इनके भूलने की बात सोचता हूँ तो मन बहुत उदास हो जाता है।

फागुन बीतते-बीतते हवा में गरमी की लहर बढ़ जाती और वह पेड़ों के पुराने पत्तों को अपने तेज नाखूनों से बुरी तरह कुटकने लगती। हल्का-सा झोंका लचककर घुमड़ता और पेड़ों के पत्ते टूटे हुए परों की तरह चारों ओर बिखर जाते। बगूलों की लपेट में सरसराते पत्ते आकाश की गहराई में चीखते और धूल की धुँधली चादर नंगी डालों को अपने आगोश में छिपा लेती।

और तब धीरे-धीरे हवा थोड़ी सँभल जाती। उसमें शोखियों की जगह मादकता आ जाती, थोड़ा कसैला-सा ठहराव आ जाता, छुवन में झनझनाहट नहीं, उत्तेजना का जोर होता। और इस बेसब्र बनाने वाली हवा के स्पर्श से पेड़ों की नसें खिंच जातीं, रगों का लाल-लाल, ताजा खून नई कोंपलों में फूट पड़ता—गुलाबी सुर्खाब के कोमल परों की तरह मुलायम पत्ते, तोते की लाल मुँह ऐंठी चोंच की तरह खुलने को उत्सुक नए-नए कल्ले। यों तो गाँव के सभी पेड़ों में फगुनहट की बहार अपनी अनोखी रंगत लेकर उतर आती, पर बूढ़े पीपल का तो नजारा ही कुछ और होता। ऐसे दिनों में कभी गाँव के दक्खिनी छवरे पर नजर उठ गई तो पूरा पीपल ठंडी-सी आग की लपट में सुलगता दिखाई पड़ता। लाल-लाल, छोटे-छोटे पत्ते धीरे-धीरे लहरते तो पेड़ के नीचे एक अजीब तरह की ललछौंही कालिमा नेवले के बालों की तरह मचलने लगती।

इस वक्त लड़के एक-दूसरे का हाथ थामे, इस छाया में एक बड़ा-सा घेरा बनाकर गोलाई में नाचने लगते, एक अजीब उछल-कूद का लयात्मक नृत्य :

चाक डोले, चकबम्बा डोले
खैरा पीपल कभी ना डोले
खैरा पीपल कभी ना डोले···

पर इस जंगली खुशी के नाच को देखकर जाने क्यों मैं पहले-जैसा ही खुश नहीं होता। एक बड़ी डरावनी शंका मेरे मन में घर कर गई है। मैं सोचता हूँ तो जी मुँह को आ जाता है। कहीं छोकरे पुरुषोत्तम काका या तुलसी बुढ़िया की तरह इस खैरा पीपल को भी तो नहीं भूल जाएँगे ? कहीं इनकी नाजुक हथेलियों के घेरे से कभी न डोलने वाला खैरा पीपल भी तो नहीं डोल जाएगा ?

दिन गुजरते गए और अवश्यम्भावी की आशंका मेरे मन में बलवती होती गई। सच ही छोकरे एक दिन खैरा पीपल को बिलकुल भूल गये। आज दक्खिनी छवरे के मोड़ पर वह पीपल नहीं है।···पहले सुबह होती थी और बैलों की घण्टियों के साथ गाँव के बड़े लोगों का भय, उनकी नाराजगी का डर, सभी-कुछ गाँव से बहुत दूर सिवानों में जा बसता था। तब छोकरे एक साथ इस गली, उस गली से फुदककर

निकलते और पीपल की विशाल छाया के नीचे अपने खेलों और चुहलबाजियों की एक नई सृष्टि रच देते। 'होलापाती', 'सतघरवा', 'कबड्डी' और जाने क्या-क्या।

लड़कों की भीड़ बढ़ती जाती और उनकी खुशी के चीत्कार गाँव के निठल्ले बूढ़ों, काहिलों और मेहनतचोर आवारों को भी अपने इर्द-गिर्द बटोरने लगते। तब इस पीपल के नीचे सिर्फ मासूम छोकरों का सीधा-सादा खेल ही नहीं होता, मुँहफट, बूढ़े या निठल्ले प्रौढ़ों की गन्दी गालियाँ भी मँडराने लगतीं। अपनी-अपनी माँओं के साथ अजीब रिश्ते कायम करने वाले बूढ़े खूसटों की फूहड़-फूहड़ नंगी बातों की लच्छेदारी से लड़के गुस्से से लाल हो जाते, पर गाँव की मर्यादा निभाने के लिए उनकी जबान ईंट का जवाब पत्थरों से देने में हिचक जाती।

'दिनवाँ की माई'···सुर्ती से काले पड़े बदरंग मसूड़े और रेंड़ी के बीये जैसे काले दाँतों को दरेरती हुई जीभ 'खिस्स्-खिस्स्' की आवाज निकालती और बूढ़े बाबा बड़े प्रेम से बगल में बैठे नौजवान से खीसें काढ़-काढ़कर कहते, ''देखा है कि नहीं तूने, नाँद-जैसा पेट निकाले गली दचकाती फिर घूमने लगी है ! राम-राम, छेर-बकरी को भी मात कर दिया है इस दिनवाँ की माई ने ! पूरा एक कोड़ी बियायके रहेगी देखना।''

''पर, काका, अजब की काठी है जग्गन बो भौजी की भी।'' नौजवान की नसें लिलार पर खिंचकर तन जातीं, ''पाँच-पाँच बच्चे हुए पर देह तनिक भी टस-से-मस नहीं हुई, वैसी ही चढ़ी की चढ़ी !'' बूढ़े काका कुछ और कहते होते, पर उनका नौजवान साथी किसी दूसरी दुनिया में अपने को डुबाकर बिलकुल खामोश हो जाता। उसका सारा बदन बेकार-सी बना देने वाली गर्मी में झुलसने लगता। बाप-भाई से झगड़कर, बिना काम किये दोनों जून बेर्रे की रोटियों से पाले हुए बदन को पीपल की छाया में पसारकर वह जाने कहाँ-कहाँ घूमने लगता।

मुझे ऐसी बातों से भी बड़ी हैरानी होती है। जाने कैसे लोग इतनी आसानी से बच्चे पैदा करने वाली माँओं के बारे में सोच लेते हैं। मैं तो कई साल से बराबर किसी-न-किसी औरत के मरने की खबर सुनकर परेशान हो जाता हूँ। अभी दो साल पहले की बात है। सुबह-सुबह हाथ-मुँह धोकर बखरी में आया तो रोज की तरह दाना-पानी लिये माँ को अपनी राह अँगोरते नहीं देखा। पूरे आध घण्टे बाद दौड़ी-दौड़ी आई थी। मुझे गुस्से में तिनककर बैठा देख वह एक साँस में सब सुना गई।

''लल्लू बो को देखने चली गयी थी। लगता है, बेचारी बचेगी नहीं। पूरा दिन और पूरी रात चिल्लाते बीत गयी—जाने लड़के ने अँतरी पकड़ ली है या क्या ! दो-दो चमाइनें पेट माँड़ रही हैं, मगर कोई फायदा नहीं। लड़का तो मर ही गया होगा, अब वह भी नहीं बचेगी।'' अम्मा यह सब सुनाकर बिलकुल खामोश हो गई थीं। उन्होंने एक अजीब बेबसी और नियति के प्रति मजबूर समर्पण के साथ काँपते हुए हाथों से पानी का गिलास थमाते हुए आसमान की ओर देखा था।

लल्लू हमारी ही उमर का था, साथ-साथ बैठना-उठना। मैंने दाने की डाली वैसे ही रख दी। उठकर सीधे लल्लू के दालान में जा रहा। मचिये पर दोनों बाँहों में सर गड़ाये वह उदास बैठा था। लल्लू के बाबूजी सामने की चारपाई पर बैठे गड़गड़ा खींच रहे थे, मुझे देखते ही तपाक से बोले, "अब तुम्हीं समझाओ, भाई, इसे। भीतर औरत चिल्ला रही है, बाहर दालान में बैठा यह मउगा टुस्के बहा रहा है ! छिः छिः ! मेरे खानदान में ऐसा मउगड़ा कोई नहीं जन्मा था। अरे साले ! एक मरेगी तो दूसरी आएगी, इस तरह राँड़ औरत की तरह फेंकर-फेंकर दिल काहे दुखा रहा है ?"

मैं अवाक् उस बुड्ढे की ओर ताकता रह गया। मुझे तो विश्वास ही नहीं होता था कि एक बाप अपनी बहू की मौत पर लड़के को ऐसा उपदेश दे सकता है !

"काकाजी, आप लल्लू के साथ बहू को शहर क्यों नहीं भेज देते ! वहाँ अच्छे-अच्छे डॉक्टर हैं, दवा-दारू का सारा इन्तजाम रहता है, इतनी तकलीफ भी न होगी और जच्चा-बच्चा किसी को जान से हाथ धोना भी न पड़ेगा।"

बूढ़ा मेरी ओर आँखें तरेरकर यों देखने लगा, जैसे मैंने कोई बहुत भद्दी गाली दे दी हो।

"तुमसे मुझे यह उम्मीद न थी, हरी बेटा। छिः छिः ! दक्खिन पट्टी के ठकुराने की बहू बच्चा जनने अस्पताल जाए, इससे तो यही अच्छा है कि वह चिल्ला-चिल्लाकर जान दे दे !"

मैं कुछ न बोला। लल्लू धीरे से उठा और आँगन की ओर जाने लगा।

"कहाँ चला, बे मउगड़े ? कभी औरत को बच्चा होता था तो उसका मर्द लाज के मारे तीन दिन तक आँगन में पैर नहीं डालता था, और आज एक तू है ससुरे, कि उतावला होकर ड्योढ़ी पर चक्कर मारे जा रहा है !"

तभी भीतर से दो-चार औरतों के एक साथ ही जोर-जोर की धाड़ मारकर रोने की आवाज से दालान की शहतीरें तक थरथरा उठीं। तेज काँपते हुए झोंके ने आकर खबर दी कि दीया बुझ गया। लल्लू की मुट्ठियाँ दर्द के मारे भिंची जा रही थीं, जैसे उसकी हथेली में कोई उबलता हुआ फफोला फूट पड़ने को आतुर हो, वह उसे आँखों से आँसू टपका-टपकाकर शान्त कर रहा हो। बूढ़े काका वैसे ही हुक्का गुड़गुड़ा रहे थे। फर्क सिर्फ इतना ही था कि वे बुझी हुई चिलम को बड़ी जल्दी-जल्दी सुड़क-सुड़ककर खींचे चले जा रहे थे।

औरतों से आँगन भर गया था। लाश को नहलाकर लाया गया तो मैंने कनखी से लल्लू की बहू को देखा था, जो जामुन की तरह स्याह हो गया था, पेट बुरी तरह फूला था और दर्द के मारे आँखें सूजकर बाहर निकल आई थीं। लाश बहुत देर तक बूढ़े पीपल के नीचे सुलाई रही और मैं उस नीले चेहरे को बार-बार सोचता रहा, जो सकुशल बच्चा जनकर गुलाब को मात करने वाली शरमीली मुस्कराहट में

कभी खिल न सका।···

शाम हो गई थी। कस्बे वाली बस के आने का समय हो गया था। जहाँ पहले खैरा पीपल की कोमल छाया नेवले के बालों की तरह काँपा करती थी, वहाँ आज सिवचन्न साहू ने अपनी चाय की दूकान खोल ली है। आज पीपल की छाँव की जगह काई लगे करकट की छाँव है, जिसमें बैठने वालों की भीड़ लगी रहती है। वे ही प्रौढ़ आवारे, कामचोर छोकरे, वे ही गन्दी गालियों से मन को सन्तोष देने वाले बूढ़े इस दूकान में भी जमे रहते हैं। फर्क सिर्फ यह है कि अब छोकरों की नाजुक हथेलियाँ जिस्मों के घेरे बनाकर 'चाक डोले चकबम्बा डोले' का खेल नहीं खेलतीं, क्योंकि खैरा पीपल डोल चुका है, उसकी छाया की निर्द्वन्द्व आजादी चाय की इस दूकान में कभी नहीं मिल सकती। जब से सिवचन्न साहु की चाय की दूकान खुली है, दक्खिन पट्टी बड़ी मनसायन लगने लगी है। शाम, सुबह और दोपहर तीन बार बसें आती-जाती है। कभी-कभार सैर-सपाटे या इधर-उधर किसी काम से जाने वाले मुसाफिरों की अपनी निजी गाड़ियाँ भी रुकती हैं। सिवचन्न साहु मुसाफिरों को पहचानने में काफी तेज हैं। उनके आने पर साफ प्याले उस कोने वाली काठ की टूटी अलमारी से बाहर निकालते हैं बाकी लोग शीशे के गिलासों में चाय पीते हैं, जिन्हें धोने-धाने का कोई सवाल नहीं। एक तरफ उनकी छोटी लड़की, दुलरिया, नाक का पोंटा सुड़कती हुई लाई लकठे और गुड़ पर मँडराने वाली मक्खियों और हड्डों से कनचपटी का खेल खेलती है और दूसरी तरफ उनका लड़का लम्बा-सा पेट निकाले उनकी मिठाइयों के गुणकारी होने का ऐलान करता, लोटा हाथ में थामे राह चलतों को पानी पिलाने में भी कोताही का नया रिकार्ड कायम करता है।

शाम को बस आकर रुकी तो चाय-घर में बैठे लोगों की आँखें उतरने वाले मुसाफिरों पर जा अटकीं।

"लाओ दे दो मुझे। तुम खयाल से उतरना।" सुरेश ने अपनी बीवी के हाथ से नन्हे-से बच्चे को लेकर अपने कन्धे से चिपका लिया। उसकी पत्नी बस से उतरकर नीचे आ चुकी थी और आस-पास बैठे गाँव वालों से नजर बचाती, माथे के गिरे पल्ले को सर पर डाल रही थी। उसके पीले मुरझाए चेहरे पर कितनी शान्ति और खुशी थी ! होंठ सूखे-सूखे थे जरूर, फिर भी उनके भीतर एक अजीब आनन्द-भरी मुस्कराहट खेल रही थी।

"क्यों, भौजी, मिठाई कब खिलाओगी ?" मेरी बात से सुरेश-बो भौजी दुहरी होते-होते बचीं। शायद ही सुरेश के घर जाने पर वह मेरे सामने पड़ी हों। पर आज तो बस के मुसाफिर से कोई भी बात कर सकता था।

"मिठाई तुम्हें खिलानी चाहिए, देवर ! लड़के का बाप न मिठाई खिलाता है !" वह धीरे से मुस्कराकर गाँव की गली में चल पड़ीं।

"कोई दिक्कत तो नहीं हुई ?" मैंने सुरेश की गोद में चिपके नन्हे की आँखों

में झाँकते हुए पूछा।

"नहीं, सब ठीक से हो गया।"

बच्चा बड़ी उत्सुकता से चाय की दूकान के करकट को देख रहा था। उसे क्या मालूम कि इसी जगह कभी हरी-हरी पत्तियों में बिहँसता एक विशाल पीपल था, जिसकी छाया में लड़के हथेलियाँ फँसाकर 'चाक चकई' का खेल खेला करते थे। बहरहाल, खैरा पीपल नहीं है तो क्या हुआ, सिवचन्न साहु की चाय की दूकान तो है, जिसमें इस वक्त गाँव के तमाम छँटे हुए नामी-गरामी लोग इकट्ठे बैठे हैं।

"शहर ले गया था" अपनी ढेंढ़रवाली आँख को बुरी तरह मिचका कर जगिया ने बगल में बैठे कैरा से कहा, "सुना, वहाँ मेम पेट में हाथ डालकर बच्चा निकाल लेती है।"

"देखा नहीं, हरी से कैसे मुस्कराकर बोली थी ! बड़ी सतवन्ती बनती है ! पिछले फगुवा को जरा गाल पर अबीर छुला दी थी तो आँख तरेर कर झनझना उठी थी। झटककर बोली, खबरदार, जो कभी इस घर का चौखट हेलकर आए ! हुँह !"

"अबे, चुप रह, हरिया इधर ही आ रहा है।"

दोनों चाय के गिलास में मुँह सटाकर ऐसे सन्न हो गए थे, जैसे साँप सूँघ गया हो।

मुश्किल से अभी पन्द्रह मिनट हुए होंगे। बस के मुसाफिर डराइबरजी को जल्दी करने को उकील रहे थे, पर डराइबरजी हाथ में गिलास थामे दूकान की बगल के पाए पर पैर अड़ाए कुछ खोज रहे थे। बगल की डगर से गाँव की कई लड़कियाँ पानी की कलसी भरे घरों को लौट रही थीं।

"अरे डराइबरजी, जल्दी करो, भैया ! रात यहीं हुई जा रही है।" कहने वाला डराइबरजी को अपनी ओर गुस्से में उबलते देख, आगे की बात को झटके से निगलता हुआ बगल के किसी से कुछ अनावश्यक बातें करने लगा था।

"अभी फुलिया की बाट देख रहे हैं डराइबरजी !" जगिया बीड़ी जलाकर काँटी से कैरा की हथेली पर टुन्ना देते हुए बुदबुदाया, "कबे, कल शाम को था न यहाँ ? साला कैसे लसड़-फसड़कर बात कर रहा था !"

"तो वो साली कौन दूध की धोई है ! आन गाँव के आदमी से बात करते उसकी आँख का पानी नहीं ढरता तो वो क्या करे ?"

"ठीक कहता है, दो आने भी उसके लिए काफी हैं। कल यही दाँत चिपोरकर ड्राइवर से कह रही थी, क्यों डराइबरजी एक दिन हमें बनारस नहीं दिखाओगे ? उसके कानों के बुन्दे उसी ड्राइवर के बच्चे ने दिये हैं। और उसके साथ की दूसरी छोरियों को नहीं देखा ? इस तरह ललचाई-ललचाई देख रही थीं कि ड्राइवर जेब से निकालकर उन्हें भी बुन्दे थमा देगा। हुँह !"

बस खुल गई। गर्द का एक पूरा पहाड़ दूकान के करकट पर उलट पड़ा।

ड्राइवर ने हाथ लटकाकर कपड़े में बँधी एक पोटली उछाल दी। गली की आड़ से फुलिया झपककर आयी और पोटली उठाकर चलने लगी। जगिया और कैरा दूकान से निकलकर उधर ही देख रहे थे। लड़की मुड़कर चलने लगी तो कैरा ने जोर से अलाप ली :

काशी जी में लगलीं बिजुरी के रोशनियाँ
पिया देखाई देता ना
हो पिया देखाई देता ना।... ।... ।...

अलाप जोर पर पहुँचकर आसमान छूने को उठी ही थी कि कैरा ने आवाज को बड़े जोर से सुड़ककर पी लिया। उसके गले की घंटी को जैसे किसी ने हथेली में दबोच लिया। घुनघुनाकर वह एकदम चुप हो गया।

''सलाम, काका !'' जगिया ने बड़ा शरीफाना चेहरा बनाते हुए गुदई काका को नमस्ते किया।

''पालागी, काका !'' कैरा ने भी घिघियाकर दुहराया।

''बड़ी जोर से गवनई कर रहा था, रे कैरा !'' काका ने कहा और आगे बढ़े। दोनों फुर्र से एक-दूसरे का हाथ थामे, मुँह से बेलाग फूटती हँसी को दबाने की कोशिश करते गली में गायब हो गए।

शाम घनी हो रही थी। चाय की दूकान से सटकर लेटी हुई नई कच्ची सड़क धुन्ध में विशाल अजदहे की तरह निश्चेष्ट फैली हुई थी। गर्द-गुबार की केंचुल में सारा सीवान सिमटता जा रहा था। हवा तेज और सर्द थी। गाँव के घरों से उठा हुआ रसोई का धुआँ पूरे गाँव पर मटमैला चँदोवा टाँग रहा था।

गुदई काका दूकान से सटकर निकले तो भीखम चौधरी ने हाँक लगाई, ''अरे, जरा गरमाय लो, मालिक ! आज तो बड़ा कटकटाता जाड़ा पड़ रहा है।''

गुदई काका मुड़कर करकट की छाजन के भीतर आ रहे।

''चाय का सबख नहीं है, चौधुरी !''

गुदई काका को सामने खड़े देखकर भीखम चौधुरी स्टूल पर से उतर कर खड़े हो गए।

''बैठ जाओ, सरकार। सबख तो हमें भी कोई जियादा नहीं है, बाकी जाड़ा से कुछ बचाव जरूर हो जाता है।''

''अरे बैठे रहो न, चौधुरी !''

''नहीं-नहीं सरकार, बैठ जाइए ! हम लोग कहीं बैठ लेंगे।'' भीखम चौधरी ने अपना गिलास उठाया और कच्चे फर्श पर बड़े इत्मीनान से पसर कर बैठ गए।

मैं बूढ़े चौधरी की धुँधलाई पुरानी आँखों में झाँकता रह गया। गुदई काका से कुछ अधिक ही उमर होगी। काम और मेहनत ने उनके काले शरीर को लोहे की तरह सख्त कर दिया है। लटकी हुई झुर्रियाँ कितनी मोटी और चीमड़ हैं। इन

पर भला गरमी-सरदी का क्या असर होता होगा ! भीखम चौधुरी के चेहरे पर हमेशा एक हलकी-सी मुस्कराहट छाई रहती। इस मुस्कराहट को पैदा करने में चौधरी ने जाने कितना गम सहा होगा ! सदाबहार का ऐसा फूल मामूली जमीन में कभी नहीं खिल पाता।

गुदई और भीखम, भीखम और गुदई, मेरी आँखों के सामने खैरा पीपल घूमकर फिर खड़ा हो गया। तब वह इतना पुराना न था। उसकी पश्चिम वाली लम्बी-चौड़ी डाल तब कटी न थी। हाथ-कटे लूले की तरह तो वह बाद में लगने लगा था, जब दस साल पहले उसकी पत्तियों से लदी-फदी, चिड़ियों के घोंसलों से आबाद दायीं बाँह पर आसमान से बिजली फट पड़ी थी। बाद में तो वह डाल ऐसी लगती, गोया किसी ने किसी पतले-से पुराने ठूँठ पेड़ के तने को खैरा के कन्धे से साट दिया है।

तब मेरी आँखों में भी नीच-ऊँच का खयाल इस तरह आग की लपट की तरह कभी सुलग न पाता था। गुदई काका हमारे परिवार के हैं, अलग हो गए तो क्या हुआ ? हैं तो खानदान के आदमी। लोचन बाबा का शरीर भी गुदई काका की तरह ही काफी भारी-भरकम था। बड़ी-बड़ी मूँछें थीं, ऊपर को खिंची-खिंची। उनका गलगोच्छा अरियात-करियात में मशहूर था। बन्दों वाली मिरजई पहनते थे और साफ-चटक धोती को खूब चुन्नट देकर आगे लटकाए रहते थे। बड़ी-बड़ी, लाल-लाल आँखें। बुड्ढा मुझे बड़ा परेशान करता। गली से कभी जाते देख लिया कि बस !

"कौन है हो ? हरी बेटा ?"

"हाँ, बाबा !"

"जरी चिलम चढ़ाते आओ, बचवा !"

मैं मन-ही-मन बुरी तरह बिफर पड़ता। बुड्ढे के मरने के लिए दो-चार बार मनौतियाँ भी मानी होंगी। पर जब हरू चौधरी ने बाबा का अपमान किया तो मुझे भी गुस्सा कम न आया। जब हमारे खानदान की दो दर्जन लाठियाँ चमारों को ठीक करने के लिए निकल पड़ीं, तो मैंने भी 'होलापाती' का डंडा काँख में दबा लिया था।

मगर सच पूछो तो मेरी समझ में न तब कुछ आया था, न अब। हमारे पिताजी कहते थे कि सारा दोष गांधी जी का है। उन्होंने नीच जात वालों का दिमाग आसमान पर चढ़ा दिया है। मुझे तो हरू चौधरी का दिमाग आसमान पर नहीं दिखाई पड़ता था। हाँ, एक बात थी, वह चमार कतई नहीं लगता था। बड़ा साफ कपड़ा पहनता। वह आस-पास के गाँवों के चमारों का 'गुरूजी' था। सिवनरायन का चेला था। सिवनरायन को हमने नहीं देखा, मगर लोग कहते थे, वह पुराना महात्मा हुआ है। सब चमार उसी के चेले होते हैं। हमारे गाँव की चमटोली में भी सिवनरायन गुरू की गादी लगती थी। दूर-दूर के चमार दर्शन करने आते। उस दिन हरू के दरवाजे पर दरी बिछती और बड़ी भीड़ होती। सामने की चादर चावल से भर जाती। कुछ

रुपया-पैसा भी गिरता। हमको गादी की चौकी बहुत पसन्द आती। हरी-लाल पन्नी से सजाकर चौकी पर सिवनरायन गुरू की तस्वीर लगाई जाती। नाच-गाना भी होता। पहले तो किर्तनिया लोग धीरे-धीरे कुछ मधुर स्वर में गुनगुनाते, फिर अचानक जाने क्या होता कि कोई जोर से 'होए' कहता और ढोलक बड़ी तेजी से बजने लगती, सभी ताली पीट-पीटकर झूमने लगते।

एही पार गंगा, ओही पार जमुना
होए—ए ए
बिचवा में साहब क डेरा
बिचवा में साहब क डेरा ।-।-।···

उस बार भी गादी लगी थी। लोचन बाबा किसी काम से चमटोली के रास्ते जा रहे थे। हरू अपने दरवाजे पर चारपाई बिछाये बैठा था। उसके बहुत-से चेले तो चले गये थे, कुछेक रह गए थे। वे सब जमीन पर बैठे थे। हरू उनसे सत्संग कर रहा था। बाबा गली से निकले तो, हरू ने उन्हें देखा-अनेदखा कर दिया। बाबा कुछ बोले नहीं। आकर उन्होंने खानदान-भर के सवांगों को बटोरकर सब बात सुनाई। बस लाठियाँ निकल पड़ीं। गुदई काका सबसे आगे थे। चेले जाने कब सटक गए। हरू और भीखम पर बड़ी मार पड़ी। इसी पीपल के नीचे हरू को रसरी में बाँधकर बाबा ने उकड़ूँ लटकवा दिया था।

हम लोग तमाम लड़के 'चाक-चकबम्बाड़का' खेल छोड़कर खैरा की जड़ में धँस गये थे और उसके भारी तने की आड़ से झाँक-झाँककर हरू चौधरी के सर पर चपचपाए हुए खून के कतरों को देख रहे थे।

"क्यों, हरी," गुदई काका ने चाय पीते-पीते अचानक मुझे टोक दिया, "क्या सोच रहे हो ? सुरेश मिला था ?"

"हाँ, अभी-अभी बस से उतरे तो मुलाकात हुई थी।" मैंने एक लम्बी साँस लेकर उस दुःस्वप्न को भुलाने की कोशिश की, जो मेरी आँखों के सामने अचानक खड़ा हो गया था।

"हाँ, बात तो मैं भूल ही गया गुदई सरकार," भीखम चौधरी को जैसे कोई बहुत जरूरी बात याद हो गई थी, "छोटे भैया अभी उतरे बस से, ई बात आपने बड़ी अच्छी की कि बहू को बनारस भेज दिया। लेकिन नाती होने की खुशी में मिठाई कब खिला रहे हैं ?"

"अरे भाई, खिला देंगे, चौधुरी। जैसा हमारा नाती वैसा तुम्हारा।"

"सो भी ठीक। सिवचन्न साहु" चौधुरी तैस में आ गए थे, "आज हमारे पैसे से यहाँ बैठे सब छोटे-बड़े भाई को एक-एक मिठका बिसकुट बाँट दो !" ऐसा कहकर भीखम चौधुरी जोर से ठहाका लगाकर हँस पड़े।

"अभी बाँटा, चौधुरी !" सिवचन्न साहु ने पोंटहिया को सनकारा और वह

नाक सुड़कती आलमारी से बिसकुट का टीन लाने चल पड़ी।

चौधरी का बिसकुट हाथ में थामे मैं चाय की दूकान के करकट को देखता रहा, जो लोगों की हँसी से बुरी तरह थरथरा रहा था।

रात काफी ढल गई थी। लोग एक-एक करके दूकान से उठने लगे थे। गुदई काका पता नहीं क्या सोच रहे थे। उनकी इस तरह की चुप्पी मुझे खल रही थी। मैंने उनकी मनहूसी से बचने के लिए गर्दन हिलायी, तो भीखम चौधुरी को भी उसी तरह खामोश देखा। अभी दो मिनट पहले खुशियों का एक अचानक ज्वार आया था जो इनकी आँखों के किनारे टेढ़ी-मेढ़ी लकीरों का निशान बनाकर वापस लौट गया है। मुझे दोनों का इस तरह चुप हो जाना अखर गया। भीखम चौधुरी की हँसी भला गूलर का फूल कब से बनने लगी ?

"कैरा फिर लौटकर आ गया है" मैंने धीरे से कहा।

"हाँ-हाँ" दोनों नींद से चौंक उठे, "बाकी रुकेगा नहीं। पहले तो इधर-उधर गाँव का चक्कर काटकर ही लौट आता था, अब ममिआउर करने लगा है। एक नम्बर का काहिल आवारा हो गया है यह लड़का, अभी-अभी भड़ैती गाते हुए गली में जा रहा था।" गुदई काका ने धीरे से कहा।

"इसमें सारी बदमाशी उस जगिया की है, वही बिगाड़ रहा है कैरा को भी।" चौधुरी ने गर्दन हिलाकर अपनी बात की अहमियत समझा दी।

सुबह मैं अभी मुँह-हाथ धो ही रहा था कि गली के मोड़ पर हंगामा मच गया। कैरा भीड़ के बीचोबीच खड़ा था। और उसके बाबू काका, चाचा, अभी उसको पीटने के लिए मचल रहे थे। लोग-बाग उन्हें किसी तरह सँभाल रहे थे। कैरा को भी कई लोग पकड़े थे और वह सबको धक्का देकर छुड़ाने की कोशिश करते हुए चिल्ला रहा था।

"एक-एक को समझ लूँगा, हाँ ! काम पड़ने पर कोई भवद्दी करने नहीं आता। और हमको पीटने के लिए सब भाई एक होकर सहायता करने आ जाते हैं। हम एक बार नहीं सौ बार कह देते हैं, हम कुछ नहीं करेंगे, कुछ नहीं करेंगे ! करेंगे तो अपने मन से। जैसे हम कहते हैं, वैसे चलना पड़ेगा। नहीं तो फूँक देंगे, सब जल जाएगा !"

"तूँ फूँकेगा ? फूँक तो देखें ! मारे जूते सरवा खोपड़ी का बाल सफा कर देंगे !" दीना चाचा कैरा को पीटने के लिए बार-बार पैर से चमरौधा सरका रहे थे, पर उनका हाथ दूसरों के हाथों से बँधा था, "ऐसे कुलच्छन पूत से निपूता भला ! ई साला कहीं मर-खप भी नहीं जाता ! जाँगर-चोर हरामी कहीं का ! दो दिन जहाँ काम करना पड़ा कि साले की नस टूटने लगती है। दोगला, सूरतहराम···"

"हम को दोगला-फोगला तो मत कहो, कह देते हैं !" कैरा अपने बाबू की ओर लाल-लाल आँखें निकालकर बोला, "नहीं गटवा तोड़ के रख दूँगा, हाँ !"

तभी लोगों से हाथ छुड़वाकर दीना चाचा भूखे बाघ की तरह कैरा पर झपट पड़े और गुस्से से पागल उन्होंने दनादन घूँसे-थप्पड़ की बौछार लगा दी। धर-पकड़ करने वालों को एकाध हाथ अनजाने लगा तो वे सरककर किनारे हो गए। कैरा काफी पिट गया।

"काट डाल, कसाई !" कैरा रो-रोकर कह रहा था, "कोई तुझको दगध देने वाला भी न मिलेगा !"

आखिरी बात ने दीना चाचा को और भी आग-बबूला कर दिया। वह पैर की ठोकर से कैरा को धकेलते हुए गुस्से से काँपते हुए बोले, "निकल जा, हरामी साला ! फिर कभी काला मुँह मत दिखाइयो, हाँ।"

धीरे-धीरे भीड़ छँट गई। कैरा वैसे ही घुटने में सर डाले सिसकता रहा। गाँव का कोई आदमी उसे चुप कराने भी क्यों जाए ? कैरा के साथ यह पहली बार थोड़े हुआ है, नहीं यह आखिरी बार ही है, यह सभी जानते हैं। पाँच साल से दीना काका और उनके दूसरे भाई अलग-अलग हो गये। कैरा की पढ़ाई छूट गई। काम करने में उसका जी लगता नहीं। दीना काका से अकेले सब होता नहीं। रोज झगड़ा, मारा-पीटी। कैरा भी एक ही है। मार खाएगा, पर गाली देने से बाज न आएगा। गुस्सा होकर चलेगा कि इस बार कभी नहीं आएगा। सारे मुहल्ले के लोगों को चलते वक्त प्रणाम करेगा, हाथ जोड़ेगा कि भूल-चूक माफ कर दो, हम सदा के लिए गाँव छोड़कर जा रहे हैं। पहले तो लोग बहुत पिघले। दया के मारे औरतों की आँखें भर आईं। कई लोगों ने दीना चाचा को समझा-बुझा के शान्त करा दिया। पर बाद में यह उसका नियम हो गया। सबसे कहकर चलता तो खैरा पीपल के नीचे आकर बैठ जाता। घंटों बैठा रहता। शाम हो जाती तो दीना-बो चाची किसी छोकरे को भेजकर बुला लेतीं। दीना चाचा कटकटाते, गाली देते, पर मन-ही-मन खुश होते कि अब कुछ दिन डरकर यह ठीक से काम करेगा। फिर भी जब कैरा की आदत न छूटी तो उन्होंने चाची को भी घुड़ककर मना कर दिया। रात हो जाने पर बहुत देर तक कैरा प्रतीक्षा करता रहता कि अब कोई आ रहा होगा, मगर जब कोई न आता और पेट में चूहे उछल-कूद मचाने लगते तो लाचार होकर धीरे से आकर बखरी में घुस जाता। दीना चाचा को खूब मालूम था, कि इसे कुछ अकल नहीं, आखिर जायेगा भी कहाँ, बस कैरा की दौड़ खैरा तक ! पीपल के नीचे बैठकर मक्खी मारेगा और हमेशा गाँव से किसी के आने की राह देखेगा, कि कोई मनाने वाला एक बार भी कह दे तो वह घर लौट आए।

लेकिन आज कैरा के दिल पर चोट गहरी थी। वह बहुत देर तक सिसकता रहा। फिर बड़े ताव से उठा और बखरी में जाकर अपना कुरता डाल बाहर आ गया। उसके चेहरे को देखकर दीना-बो चाची का मातृ-हृदय आशंका से काँप उठा। दीना चाचा को ख़बर लगी तो वह हँस पड़े। उनके दूसरे भाई भी मुस्कराहट रोक न सके।

सभी बाहर आकर कैरा के गाँव छोड़ने का तमाशा देखते रहे। कैरा चला तो उसके सामने आज कहीं बूढ़ा पीपल न था। चाय की दूकान थी, जहाँ कुछ देर खड़े होकर वह गाँववालों को देखता रहा। फिर बस आयी तो कैरा ने पहली बार सबको हाथ जोड़कर नमस्ते किया और बस में बैठ गया। सभी को उम्मीद थी कि बस चलने लगेगी तो कैरा मुँह लटकाये बाहर उतर आएगा और हमेशा की तरह मुँह पर काला पर्दा डालकर गाँव में घुस पड़ेगा। लेकिन बस चल दी, और कैरा नहीं उतरा। उसने खिड़की से एक बार दीना चाचा की ओर देखा और आँखें फेर लीं। बस गर्द-गुबार का घना परदा पीछे छोड़कर सिवान में खो गई। दीना-बो चाची की आँखों से आँसू टपक पड़े।

उन्होंने हमेशा की तरह कैरा को ढूँढ़ने वाली आँखें ऊपर उठाईं, मातृ-हृदय की व्याकुलता से थरथराती आँखें, पर उन आँखों की शून्यता में डूबने से बचाने वाला बूढ़ा पीपल न था, वहाँ तो सिर्फ नीचे की तरफ औंधा हुआ रीता-सा आसमान था, नीला-नीला, डरावना।

■

खेल

"किशन बाबू—किशन बाबू हैं !" किसी ने जोर से पुकारा और बाहरी निकसार की कुंडी झनझनाकर खड़खड़ा उठी।

पप्पू बरामदे में बैठा फिरकी नचा रहा था। उसने दौड़कर फाटक खोल दिया और दरवाजे पर पड़ोस के रामबाबू को खड़ा देखा। एक क्षण तक वह कुछ न बोला सिर्फ कमर पर हाथ रक्खे रामबाबू की लम्बी-लम्बी अधपकी मूँछों, उनकी काली शेरवानी, और पैरों को पूरी तरह कसकर ऊपर की ओर उड़ जाने के इच्छुक गुब्बारानुमा चूड़ीदार पायजामे को गौर से देखता रहा। उसे जाने क्यों रामबाबू को देखकर हँसी आ जाती है। शायद कोई सोया ख्याल है उसके मन में जो रामबाबू को देख कर अचानक जाग उठता है। एक साल पहले पप्पू गर्मियों में गाँव गया था तो पड़ोस की बुआजी की शादी में भाँड़ आये थे नाचने, उसमें जो सबसे बड़ा मजाकिया था उसकी शकल रामबाबू से बिल्कुल मिलती-जुलती थी। वही एक तार लम्बाई, वही

सींकिया पैर, वैसा ही पायजामा।

"ऐ छोकरे ! इस तरह क्या घूर-घूरकर देख रहा है !" रामबाबू उसकी इस हरकत-से खिसियाने-से हो रहे थे। "मैं पूछ रहा हूँ किशन बाबू हैं ?"

"नहीं", पप्पू को रामबाबू का इस तरह अकड़ना बहुत बुरा लगा और उसने बड़ी तेजी से गर्दन को झटकाकर कहा : "नहीं, नहीं !"

"कहाँ हैं ?"

"नहा रहे हैं, इस समय नहीं मिलेंगे।"

"नहीं, मुझे बहुत जरूरी है मिलना, जाकर कह आओ उनसे कि रामबाबू आये हैं, हाँ।"

"मैं नहीं जाऊँगा।" पप्पू ने दोनों पल्लों को धड़ाम से बन्द कर दिया। रामबाबू की नाक का नोक धक्के से झनझना उठा।

"हरामी कहीं का। लड़का है कि बिल्कुल शैतान है।"

"क्या है पप्पू ?" किशन नहाकर तौलिया लपेटे बरामदे में आ गया था कि उसके कानों में रामबाबू की आवाज पड़ी। किशन को अपनी ओर आते देख पप्पू खिलखिलाकर हँसा और उसने दरवाजे के दोनों पल्ले खोलकर रामबाबू से कहा : "आइये, आइये, पिताजी आ गये।"

रामबाबू की नाक का नोक अब भी झनझना रहा था शायद, क्योंकि उनकी हाथ की छड़ी गुस्से के मारे बुरी तरह काँप रही थी।

"नमस्कार !" किशन ने हाथ जोड़कर कहा।

"नमस्कार-वमस्कार से काम नहीं चलेगा साहब," रामबाबू दरवाजे में घुसते हुए बोले : "आप दो महीने से कान में तेल डाले बैठे हैं, शर्म-हया तो कुछ नहीं रही जैसे इस जमाने में और ऊपर से आपने यह कटहा कुत्ता पाल रक्खा है जो किसी शरीफ आदमी को दरवाजे में घुसने नहीं देता। इतने जोर से पल्ले दे मारे इसने मुँह पर कि नाक टूटते-टूटते बची।" पप्पू बगल की कुर्सी पर बैठा अपनी फिरकी में लगी धूल पोंछ रहा था, रामबाबू की बात सुनकर उसने कनखी से देखा और धीरे-धीरे मुस्कराने लगा। इसके पहले कि रामबाबू उसको इस तरह मुस्कराते देख जल-भुनकर कबाब बनें, किशन ने उठकर लड़के के गाल पर जोर का तमाचा जड़ दिया। पप्पू सन्न-सा हो गया। उसकी आँखों में एक बूँद भी आँसू नहीं छलके। वह सिर्फ एकटक पिता के चेहरे की ओर देखता रह गया।

"कब तक दे रहे हैं आप"—अब तो तीसरा महीना भी बीता—"रामबाबू ने पप्पू को देखा-अनदेखा करते हुए कहा : "भई दिक्कत सबको है, इस महीने की पहली तारीख को सब चुकता कर दीजिए—जैसे ले आये वैसे देना भी चाहिए। शराफत दोनों तरफ से निभानी पड़ती है।" रामबाबू कुर्सी से एकाएक उठ गये और इसके पहले कि किशन कुछ कहे, वे छड़ी घुमाते हुए कमरे के बाहर चले गये।

किशन उसी तरह गीली तौलिया लपेटे कुर्सी पर बैठा रहा। उसने उठकर रामबाबू को दरवाजे तक पहुँचाया भी नहीं। उठने की जैसे ताकत ही नहीं थी उसमें। वह एक निर्जीव पुतले की तरह बैठा था, जिसके मन में रामबाबू के एक-एक शब्द धूलभरी गर्दीली आँधी को तरह घुमड़-घुमड़कर छाये जा रहे थे। आज हम इस स्थिति में पहुँच गये हैं कि लोग हमारी शराफत पर भी शंका करने लगे हैं। कभी हम भी शराफत के वे तमाम अर्थ मन में सँजोये थे, जो अब केवल चन्द लोगों की थाती बनकर रह गये हैं। पर इसके लिए दोष किसे दें। लाख चाह कर भी यदि हम अपनी जिन्दगी को इससे बेहतर न बना सके तो इसमें हमारा अपराध ही क्या !

पाँच-छः महीने कुल बीते हैं जब बड़ी दौड़-धूप और कोशिश-पैरवी के बाद एक स्थानीय दैनिक में प्रूफ-रीडर का काम मिला। अस्सी-नब्बे रुपये में कैसे गुजर होता एक परिवार का—पर खुशी ही थी कि चलो एक काम तो मिला। जब तक साँस, तब तक आस। शायद भविष्य में इससे अच्छा कुछ भाग्य में लिखा हो, चुपचाप अच्छे दिनों की प्रतीक्षा करते रहना चाहिए। बड़ी दिक्कत से यह मकान मिला था—मकान क्या कहें इसे, एक छोटा कमरा कहना चाहिए। बगल में एक बाथरूम था, एक छोटा-सा किचन। ऊपर के हिस्से में रामबाबू का परिवार रहता था। मकान में आये कुल दो ही दिन हुआ था कि एक छोटी-सी बात पर झगड़ा हो गया।

पप्पू नीचे खेल रहा था कि रामबाबू के दोनों बच्चे दिनेश और राजेश नीचे आये और उसके पास खड़े हो गये। एक ने पप्पू की गेंद छीन ली। उसने अपनी गेंद लेने के लिए दिनेश को पकड़ा तो राजेश पीछे से लिपट गया। पप्पू का हाथ छूट गया और धड़ाम से नीचे गिर पड़ा। फिर एक झटके से उठकर उसने राजेश को पकड़ लिया और उसके हाथ में दाँत लगा दिये। राजेश चीखकर पीछे हटा और दिनेश गेंद फेंककर भाई के पास पहुँचा। राजेश को रोता देख पप्पू घबड़ा गया। उसने अपनी गेंद उठाई और धीरे से घर के भीतर चला गया।

किशन अपनी खिड़की के पास खड़ा होकर यह सब कुछ देख रहा था। शरारत रामबाबू के लड़कों की ही थी। राजेश ने जब पीछे से पप्पू को पकड़ा तो गुस्सा भी आया था। इच्छा हुई थी कि चलकर छोकरे को एक धौल जमायें। दोनों पप्पू से बड़े हैं। एक ही क्या कम था उससे लड़ने को, जो दूसरा भी लिपट पड़ा। पर किशन ने कुछ नहीं कहा। लड़के हैं, एक साथ रहने पर ऐसा होता ही रहता है।

तभी रामबाबू राजेश की बाँह थामे और गुस्से में आँखें लाल-लाल किये उसके कमरे में दाखिल हुए।

"देखिये साहब अपने लड़के की करतूत। ऐसा दाँत लगाया है कि भीतर से गोश्त निकल आया है···"

"मैं सब देख रहा था इस खिड़की से।" उसने बड़ी शान्ति से मुस्कराते हुए कहा। उसका हँसना देखकर रामबाबू गुस्से में उबल पड़े, "आप हँस रहे हैं, आपको

शर्म आनी चाहिए···'' किशन ने फिर कुछ न कहा। उसने दिनेश के पास जाकर पूछा :

''क्यों भई, तुमने पप्पू की गेंद क्यों छीनी ?'' फिर वह राजेश की ओर मुड़कर बोला : ''अब रोते काहे को हो भाई, तुम तो पीछे से उसकी गर्दन पकड़कर झूल गये थे···'' दोनों लड़के सकते में आ गये और चुपचाप अपने पिता का मुँह देखते रहे।

''देखिये साहब, यह सब रंग-ढंग किसी और को दिखाइएगा, फिर अगर किसी ने हमारे बच्चों को छूआ तो ठीक नहीं होगा।'' रामबाबू एक मामूली आदमी के इस साहस से पूरी तरह चिढ़ गये थे।

''आप नाहक नाराज होते हैं ! जैसे आपके लड़के प्यारे हैं, वैसे दूसरों के भी होते हैं, खेल-खेल में लड़के ऐसा करते ही हैं। एक मारेगा तो दूसरा भी मारेगा ही। इसके लिए लड़ना और नाराज होना बेकार है।''

रामबाबू उसकी ओर घूर-घूरकर देखते हुए बाहर चले गये। पप्पू दरवाजे से झाँक रहा था।

''चोट तो नहीं लगी ?'' उसने पप्पू को हाथों में भरते हुए पूछा।

''नहीं पिताजी।'' पप्पू सकपकाकर बोला।

''डरते क्यों हो, डरना नहीं चाहिए और किसी से लड़ना भी नहीं चाहिए।''

ठीक दो महीने बाद पप्पू बीमार हुआ। डॉक्टर ने कहा, टायफाइड है। दवा, फल और सावधानी। अस्सी-नब्बे रुपये का खर्च था। एक ओर इकलौता बेटा था, दूसरी ओर झनझन करती खाली जेब। किशन की आँखों के सामने अँधेरा छा गया। डॉक्टर ने उसकी असावधानी के लिए डाँटा। लड़के से हाथ धो देने का डर भी दिया। पप्पू की माँ दिनभर चारपाई पर बैठी-बैठी लड़के के सूखते हुए मुख और काले पड़ते शरीर को असहाय आँखों से देखा करती। किशन ने लाचार होकर रामबाबू से रुपये माँगे। उन्होंने बिना आना-कानी किये रुपये दे दिये।

''पड़ोसी का पड़ोसी से काम पड़ता ही है, मैं जानता था कि आप कभी-न-कभी किसी काम से आयेंगे। इसीलिए मैंने आपसे कहा था कि झुककर रहना चाहिए, ज्यादा अकड़ना ठीक नहीं होता।''

किशन गर्दन झुकाये, रुपये लेकर चला आया था। बच्चा ठीक हो गया, पर रामबाबू के तगादे का रोग बढ़ गया। वेतन में इतना बच न पाता था कि वह इकट्ठा अदा कर दे। और आज तो यहाँ तक हो गया कि रामबाबू ने उसे बेशर्म-बेहया तक कह दिया।

पप्पू की माँ दरवाजे पर खड़ी सब सुन रही थी। उसकी आँखें नम थीं, बोली—''वेतन मिलते ही उनके रुपये दे दीजिए। किसी तरह आधे पेट या भूखे-सूखे काट लेंगे एक महीना।''

पप्पू कुर्सी के पास दुबका माँ-बाप की ओर बड़ी कातर दृष्टि से देख रहा था। किशन दफ्तर चला गया। शाम को लौटा तो पप्पू बाहर खेल रहा था। वह खिड़की के पास खड़ा होकर अपने कपड़े उतारने लगा। तभी राजेश और और दिनेश भी आ गये।

"क्यों बे, बहुत दिन के बाद मिला है आज, तूने मेरी कटी पतंग क्यों ली थी उस दिन ?" दिनेश बोला।

"मैंने नहीं ली थी–"

इतना सुनना था कि दिनेश ने पप्पू के पेट में एक घूँसा मारा।

"देखो···हमने नहीं ली तुम्हारी पतंग···" पप्पू अपने दोनों हाथ उठाकर दिनेश के हाथों को रोक रहा था कि पीछे से राजेश ने उसकी पीठ पर मारा। लड़का बिल्कुल असहाय की तरह खड़ा रह गया। दिनेश ने एक घूँसा फिर मारा और पप्पू बड़ी जोर से चीखकर बैठ गया। किशन दौड़कर बाहर आया। दिनेश और राजेश भागकर ऊपर चढ़ गये। किशन ने पप्पू को गोदी में ले लिया।

"क्यों बेटे, किसने मारा तुझे ?" किशन ने जानते हुए अनजान जैसे पूछा।

"किसी ने नहीं पिताजी," पप्पू हुटक्-हुटक् कर बोला : "हमें तो किसी ने नहीं मारा, हम तो खेल-खेल में गिर गये थे।"

किशन ने पप्पू को दोनों भुजाओं में भींच लिया। पिता की आँखों से आँसू की बूँदें ढुलककर लड़के के धूल-सने बालों में खो गईं।

■

कर्ज

हवा तेज थी और बूँदाबाँदी की वजह से काली मिट्टी गीली होकर चक्कों में लौदे बाँधने लगी थी। दूर पर आकाश में बादल का एक टुकड़ा बेतरह फैलकर डरावने हाथी की तरह चिंघाड़ने लगा था। सूरज डूबने में कोई घड़ी-भर की देर थी। जगपती अपने बैलों को बुरी तरह पीट रहा था जो नथुने फुलाये, मुँह से गाज उगलते, बोरों से भरी हुई गाड़ी को खींचने के लिए सारी देह को सिकोड़कर गठरी बने जा रहे थे। अभी थोड़ी देर में सूरज डूब जायेगा, तो अँधेरे में धनखरों की लीक से बाजार

जाने में बड़ी मुश्किल होगी। जगपती गाड़ी के मोढ़े से कूदकर नीचे उतरा और बैलों के गले की नाथियों को और कड़ा करने लगा, पुट्ठे ठोंके, पुचकारा और उचककर आहिस्ते से जुए पर बैठकर टिटकार लगायी। बैलों ने उमाच मारी, गिट्टी पर पैर पड़ा और एक बैल घुटने के बल गिरकर पीड़ा के मारे बाँ-बाँ चिल्लाने लगा जैसे कसाई उसके गले पर गड़ासा चला रहा हो।

"जग्गू चाचा !" ताल के करार से एक मोटी आवाज हुई, "काहे को गूँगे जानवर की जान ले रहे हो ! आदमी हो कि कसाई हो ! तीस-तीस बोरे, बाप रे, आज तक किसी को 'करइल' में तीस बोरे लादे नहीं देखा।"

जगपती बैठे हुए बैल की नाथी पकड़कर उठा रहा था। उसने घूरकर ताल के क़रार पर लाखी को देखा और बोला—"अरे हाँ रे हाँ, कसाई तो हूँ ही, जरा पीछे आके हाथ लगा तो। अपने बाप को क्यों नहीं समझाता···दो मुट्ठी के हाड़ पर पचीस लादता है।" लाखी छवरे में कूदकर नीचे आया और बैलों के पास आकर बोला—"इतनी रसद खिलाते हो, राम कसम, सब अकारथ है। हाथी जैसे बैल और तीस ठो बोरियाँ नहीं खींच सकते। राम-राम !" खबरदार, आज मंगर है, तीन कुण्ड की बालू झोंक दूँगा तेरी आँख में, जो तूने मेरे बैलों को कुछ कहा तो हाँ।" जगपती ने बैलों को पुचकारा और उछलकर जुए पर बैठ रहा। बैलों की पगही सँभाली, लाखी ने पीछे से जोर लगाया।

"बेटा, बाबू हाँ आँ-आँ रे-हाँ आँ-आँ"—बैलों ने फुफकारा और एक झटके से गाड़ी काली मिट्टी की छाती चीरती, लीक पर हाथ भर गहरी गड़ारी खींचती निकल गयी। जगपती और रामपती दोनों भाई हैं, जुड़वें। दोनों जनमे तो दादा मरा, कुछ बड़े हुए तो बाप को खा गये। माँ बची एक, जो एक का पेट भरने-भर अनाज कमाने में सुबह से शाम तक जाँगर पीटती रहती। इसका उसका काम-धाम करके जो थोड़ा-बहुत मिलता उसे अधिक-से-अधिक अपने पेट में कस लेने के लिए दोनों लड़ते। रामपती कमजोर था, थोड़ा हिरकासा पिनपिना। माँ की कमाई में बराबर का हिस्सा न मिलने पर रामपती चट कटोरे के पास लोट पड़ता और नक्की सुर में अलापना शुरू करता।

"ए पेपा चुप कर···" देवला काकी उसके आँसू और धूल चुपड़े गाल पर एक चाँटा लगाकर चिल्लातीं—"अरे करम निखट्टू, रोने से कहीं वह भीम मानेगा। जीना है तो छीन के खा।" जगपती के सामने से कटोरा खींचती हुई वे आँखें तरेरकर बिफर पड़ती—"हाथ-पैर काट के खा जा उसका। अकेले रहेगा तो नाँद जैसा पेट भरने में आसानी होगी।" जगपती कुछ न बोलता। भर मुँह कौर ठूँसकर इस तरह भोलेपन से आँखें नचाता जैसे सत्तू घोला पानी पीने के लिए बछड़े को कोई सिटकारी मारता है कि और पी, और। पर आज तो दोनों भाइयों को देखकर किसी को यकीन न आयेगा कि इनकी परवरिश में माँ ने अपना दूध नहीं खून पिलाया था। खेतों

की बयार, पताल-फोड़ कुएँ के मीठे पानी और देहतोड़ मिहनत में पलकर उनकी जवानी निखरी थी, बीमारी-तीमारी ने कभी छुपकर भी उनके सहज पानीदार बदन पर धुँधला केंचुल नहीं डाला। रामपती शुरू से ही कमजोर था, इसलिए वह जग्गू से लहुरा ही लगता। दोनों को सहसा सामने देख कोई नहीं कह सकता था कि जुड़वें हैं ये। बाप केवल दो बीघे खेत छोड़कर मरा था, वह भी गिरो था। जगपती ने बोरे लादकर अपने बूते जमीन छुड़ायी। रामपती खेती करता और जग्गू बोरे की ढुलाई। खासे खाते-पीते थे उन दिनों, पर देवला काकी के चेहरे की उदासी कभी टलने का नाम न लेती क्योंकि काफी उमर चढ़ जाने पर भी जग्गू को अपनी लड़की सौंपने की हिम्मत किसी गृहस्थ ने न की। और जब जग्गू ही कुँवारा था तो रामपती की शादी की बात ही कैसे उठती। उन दिनों बनारस से पिछली गाड़ी रात नव बजे आती थी। गाँव आते-आते काफी अँधेरा हो जाता। माघ के दिनों में तो और भी दिक्कत होती क्योंकि चैती फसलों से भरे खेतों के बीच के रास्ते ओस से सन जाते और जबकि कुहरे की दीवालें एक में गुथकर आँखों की राह बाँध देतीं, तो चलना और भी मुश्किल हो जाता। जगपती बनारस गया है, इसकी खबर रामू को न थी न देवला काकी को। दस बजे जब उसने दालान की साँकल खटखटायी तो रामू ने झट से कूदकर दरवाजा खोला क्योंकि माँ-बेटे दोनों के कान द्वार पर ही लगे थे।

"कहाँ चले गये थे ?" माँ ने पूछा।

"बनारस गया था।" जग्गू ने यों कहा था, जैसे खेतों की सैर करने गया हो। फिर कोई नहीं बोला था, एक विचित्र सन्नाटा छाया रहा।

कमर से गमछे का फेटा खोलकर जग्गू ने नोटों का पुलिन्दा रख दिया था माँ के सामने।

"पूरे एक हजार हैं।"

माँ एकटक देखती रह गयी। गम और खुशी से गला रुँध गया था। कुछ न बोल सकी वह।

"तो तुमने खेत बेच ही दिये" रामू हकलाकर बोला।

"हाँ !"

"एक हजार रुपये में खरीदकर औरत आयेगी और··· हम तीन की जगे चार जन इकट्ठे बैठकर फाके करेंगे···हमने तुमसे साफ कहा था न···"

"इसमें साफ-दाफ की क्या बात है, खेत मैंने अपने हिस्से का बेचा है केवल एक बीघे, पाँच सौ रुपये कर्ज ले लिया है···साह से···मैं ही चुकाऊँगा उसे भी, तू कौन होता है मेरे बीच में बोलने वाला···"

रामू कुछ कहने को हुआ, पर चुप हो गया, मोटे आँसू की एक लर उसकी कनपटी तक रेंग गयी। वह चुपचाप उठकर आँगन में चला गया। माँ चुपचाप रसोई में चली गयी थी। जग्गू चारपाई पर बैठा कमरे की दीवालों की ओर देखता रहा।

पुरानी, जर्जर दीवारों से घिरा हुआ घर जैसे सिमटकर उसके बदन को छू रहा था, एक विचित्र प्यार और ममत्व भरा स्पर्श। काली दीवालों की दरारों से रसोईघर के दीये की रोशनी छन-छनकर आती तो ऐसी लगती जैसे जुगुनुओं की मालाएँ झूल रही हों। कुहरे में लिपटी चाँदनी दालान की चौकट पर लाजवन्ती बहू की तरह ठिठक गई थी। जग्गू के मन की खुशी आज अपने में समा न पाती थी। रामू तो निरा घोंघा है, हर बात में बचपना करता है, पर माँ को क्या हो गया है आज ! क्या करे बेचारी ! पूरी जिन्दगी तो दुःख को भेटे गुजार दी उसने। एकाएक सुख मिला तो सहा न गया। वह मुस्कराते हुए उठा और रसोई के दरवाजे पर जाकर बोला—"अभी से बहू के बारे में सोचने में डूब जाओगी या खायक भी दोगी अम्मा।"

"पीढ़ा लेके बैठ जा, ठंडा हो गया था गरम कर रही हूँ।" माँ बोली। पर जाने क्यों उनकी बातों में वैसा उल्लास न था जैसा जग्गू चाहता था।

"तो तुम्हें भी खुशी नहीं है, है न ?" रोटी तोड़ते हुए पूछा उसने—"पर मैं कहता हूँ अम्मा, ऐसा मौका फिर हाथ न आता। जन रहेंगे तो जमीन भी होगी। पुरुखों का नामलेवा और पानी देवा ही न रहेगा तो धन-दौलत लेकर क्या चाहेंगे। बंस-बरखा के लिए तो जाने क्या-क्या करते हैं लोग। सच कहो अम्मा, दूसरों के घर शादी के बधावे बजने पर तुम्हारी आँखों में आँसू नहीं आ जाते थे ? क्या तुमने हर व्रत-त्यौहार पर बहू के लिए देवी-देवता के चरणों में माथा नहीं पटका है, बहूवाली माओं को देखकर क्या तुम आँखें नहीं चुराती रही हो, मंगल-उछाह के समय क्या बिन ब्याहे बेटों की माँ होकर दूसरों के घर जाने में तुम अपने को हेठ नहीं मानती थीं···फिर—फिर आज जब मैंने यह सब कुछ जुटा दिया तो···तो तुम खुश क्यों नहीं हो अम्मा ?"

"मैं तो बहुत खुश हूँ बेटे···बहुत खुश हूँ···" अम्मा हिचककर रो उठीं। "तू औघड़ ही रह गया···भोलेनाथ, तू नहीं जानता कि इससे क्या होगा···तू अपने ही हाथों···"

"मैं खूब जानता हूँ अम्मा···और मैंने जो किया है जानकर किया है। मैं जानता हूँ कि मेरी शादी कभी न होगी। होने की कुछ आशा भी होती तो रामू के इस ब्याह के बाद वह भी खतम हो जायेगी, पर अम्मा मैं नहीं चाहता कि तू बिना किसी बेटे का ब्याह देखे हमसे बिछुड़ जाये···मैं तो अब बूढ़ा हो चला, भला कोई मुझे अपनी लड़की क्यों देने लगा, पर लड़की का बाप रामू को ब्याहने को तैयार है तो क्या मैं उसके रास्ते में रोड़ा बन जाऊँ···और फिर अम्मा···खून की बढ़न्ती खून ही देखता है, फल तो वृक्ष का ही होता है न, चाहे किसी डाल में फले।"

फागुन बीत चुका था। आमों में बौर और महुओं में फूल आ चुके थे। रामपती की शादी हो गई। बूढ़ी देवला काकी का घर मंगल गीतों से नहा गया। द्वार पर चावल के पानी से छुई दीवालों पर गेरू के कोहवर रंग गये। लम्बी सूँड़ वाले हाथियों

पर पीले झूल लटके। पीठ पर शहनाई वाले तासे और बीन लेकर बैठ गये। स्वस्तिक के चिह्न भी बने और कोहवर पर नजर न लग जाये इसलिए हाथियों की तस्वीरों के नीचे-ऊपर काजल के डिठौने भी जड़ दिये गये। हजार रुपये में बहू आ गयी। काली दीवालों के भाग जग गये थे। सफेद मिट्‌टी से पुत-सँवरकर वे सुन्दर लगने लगी थीं, घर गुलजार लगता था।

जेठ खतम होते-होते चैती फसल का अनाज किसानों के घरों में आ जाता है, शादी-ब्याह की धूम मच जाती है। बनियों के हाथ गल्ला बिकने लगता है। बोरे-बन्द अनाजों को आढ़तों तक पहुँचाने के लिए गाड़ीवानों की पुकार मचती है। रेल के डब्बों के न मिलने से बहुतेरे व्यापारी खरीदा गल्ला दूर के बाजारों में भी भेजने लगते हैं। जगपती कभी मुगलसराय या बबुरी के बाजारों में नहीं जाता था, आसपास के गाँवों से बोरे लादकर कस्बे की आढ़त तक पहुँचा देना आसान था। वैसे पैसे कम मिलते थे। इस बार उसने दूर की ढुलाई भी मंजूर की।

सिरकी की झाब डाले गाड़ियाँ बोरे लादकर कस्बे से चलती हैं तो एक अजीब दृश्य खड़ा हो जाता है। सफेद छाजनों से ढँकी हुई, नयी दुल्हन की तरह घूँघट काढ़े, बैलों की घण्टियों की पायल बजाती, बत्तख की तरह मस्तानी चाल से झूमती गाड़ियों का चलना अजीब लगता है। जेठ-असाढ़ी बादलों की फुहारों में कान फड़फड़ाते, जुगाली करते हुए बैल अपनी चाल से चलते जाते हैं और गाड़ीवान सिरकी में देह छिपाये बिरहे की ताल पर बादलों को ललकार उठते हैं। जगपती पहली बार दूर की ढुलाई पर जा रहा था, उसके मन में बड़ी खुशी और बड़ा उत्साह था।

"जग्गू चाचा", लाखी पिछली गाड़ी से बोला : "अरे एकाध उड़ने दो, बड़े मस्ताने बादल उनये हैं।"

जग्गू का दिल तो उमंग पर था ही, कानों पर हाथ रखकर उसने बादलों को देखा और पूरे गले से गा पड़ा :

अमवा के डारी में मोजरि फूलेले
गुलरी फुलेले हड़फोर
गोरिया के छतिया जोबनवाँ फुलेला
कि फाटेला करेजवा रे मोर

"वाह, वाह भले रे भले !" लाखी चिल्लाया।

"चाचा की जवानी लौट आयी है।" एक रेखिया उठान छोकरा धीरे से फुसफुसाया।

"घर में बहू जो आ गयी है !" एक बूढ़ा गाड़ीवान आँखें मुलमुलाकर बोला, "जगपती के होठों में बिरहे की उमंग सिमटकर रह गयी। उसने दाँतों से होठ दबा लिये। नहीं अब वह पहले की तरह गा नहीं सकता, मजाक भी नहीं कर सकता। प्रेम के तराने उसके लिए वर्ज्य हैं क्योंकि वह कुँवारा जगपती नहीं है, एक बहू वाले

परिवार का मुखिया है। छोटे भाई की मर्यादा का रक्षक है। जगपती ने बैलों के पुट्ठों को सहलाया और बरखा के पानी को हाथों से काछकर गमछे में पोंछने लगा। आकाश में बादलों की घुमड़ और गहरी होती जा रही थी। पेड़ों के पत्ते तक साँस रोके दिशाओं का सिमटना देख रहे थे।

जगपती की घुटन को जैसे लाखी भाँप गया था। वह अब सन्न बैठा रहा, फिर टूटे हुए बिरहे की तान उठाने की उसने जिद न की। जगपती चाचा तो बेलाग मजाक करते थे, नये-नये छोकरों तक को चुप करा देना उनके बायें हाथ का खेल था, पर जाने क्यों इतनी-सी बात पर वे चुप्पी साध गये। एक विचित्र सन्नाटा गाड़ियों के काफिले को घेरकर बैठ गया। केवल सड़क के दो बाजू दरख्तों के पत्तों से टपकती हुई बूँदों की 'धप्-धप्', बैलों की घंटियों की 'टुन-टुन' और गाड़ियों की चरमराती आवाज के वहाँ और कोई बात न उठती थी।

ढुलाई के पैसे मिले, तो जगपती को याद आया कि घर पहुँचने पर भैहू के हाथों पहली बार थाली मिलेगी। 'थरिया छेंकायी' माँगने पर कुछ-न-कुछ देना तो पड़ेगा ही, नहीं तो बड़ा हेठी का काम होगा। तीस रुपये की मजूरी थी कुल। उसने पूरे दाम के पछुवे खरीद लिये मुगलसराय के बाजार में। यद्यपि वह जानता कि ये रुपये महँगे हैं, कुल एक बीघे खेत से चार जनों के पेट न भरेंगे। उसे पहले से ज्यादा मेहनत करनी होगी, पर उहूँ, यह सब तो होता ही रहता है। बहू कहीं यह न सोचे कि किसी गरीब के घर आ गयी हूँ, जो बहू-बेटी को रखना भी नहीं जानते। अपने पुराने गमछे में, जो बोरे उठाने पर सिर की गद्दी के या कभी थके बैलों के पैर रगड़ने के अलावा किसी दूसरे काम न आया था, उसने चाँदी के पतले-पतले पछुवों को बड़ी सावधानी से लपेटा तो उसके होठों पर खुशी और सन्तोष की एक कपूरी हँसी छा गयी। ऐसी हँसी तो उसके जीवन में केवल एक ही बार आयी थी जब उसने ढुलाई के पैसे बटोरकर बाप की गिरो जमीन छुड़ायी थी।

करीब एक साल बीत गये। बरसाती दिनों को छोड़कर किसी दिन जग्गू की गाड़ी के पहिये रुके नहीं। गाँव में वह कभी-कभी ही दीखता। हाथ में सट्टी लिये, किसी बनिये की दुकान पर गुड़ खरीदते या तेली के यहाँ खली लाते या कभी थोड़ी फुरसत हुई तो चिलम की दो फूँक मारते दिख गया नहीं तो हमेशा वह गाड़ी पर सवार। उतरता था तो अपने और बैलों को रातिब और राहत देने-भर को ताकि अगले दिन गाड़ी समय पर और ठीक से चल सके। बिना सिपाये के कन्धा लगाकर पहियों को उतार लेना, धुरे में कजरी लगाकर चक्का चढ़ा देना उसके लिए लड़कों का खेल था।

शाम हो गयी थी। सूरज की आखिरी रोशनी भी पेड़ों की फुनगी, बसवारों की चोटियों से सहमे पक्षी की तरह उड़ चली। लाखी की मदद से कीचड़ में फँसी गाड़ी को निकालकर जब जगपती बाजार की ओर चला तो बूँदें तेज हो गयी थीं।

कीचड़ में गिरा बैल अभी भी हाँफ रहा था। इस तरह तो आधी रात तक भी शायद ही बाजार पहुँच सके, और बूँदों से कहीं अनाज खराब हुआ तो दो बातें ऊपर से सुननी पड़ेंगी। सनसनाती पछुवा की सर्द हवा शरीर को तीर की तरह बेध रही थी। जाड़े की बारिश बैलों तक के रोयें भभर आये थे पर जग्गू था कि उन्हें अपने सुर में हाँके जा रहा था। जब गाड़ी चल पड़ी तो पहिये पीछे तो नहीं ढुलक सकते।

बड़ी रात गये वह घर लौटा। खा-पीकर लेटा तो दर्द के मारे बदन की हड्डियाँ गुरचने लगीं। देह तवे की तरह जल रही थी। नाक से मिर्चे की तरह तीता पानी बह रहा था। सुबह तक वह बिल्कुल निढाल हो गया। खाँसी की रफ्तार रुकती ही न थी। कड़वे तेल की मालिश की, कम्बल में बदन लपेटकर धूप में बैठा, पर कोई राहत न मिली। बुखार और तेज हो गया। वह दर्द के मारे बिस्तरे पर छटपटाता रहा। देवला काकी पैताने बैठी उसके तलवे सहलातीं, पर कुछ बोल नहीं पातीं। जानकर दुःख बेसाहने वाले को माँ कहे भी तो क्या ?

दवा-दारू होती रही पर जग्गू का अँतरिया बुखार बीच में दो-दो रोज की फुर्सत देकर लगातार आता रहा। उसका पत्थर जैसा शरीर चारपाई में सिमटा लगता। रामू बगल में माची पर बैठा भुनभुनाता—"बार-बार कहा कि खेत मत बेचो, तो बंश देखने चले थे···तुम मत बोलो, तुम मत बोलो···नहीं बोलता मैं, भोगो, भोगो खूब भोगो···" और पीड़ा के मारे उसकी आँखें डबडबा जातीं तो वह चुपचाप उठकर बैलों की चरनी पर जा बैठता। दिन बीतते गये, गाँव की नीमों में नये टूसे आ गये। पकी फसलों की गंध से सिवान गहगहाने लगा, पीपल की लाल कोपलें गोदा खाने वाले पक्षियों को न्यौता देने लगीं, महुवे बीनने के लिए लड़कियों का झुंड अमराइयों का चक्कर लगाने लगा। जग्गू अपनी दालान में चारपाई पर लेटा टुकुर-टुकुर सब कुछ देखता रहता। अनाज तैयार होते ही गाड़ियाँ लदेंगी। बैलों की घंटियों की टुन-टुन की बिसरी हुई आवाज उसके कानों में गूँजती तो उसे ऐसा लगता जैसे उसकी रगों में ईख का गरम रस बह रहा है। वह सिकुड़ी अँगुलियों से अपने बालों को छूता जिनकी जड़ों में एक नयी नमी मालूम होती—एक अनजानी चिकनाहट। तभी आँगन की बँड़ेर से अपनी मायूस आवाज में पंडुक बोल पड़ता। सन्नाटे की छाती पर कील ठोंकती-सी बाजार से आटे की चक्की से आवाज हथौड़े की चोट की तरह ठक्-ठक्-ठक्-ठक् ! वह निराश होकर कम्बल में मुँह छिपा लेता। खैर, उसे मरने में भी सन्तोष है। उसके अपने सभी हैं, पर सचमुच अपना कोई भी नहीं। माँ है, जो रामू और उसकी बहू और होने वाले बच्चों की खुशी में जिन्दगी बिता लेगी। रामू भी अब अकेला नहीं है। इन्हें खुश करने के लिए मुझसे जितना हो सका, कर दिया, सचमुच में मेरा अपना कोई नहीं है, यह भी अच्छा ही है, मेरे न होने पर पता नहीं बेचारी का क्या होता···वह यह सब सोचकर एक क्षण के लिए अजीब तरह का अनुभव करता···एक ऐसा क्षण जिसमें उसे दुःख न था, असन्तोष न था, एक पीड़ा अलबत्ता

थी अपने अकेलेपन पर, अपने हृदय के उपेक्षित उस प्यार पर जिसे वह किसी को न दे सका।

गाँव में दिन-भर थके-हारे लोग खेत-खलिहान से लौटकर आते तो, हुक्के की गुड़गुड़ाहट के साथ दबे हुए स्वर में कहते—"हालत बिगड़ती ही जा रही है।" यदि ऐसी जमात के पास अनजाने कभी रामू या देवला काकी पहुँच जातीं तो हुक्के का गुड़गुड़ाना तक बन्द हो जाता। इस सन्नाटे का मतलब दोनों भाँपते थे पर किससे क्या कहें ! जब अपना दैव ही बायें है तो दूसरों का मुँह कौन रोके !

ऐसे ही समय में एक दिन देवला काकी के परिवार में एक नया प्राणी उतर आया, बच्चे की पहली किलकारियाँ घर के रोयें-रोयें में गूँज उठीं। महरी ने दौड़कर थाली बजायी तो देवला काकी ने उसके हाथ से छीनकर रख दी। महरी ठिठक गयी। पड़ोसिनों को मंगल गाने के लिए न्योतना भी वह पूछ न सकी। डरी-डुबकी दालान में जग्गू की चारपाई को कगराती जाने लगी तो एक काँपती आवाज ने टोका—"क्या है रे, क्या हुआ है ?"

"लड़का हुआ है, भाई जी !" महरी धीरे से बोली।

"लड़का !" जग्गू ने उठने की कोशिश की पर उठ न सका—"अम्मा को बुलाना जरा।"

महरी उसके चेहरे को देखकर एकदम बदहवास घर में दौड़ पड़ी, अम्मा आयी तो जग्गू उबल उठा—"तुम औरत हो कि पत्थर हो···अम्मा, तुमने थाली भी नहीं बजने दी। तुम सोचती हो मैं मर जाऊँगा, तुम सब अमंगल करके मुझे आज ही मार डालोगी—जाओ, जाओ। थाली बजने दो, नगाड़े वाली को बुला लो, अम्मा, बधावे में तनिक कोर-कसर न हो। सबको बुला लाओ। सोहर मैं भी सुनूँगा। हाँ···" वह हाँफने लगा था।

"अच्छा बेटे···तू लेट जा मैं सब करती हूँ, सब, थाली भी बजेगी, नगाड़ा भी···" अम्मा ने चादर खींचकर मुँह तक उढ़ा दिया और आँसू पोंछती आँगन में चली गयीं।

बरही बीती तो अम्मा ने हाथ-भर के बच्चे को कपड़े में लपेटकर जग्गू की गोद में रख दिया। कम्बल लगने से या जाने क्या बच्चा रो पड़ा तो जग्गू उसे चुपवाने लगा, "चुप कर, चुप कर ए बंद कर पेंपा···अम्मा यह भी रामू की तरह ही पिनपिना होगा।" और वह हो-होकर हँस पड़ा। उसके बीमार चेहरे की झुर्रियाँ पूरे विस्तार में खिंचकर मिट गयीं। एक नयी जीवनेच्छा से उसका सारा शरीर गरमा उठा।

"भग्गू कितना भागवान है" भैहू सास से कहती—"मेरा मुन्ना कितना लच्छनदार है आते ही भाई जी का रोग मिट गया। ए है···चू चू चू···तुम्हें बाबूजी मुगलसराय से दुपलिया कुलही लायेंगे, तार के गोट वाली हाँ···ए···ए···ए···ए···न न न न, रोना नहीं टुन्ना सो जा मेरे मुन्ना।"

सच ही भग्गू बड़ा भागवान था। जगपती को बुखार ने छोड़ दिया। वह कमजोर तो अब भी था, पर लाठी टेककर चरनी के पास आ बैठता। खलिहान में बोझे ढोने वालियों से दिन-रात चिबौली करता। जैसे वह पहले का जग्गू था ही नहीं।

नन्हे को गोद में चिपकाये वह गाँव की खोरियों में भी घूम आने लगा। बीमारी के असर उसके शरीर से धीरे-धीरे हटने लगे।

जग्गू को बहुत दिनों तक चारपाई पर बाँध रखना मुश्किल था, इसे रामू भी जानता था और देवला काकी भी। दोनों के बार-बार मना करने पर भी एक दिन उसने नयी गरावें बनायीं, नयी गूरिये गूँथीं और घंटियों को नये सिरे से बाँधा। बैलों को नहलाकर उनके सींगों को तेल से चमकाया और अपनी गाड़ी लेकर बहुत दिनों के बाद चिर-परिचित लीकों से होता हुआ बाजार गया। दूबों से दो जानू ढँके हुए छौरे के आगे पकी फसलों का अछोर विस्तार, बीच-बीच में कटे हुए खेत, कसीदे की क्यारियों जैसे लगते नीले आकाश में पक्षी तैरते तो जग्गू का मन उन्हीं के साथ चक्कर लगाने लगता।

उस दिन साह के चबूतरे पर बीस बोरे एक कतार में रखे थे। जग्गू उन्हें पीठ पर लादकर दूर खड़ी गाड़ी में रख रहा था।

"इतना मत मसक्कत करो जग्गू बेटा," राघो चाचा ने कहा—"अभी बदन कमजोर है भैया, बीमारी से उठे हो…"

"बीमारी-तिमारी तो लगी ही रहती है चाचा," उसने मुस्कराते हुए कहा : "बैठे निठल्ले रहा भी तो नहीं जाता।"

"कर्जा भी तो भारी लाद रक्खा है," राघो चाचा ने मुरव्वत का पर्दा फाड़कर कहा : "न करो तो पटे कहाँ से ?"

"कर्जे की भी एक ही कही चाचा," जग्गू की आँखों में जरा भी हिचक न थी। "पुरखों का कर्जा मर गया तो महाजन के कर्जे में क्या रक्खा है।" उस ने चबूतरे के नीचे खड़े होकर, भरे बोरे की चोटियाँ पकड़कर खींचा और एक झटके से ढाई मन के बोरे को पीठ पर रोपकर सीधा करने लगा। भार से उसका शरीर दुहरा हो गया था। पैरों की नसें तन गयी थीं। उँगलियाँ जमीन में धँस रही थीं और उजले नाखून उस धुले बीज की तरह लगते थे जो जमीन की पर्तों को चीरकर जड़ों को रस देते रहते हैं ताकि वे उसे पेड़ के हर हिस्से में नये बीजों के आने तक पहुँचाती रहें।

■

टूटे शीशे की तसवीर

घर में अभी पैर रखा ही था कि कामिनी पास आकर बोली–"जरा वह चिट्ठी दीजिए तो…"

मैं एक क्षण के लिए निश्चेष्ट खड़ा रह गया। उठे पैर रुक गये, मैं जड़ित रह गया। अब क्या रह गया है उस चिट्ठी में जिसे वह पढ़ना चाहती है ! कुछ हो भी अगर, तो क्या कामिनी में ऐसी ताकत है कि वह यह चिट्ठी पढ़ सके। मैंने बड़ी घबड़ाहट से उसके चेहरे की ओर देखा। विरल बरौनियों से छायी आँखों में कोई दर्द न था, कहीं आँसुओं की चिकनाई न थी, वैसी ही रूखी आँखें थीं वे जिन्हें मैं पिछले सात-आठ सालों से लगातार देखता चला आ रहा हूँ। पर आज भी ये आँखें सूखी ही मिलेंगी, इसकी आशंका मेरे मन में न उठी थी। शायद इसी कारण या जाने क्यों, मेरे मन में कामिनी के प्रति एक अजीब कड़वाहट भर गयी। कभी-कभी आँसू देखने का भी जी होता है। आँसुओं से सनी आँखें मन को डुबा देती हैं, इसी से वे हमारे लिए प्रियकर नहीं होतीं। रोने वाले के मन की मरोड़ और मरते साँप की तरह ऐंठने वाली पीड़ा का आभास पाते ही हम द्रवित होकर बिखरने वाली वेदना के इन कतरों को देखकर परेशान हो जाते हैं। पर ऐसी आँखें, जिनमें कभी दुःख के बादल घिरें ही नहीं, कभी जो आँसुओं से भरीं ही नहीं, बड़ी डरावनी लगती हैं। कामिनी की उन सूखी आँखों को देखकर मैं भय से काँप उठा। इतनी सूखी जलहीन आँखें मेरी पत्नी की हैं–यह भाव मेरे मन को मसोसने लगा। मैंने कुछ कहा नहीं, चेहरे में भी अपने मन की कड़वाहट को छिपाने की बहुत कोशिश की।

"चलो ऊपर के कमरे में, वहीं देख लेना। चाय बनी है क्या ?" मैंने अपने डूबते मन को चाय के प्याले के साथ बाँधने का निश्चय कर लिया था। पता नहीं कहीं बाँध टूट जाए, कामिनी के अभिमान का जहाज डूबने लगे। ऐसे मौके पर चाय से अधिक मन-बहलाव और किस चीज से होगा भला।

कामिनी ने दाई को बुलाकर पूछा और चाय लाने को कहकर मेरे साथ चलने लगी।

कामिनी से मेरी शादी हुए सात-आठ साल बीत गये हैं; पर मुझे ऐसा एक दिन भी याद नहीं है जब उसने कभी प्यार या ममता से सुरेश का नाम लिया हो। पता नहीं ऐसा कौन-सा ग्रह था दोनों की कुण्डली में कि भाई-बहन के बीच कभी पटती न थी। पर पटना और बात है और ऐसे मौके पर इस तरह का व्यवहार बिल्कूल दूसरी बात। मुझे कतई विश्वास नहीं हो रहा था कि जो मैं देख रहा हूँ वह सच है। अपने निजी भाई की मृत्यु की खबर सुनकर भी किसी औरत की आँखों से आँसू नहीं गिरेंगे, यह मेरे लिए अजीब आत्मग्लानि-भरा अनुभव था।

कामिनी सुरेश से घृणा करती थी, पर ऐसा शुरू से ही था, यह कहना ठीक नहीं होगा क्योंकि कामिनी मायके की जिन चन्द चीजों को अपने प्राणों से भी अधिक प्रिय समझती थी, उनमें सुरेश की एक तसवीर भी थी जो कीमती सुन्दर फ्रेम में जड़ी उसके सिरहाने लटका करती थी। कितना भोलापन और ममता से भरा चेहरा था उस लड़के का। रात के अँधियारे में तो कभी-कभी उस चेहरे को देखकर भ्रम हो जाता था कि तसवीर सुरेश की है या कामिनी की; एक-जैसा मिलता-जुलता चेहरा था दोनों का। फर्क सिर्फ इतना था कि सुरेश के चेहरे में थोड़ा अधिक खिंचाव था, कुछ प्रौढ़ता थी। कामिनी सुबह की भीनी खुशबू से भरी ताजी हवा की तरह थी, तो सुरेश में चढ़ते दिन की थोड़ी खुनक और गर्माहट भी शामिल थी। कामिनी प्रतिदिन सुबह अपने हाथ से उस फ्रेम-जड़ी तसवीर को पोंछती और साफ करती थी।

सुरेश कामिनी से मिलने सिर्फ एक बार आया था। शादी के पहले साल की ही बात है। उसके व्यवहार में एक विचित्र तरह का बौड़मपन था। अजीब तबीयत का आदमी था वह। बहन की ससुराल में जाकर भाई को जिस तरह का व्यवहार करना चाहिए, ऐसा कुछ भी न था उसमें। वह तो जैसे एक तटस्थ द्रष्टा था, लोगों ने भेजा है, तो वह चला आया। जैसे आया वैसे ही चला भी जायेगा, कोई खास बात होनी ही चाहिए—यह सब कुछ उसे आता ही न था। कामिनी शुरू से ही तुनकमिजाज है। इन सात-आठ सालों में ऐसे मौके जाने कितने आये होंगे, जब मुझे उसकी इस आदत पर गुस्सा आया है, क्षोभ हुआ है। कभी-कभी तो घर-गृहस्थी से ऐसी विरक्ति होने लगी है कि यह सब छोड़-छाड़कर कहीं और जाके बैठ रहूँ। ऐसे ही मौकों पर मुझे सुरेश की बार-बार याद आती रही है।

उस दिन मामूली-सी बात पर झगड़ा हो गया था। मेरे सोने वाले कमरे में एक पुरानी टूटी मेज थी जिसमें एक बड़ी-सी तसवीर थी। पता नहीं कितनी पुरानी है यह मेज। उससे कम पुरानी वह तसवीर नहीं है; मुझे तो कुछ ज्यादा ही लगती है क्योंकि मेज के कुछ हिस्सों की पालिश में आप अपना मुँह अब भी देख सकते हैं, पर तसवीर में किस देवी-देवता का मुँह है, यह देखना मुश्किल है।

मुझे यह नहीं मालूम था कि यह मेज कामिनी को बहुत प्रिय है। एक दिन नौकरों को बुलवाकर मैंने इसे नीचे उतरवा दिया और भण्डार-गृह में एक तरफ रखा दिया। उस समय कामिनी शायद नहाने गयी थी इसलिए उसने मेज उतरते देखा नहीं। शाम को जब हम चाय पीने बैठे तो कामिनी की नजर कमरे में वहाँ पड़ी जहाँ मेज थी, तो वह एकदम बौखला उठी।

"मेज कहाँ गयी यहाँ से ?" उसने कुर्सी को धक्के से पीछे धकेलते हुए कहा।

"वो तो मैंने भण्डार-घर में भेज दी।" मैंने धीरे से सहमते हुए कहा।

"भण्डार-घर में क्यों भेज दी ? आपसे किसने कहा था भण्डार-घर में भेजने की उसे—" वह गुस्से के मारे काँपती हुई बोली—"मैं जानती हूँ कि मेरी पसन्द की

कोई चीज आपको अच्छी नहीं लगती। आपने जानकर मुझे चिढाने के लिए उसे भेजा है वहाँ।''

बात बढ़ गयी। मैं भी गुस्से में आ गया। सुरेश पास ही बैठा यह सब देख रहा था। ''बैठ जाओ न दीदी—'' उसने यों कहा जैसे दीदी उसका पेट भर जाने पर भी उससे और खाने की जिद कर रही है—''कौन-सी बात हो गयी। टूटी-सड़ी मेज को उठवाकर बाहर न किया जायेगा तो क्या कमरे को कबाड़ी की दूकान बना लेंगे।''

''चुप रहो तुम,'' कामिनी गुस्से से बिफरकर बोली : ''यह खाली मेज का सवाल नहीं है। यह मेरी रुचि को ठुकराने का सवाल है।''

''यह तुम्हारी बहुत पुरानी आदत है दीदी !'' सुरेश वैसे ही अन्यमनस्क भाव से बोलता गया : ''पता नहीं, आपको कैसे यह भ्रम हो गया है कि संसार की हर घटना आपकी रुचि को ठेस पहुँचाने के लिए ही हुआ करती है। अपने बारे में इतना बड़ा मुगालता भी कोई अच्छी चीज नहीं है।''

मैं सुरेश से ऐसी बात सुनने को तैयार न था। यदि मुझे पहले से न मालूम होता कि सुरेश के पिताजी बच्चों की शिक्षा में उनके व्यक्तिगत स्वभाव को बहुत महत्त्व देते थे, तो शायद मैंने उस दिन सुरेश को डाँट दिया होता। सुरेश की बात से कामिनी बहुत नाराज हुई। उसने मेज से तश्तरी और प्याले गिराकर तोड़ दिये। गुस्से के मारे वह कमरे के बाहर चली गयी। उस बार सुरेश जितने दिन मेरे घर में रहा, कामिनी उससे बोली नहीं। सुरेश भी एक जिद्दी था, बिना कुछ कहे घर चला गया। भाई-बहन के इस झगड़े को मिटाने के लिए मैंने सुरेश को पत्र लिखा कि वह कामिनी से क्षमा माँग ले। उसने उत्तर मुझे नहीं, कामिनी को भेजा। लिखा कि जीजाजी को यह प्रेरणा तुम्हीं से मिली होगी दीदी कि मैं माफी माँग लूँ। पर तुम जानती हो कि मेरी यह आदत नहीं है कि मैं किसी के अभिमान पर श्रद्धा के फूल चढ़ाऊँ। मैं मिथ्या अभिमान का मूर्ति-भंजक हूँ, पुजारी नहीं।

कामिनी जिस समय यह पत्र पढ़ रही थी, मैं कमरे के दरवाजे पर खड़ा था। उसने लिफाफे और पत्र को पलंग पर फेंक दिया था और सिरहाने लगी सुरेश की तसवीर को खींचकर देखने लगी थी। एक पल उसकी सूखी आँखें उसके चेहरे पर टिकी रहीं, तभी उसने हाथ के एक झटके से तसवीर को पक्के फर्श पर फेंक दिया। झन्न की आवाज हुई और तसवीर का शीशा टूट कर बिखर गया।

''यह क्या कर रही हो !'' मैंने उसके हाथ से तसवीर बचाने की असफल कोशिश करते हुए कहा था।

''कुछ नहीं।'' उसकी पतली सफेद कलाई की काली चूड़ियों के घेरे एक-दूसरे को काटते हुए कौंध गये थे। मैंने तस्वीर को उठा लिया था। उसके ऊपर का शीशा टूट गया था। तसवीर ज्यों-की-त्यों थी।

और आज सुरेश नहीं है। जब से मुझे पत्र मिला है, आँखों में उसका भोला, ममता-भरा चेहरा कई बार तिर चुका है। मैंने उसी वक्त ऑफिस से फोन कर दिया था। सोचा, ऐसे दुःख के समाचार को बहुत देर तक छिपाना ठीक नहीं है। दिल के घावों को भरने के लिए भी एक उम्र चाहिए। शाम को ऑफिस से घर आते समय मेरे पैरों में आशंका और शोक की हवाएँ लिपट-लिपट जाती थीं। सोचता था, इतने समय में कामिनी काफी कुछ सँभल गयी होगी, बाकी मैं सँभाल लूँगा। पर यहाँ कुछ दूसरा ही ढंग देखा तो हृदय ग्लानि से भर गया। ऐसी पत्थर की औरत शायद ही कहीं हो।

नौकरानी ने मेज पर चाय रख दी। कामिनी शीशे के 'पेपरवेट' से खेलती रही।

"लाइए न वह चिट्ठी !" उसने इस ढंग से कहा जैसे मैं कोई प्रेम-पत्र देने जा रहा हूँ। मेरी नसों में घृणा का एक भयंकर ज्वार उबाल खाने लगा था। मैं मनुष्य के अभिमान की पूजा कर सकता हूँ, यदि वह वाकई किसी सही बात पर टिका हो, पर उस अभिमान से मन तिलमिला उठता है, जो सामान्य इनसानियत को भी स्वीकार नहीं करता।

मैंने चिट्ठी निकालकर दे दी। वह एक साधारण पोस्टकोर्ड था जिसे सुरेश की बीवी ने कामिनी के लिए भेजा था। पत्र थमाते वक्त मेरे हाथ काँप गये। पर कामिनी के चेहरे पर कोई शिकन भी न पड़ी। उसने बायाँ हाथ बढ़ाकर पोस्टकार्ड ले लिया। दाहिने हाथ से वह अब भी मेज पर रखी चीजों से खिलवाड़ कर रही थी। पत्र में कुल तीन-चार पंक्तियाँ थीं जो मुझे भली-भाँति याद थीं। कार्ड पर दो-एक जगह आँसू गिर जाने से स्याही चुपड़ गयी थी। लिखा था :

प्रिय बबुई,

मेरा सौभाग्य उजड़ गया। कल अचानक कई दिनों की बीमारी के बाद आपके भैया हमें छोड़कर चले गये···जाते वक्त वह अक्सर आपका नाम लेते रहे। हम जल्दी में आपको बुलाकर उनसे भेंट भी न करा सके···

आपकी अभागिनी—भाभी।

कामिनी ने बहुत रुक-रुककर इन चार सतरों को पढ़ा। इस पत्र के पढ़ने के बाद भी शायद यह पत्थर न पिघलेगा, मैं इसी आशंका से उसके चेहरे को देखता रहा। पर उसके चेहरे के भाव ज्यों-के-त्यों बने रहे। मेरे मन में तप्त साँस की एक जहरीली नागिन गुँजलक बाँधकर बैठ गयी थी। कामिनी के मुख की ओर देखते डर लगता था। मैंने सहमकर लाज से दुखती अपनी आँखें झुका लीं।

"बहू जी···" तभी बगल से नौकरानी चीखकर दौड़ पड़ी थी।

जाने कब कामिनी ने दायें हाथ में लिफाफा फाड़ने वाला चाकू उठा लिया था, जो उसकी बन्द मुट्ठी में बुरी तरह धँस गया था। हाथ की नसें अपने पूरे दबाव

से उस चाकू को हथेली में मसल देना चाहती थीं। माथे के सिलवटों को उभरने से रोकने की उसने जो भी कोशिश की हो, पर गोरे हाथों की हरी-हरी नसें अपने पूरे उबाल के साथ उभर आयी थीं। खून की एक पतली धार बन्द मुट्‌ठी से बहकर मेज पर फिसल आयी थी।

"यह क्या किया तुमने !" मैंने उसके हाथ से चाकू लेते हुए कहा।

"कुछ तो नहीं।" उसने अपना हाथ झटककर छुड़ा लिया। वह यों खड़ी थीं जैसे कुछ हुआ ही नहीं। गोरी-पतली कलाई की वे काली चूड़ियाँ एक बार पुनः अपने घेरों को परस्पर काटती कौंध गयीं। मुझे याद है, ये चूड़ियाँ एक बार ऐसे ही और हिली थीं, जब कामिनी ने सुरेश की तसवीर इसी हाथ से फेंक दी थी; सख्त जमीन की ठेस लगने से ऊपर का शीशा तो टूट गया था, पर तसवीर ज्यों-की-त्यों साबुत बच गयी थी।

■

अरुन्धती

आँगन अभी भी वैसा ही गरम था, जैसे जमीन के भीतर कहीं कोयले की भट्‌ठी सुलग रही हो। कोयले बाहर हों, लाल लपटों और तीखे धुएँ से भरे, तो आदमी उस ताप से बचने के लिए इधर-उधर हिले-डुले भी, पर बड़की बहू क्या करें ! मन में ताप से बचने की इच्छा न थी, ऐसी भी बात नहीं; पर कभी ऐसा भी तो होता है कि ताप अच्छा लगता है। इसलिए नहीं कि ताप सचमुच अच्छा लगता है, बल्कि इसलिए कि उससे बचने की कोशिश से दूसरों को अनायास बाधा पहुँचती है और बड़की बहू आज इस स्थिति में नहीं हैं कि अपनी सहज इच्छा पूरी करके दूसरों को बाधा देकर अपमान के शब्द सुनें। इसीलिए यद्यपि आँगन वैसा ही गरम था पर उन्हें ताप अच्छा लगता था।

बगल में सास थी और उसके परे देवरानी। दोनों नींद में खर्राटे भर रही थीं। इतनी बड़ी घटना के बाद भी आदमी इस तरह बेखटके सो रहे, यह सोचना एक क्षण को बड़की बहू के मन में ईर्ष्या जगा गया। पर एक हलकी तिरछी लहर जो टिटिहा ने अपनी पतली चोंच से जल की सतह पर खींच दी उसे तीखी हवा जाने

कब का मिटा चुकी थी और बड़की बहू कगार पर बैठी अपलक तालाब के जल को देखती रह गयी थीं। तभी जैसे लगा कि कहीं भूकम्प हुआ है और चारों कगारों से बँधा तालाब एक बड़े चौकोर कटोरे-सा हिलने लगा है। उसमें भरा हुआ पानी अपने पूरे डगमगाते अस्तित्व के साथ अधूरे चक्र खींच रहा है···

"रहने दो, बहूजी !" मुँह से पानी की कुल्ली धारा में चमकते चाँद की ओर उछालते हुए हीरा बोला था, "रहने दो, बहूजी, हम धोती अभी छाँट देते हैं।"

लहरते पानी में उजली धोती गाढ़ी चाँदनी की परत की तरह फैल गयी थी और उसे अपने दोनों हाथों में समेटते हीरा खिलखिलाता रहा था। धोती लहरों ने ही चुन दी थी, हीरा तो सिर्फ उसे मरोड़कर उनके सामने खड़ा हो गया था। ऊपर का सिरा पकड़कर झटके से उसने मरोड़ें दूर की थीं और नम गीली धोती बड़की बहू को थमाते हुए वह अचानक हँस पड़ा था। चाँदनी उसके उजले दाँतों पर चमक गयी थी। बड़की बहू के भीगे-भीगे लाल होठ हल्की मुसकराहट से खिंच गये थे। हीरा को लगा कि जैसे वह निहाल हो गया और बड़की बहू को पहली बार यह अनुभव हुआ कि वह सबकी सेवा-टहल के लिए बनी इतनी तुच्छ वस्तु नहीं है जितनी वह अब तक अपने को समझती थीं—एक अजीब तरह की हलका बना देने वाली विश्वास-भरी भावना की थरथराहट कि जैसे उन्होंने अपनी उस बेमाने जिन्दगी की अब तक छिपी किसी अनजानी शक्ति के सहारे एक जीते-जागते, सुन्दर, नौजवान, छरहरे, हट्टे-कट्टे, भोले प्राणी को अपने अधीन कर लिया है। कहीं छिपी-दबी एक मरोड़ती-लहराती रेखा यह थी जो एक क्षण में ही बड़की बहू को कुछ का कुछ बना गयी।

धोती लेकर वह बखरी लौटी थीं—सहज मन से, प्रफुल्लित। कगार पर एक चिनगारी उड़कर भँटवास बन में कहीं खो गयी थी। चाँद की धूमिल परतों में सफेद धुआँ एक क्षण को भले ही बिलमा रह गया हो पर दपदपाती लपटें कब तक रुकतीं। भट्-भट् करके कच्चे-पक्के फल फूट-फूटकर बिखरने लगे थे। कोई न कोई मामला है। माना कि वह उनका नौकर है पर अब वह बच्चा तो नहीं, चढ़ती उमर का गबरू जवान है। और वह लुगाई कैसी—छिः छिः, जो मरद जात से लुग्गा छँटाती है···!

बड़की बहू जानती है कि यह उस आहत अभिमान की फुफकार है जो हीरा को अपने अधीन न कर पाने की बेबसी से उपजी-पनपी है। उन्हें यह भी विश्वास है कि उन्होंने अपनी किसी अनजानी शक्ति से कुछ अपने अधीन किया ही है, वह क़िसी के अधीन नहीं हुई हैं।

और यदि बड़की बहू कुछ दिनों के लिए दूसरों के मन-बुद्धि पर चढ़ भी गयीं तो क्या हुआ ! बबुआन की बखरी के बाहर, चारदीवारी के परे जो एक जगत है, वह कितना धूमिल और अदृश्य है ! उससे वह जुड़ी ही कब ? वह जगत तो जैसे लहरता-धसकता जलमात्र है जिसमें एक बहुत बड़ा दो-मंजिला बजड़ा अपने भारी-वजनी

ढाँचे को मस्ती से हिलाता वहता रहता है। जल बहुत चंचल हो तो भी बजरे की पेंदी को थपथपा भर ही तो सकता है ! और बड़की बहू को लगता है कि बजड़े की ऊपरी छत पर बैठी वह बहुत खुश हैं—न सही खुश, भरी-भरी-सी तो हैं ही। तन-मन सभी उनके अधीन थके बच्चे-से ऊँघ रहे हैं और एक बार को इससे थोड़ी उमंग भी तो आ ही जाती है कि जल काफी चंचल है और बजड़े को इधर-उधर हिला-डुला रहा है। हलके हलकोले से तन झूमता है तो धरती-आसमान मिलते हुए लगते हैं।

"बहू रानी ! अरे, छोटकी को भी साथ नहीं लेती गयीं ?" आँगन में आकर चारपाई पर धोती रख बड़की बहू गीले बालों को खोलकर पानी निचोड़ रही थीं कि बगलवाली चारपाई से लेटी-लेटी सास बोलीं, "वह भी नहा-धो लेती तो शरीर ठीक हो जाता। ऐसी गरमी है कि दिन-भर पसीने से बदन चिपचिपा गया है।"

बड़की बहू कुछ नहीं बोली थीं। भीगे बालों को ललाट के पास ही सिर पर शिखर की तरह जूड़े में लपेट लिया था।

अपने घर में जाकर कच्ची माटी के एक नन्हे दीपक में उन्होंने घी डाला। रुई की फुई के मोटे सिरे को डुबोया और आँगन के बीचोबीच तुलसी चौरे पर दीया रखकर उन्होंने बत्ती जला दी। हल्की-सी टेम जल उठी—निर्धूम, सुगन्धित। तुलसी के बिरवे के नीचे वह दीपक कितना सुरक्षित-सा लगता था जैसे उसका काम सिर्फ इतना ही है कि वह इस नन्हे बिरवे को ही प्रकाशित कर दे, बस। दोनों हाथ जोड़कर उन्होंने माथा झुकाया तो सास भी चारपाई से उठ आयीं और एकटक बहू और दीये को देखती रहीं।

"ऐसा ही दीये-सा नन्हा-मुन्ना एक बच्चा···बहू···" वह धीरे से फुसफुसायीं मगर इतनी जोर से कि बड़की बहू सुन लें और उनकी भावना में यदि यह माँग न भी रही हो तो सास के कहने से उसे जरूर ही जोड़ दें। बड़की बहू कनखी ताककर सास को एक क्षण देखती रहीं और जब खड़ी हुई तो चाँद इतना ऊपर आ गया था कि पूर्वी पक्खा उसकी चमक को रोक न पाया और चाँदनी बड़की बहू की उजली हँसी में पूरी तरह एकाकार हो गयी। बड़की को लगा कि वह फिर तुलसी के सामने झुक जायें। जाने आज की रात क्यों इतनी सुगन्धित है कि हृदय फैलकर सारे आसमान को ढँक लेना चाहता है। आज सभी एकबारगी ही बड़की बहू के सामने निवेदित हैं—आह दैया कितना बड़ा होगा वह हियरा जो इस सारी खुशी को इकट्ठा समेटकर भी ज्वार को बरजोरी रोके रहे !

पानी की सतह पर बजड़ा वैसे ही हलकोले खा रहा था। उस रात बड़की बहू कितनी खुशी की नींद सोयी थीं। रात बीत चुकी थी। हलकी-हलकी रोशनी अँधेरी चादर में सलवटें डालने लगी थी। अँधेरे में एक पौधा खिला था—कोमल रोशनी का पौधा—और बड़की बहू को उम्मीद थी कि सूरज के आलोक में वह इसे बड़े ध्यान

से देखेंगी और इसकी आभा को निहार-निहार कर खुश होंगी। पर पता नहीं यह किस जाति का पौधा था कि सूरज की रोशनी के आने की खबर मात्र से ही मुरझा गया। भीतर कहीं हृदय की सन्धि में एक अजीब कालिमा जमती जा रही थी और ये परतें इतनी मसोसने वाली थीं कि इनकी चुभन से जैसे लगता कि किसी ने कलेजे में अनेक सुइयाँ चुभो दी हैं। कोई भी सुबह इतनी आशंका-भरी शायद ही कभी उगी हो। लेकिन मैंने किया क्या है···क्या किया है मैंने ? बड़की बहू अपने भीतर कहीं शिथिल होती नसों को खींचकर गाँठों को मजबूत करने की कोशिश करने लगीं। तभी बैलों के लिए भिगोया हुआ चना लाने के लिए हीरा आ गया। बाहरी निकसार से उसके पैरों की आहट सुनकर बड़की बहू यों चारपाई से उतरकर खड़ी हुईं कि सामने आने वाले व्यक्ति का चेहरा मानो उनके मन की सारी आशंकाओं का उत्तर दे देगा। हीरा कुछ बोला नहीं। चुपके से कोने में रखी गगरी लेकर चला गया। उसके पैरों की गति में न तो कहीं नयापन था, न सुस्ती, न ऐसा ही लगता था कि वह उनके माध्यम से किसी अदृश्य मरे हुए जानवर की लाश खींच रहा है। पर जाने क्यों उसकी चाल को देखकर बड़की बहू को लगा कि पिछली रात आसमान से टूटा हुआ तारा हो न हो कोई प्रेतात्मा ही था जो अब पिघल-पिघलकर नाना तरह के नये आकार लेने वाली शक्लों में बदलकर बखरी के मुँडेरे पर चारों तरफ चक्कर लगा रहा है।

शुरू-शुरू में सास को उनका रहन-सहन बिल्कुल पसन्द न आया था। लम्बे-लम्बे काले बालों के कारण वह उन्हें हमेशा बंगालिन कहतीं किन्तु इस विशेषण में सिर्फ लम्बे केश ही कारण हैं या और कुछ, यह बड़की बहू तब समझ न पातीं। सास को उनका आँचल उलटकर चलना भी पसन्द न था। आगे के बालों को उठाकर घुँघराने ढंग से छोड़ देना भी उन्हें अच्छा नहीं लगता था पर अपनी ममता और सेवा से बड़की बहू ने जल्दी ही सास का मन जीत लिया। वह उनके बालों को भी कभी-कभी हाथ में लेकर बड़े दुलार से सहलातीं और उनके कानों में फुसफुसाकर कहतीं जैसे मिन्नतें कर रही हों—"बहू एक सुन्दर-सा बच्चा···!" उस समय बड़की बहू के चिकने-गोरे गाल करौंदे की तरह लाल होने लगते और वह हँसती हुई वहाँ से उठ जातीं। बड़की बहू ने मुँह-हाथ धोकर बालों को ठीक किया तो अचानक शीशे में अपनी छाया देखकर उन्हें लगा कि वह किसी और के उधार माँगे हाथों से अपने केश सँवार रही हैं। उस समय उसकी आँखें दो आँखें देख रही थीं जिनकी नील धारा में ललछौंही रोशनी तैर रही थी—डूबते हुए सूरज की छाँव-जैसी—पर इन आँखों की सतह के नीचे कहीं डूबा हुआ मरे मूँगों की चट्टान-जैसा भी कुछ था जो रह-रहकर लहरियादार पानी को चीरकर बाहर आ जाना चाहता था।

दिन-भर वह कहीं खोयी-खोयी रहीं। हर पल किसी दुर्घटना की आंशका से सिमटकर उनकी साँसों की धड़कन में दुबकने को मचलता रहा और वह थीं कि

मोह-बिद्ध माँ की तरह इन भयग्रस्त पलों को अपनी गोद से अलग न कर पातीं। किसी तरह शाम हुई। रात थोड़ी घनी हुई तो उन्हें अचानक लगा कि सारा भय व्यर्थ था। काली दीवारें ज्यों-ज्यों सिमटकर पास आती गयीं, वह आशंका के अथाह जल से उबरकर बाहर निकल आयी-सी सोचने लगीं। जब वह खूँटी पर से चुनी हुई धोती लेकर फिर तालाब की ओर चलीं तो उन्हें लगा कि उनमें कोई फर्क नहीं आया है। ठण्डे जल के स्पर्श के काल्पनिक सुख ने ही नसों को थोड़ी राहत दे दी हो जैसे।

तालाब के किनारे भी कोई न था जो उनकी तरफ अपरिचित-सा देखे। इस अकेलेपन और एकान्त ने उनके दिल को पूरी तरह स्वस्थ बना दिया। वह धीरे से तालाब में उतर गयीं। पैर कीचड़ में धँस गये थे पर उसमें भी उन्हें एक ठण्डा शीतल अपनापा-सा ही लग रहा था। कीचड़ में धँसने का भी एक सुख है, उन्होंने पहली बार सोचा, और इस सोचने के साथ ही उनके मन में उस गुजगुजी चीज से जाने क्यों खिंचाव-सा पैदा हो गया और वह उधर से हटकर कँकरीले घाट की ओर बढ़ गयीं। पानी की सतह पर आज भी चाँदनी का एक लहरदार खम्भा वैसे ही तैर रहा था जिसके भीतर मछलियों की डुबकी की आवाज के साथ ही अनेक वृत्त बन जाते, छोटे-बड़े एक-दूसरे से टकराते हुए। और एक लमहे के लिए ये छोटे-छोटे चंचल वृत्त जैसे भारी-भरकम खम्भे के अस्तित्व को मिटा देने के लिए पूरी ताकत के साथ जुट गये हों। उन्होंने गरदन तक का सारा शरीर पानी में डुबा लिया था और एकटक जल की सतह पर तुरत के निकले चाँद की सुनहरी रोशनी का खेल देखने लगी थीं, तभी तालाब के किनारे दो-एक औरतें और आ गयीं। औरतों ने अपने कपड़े किनारे रखे तो भी उन्हें कुछ पता न चला पर जब वे एक-दूसरे के मुँह-में-मुँह डालकर कुछ फुसफुसाने लगीं तो उन्होंने मुड़कर किनारे पर देखा। वह एक क्षण भी और रुक न पायीं और धीरे से पानी हलकोरते किनारे आ रहीं। धोती पहनते वक्त उन्होंने सुना कि एक औरत दूसरी से कह रही थी, "आज मालकिन अकेले ही हैं साइत, धोती कौन चुनेगा ?" "हुँह, जाने कैसे हिम्मत होती है लोगों को ?" एक ने गरदन झटकार अपनी नैतिकता को कन्धों पर तौलते हुए घृणा से कहा, "देख लेना, भण्डा फूट के रहेगा !"

बड़की बहू ने धीरे से साड़ी को पानी में डुबाया और जिस-तिस तरह लपेटकर पानी गारती हुई घर को चल पड़ीं।

दो-एक दिन के भीतर ही गाँव में चारों तरफ लहराती-भभकती लपटें बखरी के बिलकुल नजदीक आ गयी थीं। अभी आँगन के भीतर काँपती आग की छायाएँ हिलीं तो नहीं किन्तु बड़की बहू जानती है कि भीतर-भीतर सुलगती आग का धुआँ गोशे-गोशे से उभरने लगा है।

उस रात जब वह रोज की तरह फिर अपनी धोती उठाकर तालाब को चलीं

तो आँगन की झिलंगी चारपाई पर लेटी सास झटके से उठ बैठीं और उन्होंने बिना कुछ पूछे, हिकारत से नाक को ललाट में समेटते हुए कहा, "सरे बाजार में इज्जत बेचकर कल नहीं पड़ी क्या ? दीघा के बबुआन वंश में ऐसा कभी नहीं हुआ था।" सास झींकती रहीं, "बेर-बेर कहा कि पढ़ी-लिखी उलटे आँचर वाली लड़की से विवाह मत करो पर पता नहीं कनपटी में माँग काढ़ने वाली इस बंगालन ने कैसा जादू कर दिया था उस पर ! अब भोगो, गयी न इज्जत !"

बड़की बहू के उठे पैर रुक गये थे। वह एकटक अपनी सास के मुँह की ओर देखने लगी थीं। एक क्षण को सास ठिठक गयी थीं। उन दो एकदम स्थिर चमक वाली मछलियों के बदन की धड़कनें जैसे इस अकारण जुल्म की शहादत की प्रतीक थीं। पर तभी बुढ़िया को लगा कि यह भोलापन उसे बहुत ठग चुका है। वह इन मासूम बच्चों-सी आँखों के मायाजाल में फँसकर पुरखों की इज्जत का सौदा करने वाली का साथ नहीं दे सकेंगी अब। वह चिढ़कर बोलीं, "जाओ जाओ, ई सब तिरिया चरित्तर उसे ही दिखाओ जो सब कुछ सुनकर भी कान में रुई दिये बैठा है; वही सहलायेगा, दुलरायेगा !"

बड़की बहू चुपचाप अपने कमरे में लौट आयीं। ऐंठी हुई धोती को मोड़कर उन्होंने खूँटी से लटका दिया पर इस मरोड़ते हुए मन को कहाँ लटकायें, वह बहुत सोच-सोचकर भी यह जान न पायीं। अँधेरे कमरे में चारपाई पर चित लेटी वह काले-काले शहतीरों को देखती रहीं। हलकी स्याही-जैसे निश्चित क्रम से एक-जैसी दूरी पर गाढ़ी-गाढ़ी रेखाओं में सिमट गयी है, एक रेखा पार करने पर डूबती-उतराती आँखें अपने पंखों को झाड़कर उड़ने की कोशिश करती हैं कि गहरी स्याही का दूसरा समुद्र अगले शहतीरों में उबल पड़ता है।

"तो क्या उन्हें भी यह सब मालूम हो गया है ?" वह धीरे से फुसफुसायीं। तो कल शाम जब वह नहाकर लौटीं तो बगलवाले कमरे में बैठकर माँ-बेटे उन्हीं पर बात कर रहे थे ? क्या सोचा होगा उन्होंने ? कहीं उन्होंने भी तो इसे सच नहीं मान लिया ? एक क्षण में ही बड़की बहू को लगा कि कहीं कुछ थरथरा गया है और उसके धक्के से उनका सारा अस्तित्व इस तरह दमक उठा है कि साँसें धीरे-धीरे अपने में ही डूबने लगी हैं। वह निढाल होकर चारपाई पर गिर पड़ीं।

उस रात एक ही चारपाई पर लेटकर दोनों ने आसमान से तारों को एक नये अर्थ के साथ देखा था। शरीर शिथिल था—एक तृप्ति और थकान की परत के भीतर मदहोश-जैसा, किन्तु मन जाने क्यों दूर-दूर भागता फिरा था। अचानक फुसफुसाकर पति ने कहा, "तुम अरुन्धती को पहचानती हो ?"

बड़ की बहू ने अबोध शिशु की तरह कहा था, "किसी तारे का नाम है क्या ?"

"अरे, तुम अरुन्धती को नहीं जानतीं ! अरे भाई, वशिष्ठ मुनि की पत्नी थीं। विवाह के समय शायद तुमने यों ही बिना समझे-बूझे मन्त्र दुहरा दिये थे। अरुन्धती

महान सती हैं। पति-पत्नी के बीच का प्रेम सदा उनके आशीर्वाद से ही फलता-फूलता है–"

"हूँ..."

"वह देखो सात तारे···देखती हो न ? और उधर के तीन तारों में बिचला तारा वशिष्ठ का है, और जरा ध्यान से देखो, उसी के पास एकदम सटी हुई एक तारिका है···देखा ? वही अरुन्धती है।"

"लेकिन मैंने तो सुना था कि इस तारे को देखने से कुछ और ही समझा-बूझा जा सकता है।"

"क्या ?"

"कहते हैं कि जिसे यह तारा नहीं दीखता, उसकी अगले छह महीनों में मृत्यु हो जाती है···"

एक अजीब तरह का सन्नाटा दोनों के बीच, दोनों के सटे हुए शरीरों के भीतर जैसे किसी मरे हुए घिनौने साँप की तरह लेट गया था। दोनों एक क्षण चुप रहे। बड़की बहू अरुन्धती के बारे में सोचती रहीं। पति की चुप्पी उन्हें अजीब लग रही थी।

"क्यों, सो रहे हैं क्या ?" उन्होंने पूछा।

"नहीं तो।"

"एक बात पूछूँ ?"

"पूछो।"

"यह अरुन्धती इतनी नन्ही क्यों है ?"

पति ने कोई उत्तर नहीं दिया। तारे छोटे-बड़े होते ही हैं : इसका उत्तर क्या था भला !

अचानक तभी दीघा के वातावरण में एक विचित्र प्रकार की लहर उभरकर सामने आयी और देखते-ही-देखते उसके अदृश्य घेरे में सारा गाँव समा गया। बड़े-बूढ़े, युवक-बालक, लड़कियाँ-औरतें–सभी सुबह उठने के साथ ही शाम की प्रतीक्षा करने लगते। हर शाम उन्हें व्यथा के विलक्षण आवेश में डुबाकर रात को सौंप देती और सुबह रात की गोद से अलग उतरते ही वे पुनः शाम के इन्तजार में परेशान-से बने रहते। एक अजीब तरह की जीवित संवेदना जैसे सभी दिलों को अपनी आन्तरिक रंगीनी में डुबोकर एक जैसा बना गयी हो। लोचन ! सभी की जबान पर बस एक नाम था–लोचन ! वह पचीस-छब्बीस की उम्र का सुन्दर सुडौल जवान था। भरा-पूरा गोल जानदार मुख। उसकी आँखें छोटी-छोटी थीं मगर अजीब तरह की कि दूर से देखने से चपटे गोलाकार छोटे-छोटे रोहू के बच्चों-सी लगतीं और जब वह हाथों में घुँघरू बाँधकर ढोलक पर थाप देते हुए कोई लोककथा गा-गाकर सुनाने लगता तो ये छोटी-छोटी मछलियाँ इतनी चंचल हो जातीं कि मानो नील जल में चिलक-चिलककर

खिलवाड़ कर रही हैं। उसकी आँखों में सचमुच जादू-टोना था। वह स्वरों के आरोह और अवरोह के साथ ही एक विचित्र इन्द्रजाल फैला देता था जिसमें मदहोश हर व्यक्ति की आँखें झपकने लगती थीं और कथा के चरित्रों की दुनिया में खोकर उसकी सारी इन्द्रियाँ बेजान हो जाती थीं—सिर्फ कानों को छोड़कर जिनकी अथाह गहराई में घुँघरू के स्वर ऐसे लगते मानो किसी प्राचीन उपेक्षित मन्दिर की दीवारों पर बने नर्तकियों के चित्र सजीव होकर निस्तब्ध सन्नाटे में हजारों-हजार पैरों से अदृश्य समूह-नृत्य करने लगते हों।

लोचन ! हाँ, लोचन के गाने में ऐसा ही जादू था।

"क्यों, तुम क्या उसका गीत कभी न सुनोगी ?" पूछा था उस दिन छोटे सरकार ने, "अपने बैठके में रोज ठसाठस मजमा जुड़ा रहता है, कोई बिना कहानी खत्म हुए उठता ही नहीं। कैसा कण्ठ है इस लोचन का। सच, कभी सुनो तो मालूम हो कि गाना भी आदमी को कितना उदास कर जाता है। मुझे तो कई रात नींद नहीं आयी।"

बड़की बहू चुपचाप पति की ओर देखती रह गयी थीं। वह कुछ बोलीं नहीं।

"आज आना जरूर। मेरी कसम—आज वह चुरुला की कहानी सुनायेगा। आओगी न ?" बड़की बहू ने एक बार फिर पति के चेहरे पर देखा और हलके मुसकरा पड़ीं।

"हँसी क्यों ?" छोटे सरकार जादू से अलग न हो सके थे अभी भी !

"ऐसे ही।"

"नहीं, बताओ ऐसे ही क्यों ?"

"इसलिए कि उसके गाने ने आपको भी उदास होना सिखा दिया।"

छोटे सरकार कुछ न बोले। शाम की महफिल के लिए इन्तजाम में खोये थे, सो चुपचाप चले आये।

रात को बैलों की गोठ की खिड़की से उठंगकर बड़की बहू ने देखा कि बैठके में अपार भीड़ जमी है। सभी चुप, सभी खोये-खोये, एकाग्र। सचमुच उसके हाथों में अद्भुत गति थी। ढोलक पर थाप देती हथेली की कलाई में बँधे घुँघरुओं को वह अच्छी तरह साध चुका था—हर कोई अपनी सीमा में स्वतन्त्र, हर कोई दूसरे के साथ जुड़े हुए, अधिकार और उपयोग की अद्भुत तन्द्रा में डूबे-डूबे घुँघरू···। लोचन ने अपने सधे हुए कण्ठ से मंगलाचरण गाया और फिर किसी पुराने नगर की गलियों और सड़कों के बीच परदा अकस्मात् उठ गया—कौन है यह कामिनी मोहिनी हाँ, विष में डूबी बाँसुरी तीनों लोकों को जीतने के लिए निकल पड़ी है। सभी नर-नारी चकित होकर देखते हैं, यह कामदेव है कि इन्द्र, या कोई और। कौन है यह ? पनिहारिनें घर का मार्ग भूलकर साथ-साथ चली जा रही हैं। स्वर-बिंधी मृगी की तरह पीछे-पीछे चलती नागरिकाओं के ऊपर जादू डालनेवाला यह कौन है ? कौन

है यह ? चारों तरफ नगर में सिर्फ बाँसुरी-वादक की चर्चा है। मानो सारा जनसमुदाय वारुणी पीकर पागल हो गया है। कभी एक युवती दूसरी से उसकी चर्चा करती तो बीच में ही बातें बिसर जातीं, बोलते-बोलते चुप हो जाती और अचानक आँखों से छल-छल आँसू गिरने लगते।

और तभी वंशी-वादक राजमहल के सामने पहुँचा। झरोखे से ताकती हुई रानी ने पुकारा—

"हे—ए-ए···!"
सबकी नगरिया चुरला बँसिया बजवले, बाबुरे
मोरी नगरी···काहे न सुनवले मधुबैन, मोरी नगरी···
सबकी नगरिया रनिया, बँसिया बजवली, बाबुरे
तोरी नगरी, पहरा परेला दिन रैन, तोरी नगरी

"और···बाँसुरी की मोहिनी से बेसुध रानी ने एक दिन चुरुला से पूछा, 'क्या मैं तुम्हारे पास आ जाऊँ ?' 'नहीं-नहीं, रानी, ऐसा मत करना। राजा मेरी बाँसुरी तुड़वा देंगे। मेरी खाल खिंचवा लेंगे।' रानी ने सोचा, 'मेरे और चुरुला के बीच राजा बाधक है और उसने राजा को जहर देकर मार डाला··· ।' घुँघरू की आवाजें अचानक धीमी हो गयी थीं। ढोल हथेली की थाप से कराह-कराह उठती—रानी चुरुला के साथ चली गयी। बहुत दिनों बाद एक पथिक ने एक सुन्दर युवती को सूअर चराते हुए देखकर पूछा, "रानी, तुम्हारा यह क्या हाल है ? क्या इसी दिन के लिए तुमने राजा को मारा था ? राजपाट छोड़ा था ?" रानी एक क्षण उसे देखती रही, फिर बोली, "बहुत दुःख है भैया, बहुत दुःख है, पर सब खुशी से सहती हूँ, क्योंकि यह सब कुछ करने के बाद जब झोंपड़ी में लौटती हूँ तो उसकी बाँसुरी सुनकर लगता है कि खुशियों के समुद्र में नहा रही हूँ।"

"तो कसम धराकर मुझे यही सुनाने के लिए बुलाया गया था ?" बड़की बहू खिड़की से उठीं तो लगा कि आँखों के आगे चिनगारियाँ टूट रही हैं। उन्हें अब तक विश्वास था कि छोटे सरकार लोगों के बहकाने में न आयेंगे। वे इतने छोटे दिल के आदमी नहीं हैं जो लोगों के ऊल-जलूल कहने में विश्वास कर लें।···किन्तु वे भी···वे भी ! और हठात् बड़की बहू की आँखों से बूँदें छलककर गिर पड़ीं। वह चुपचाप अँधेरे गोठ से बाहर आकर बखरी की तरफ मुड़ गयीं। मन के भीतर कहीं धुँधवाती एक शिखा थी, वज्र कपाट में बन्द, जो रह-रहकर पूरे शरीर को अपनी लपेट में लेने के लिए मचल रही थीं। वह आँगन के दरवाजे के बाजू से चिपककर जाने कब तक खड़ी रहीं। तो आज उनसे यह आँगन भी कट गया ? अब तक इस आँगन की अचूक सुरक्षा में उन्हें पूरा विश्वास था। सास ने जिस दिन उल्टी-सीधी बातें कीं उस दिन अलबत्ता यह लगा था कि आँगन सिमटकर उनके जिस्म से चिपक गया है और वह अपनी ही हँसी उड़ाती आँखों के आगे अचानक नंगी हो गयी हैं।

पर इसके बाद ही छोटे सरकार के व्यवहार में कोई परिवर्तन न देखकर वह आश्वस्त हो गयी थीं। उन्होंने कुछ तो विश्वासपूर्ण व्यवहार से और कुछ पति के मन पर अपने अधिकार की आस्था के कारण इस सिमटते वातावरण को थोड़ा सहज कर लिया था। आँगन से सटा कम-से-कम एक कमरा तो था, उनके और पति के तमाम प्रेम-सम्बन्धों का साक्षी जिसकी ड्योढ़ी सास भी कभी लाँघ नहीं पाती थीं,···अब उस कमरे में भी क्या लेकर जाऊँ–यही सोचती बड़की बहू जाने कब तक बाजू से सटी खड़ी रहीं।

रात कितनी भयानक थी उस दिन किन्तु थकान सहारा बन गयी। जाने कब रोती-रोती वह सो गयीं। दूसरे दिन जब उठीं तो दिन काफी चढ़ आया था। मुँह-हाथ धोकर आँगन में आयी ही थीं कि सामने हीरा आकर खड़ा हो गया।

"बहूजी," उसने सदा की भाँति वैसे ही सहज ढंग से मुसकराते हुए कहा, "मुझे एक रुपया दोगी ?"

बड़की बहू उसके सहज प्रसन्न चेहरे को एक क्षण देखती रहीं। कितनी ईर्ष्या थी उसके मन में किन्तु दूसरे ही क्षण मन का खिंचाव मिट गया। आक्रमण का एकमात्र लक्ष्य केवल वह ही हैं क्या ? उन्होंने फिर सोचा और फिर उनकी आँखों के सामने हीरा का हँसता हुआ चेहरा विकृत सा घूम गया। पर इसमें इस बेचारे का क्या दोष ! सहमा ममता के वेग को वह रोक न पायी और पनीली आँखों से उसकी आँखों में झाँकते हुए उन्होंने पूछा–"क्या करोगे रुपये का ?"

"एक बाँसुरी खरीदूँगा।"

जाने क्या हुआ बड़की बहू को कि उनके चेहरे से ज्योति ही जैसे लुप्त हो गयी। तभी बगल के दरवाजे से झपटकर छोटे सरकार दोनों के पास आ रहे और उन्होंने बिना कुछ पूछे-पाछे हीरा को पकड़कर झटके से खींचा। उसने उलटकर तिरछी आँखों बड़े सरकार को देख लिया और उसके हाथ शिथिल हो गये। वह एक गुड़ी-मुड़ी भारी गठरी की तरह उनके सामने झुका था और वह ताबड़-तोड़ उसे पीटे चले जा रहे थे।

"साला···हरामी···मैं खरीदवाता हूँ तुझे बाँसुरी···" गुस्से के मारे इस तरह हकला रहे थे कि उनकी बातें समझना भी मुश्किल था। बड़की बहू वैसे ही खड़ी थीं जैसे लकवा मार गया हो। उनके मन में आया कि वह पति को रोक दें। उनका हाथ थामकर कहें कि इसे मारिए मत, इसका कोई कसूर नहीं है। किन्तु वह कुछ बोल न सकीं। छोटे सरकार ने हीरा की बाँह पकड़कर उसे घसीटते हुए दरवाजे से बाहर धकेल दिया। बगल के कमरे से निकलकर बूढ़ी सास, देवरानी यह सब देख रहे थे। उनकी तरफ देखना बड़की बहू के लिए मृत्यु से भी अधिक भयानक लगा। वह चुपचाप अपने कमरे में लौट आयीं और कोने में धसक के बैठ गयीं।

कुछ क्षण पहले तक बड़की बहू मन के भीतर ही एक गरजते-उफनते तूफान

से टकरा रही थीं। वहाँ अन्धड़ था, गर्द थी, हरहराहट थी, बगूलों में चीखते पत्ते थे, पेड़ों की अरराकर टूटती डालें थीं। किन्तु यह सब कुछ जैसे एक भारी-से सन्दूक के भीतर बन्द था, सहसा आज उसका ढक्कन खुल गया और वह भयानक आँधी ऊपर आ रही। यह सब क्या हो गया, कैसे हो गया ? बिना आधार के, शून्य में हवा की हरहराहट की तो उपेक्षा की जा सकती है, किन्तु यह बेमतलब हवा जब खिड़की से टकराकर शीशों को तोड़ने लगे तो क्या किया जाये ? सहसा वह कुछ भी निर्णय न कर सकीं। रह-रहकर मन के भीतर यह भाव उठता कि उन्होंने कुछ नहीं किया है, हीरा से उनका कोई ऐसा सम्बन्ध नहीं जिसके लिए उनके मन में ग्लानि हो किन्तु···किन्तु यह सब सुनेगा कौन ? और उनका अंग-प्रत्यंग मन की मरोड़ के साथ ही शिथिल होता जा रहा था। उनमें अब कुछ सोचने-समझने की भी ताकत नहीं रही। लहरों ने हर प्रतिशोध को तोड़ दिया था। आज बड़की बहू का अस्तित्व किसी दूसरे के अधीन था—एक ऐसे अपदार्थ समूह के अधीन जो कहीं साकार नहीं है, कहीं जीवित नहीं है, किन्तु हर क्षण जिसका लोह शिकंजा उनके गले में कसता जा रहा है।

उसी शाम एक संत्रास और···जैसे अपने इसी बीभत्स रूप को ग्रहण करने के लिए घटनाएँ व्याकुल थीं। खबर मिली कि हीरा रेल से कट गया। भीड़ अचानक उसके प्रति सहानुभूति से भर गयी। बेचारा ! बबुआन की एक कलोर बाछी को बचाने के लिए लाइन पर दौड़ने लगा···तभी हाँ। तभी दैत्याकार इंजन के नीचे आ गया···! दैत्याकार इंजन, जो खुद नहीं चलता, जो हजारों हजार पुर्जों के बल पर खड़ा है, किन्तु जिसका कोई भी पुर्जा अलग रहकर एक मामूली मुर्चीले लोहे के टुकड़े से अधिक मूल्य नहीं रखता। किन्तु बड़की बहू जानती हैं, छोटे सरकार जानते हैं, सास और देवरानी जानती हैं कि हीरा रेल से क्यों कट गया।

—तो क्या हीरा मुझे बेइज्जती से बचाने के लिए रेल से कट गया ? अचानक बड़की बहू के मन में पुनः अभिमान का अंकुर सुगमुगाने लगा, जैसे उन्होंने पानी में बहते अपने निरर्थक अस्तित्व को पुनः हाथों से पकड़ लिया हो किन्तु हीरा की आत्महत्या से चारों तरफ भभकती आग बुझ जायेगी ? क्या हीरा के न होने पर उसके साथ अनावश्यक रूप से जुड़ा हुआ यह अस्तित्व बिना कहीं दाग लगे कटकर स्वतन्त्र और अलग हो जायेगा ? तभी बड़की बहू को लगा कि अचानक जैसे राख में ढँकी-बुझी आग पर किसी ने एक चुल्लू किरासन का तेल डाल दिया है···भक्-भक् करती एक बदबूदार लपट उनके ज़िस्म को ढँक लेने के लिए उछल रही है। और तभी उन्होंने स्पष्ट अपनी आँखों के सामने वह दृश्य भी देखा—लाखों-लाखों हाथ मुट्ठियों में बँधे हाथ, सिर्फ हाथ, हाथ नहीं हाथों का जंगल लहरा रहा है। हर मुट्ठी इस तरह भिंची जैसे घृणा और हिकारत ने उनके भीतर नसों में बहते खून में छरछराने वाला घातक जहर मिला दिया है। चौड़े घट्टों वाले हाथ, बदसूरत उँगलियों वाले

हाथ, गन्दी नाजुक कलाइयों वाले हाथ, तिरछी गाँठोंदार, उँगलियों वाले, ठिगने-ठिगने हाथ-ही-हाथ...बस हाथ और जाने क्या हैं इन लहरते हाथों के निर्देश में कि एक भरी-पूरी भारी-सी आकृति बेबस होकर पीछे को धकलाती चली जा रही है। अरे कोई रोको ! रोको उसे...बड़की बहू साफ देख रही हैं कि वह बेबस, निरीह, सूखे-सूखे होंठों वाली आकृति हीरा की है...वह उठने को होती हैं कि आकृति भभकती लपटों में गिर पड़ती है और हाथों की भीड़ एकाएक शान्त हो जाती है, भिंची मुट्ठियाँ खुल जाती हैं, नसें शिथिल हो जाती हैं।

बड़की बहू सोचती हैं कि काश उन्हें यह दो-एक दिन पहले ही मालूम हो गया होता तो वह हीरा से जरूर पूछ लेतीं··· । उसे छत पर खड़ा करके कहतीं—वह देखो, सात तारे देखते हो न··· ? और उधर के तीन तारों में बिचला तारा वशिष्ठ का है। उसी के पास एकदम सटी हुई एक तारिका को देखो, वह अरुन्धती है···

तब हीरा आँखें मल-मलकर देखता और निराश भाव से कहता—कहाँ, कहाँ है वह अरुन्धती ? मुझे तो बहूजी कुछ नहीं दीखता।

किन्तु बड़की बहू यह सब कुछ पूछ न सकीं। अकस्मात् जाने कब रात आ गयी और उन्होंने महसूस किया कि आँगन वैसा ही गरम है जैसे जमीन के भीतर कोयले की कोई भट्ठी सुलग रही हो। बगल में सास थीं और उसके परे देवरानी और दोनों नींद में खर्राटे भर रही थीं। बड़की बहू सोच रही थीं कि इतनी बड़ी घटना के बाद भी आदमी इस तरह बेखटके कैसे सो जाता है ?

आँखें एक क्षण के लिए लगी थीं, कि फिर खुल गयीं। सामने का अँधेरा आँगन सिमटकर जैसे उनकी चारपाई की पाटियों पर जम गया था। उनके मन के भीतर कहीं कुछ उफनता-उफनता-सा लगा कि वह उठकर बैठ गयीं। इधर-उधर निराश भाव से देखा कि जोर से हूल आयी और उन्होंने झटके से गरदन पाटी के ऊपर कर ली—ढेर-सी कै जमीन पर फैल गयी। अजीब किस्म का तीखा-तीखा धुआँ-सा पानी गले में अटक गया था। वह सोचती थीं कि एक बार कै और होती, ताकि यह अटकी हुई चीज बाहर आ जाती पर बहुत देर तक वैसे पड़े-पड़े इन्तजार करने पर भी कै न हुई। हुई दो-चार बार और, मगर अपने से ही। सास और देवरानी जग गयी थीं। किसी ने उनके पास जाकर पानी देना या सर सहलाना भी जरूरी न समझा। पूरी तरह लथपथ होकर वह निढाल-सी पड़ गयीं। नसों की शिथिलता के कारण शायद कै का उद्रेक भी कमजोर पड़ जाता था।

सुबह जाने कब डॉक्टर आया। उन्हें थोड़ा-थोड़ा याद जरूर था, मगर उसने क्या देखा और क्या कहा, कुछ याद नहीं। छोटे सरकार साथ थे। डॉक्टर को विदा करके वह आये तो अम्मा के पास चले गये—दरवाजे से थोड़ा हटकर दोनों बातें कर रहे थे। भनक कानों में आ रही थी पर बातें साफ नहीं हो रही थीं।

''बाकी बचवा,'' सास कह रही थीं, ''गाँठ बाँध लो, दुनिया यही कहेगी कि

यह हीरा का है···"

"तो ठीक है।" छोटे सरकार रुआँसे होकर बोले, "मिटा दो तब···" और वह मुड़कर चले गये।

तन्द्रा में भी बड़की बहू के होठों पर एक हलकी मुस्कान आ गयी थी। तो उबकायी इसलिए आती थी कि वह माँ बनने वाली हैं ! एक बार यह सोचते ही उनके गाल फिर करौंदे की तरह लाल होने ही वाले थे कि एक अजीब त्रास-भरा ज्ञान इस खुशी पर बाज की तरह टूट पड़ा। नाजुक कबूतर अभी पर फैला ही रहा था कि खूनी जबड़ों ने उसका गला धर दबोचा। तो···क्या ये लोग मेरे बच्चे को मार डालने की सोच रहे हैं ? नियन्त्रित नाली के प्रवाह को कोई घण्टों सह लेगा किन्तु धारा का यह ध्वंसकारी वेग बीमार नसें कब तक सँभाल सकेंगी। ओठ सिये सब कुछ को सुनने और सहने का संकल्प टूट गया और बड़की बहू चीखकर रो पड़ी–"ना, ना, अइय्या···ऐसा मत करो···अइय्या ऐसा मत करो !" सास इस चीत्कार को सुनकर कमरे में आयीं। उनकी आँखें क्रुद्ध बाघिन की तरह बड़की बहू को लील जाने को आतुर-जैसी लग रही थीं।

"क्या मत करो··· ? मैं क्या करने जा रही हूँ कुलच्छन ?" सास बिफरकर बोलीं, "तीन पुश्त की पगड़ी उछलवाकर अब टुश्के बहाने चली हो !"

बड़की बहू लड़खड़ाती हुई चारपाई के नीचे आ गयीं। उन्होंने अपने दोनों हाथों से सास के पैरों को जकड़ लिया। रुलाई से उनका बदन काँप रहा था और वह उसी तरह आर्त कण्ठ से कहे जा रही थीं, "अइय्या, ऐसी पत्थर मत बनो, अइय्या···इसका मुँह देखने के लिए जाने तुमने कितनी मनौतियाँ मानीं···जाने कितना जोग-जाप कराया···अब क्या हो गया तुम्हें···अइय्या···!"

"छोड़ दो मेरे पैर···!" सास उन्हें धकेलती हुई बोलीं, "मैं क्या करूँ,...मैं क्या करूँ, भगवान् !" और वह अचानक बड़की बहू से लिपटकर रोने लगीं।

"वह तो उसे पीना ही पड़ेगा, माँ। मुझे लड़के से खानदान की इज्जत प्यारी है।" छोटे सरकार चौकठ पर खड़े-खड़े बोले। उन्होंने काली दवा की एक शीशी माँ के हाथों में थमा दी। वह उस शीशी को एक क्षण देखती रहीं। बड़की बहू चुपचाप उठकर खड़ी हो गयीं। उन्होंने एक बार पति की ओर जाने किस दृष्टि से देखा···एक क्षण हिचकिचायीं और तभी माँ के हाथ से उन्होंने वह शीशी झपटकर ले ली। उनकी आँखों में पानी की बूँदें फिर छलछलाने को हुईं कि उन्होंने बरजोरी आँखें मूँदकर सारी दवा एक बार में ही पी ली। खाली शीशी को एक तरफ फेंककर वह कटे वृक्ष की तरह बिस्तरे पर गिर पड़ीं। दृढ़ता पुनः हार चुकी थी और वह फूट-फूटकर रोने लगी थीं।

सुबह तक बड़की बहू बेहोश थीं। सास और छोटे सरकार मुसकराते हुए सहज मन से उन्हें देख रहे थे। गर्भ गिर चुका था।

"कैसी हो गयी बेचारी···इतनी कमजोर···इतनी नन्ही···" सास ने ममता से कहा, "मानो महीनों से बीमार हो।"

छोटे सरकार कुछ न बोले। बड़की बहू को लग रहा था कि जैसे एक पतले, चमकीले, सुनहले साँप पर कहीं से काजल के ढोके-के-ढोके आ-आकर गिर रहे हैं। लाल रंग का एक बड़ा-सा फूल है जिसे किसी ने उनके माथे से सटा दिया है। देखते-ही-देखते उनका सारा शरीर एक विचित्र चमक से भर गया है और वह उन काजल के ढोंकों को चीरती आसमान की ओर उड़ती चली जा रही है। नीचे हजारों हाथ हैं, जैसे बाजरे की फसलें हिल रही हैं, सारा आसमान उनकी जय-जयकार से गूँज रहा है···अरुन्धती ! अरुन्धती ! और वह हैं कि निरन्तर पृथ्वी से दूर होती चली जा रही हैं।

■

मैं कल्याण और जहाँगीरनामा

हॉस्टेल के उस कमरे की खिड़की से, जिसमें मैं रहता था, सामने का हरा-भरा मैदान एक पहाड़ी लैण्ड्स्केप की तरह मालूम होता था। बगल में सुर्खी की एक लाल सड़क थी और उसके आगे लम्बा-चौड़ा खेत जिसमें बाजरे के पौधे अपनी कलंगीनुमा बालियों को हिला-हिलाकर सुदूर आसमान में उड़ती किसी हंसपुरी की मनुहार करते रहते थे। उसकी बगल में, जहाँ खेत न था सिर्फ लम्बी घासें थीं, एक कमसिन लड़की रोज अपने ढोरों के बीच फुदक-फुदककर तितलियाँ पकड़ा करती थी : गोया उसके फुदकने से ढोर शरारत न करके चुपचाप घास चरा करेंगे, इसीलिए शायद वह बड़ी लगन से अपने जिस्म को हवा में हमेशा लचकाया करती थी। कमरे का दरवाजा बन्द कर देने पर भी बरामदे से लड़कों का शोर, नौकरों की दौड़-धूप, अखबार वालों के जूते की ढीली नालों की ठुक-ठुक आवाजें और लैट्रिन जाते किसी बाबू की सीटियों की धुन, जो किसी फिल्मी गाने को होठों के घेरे में समेटने की कोशिश करतीं, निरन्तर मेरे कानों में एक अजीब सिम्फॅनी का जादू फैलाया करतीं।

मैं अभी-अभी सोकर उठा हूँ, किन्तु मुझे न तो मुँह-हाथ धोने की जल्दी है न नहाने के लिए बाथरूम के सामने तौलिया और सोपकेस लेकर लाइन लगाने की

तमन्ना। मुझे किसी भी चीज की जल्दी नहीं है। क्योंकि अव्वल तो मैं सामने के इस दृश्य को पूरी तरह अपनी आँखों, दिल और दिमाग में जज्ब कर लेना चाहता हूँ; दूसरे मैं जल्दी करूँ भी तो क्यों—मैं एक रिसर्च स्कॉलर हूँ और मेरे लिए वह सब कुछ कर्तव्य है जो न तो रिसर्च है और न स्कॉलरी।

"ठक् ठक् ठक् ठक्···" बाहर से कुण्डी खड़कती है।

"कौन है ?"

"मैं हूँ, चरन··· ।"

कोई दूसरा नौकर होता तो मैं बहुत गुस्सा हो जाता। शायद दरवाजा न खोलता। खोलता भी तो इस तरह कि वह नौकर मेरे गुस्से के पंजों में दबोच लिया जाता और मैं जोर-जोर की आवाज से उसे डाँटता हुआ, कम्पित करता हुआ, चिल्लाता। अगल-बगल के कमरे से एकाध लड़के निकलकर ताकते, विंग का नौकर दौड़ा-दौड़ा आता, कोई दूसरा सहमा हुआ व्यक्ति धीरे से जाकर मेस महराज से उसके नौकर की दुर्दशा की खबर करता। मेस महराज बेचारा भागा-भागा मेरे दरवाजे के पास आता तो सही, मगर मेरी क्रोध में लाल आँखें देखकर थमक जाता, "बाबू, हमने इस लौंडे को कई बार समझाया कि सरकार रात को देर तक पढ़ते हैं, थाली-बरतन के लिए जल्दी न किया करो। जब सरकार अपने से जगें, दरवाजा खोलें, तभी ले आना। पर ई हरामी सुनता नहीं। अब के छोड़ दो सरकार !"

मैं उस नौकर को हलाल करना थोड़े ही चाहता हूँ। मैं क्या इनसान नहीं हूँ जो इनसान को क्षमा न कर सकूँ ! मैं तो मेस महराज की इस प्रार्थना को सुनने के लिए ही यह सब कर रहा था, ताकि सभी जान लें कि मैं रिसर्च स्कॉलर हूँ। मैं कोई बी. ए., एम. ए. का नया-नया आया गाउदी छोकरा नहीं हूँ जो नौकर की या मेस महराज की खुशामद करूँ। और फिर मुझे सब पर यह बात भी तो बिठला ही देनी है न कि मैं रात को देर तक पढ़ता रहता हूँ।

नौकर बेचारा सकपकायी हुई नजर से मुझे देखता, जूठे बरतनों को समेटता कमरे से बाहर होता, तो मैं मेस महराज से एक कप गरम-गरम चाय लाने को बोलता और फिर धीरे-धीरे खिड़की के पास बैठकर मजे से चाय पीता, सिगरेट जलाकर कश लेता और आराम से धुआँ उड़ाता—ताकि वह धुआँ खिड़की पर गोल-गोल छेदवाली, खूबसूरत मसहरी की जाली बुन दे। मुझे कोई भी चीज ज्यों-की-त्यों अच्छी नहीं लगती। लगता है, यह चीज कुछ हुई ही नहीं; इसमें कोई खासियत है ही नहीं। हाँ, उसे चिक की आड़ से या गॉगेल के अन्दर से, या फिर कुहरे में ही सही, देखना अलबत्ता अच्छा लगता है। रेशों का कोई गुच्छा ही सही, आँख पर रखकर देखने से हर चीज अच्छी लगती है। हाँ, तो मैं इस धुएँ की इस जाली से देख रहा हूँ बाजरे के खेत को जिसकी जवान बालियाँ हवा की लहर पर दूधिया गन्ध बिखेरती इधर-उधर गरदनें हिलाकर झूम रही हैं, या फिर उस लड़की को जो अब तितलियाँ

पकड़ना भूलकर एक कलोर बाछे की पीठ को थपथपा रही है जो रीढ़ खलाकर पैरों पर जोर देकर चुपचाप खड़ा है और लड़की के हाथों के स्पर्श से उसने पूँछ को खड़ा करके यों मोड़ दिया है जैसे यह बैल नहीं बल्कि रेस मारने को उद्यत कोई घोड़ा हो।

"ठक् ठक् ठक्..."

"ओह, आ जा न भाई, कुण्डी तो जाने कब की खुली है...।" चरन कमरे में घुसता है तो मुझे खिड़की पर खड़ा होकर ध्यान से कुछ देखते हुए पाकर थोड़ा हँसता है, मगर मैं जल्दी से गरदन हिलाकर उसकी यह बदतमीजी देख लेता हूँ। चरन जैसे मेरे भावों को भाँपकर सिहर-सा उठता है। फिर जाने क्यों उदास होकर बरतनों को बटोरने लगता है। किन्तु आज यह इतना उदास क्यों है ? अभी-अभी शरारत से हँसा था, पर उस समय खाली होठ ही खिंचे थे शायद। मुझे उस आदमी को देखना बड़ा सालता है जो होठ से तो हँसे और आँखें यों ठण्डी रखे जैसे जम गयी हों। तब जाने क्यों इनसान का चेहरा चौकोर हो जाता है और मुझे चौकोर चेहरे से सख्त नफरत है।

"क्यों बे, आज इतना उदास क्यों है ?"

लो, मैंने गोया सहानुभूति नहीं बाँटी, मिठाई की प्लेट सामने कर दी कि चरन की आँखों में 'सलाइवा' भर आया। एकदम से रोने लगा वह। बार-बार पूछा, मगर गधा बोला नहीं। बस गरदन हिलाया किया कि मैं जान लूँ कि उसे कुछ हुआ नहीं है : आँखें सिर्फ ललचायी हैं, रोयी नहीं हैं।

"भाड़ में जा ! उठा ये सब बरतन-वरतन और राह नाप ! बकचोन्हर कहीं का ! मेस महराज ने मारा है तुझे ? मारा हो तो बोल भाई, अभी गरदन नाप दूँ उसकी ! कल फिर साले ने ठण्डा खाना भेजा था।"

"अच्छा, नहीं कहा कुछ उसने, तो चल। हुँह ! सहानुभूति दिखाना भी कितना खतरनाक है !" चरन बरतन-वरतन समेटकर चला जाता है। मेरी सिगरेट खत्म हो गयी है। मैं फिर जला सकता हूँ, मगर इस कमबख्त ने तो मसहरी की सब खूबसूरत जालियाँ ही तोड़ दीं एकदम से ! बैठकर करूँगा भी तो क्या यहाँ ! चलूँ, फिर मुँह-हाथ धोकर नहा ही लूँ। वह काम भी तो निपटाना ही है।

"ठक् ठक् ठक् ठक्..."

"लो, फिर आ गया कमबख्त ! क्यों रे, अब क्या हुआ तुझे ?"

"बाबू..."

"हाँ...हाँ, बोल भाई, क्या बात है ?"

"बाबू...वो मेम साहब आयी हैं..."

"कौन...? ओह !" मैंने बीच में ही अपनी जिज्ञासा के गले पर छुरा फेर दिया। "बेवकूफ कहीं का ! जाने कितने गाउदी लोग यहाँ तौलिया-साबुन लिये चक्कर

मार रहे हैं और यह बुद्धू···" मैंने धीरे से ताली का गुच्छा उठाया और दरवाजों के ऊपर के फाँफर से उसकी ओर बढ़ा दिया। एक हाथ छिपकली की तरह लपका और तालियाँ निकालकर दुबक रहा।

मैं कमरे में पहुँचा तो थोड़ा झिझका जरूर, किन्तु मैंने संकोच को अपनी अल्हड़ता के परदे में ढाँककर एक खूबसूरत रूप देने की भरपूर कोशिश की। सर को इस तरह झटका दिया कि पानी-सने बाल छितरकर ललाट पर गेंडुर मार गये। मुझे लगता है कि नहाने के बाद हर इनसान थोड़ा खूबसूरत हो जाता है। रेखाएँ धूमिल हो जाती हैं और गाढ़ा चित्र धुलकर फालसई हो जाता है। मेरा चेहरा जरूर मासूम बच्चे-सा लग रहा होगा इस वक्त। और तृप्ति एक खास तरह के अपनत्व और उफनती स्वीकृति से थोड़ी चंचल हो गयी होगी। मगर आज तो जैसे सभी ने हर खूबसूरत दृश्य को खराब करने की कसम ले ली है। अब देखो न तृप्ति को, चेहरा मोड़कर देखने तब लगी है जब मैं बालों को झाड़कर एक स्पष्ट लाइन में घेर चुका हूँ। और अब न तो मेरे चेहरे पर मसहरी की जाली है, न कुहरे का लिहाफ। यानी चेहरा वैसा का वैसा ही है जैसा होता है। यह भी कोई बात हुई !

"कब आयीं तुम ?" गोया मुझे मालूम ही न हो कि वह कब आयी। कभी-कभी बात शुरू करने के कुछ पहले मिनिटों में इनसान कैसी भोंड़ी बुद्धि का परिचय देता है ! मैं स्वयं अपने इस सवाल को निरर्थक तीर-सा हवा में फेंककर खामोश हो गया हूँ, क्योंकि तृप्ति आज गम्भीर है। और वह लड़की, जिससे आपकी मुहब्बत है, जब गम्भीर हो जाये, तो थोड़ा सावधान रहने की जरूरत पड़ती है, क्योंकि तब कुछ ठीक नहीं होता कि कब बादल घिरें और कब बारिश शुरू हो जाये।

"दया, मैं तुमसे एक खास बात करने आयी हूँ।"

मैं चुप रहा, क्योंकि मैं इसकी प्रतीक्षा में ही था।

"पहले चाय तो पी लो—अभी-अभी कहता आया हूँ कैण्टीन में, बस आती ही होगी।"

तृप्ति चुप हो जाती है।

कैण्टीन का नौकर चाय लाया। मुझे आज बेहद गुस्सा आया इस नौकर पर। परदे को एक तरफ जरा-सा हटाकर धीरे से कमरे में सरक आना चाहिए, मगर यह तो जैसे यह सब जानता ही नहीं। परदा न हुआ जैसे ठेला है कि पूरी ताकत से जिस्म भिड़ाकर टसका रहा है। मैं मेज पर रखी किताबें-कापियाँ वगैरह हटाकर जगह बनाता हूँ। वह ट्रे रखकर सुराही से पानी ढालने कोने में जाता है। मुँह को इस तरह बटुरा लिये है गोया पहले से ही कोशिश कर रहा है कि बाबू के कमरे में एक लड़की के आने और बैठे होने की बात वह किसी से न कहेगा।

आज चाय मैंने ही बनायी। तृप्ति ने कुछ लिया भी नहीं। मेरे पूछने पर नाश्ते के हर आइटम पर उसने गरदन हिला दी। चाय लेकर भी वह चाय को नहीं, कहीं

और देखती रही। उसकी आँखों का अदृश्य पहरा जब उसके चेहरे पर नहीं होता है, तो तृप्ति ज्यादा सुन्दर लगने लगती है। मैंने इसीलिए आज तृप्ति के चेहरे पर कई बार देखा। वह चुपचाप चाय पीती रही। खत्म हुई तो प्याले को ट्रे के कोने में रखती हुई बोली, ''मेरी समझ में यह नहीं आता दया, कि तुम पिताजी को अपना पता क्यों नहीं बताना चाहते···।''

''पता ?''

''हाँ, मैंने तुमसे कहा न कि पिताजी तुम्हारे पिताजी का नाम जानना चाहते हैं। तुम्हारे घर का पता जानना चाहते हैं। उन्होंने कई बार कहा कि वे तुम्हारे पिताजी से बातें करना चाहते हैं।''

मेरे मुँह को देखकर तृप्ति अचानक चुप हो जाती है।

''तुम्हें बुरा लग गया, डियर···!'' वह पलकें झुका लेती है, किन्तु उसके मन की खीज और आशंका जरा भी कम नहीं होती। वह चुप रह कर भी जैसे मेरे मन को अनेक प्रश्नवाचक चिह्नों से घायल कर रही हो।

''मैंने तुमसे सौ बार कहा, तृप्ति···'' मैं झुंझलाहट में भी एक बार पुराने शब्दों को बटोरने के लिए थोड़ा रुककर कोशिश करता हूँ—''आखिर यह मामला हमारा और तुम्हारा ही है न ? फिर इसमें पिताजी से क्या वास्ता ! शादी मुझे करनी है या मेरे पिताजी को ?''

तृप्ति अचानक एक स्याह अबीर से रंग जाती है, इसमें सिर्फ शर्म ही नहीं, मेरी वाचालता से उत्पन्न एक कड़वाहट भी होती है जिसे मैं झेल नहीं पाता और अपनी बेवकूफी छिपाने के लिए हो-हो करके हँस पड़ता हूँ।

''खैर···तुम जो भी कहो, आज तुम्हें पाँच बजे के करीब चाय पर आना ही है। पिताजी इन्तजार करेंगे। फिर समझाना उन्हें कि शादी किसे करनी है ?'' वह उठी, तो थोड़ा मुसकरायी जरूर, क्योंकि इतनी सावधानी से मुँह फेरकर तृप्ति कम ही जाया करती है।

वह चली गयी, तो मैंने चुपचाप चौकी पर बैठकर सिगरेट जला लिया और फिर खिड़कियों के तार में जालियाँ बुनकर लपेट देने की कोशिश की। पर अब सामने न तो वे ढोर थे और न उनको अपने जिस्म की लचक से मनोयोग का पाठ पढ़ाने वाली वह छोकरी ही। लाचार मैंने अपने को थीसिस के महत्त्वपूर्ण काम में जोत देने का निश्चय किया। पिछले दो दिनों से यह सामने रखा है—'जहाँगीरनामा'। यह कमबख्त जहाँगीर भी एक ही आदमी था ! अपनी तारीफ करना तो कोई इससे सीखे !

लिखता है—''मैंने अंदल की हिफाजत के लिए शाह बुर्ज से जमुना के किनारे गड़े एक खम्भे तक रेशम की रस्सी बँधवा दी जिसके एक सिरे में सोने की घण्टियाँ लटकती थीं और दूसरा सिरा नदी के किनारे उस खम्भे में बँधा होता था। किसी को अपना दुखड़ा सुनाना हो, बस, रस्सी का सिरा पकड़कर खींचे। मैंने सख्त ताकीद

कर दी थी कि घण्टियों के बजने की खबर मुझे फौरन दी जाये।

"मैंने बंगाल के सूबेदार शेर अफगन की जारिहाना कार्रवाइयों को कई दफा माफ किया, मगर उसका दिमाग कुछ ऐसा फिर गया था कि वह बागियों के बहकावे में आकर हमारे फरमानों की मलामत करने लगा। मैंने उसे सजा देने का फैसला किया। मुझे उम्मीद थी कि वह शाही फौज के नाम से डर जायेगा और राजधानी के बाहर आकर मुझसे माफी माँगेगा, मगर यह तो दरकिनार, उसने कुछ बागियों को भड़काकर हमारी फौज पर हमला बुलवा दिया। आखिर को यह कुत्ता दोजख रसीद हुआ और अपने किये का फल पा गया। मेह्र से मिलकर मुझे बड़ी खुशी हुई और मैं उसे लेकर आगरे लौट आया।"

अचानक जैसे हॉस्टेल के कोर्टयार्ड में कुहराम मच गया हो। कई लोग तालियाँ पीट-पीटकर हँस रहे हैं। कुछ लोग सीटियाँ बजा रहे हैं और कुछ एक-दूसरे की अनकही बातों का अपने हिसाब से अनुमान लगा कर ठहाकों में उत्तर दिये जा रहे हैं। मैं कमरे से बाहर आया, तो अजीब दृश्य था। मेन गेट के सामने नल के पास एक कुरसी पर डी. पी. एन. यानी दिनेश्वर प्रसाद नारायण सिंह बैठे हैं—एक साफ-सी धोती पहने, जो घुटने तक खिंचती हुई उनके गोरे-गोरे कोमल फिल्लों को दरशा रही थी। ऊपर बदन में बाँहीदार बण्डी थी—बस। वे रह-रहकर अपनी घनी मूँछों के दोनों सिरों को बारी-बारी से चुटकी देकर तिन्ना रहे थे और रह-रहकर अपनी बेमुरव्वत हँसी से कँपकँपी पैदा करने का रियाज कर रहे थे। आज डी. पी. एन. इस रोब में बैठे थे गोया वे रिसर्च स्कॉलर नहीं, जज हों। मुझे देखते ही दहाड़कर हँसे।

"अरे, आइए बबुआ दयानाथजी आपको हम ऐसा नीमन तमासा दिखाते हैं कि आपको कबहूँ नहीं भूल सकेगा।"

"कैसा तमाशा है बाबू साहब ?"

"अरे वाह रे बबुआजी, आपको लौकता नहीं है कि सामने चरना को हम मुसुक दिलवाकर ओन्हा दिये हैं !"

मैंने देखा, सामने चरना घुटने के बल बैठा है और उसके दोनों हाथों को पीठ के पीछे किसी ने लाल गमछे से बाँध दिया है। पास ही एक बूढ़ा बैठा है, हाथ जोड़े, इस मुद्रा में कि अभी तक डी. पी. एन. साहब ने जो भी किया है वह तो खेल-तमाशा ही है, अब कुछ सही 'निआव' हो जाये, और वह गुस्से से घूर-घूरकर चरना को देखता था, मानो कच्चा चबा जायेगा।

"मामला क्या है ?" मैंने चरना को, बूढ़े को और बाबू साहब को देखते हुए पूछा।

"आसनाई, अउर का मामला है। ई सार जवन चरना है न तवन ई बुढ़बा की छोकरी को फुसिलाय रहा था···क्योंजी बूढ़े, ठीक बात है न ?"

"हाँ, बाबू, ई कई दिन से वोका बहलाय रहा है कि आव भाग चलें, आव

भाग चलें।''

''चरना क्या कह रहा है डी. पी. एन., कुछ उससे भी पूछा ?''

''ई सार का कही ! बच्चू का नस ढीला होय रही है। ई सार हमेशा गरबर-गरबर बतियाता था। हम तो पहले बूझ गये कि ई काकुल वाला मौगई करेगा, हाँ।''

''खैर, उससे पूछ तो लीजिए। उसका हाथ छुड़वाइए पहले। उससे आपने कुछ पूछा नहीं, बस एकतरफा डिग्री सुना दिया।''

डी. पी. एन. को मेरा प्रस्ताव पसन्द नहीं आया। मगर सब लोगों की राय देखकर उन्होंने नौकर से कहकर गमछा खुलवा दिया। चरना ने गरदन उठायी, तो हिचक-हिचक कर रो पड़ा। मैंने उसे ढाढ़स बँधाया, पुचकारा, तो उसने हकलाते-हकलाते कहा कि वह लड़की उसकी मेहरारू है। चार साल पहले शादी हुई थी। बूढ़ा उसका बाप है। शादी के दो-चार रोज बाद लड़की बिदा करा लाया। चार साल हो गये, कोई-न-कोई बहाना करके गौना नहीं करता। मैं इसी फिराक में यहाँ आया। मेस में नौकरी की। मेरे कहने से वह होस्टल के पीछे ढोर लेकर आने लगी। उसी से मालूम हुआ कि यह बूढ़ा गँजेड़ी है और किसी को पाँच सौ रुपये में लड़की बेचना चाहता है।

चरना की बात सुनकर बुड्ढा गुस्से से फुफकारते हुए उछल पड़ा, ''ई झुट्ठा है, सरकार ! कमीना, सोहदा कहीं का ! अपने तो बबरी में तेल चूआय के घूमेगा, लड़की ई ससुरा के घर फाका करेगी ! दो जून की रोटी तो मिलती नहीं उठाईगीरों को ! ऐसे जनम-दरिद्री के हम गले में लड़की बाँधेंगे !''

''हुँह, तो ई माजारा है ! अरे बुढ़वा, तू ई सब पहिले काहे नाहीं बोला हमसे ! तो तू सार बेटी-बेचवा है ! कल्लू, बाँधो मुसुक बुढ़वा को !'' बाबू डी. पी. एन. सिंह गरमा गये थे।

''अरे बाह !'' बूढ़ा झटककर उठा, ''इहाँ क्या कौनो रहजन्नी पड़ी है ! अबहीं हम पुलुस में खबर करेंगे। ई मत समझ लिहौ सरकार ! हाँ, हम अस मनई नहीं।'' वह गमछा फटकारकर चल पड़ा। पुलुस का नाम सुनकर डी. पी. एन. ने यों खीसें फैला दीं जैसे उनको कोई नये मन्त्र का दर्शन हो गया हो।

''चलो हटाओ तमाशा !'' डी. पी. एन. ने कुरसी को जाँघों से पीछे धकेलते हुए कहा, ''कल्लू, हटाओ ई सब मेला ! जाने कहाँ के उपरफट्टू बटोर लाये ! भाड़ में जाये ई सार चरना अउर ऊ छइल-छबिल्ली···!'' डी. पी. एन. ने फिर जाने क्या सोचा और फिर कुरसी खींचकर बैठ गये। बड़े सलीके से मुसकराते हुए बोले, ''का रे चरना, अरे सार, तू दूसरे मउगी से काहे नाहीं बिआह कर लेता ? ओ मा कौनो सुर्खाब का पर लगल है क्या, आएँ ?''

''जब ऊ हमको नाहीं छोड़ती, तो हम कैसे छोड़ दें बाबू !''

''मर सार ! ऐसी पिरीत है तुम दोनों की, तो दे दे बुढ़वा को पाँच सौ रुपिया।

देगा ?"

"हाँ, बाबू। अगर ऊ पाँच सौ रुपिया हमसे माँगें तो हम मर-मजूरी करके भर देंगे।"

"हुँ !" डी. पी. एन. जाने क्या सोचने लगे थे। उन्होंने अपनी दोनों हथेलियों में मुँह दबाकर लम्बी साँस खींची और कुरसी से उठकर अपने कमरे में चले गये। ऐसा वाहियात लगा यह तमाशा उनको कि उन्होंने भीतर से कमरे की सिटकनी चढ़ा ली और सो गये।

मैं पुनः अपने कमरे में आकर उसी चौकी पर बैठ जाता हूँ। खिड़की में अब जालियाँ नहीं हैं तो साफ दिखाई पड़ता है : वह हवा में हिलता बाजरे का खेत और वे कलंगीवाली दूधिया बालियाँ। इन्हीं की सोंधी गन्ध की छाया में उन दोनों ने अपने प्यार के नाम पर सब कुछ की बाजी लगा देने का निर्णय किया होगा। इस मुहब्बत और प्रेम के सामने इनसान इतना कमजोर क्यों हो जाता है ?

मैंने मेज पर से 'जहाँगीरनामा' उठा लिया था और इधर-उधर उलटकर पढ़ने की कोशिश कर रहा था, किन्तु मन तो सचमुच चरना की उन गीली आँखों में अटका हुआ था। वह सबेरे बरतन उठाते वक्त भी उदास था, जैसे अब जाकर मेरे सामने उन गीली आँखों का अर्थ खुल सका।

'जहाँगीरनामा' के पृष्ठ 723 पर हठात् नजर रुक गयी। लिखा था–"एक दिन कुछ नौकरों ने बताया कि बगल के गाँव में कल्याण नामक एक लुहार इश्क में ऐसा पागल हो गया है कि गाँव में रोज कोई-न-कोई तमाशा खड़ा हो जाता है। वह अधेड़ औरत, जिससे वह मुहब्बत करता है, कई बार सरकारी अफसरों से उसकी शिकायत कर चुकी है। वह औरत विधवा है और देखने में भी कोई खूबसूरत नहीं है। मैंने उसे और कल्याण दोनों को बुला लाने का हुक्म दिया। वह औरत अपनी परेशानियों का जिक्र करने लगी तो मैंने मजाक करते हुए कल्याण से कहा कि अगर वाकई उसकी मुहब्बत सच्ची है तो इसका सबूत देने के लिए वह सामने की छत से कूद जाये। उसने कहा कि हुजूर, यदि आप इसके साथ मेरी शादी करा दें तो मैं, छत तो क्या, सामने की उस बुर्ज से कूद जाऊँ। मैंने मजाक में 'हाँ' कर दी और वह दनदनाते हुए छत पर चढ़ और कूद गया। वह बिलकुल लहूलुहान हो गया था और कुछ देर के बाद ही मर गया। यह इश्क भी कितना नाअक्ल होता है !"

मैं किताब उठाकर एक ओर रख देता हूँ। मुझे लगता है कि मैं चुपचाप उठूँ और बक्स खोलकर वह पुलिन्दा निकालकर ले आऊँ जिसे मैंने पाप की गठरी की तरह छिपाकर रखा है। उस गठरी में कई तरह के कागज हैं–कुछ हरे, कुछ चिकने पीले, कुछ गुड़े-मुड़े मामूली सफेद, कुछ किसी स्कूली बच्चे की कॉपी में से फाड़े हुए रूलदार।

सभी पत्रों की प्रायः एक ही इबारत है कि तुम सिर्फ एक बार के लिए आ

जाओ। मुन्ना अब बड़ा हो गया है। दर्जा दो में पढ़ रहा है। आपको देखने के लिए आँखें तरस गयी हैं। क्या अपराध किया है हमने ? मैं गँवार, बदसूरत, अनपढ़ ही सही, पर पैताने बैठने की मेरी जगह तो मत छीनिए। देवता, मेरी लाज तुम्हारे हाथ है। मैं इसके लिए जो कहिए, वह बाजी पर लगा सकती हूँ। मेरे प्राण ले लीजिए, पर मेरा सौभाग्य मत छीनिए। मुन्ना आपको प्रणाम कहता है।

बाजी···बाजी ! सारा संसार बाजी लगाना चाहता है। मुझे आज जहाँगीर पर बेहद श्रद्धा हो आती है। ठीक कहा है उसने कि यह इश्क भी कितना नाअक्ल होता है ! मैं सोचता हूँ, और जितना भी सोचता हूँ, इस तरह से लगता है कि मैं ही ठीक हूँ। तभी मुझे यह आता है कि आज तृप्ति चाय पर बुला गयी है। मेरी भी तो एक चीज बाजी पर लगी है—ईमानदारी। मैं तृप्ति के पिता को साफ-साफ बता दूँगा कि वे मेरा पता जानने की कोशिश न करें। मैं मनुष्य को एक फूल मानता हूँ—खूबसूरत फूल। दुनिया को सिर्फ फूल से मतलब होना चाहिए, उस क्यारी से नहीं जहाँ वह पैदा हुआ है।

■

प्लास्टिक का गुलाब

काशी : 10 अगस्त 1950

पीपल की फुनगी पर बैठे, उन्माद और सहवास-सुख से प्रफुल्लित वृक्ष, जिसके रोयें उजली रुई के रेशों की तरह बिखरकर काँपते, अपनी नन्ही-नन्ही स्वर्ण-अनी-री चोंचों से एक-दूसरे की छाती को गुदगुदाते।··· धाँय ! धाँय ! किसी शिकारी की बन्दूक छूटी थी। दोनों फुर्र से उड़ गये।

मधुरिमा ने पूछा था कि वह इतना दुःखी क्यों रहता है। इसका भला क्या उत्तर हो सकता है ! यह भी पूछने की बात है ? मधुरिमा तो बिलकुल नादान है। जाने क्यों ऐसा पूछ देती है जिसके बारे में उसे स्वयं कोई जिज्ञासा नहीं रहती। पूछ देती है और फिर चुप हो जाती है। जैसे पूछ देना उसका धर्म है, उत्तर की आकांक्षा तो प्रायः बुजुर्ग लोग करते हैं। उसे इतनी कहाँ फुरसत ! फिर वह आकाश की ओर देखने लगती है। सुनील व्योम की नीलिमा से उसकी आँखें चमक जाती हैं। फिर

किसी पुरानी बात के याद हो आने से जैसे वह हँस देती है। गालों की बंकिम रेखाओं को अधिक गहरी बनाने के लिए जैसे उसने संकल्प कर लिया हो। नील कुन्तल उसके फीरोजी होठों पर बिखरकर पूछते हैं : क्या सोच रही हो तुम ? मन का चोर पकड़ जाता है तो नाराज हो जाती है। अपने को झुठलाने के लिए कहती है, "मौसम बहुत अच्छा है, लेकिन हवा बुरी तरह चल रही है, पानी के भी आसार हैं।" "हाँ, बिजली भी चमक रही है," मैं कहता हूँ; तो वह मुँह फुलाकर कहती है, "हूँ।"

रमेन्द्र कहता है कि वह तो सेतु है। अनासक्त, समुद्र की छाती पर तैरते हुए भी जल से अछूता। जाने कितने लोग उसे रौंदते हुए आते-जाते हैं—हँसी-विनोद, चुहल; पर उसे क्या ! वह तो हजारों भावनाओं को पत्थरों की तरह जमाये पड़ा रहेगा। न रहे तो सेतु टूट जाये, और फिर जाने कितने चुम्बक के रेशे मिलने की उत्सुकता में अछोर क्षितिज के दोनों किनारों पर पिंगल विद्युत की तरह मचलते रह जायें। मैं रमेन्द्र की गूढ़ बातों का अर्थ समझ नहीं पाता, ऐसा नहीं। सेतु की अनासक्ति को वह अपना स्वभाव कहता है, पर नदी के दोनों किनारों को मिलाने वाले सेतु की तरह स्वच्छ, सुन्दर, मादक, अथाह जल पर सोये रहने की सुख-स्मृति को वह भुला नहीं पाता। वह जैसे प्रत्येक बात में मुझसे कहना चाहता है कि मधुरिमा उसकी है, उसके साथ हँसने-बैठने का मेरा अधिकार उसकी दया का फल है।

रमेन्द्र की बात से मधुरिमा को कुछ नहीं होता। वह वैसे ही निश्चेष्ट बैठी रह जाती है। बन्दूक की आवाज से भयभीत कपोतयुग्म उड़ते-उड़ते थक जाते हैं, लौटकर वे फिर पीपल की उसी फुनगी पर बैठ जाते हैं। मधुरिमा एकटक रुई के खिलौनों की तरह साफ-उजले उन कबूतरों को देखती रहती है। सागर की छाती पर फैले विशाल सेतु पर लहरों के चंचल थपेड़े खिलखिलाकर लोट-पोट होने लगते हैं। शिकारी की बन्दूक का धुआँ हवा के थपेड़ों में तैरता-तैरता बहुत पास आ गया शायद। बारूद की गन्ध को मन नहीं सँभाल पाता।

"मधु," रमेन्द्र कह रहा था, "माँ ने कहा है, शाम को तुम मेरे साथ बाजार चलोगी ?"

"हूँ," वह कह देती है। जैसे माँ ने कहा है तो चलना ही पड़ेगा।

रमेन्द्र मुसकराता है। धाँय धाँय ! फिर धमाका हुआ। एक ही फायर में शिकारी ने दो-दो पक्षी मार दिये थे। रमेन्द्र सँभलकर धीरे से बोलता है, "और हाँ, शाम को आना, चार-पाँच बजे।" फिर मेरी ओर देखकर कहता है, "विपिन, तुम भी आ सको तो बहुत अच्छा रहे, मधु के लिए कुछ सामान लेना है। वह तुम्हारी पसन्द की कायल है। आओगे न ?"

"हूँ," यह मैं कहता हूँ और मुसकरा देता हूँ। बादलों की गाढ़ी कालिमा में पीली बिजली एक बार फिर उमड़कर जलने लगती है, कृश-क्षीण और प्रकम्पमान।

काशी : 11 अगस्त

कल शाम बाजार गये थे। मधु खुद बुलाने आयी थी। जाना ही पड़ा। टेबललैम्प था एक। चितकबरे साँप के बदन-जैसा स्टैण्ड और उसमें जुड़े हुए चार फन—सर्पमुखी—चार बल्ब लगते थे। दूकानदार ने ठीक ही कहा था कि रात में चार रंगों के बल्ब जब जलने लगते हैं तो सतरंगी प्रकाश छा जाता है। छाया-व्यतिकर प्रकाश का यह अद्‌भुत प्रकृति-पुरुष भाव ! मैंने वह लैम्प खरीद लिया था। साँप के चारों फनों के बीच प्लास्टिक का एकदम रक्तमुखी गुलाब का फूल लगा था।

रमेन्द्र ने एक सुडौल अर्ध-नग्न चमकदार नारी की मूर्ति से बने स्टैण्ड वाला लैम्प ख़रीदा था। बिलकुल इटालियन मूर्ति थी वह पारदर्शी। मधु मेरे लैम्प को बड़े ध्यान से देख रही थी। उसकी उदासी को रमेन्द्र ने तृष्णा समझा होगा इसीलिए तो उसने पूछा, "बदल लो भई लैम्प, मधु को तुम्हारा ही लैम्प पसन्द है !" मधु चिढ़ गयी थी। "मधु के लिए ही तो खरीदा है, उपहार है यह। मधु के जीवन में सतरंगी इन्द्रधनुष की छाया हो—बस इसीलिए।" जाने क्यों मैं भावना में बह गया था। मधु ने लैम्प ले लिया था। मुसकरा रही थी—उसे यह सब जाने क्यों कृत्रिम नहीं लगा था।

आज सुबह रमेन्द्र आया था। लैम्प लौटा गया। कहा, "भाई बुरा मत मानना, मधु थोड़ी पगली है। देखो न, कल शाम को जब हम घर लौटे तो दोनों लैम्प मेज पर रखकर वह अपनी माँ से बोली, "जरा तुम बताओ तो दोनों में अच्छा कौन है ?" "दोनों ही अच्छे हैं मधु। वाह, एक से एक सुन्दर !" मधु बच्ची की तरह मचल गयी थी, "नहीं अम्मी, एक-न-एक को तो अच्छा बताना ही पड़ेगा।"

"और भई, अम्मा ने भी तुम्हारी पसन्द की ही सराहना की। मैंने कहा कि यह लैम्प तो विपिन ने उपहार में दिया है।" "विपिन ने !" माँ उल्लास छिपा न सकीं, "बड़ा समझदार लड़का है, हीरा है ! कितनी अच्छी चीज दी मधु को, पर है पागल, भला उसे इतने पैसे खर्च करने चाहिए !" माँ से तुम्हारी तारीफ का सुनना था कि मधु चिल्लायी, "हाँ-हाँ, हीरा है, मुझे नहीं चाहिए उनके उपहार !"

रमेन्द्र विचित्र ढंग से हँसा, "अरे भला कोई इस तरह उपहार लौटाने की ज़िद करता है !···पर मधु तो अजीब है। सब लोग समझाते रहे पर उसने एक न सुनी। बोली, कल सुबह चले जाना, और उनको यह लैम्प दे देना।" रमेन्द्र रखकर चला गया।

मैंने लैम्प को अलमारी में रख देने के लिए उठाया तो देखा उसमें प्लास्टिक का गुलाब नहीं था। जहाँ वह फूल लगा था वहाँ एक मरोड़े हुए कागज का टुकड़ा था।

"विप्पी !

लैम्प लौटा रही हूँ। मैं नहीं चाहती कि तुम्हारा लैम्प चौमुखे साँप से निकले

सतरंगी प्रकाश में सुहागरात बिताने वाली मधु पर हमेशा व्यंग्य किया करे। और बुद्धू वह प्लास्टिक का गुलाब रख लेती हूँ, क्योंकि वह सुन्दर है पर है बेकार : किसी काम का नहीं। तुम्हें याद करने के लिए यह सही प्रतीक रहेगा।

तुम्हारी,
मधु।"

■

किसकी पाँखें

आज सुबह बादल हैं। और मन थोड़ा उदास है। हवा में सरसराहट बढ़ गयी है। उसका छूना देह को बुरा लगता है। जाने क्यों आज देहात की यह मनभावन सुबह मुझे बिलकुल मायूस-सी मालूम होती है।

सीपिया नाले के पुल का एक ढोंका हवा के थपेड़े से लुढ़ककर नीचे गिर गया था। माटी और कीचड़ पर तैरती पानी की मरी-मरी-सी धार सिसक-सिसककर बह रही थी। मैं सवेरे-सवेरे यहाँ आया तो जैसे रोज की तरह, पर पैर आगे न बढ़े; क्योंकि दम तोड़ती धार की कोशिश ठुकरायी न गयी। यहीं गुद्दन नाई मिल गया था। नदी से लौटते हुए। देखकर ठिठका। कुछ कहने को हुआ, पर हुटक गया। शायद सोच रहा था सुबह-सुबह ऐसी बात कहनी चाहिए या नहीं। फिर जाने उसने क्या सोचा और थमककर बोला, "छोटे बाबू, अशरफ मियाँ के बारे में तो सुना होगा ?" थूक का एक बड़ा-सा डला जैसे उसके गले में अटक गया था। मेरे चेहरे पर उत्सुकता की सलवटों को देखकर भी वह एक लमहे तक बिलकुल खामोश रहा।

"क्यों क्या हुआ अशरफ चाचा को ?"

"कल उनका इन्तकाल हो गया···" वह एक झटके से कह गया। और जब बात मुँह से निकल गयी, गले का फन्दा बेमुरव्वती ने तोड़ ही दिया, तो गुद्दन नाई ने वह सब सुना दिया जो उसे मालूम था। अशरफ चाचा की मौत की खबर से मुझे कुछ न हुआ। यानी ऐसा कुछ नहीं जिसे देखकर गुद्दन नाई वहाँ रुकता और मुझे श्मशानी वैराग्य का पाठ पढ़ाता। मैं चुपचाप सीपिया नाले के पुल पर बैठ गया। बच्चों ने छाया में कभी 'सतघरवा' का खेल रचाया था। उजली-उजली ढेर-सी कंकड़ियाँ

पुल के पत्थर पर जमा थी, जिन्हें उठा-उठाकर मैं दम तोड़ते पानी में फेंकता रहा। गुद्दन मेरी इस अनुचित हरकत से निराश होकर धीरे-धीरे गाँव की ओर बढ़ता गया। और थोड़ी देर में बबूलों के झुरमुट में खो गया।

पत्थर पर रखी कंकड़ियाँ खत्म हो चुकी हैं। और मैं उस खाली जगह को चुपचाप देख रहा हूँ। ये कंकड़ जाने कितने हाथों में बसे होंगे, किन-किन की बुद्धि की लकीरों के ये बिन्दु थे—जाने कौन-कौन से खेल इनकी सीमा में बाँधे गये—पर अब इनमें से यहाँ एक भी नहीं बचा है, सभी बहते नाले के गर्द-भरे पेट में समा गये।

एक कंकड़ वह भी था जो राह में गड़ा था और एक दिन मेरे पैर के अँगूठे को लहूलुहान कर गया। घाव तो भर गया है, मगर कंकड़ की याद से ही नाखून का निचला हिस्सा अजीब टीस से टपक उठता है। चोट लगी थी थोड़ी, मगर देहात की जड़ी-बूटियों की पट्टी इतनी भारी थी कि सँभाले न सँभली। एक दिन दर्द से परेशान होकर जब पट्टी खोली तो देखा सारा अँगूठा स्याह हो गया है : घाव पनपकर पूरे अँगूठे में उछल आया है।

बाबा को खबर मिली तो उन्होंने अबलखा टट्टू को कसने का हुक्म दिया। अलबखा भी अजीब जानवर है। दिन-भर भूसा-दाना, जाड़ों में ढेर-सा हरा चना, और दोनों जून कई घण्टे मलैती और खरहरा : पर जहाँ बदन पर काठी कसी नहीं कि ऐसा मुँह लटका लेता गोया चौबीसों घण्टा इक्के में जोता गया हो।

अशरफ चाचा गाँव के बाहर आकर मिले थे।

"आज हमारे भाग कैसे जाग गये मालिक चाचा ?" अशरफ चाचा ने घोड़े से मुझे भी उतारने के लिए हाथ बढ़ाया तो पैर में पट्टी देखकर थम गये।

मालिक चाचा को राह चलते बोलने की आदत नहीं है। अशरफ चाचा इसे जानते हैं। सो सवाल के जवाब की कोई उम्मीद न थी।

"क्या हुआ है ?" उन्होंने इशारे से पूछा।

"ठेस लग गयी," मैंने धीरे से कह दिया। फिर कोई कुछ न बोला।

अशरफ चाचा को मैंने अपने गाँव पर कई बार देखा था। यहाँ उनकी छावनी थी और साल में फसल के दिनों में अशरफ चाचा और उनका परिवार अकसर यहाँ आकर रहता। उन लोगों के आने के पहले भुतही छावनी खुलती और उसे लीप-पोतकर साफ किया जाता। कई दिन तक छावनी पर नौकरों-चाकरों की भीड़ लगी रहती। मैं स्कूल से घर आता होता या लड़कों के साथ कबड्डी खेलकर लौटता होता कि बस एक नौकर चट से पैर और गरदन में हाथ डालकर उठा लेता। हाथ-पैर पटकता, दाँत किटकिटाता, गालियाँ देता, मगर वह जैसे सुनता ही नहीं। सीधे ले जाकर छावनी में जमीरन चाची के सामने खड़ा कर देता। मैं गुस्से के मारे पागल होकर उस नौकर की तरफ यों देखता कि मेरा वश चले तो इसे कच्चा चबा जाऊँ। चाची कनखी

देखकर धीरे से मुसकरातीं।

"अभी गुस्से में है"–वे भुनभुनातीं और चढ़ी देगची में आटे का घोल डाल-डालकर पुवे पकाती रहतीं।

"क्या बात है ?" हो-हल्ला सुनकर अशरफ चाचा आँगन में हेल आते। "क्यों, अरे सत्ती–तुम ? यह रो काहे रहा है ?" वे चाची की ओर मुँह करके पूछते।

"जग्गू से पकड़वाकर मँगवाया है, कई बार बुलाया, अपने से आने का मन नहीं करता। चार रोज सेआयी हूँ, देखने को मन तरस गया–और ये है कि छोकरों के साथ धमा-चौकड़ी मचाने से फुरसत ही नहीं मिलती। अब बैठ भी जा। गुस्सा ही होना है तो मुझ पर हो ले, नौकर पर काहे लाल-पीला हो रहा है, उस बेचारे की क्या खता है, इसमें–और जमीरन चाची ढेर-से पुवे एक रकाबी में लगाकर हाथ में थमा देतीं···।"

"अब भई ये बड़ा हो गया है···" अशरफ चाचा कहते, "इसे इस तरह पकड़वाकर मत मँगवाया करो। बुढ़ऊ सुनेंगे तो नाराज होंगे। हमारे हाथ का छुआ, पता नहीं, यह खाना चाहे न चाहे···।"

"क्यों रे ?" जमीरन चाची मुसकरातीं। मगर मेरा गुस्सा वैसा ही बना रहता, तो वे दोनों हाथ जोड़कर घुटनों के बल बैठकर हाथ जोड़कर नाटकीय ढंग से कहतीं, "अच्छा बाबा, गलती हुई माफ कर दो, अब नहीं पकड़वाकर बुलवाऊँगी–बस ?" वे धीरे से वैसे ही बैठी-बैठी पुवे का एक टुकड़ा तोड़कर मेरे मुँह में डाल देतीं।

"क्यों सत्ती, क्या मेरे हाथ में कोई छूत है ?···सच क्या तू मेरे हाथ का बनाया नहीं खायेगा ?" और जाने क्यों जमीरन चाची की आँखें छलछला आतीं।

ऐसे मौकों पर चाची की आँखें क्यों भर आती थीं, यह तो मैं उस समय समझ न पाता था पर महरी अम्मा से कहा करती थी कि लड़के को छावनी में मत जाने दिया करो। बीबी के अपने बच्चे तो जीते नहीं, दूसरों के बच्चों से लाड़ लड़ाने चलती है ! ऊपर से जात की मुसल–छिः छिः जाने क्या-क्या अण्डा-मुर्गी खिला के बच्चे का धरम-करम बिगाड़ के रख देंगी जमीरन बीबी !···"

महरी की बात पर अम्मा हँस देतीं, "अरे चुप भी रहो महरी, आखिर वो भी तो मानुस हैं !···बिचारी किसके साथ बोले-बतिआये ! और फिर लड़के के धरम-करम की तूने एक ही कही–अरे बच्चे की भी कोई जात होती है क्या ?"

"खैर तुम दो अच्छर पढ़-लिख लिये हो बहू, अब तुम्हारे मुँह कौन लगे···" महरी नाराज हो जाती। माँ के हँसने से उसका गुस्सा धुँधवाने लगता और वह भुनभुनाती हुई मटकी लिये पानी लाने चल देती।

करीम जर्राह ने मेरा घाव चीरा तो मुझे गश आ गया। फिर क्या-क्या हुआ मुझे कुछ पता नहीं। आँख खुली तो देखा मैं एक चारपाई पर सोया था और जमीरन चाची हाथ में पंखा लिये सिरहाने बैठी थीं। जाने क्या-क्या बुदबुदा रही थीं। घाव

इस कदर संगीन हो गया, लापरवाही की भी हद है ! वे शायद मेरे घर वालों को कोस रही थीं। मैंने हाथ से मुँह मला, जमीरन चाची ने सिर और कनपटियों पर काफी तेल चुपड़ रखा था।

"नहीं बेटे, ऐसे मत पोंछो, सब अपने-आप सूख जायेगा—ढेर-सा खून निकला है, फिर दर्द कर रहा होगा···" और वे पंखा रखकर मेरे बालों में अपनी उँगलियाँ फेरती रहीं।

दोपहर हो गयी थी। अशरफ चाचा आये। जाने क्या दोनों ने आपस में बात की।

"जिद मत करो···" अशरफ चाचा कह रहे थे, "अब वह बड़ा हो गया है, बुढ़ऊ को बड़ा नागवार लगेगा। उसके लिए देवपरकाश पण्डित ने वहीं खाना बनाया है, वहीं यह भी खा लेगा।"

"अच्छा···" चाची धीरे से बोलीं।

मैंने उनकी आवाज से ही भाँप लिया कि आँखें आज फिर छलछला आयी होंगी। मैं चाहता था बोल दूँ कि नहीं मैं तो चाची का बनाया ही खाऊँगा। मगर मैं भी बेबस था। आते वक्त अम्मा ने कहा था कि बाबा की रसोई में ही खाना। चाची ने एक बार कनखी से शायद मेरी तरफ देखा भी था। पर कहीं वे मेरे मन का भाव भाँप न लें, इसलिए मैंने अपने को, पैर के दर्द के अस्तित्व को कई गुना बढ़ाकर उसी में डुबो लिया। चाची कुछ न बोलीं।

खाना खाकर मैं बाबा के पास ही सोया। शाम हो गयी तो बाबा ने अशरफ चाचा से चलने की बात की। अबलखा कसा गया। तभी भीतर से चाची का बुलावा आया। बाबा शायद फिर बखरी में जाने देना नहीं चाहते थे।

"सत्ती को एक बार उसकी चाची से मिल आने दीजिए मालिक चाचा···" अशरफ चाचा ने बड़ी हिम्मत से कहा।

"लेकिन जल्दी से आना; गाँव पहुँचते-पहुँचते रात हो ही जायेगी।" बाबा चारपाई पर फिर बैठ गये।

भीतर बखरी में पहुँचते ही दरवाजे पर चाची ने मुझे बाँहों में ले लिया। अपनी असहायता पर कुछ सोचने की उन्हें शायद उतनी फुरसत न थी जितनी कि उस एक क्षण की विहलता में विवेक को डुबाकर तन्मय हो जाने की, जब मैं उनकी बाँहों में बँधकर संकोच से जड़ीभूत हो रहा था।

"सत्ती, अब तो पैर में दर्द नहीं है न बेटे ! जरा हिफाजत से रहना, फिर कहीं ठेस-वेस न लगा लेना। अभी घाव को सँभालकर रखना, कपड़ा खोल-खाल के फेंक न देना···" वे एक साँस में जाने कितनी हिदायतें दे देना चाहती थीं। मैंने सोचा कि कहूँ चाची, अब मैं एकदम से पहले वाला नन्हा सत्ती नहीं हूँ। पर जुबान खुल न सकी।

"सत्ती पानी पीओगे ?"

"नहीं," मैंने कहा, "प्यास नहीं है अभी···।" पर प्यास हुई भी तो क्या चाची के हाथ का पानी पी पाऊँगा कभी ? मैं यही सोचता उनके चेहरे पर देखता रहा जो मेरी आँखों के सामने एक क्षण धूमिल होकर लहर गया जैसे वह किसी द्रव पदार्थ से बनाया हुआ चेहरा हो, जिसकी बातों, हिदायतों, प्रश्नों का सिर्फ एक उत्तर है–अनिच्छुक नहीं।

"अच्छा चाची, चलूँ, बाबा जोह रहे होंगे !···"

"मुझे नहीं ले चलेगा सत्ती··· ?"

"चलो न चाची···हाँ चलो तुम भी–छावनी गये जाने कितने दिन हो गये !"

"अरे नहीं रे ऐसे ही बोल गयी–अब तो सत्ती तेरी शादी में ही आऊँगी वहाँ···बुलायेगा न ?"

"हूँ," मैंने कहा। अपने हृदय की पूरी ईमानदारी के साथ। क्योंकि मैं कब नहीं चाहता था कि चाची मेरी शादी में शरीक हों। पर मेरी 'हूँ' की विवशता चाची से शायद छिपी न थी। इसीलिए उनकी सुबह-सी ताजी हँसी में सँझियाली मायूसी का स्याह रंग पूरी तरह घुल गया। और जब मैंने चलते वक्त हाथ जोड़े तो चाची की बरौनियाँ सारी सघनता के बावजूद इतनी बिखर गयीं कि कतरे आँखों में सँभल न पाये।

शादी तो मेरी जरूर आयी, पर चाची न आयी। उस दिन पास-पड़ोस की औरतों पर अपनी ममता-भरी उदारता का लोहा जमाते हुए अम्मा कह रही थीं, "आज अगर जमीरन बीबी होतीं तो कितनी खुश होतीं बिचारी ! उनकी बड़ी इच्छा थी कि वे सत्ती के विवाह में आवें···लड़के के लिए तो जैसे जान देती थीं। उस साल सत्ती को जब तिजरिया छोड़ता न था, तो खुद पैदल चलकर भुआखाँ वाले पीर से गण्डा लायीं।···सिरनी बाँटी। और जब परसाद लेकर चौका हेल आयीं तो बस आँगन में बुढ़ऊ का बोल सुनकर ठिठक गयीं। बहुत कहा हमने तो कि बीबी परसाद देने में क्या है, जाकर खिला दो उसको, और खुद बाँध आओ गण्डा अपने ही हाथ से; पर वे न मानीं। बोलीं, 'नहीं बहनजी, आप बाँध दीजिए–दूर बाहर से आ रही हूँ। जंगल-झाड़ से होते हुए। मेरा घर में जाना ठीक नहीं है। मैंने तो भई वैसी ममता वाली नार नहीं देखी। मैंने बुढ़ऊ से कहा कि उन्हें भी बुलाना···"

"ई बात ठीक कहती हो सत्ती की अम्मा," एक बुढ़िया बोली, "औरत बड़ी शरीफ है। लगता है बेचारी पूरब जनम के पाप से मलेच्छ घर में जनम गयी। देखो न, एक पर एक चार बेटवा हुए मगर कोई जीया नहीं। रहती है कितना नेम-धरम से। मगर भगवान् के आगे किसका बस चलता है ? नहीं आयी होगी; सोचा होगा कि जाना ठीक नहीं है।"

"अरे हाँ, सोचा होगा···" महरी को जमीरन बीबी का गुनगान तनिक पसन्द

न था। जल-भुनकर बोली, "आती तो वो दौड़के। भैयाजी का बियाह हो और जमीरन बीबी न आयें ! ऊ तो कहो···"

"क्या कहो ?" एक साथ कई जनीं बोलीं।

"फिर पेट से हैं, और क्या कहो ?"

औरतों की उस जमात में शायद ही कोई इस बात पर हँसा हो—कुँआरी लड़कियों के गाल थोड़े लाल जरूर हुए—पर मुझे तो बुरी तरह हँसी आ रही थी, इसीलिए मैंने करवट बदलकर न सुनने का नाटक करते हुए चुप रहने की कोशिश की।

अशरफ चाचा की शादी में बड़ी शान थी। तम्बू वाले को बयाना देना हुआ तो अशरफ चाचा गये। बाजे वाले को साई देनी थी तो अशरफ चाचा की खोज हुई। पालकी ठीक करने के लिए कई लोग गये, पर लगन की कड़ाई में कोई किसी की सुनने को तैयार नहीं था। अशरफ चाचा पर सारा बन्दोबस्त सौंपकर लोग निश्चिन्त हो गये और अशरफ चाचा थे कि दिन-भर थके-माँदे घर लौटते तो चारपाई पर गिर पड़ते। मगर जरा बात छिड़ी नहीं कि वे चौंककर यों उठ बैठते जैसे किसी ने चिकौटी काट ली हो—

"अरे जनाब तोबाह भी कीजिए ! आप जैसे लोग इन कामों पर भेज दिये जायें तो बारात उठ चुकी। बाजे वाले लगन में अपने बाप की भी नहीं सुनते : आप-जैसे मूजी तो किस खेत की मूली ! सिचन्ना बिगुल-मास्टर बोला कि खाँ साहेब, इस बार तो हमें माफी मिल जाये। पहले से सट्टा ले चुके हैं, नाक कट जायेगी। मैंने कहा सुनो भतीजे, यह अशरफ की मूँछ का सवाल है। अब बरखुरदार इसकी इज्जत तुम्हारे हाथ है, रखो चाहे उतार लो। बस, आनन-फानन उसने बयाना थामकर कोर्निश बजायी। मैं भी खुश हो गया और बोला, ले भतीजे ये दो रुपये मेरी तरफ से मिठाई के वास्ते। और नहीं तो !"

लेकिन सबसे ज्यादा चुहल इस बात पर रही कि भभुवा वाली बिट्टो का सट्टा कौन करायेगा। बिट्टो के नाम पर ही अशरफ चाचा यों संजीदा बैठ जाते जैसे अनजाने किसी ने सितार का अदेखा तार छू दिया है। "नहीं भाई," वे तुनककर मेरे पिताजी से बोले, "सभी सट्टा-वट्टा मेरे ही मत्थे नहीं रहने का। इस मुहिम पर तो मिहरबानी करके किसी और को भेजिए···हाँ।"

"वाह वा···" पड़ोस के लंगड़े चाचा जबड़ों को पूरा हिचकोला देते हुए बुदबुदाये, "इस मुहिम पर किसी और को भेजिए ! जैसे बिट्टो बाई किसी महफिल में नाचती ही नहीं। इतना कसकता है मियाँ साहेब तो बुर्का डालकर···"

"आगे मत बोलो लंगड़ सरदार···अशरफ से मजाक करने की जुरअत न करना कभी—हाँ, अपनी बिसात में रहना हमेशा अच्छा होता है। समझे··· ?"

लँगड़े चाचा सकपकाकर जमीन ताकने लगे। राख झाड़ते-झाड़ते हाथ अचानक जलती चिनगारी पर पड़ गया था। एकदम से सकता छा गया वहाँ। सभी

चुप हो गये।

मगर लाख कोशिशें करने पर भी अशरफ चाचा की जान न छूटी। मन मारकर उन्हें बिट्टो बाई के पास भी जाना ही पड़ा। खुश तो वो जरूर थे, मन-ही-मन, क्योंकि सुबह-सुबह ही उन्हें मैंने लखनउआ चिकन के कामदार कुरते में सजा-धजा देखा। पास से गुजरे तो खस की एक लहर हवा में यों तैरी कि जैसे बादामी ठण्ढाई में केशर का रेशा पड़ गया हो।

अशरफ चाचा लौटे तो सदा की भाँति उनकी कामयाबी का हाल पूछने वालों का हजूम झुक आया; मगर इस बार चाचा थे कि उन्होंने जबान पर लगे कस्द के ताले को न खोलने का फैसला कर लिया था। बोले, "भई तैयार हो गयी आने को, और क्या बताऊँ आगे। बस।"

शादी खत्म हुई। सभी खा-पीकर तम्बू में आये तो बिट्टो नदारद। महफिल उठ चुकी थी। वह अपनी बूढ़ी माँ के साथ तम्बू से दूर अपना डेरा डाले आराम कर रही थी। रेखिया-उठान छोकरों को यह बात पसन्द नहीं आयी। बादल घिरे। गुम से। घने हुए। गर्जन-तर्जन मची और बारिश। यह क्या तमाशा है !···अभी सिर्फ दस बजे हैं और नाच बन्द। बाईजी के पैर थक गये। कंकरी लग गयी। तू जा, उसे भेज। बोल···बोल।

बात बिट्टो तक पहुँची तो उसने संदेशिया को वह लताड़ दी कि उसके होश फाख्ता। "बड़ों की बारात करने का भी एक ढंग-सलीका होता है। बस आ गये नाच देखने ! मैं कोई भाँड़-लौंडा नहीं हूँ कि रात-भर पैर पीटती रहूँ। ऐसा शौक था तो बुलाया होता भाँड-साँड। गन्दी चीजें सुनकर बाँछें खिलतीं। मुझे क्यों बुला भेजा नाहक। जाओ कह दो मैं नहीं आती।"

बात नयी पीढ़ी से मझली पीढ़ी तक पहुँची। समधी लोग तरंग में थे। लँगड़े चाचा ने भाँग की झोंक में ठहाका लेकर कहा, "बस उतर गयी न पगड़ी ? कह न दिया उसने ? बड़ों की बारात का सलीका नहीं ! वह कुतिया अशरफ के जोर पर फुदकती है धर्मू भैया ! हँः ऐसा ही था तो न आती यहाँ। पैसे गिनायेगी। कोई सेत-मेत न्यौते में तो आयी नहीं है। और भाई फिर समधिन ठहरी। नाचेगी कैसे— ?"

जोर से ठहाका लगा—इस बार मझली पीढ़ी को नयी का समूचा दुर्लभ समर्थन बिना माँगे ही मिल गया था। ठहाके पर ठहाके लगने लगे।

बात बुढ़ऊ तक पहुँची। लँगड़े चाचा ने एक नमक-मिर्च लगाकर तिल का ताड़ कर दिया। अशरफ चाचा किसी और जमात में बैठे थे। बुलावा गया। पेशी हुई।

"का हो अशरफ··· ?"

"हुकुम मालिक चाचा···।"

"ई चरनदेव का कह रहे हैं···" मालिक ने लँगड़े चाचा को इशारा किया।

भाँग के नशे का काबू वैसे ही सख्त था। लँगड़े चाचा बोले, "मैं क्या कह रहा हूँ, कोई झूठ ? अशरफ मियाँ के जोर पर ही फुदक रही हैं बिट्टो बाई। वरना वह रण्डी की जात हम सबको 'नान्ह लोग' कह देती ?"

अशरफ चाचा को काटो तो खून नहीं। पास रखी चाबुक खींचकर चल पड़े। उन्हें ऐसे तैश में शायद ही किसी ने देखा हो। भीड़ साथ ढुलक पड़ी।

"सकीना !···" आवाज की तड़प से बुढ़िया लरजकर उठ बैठी। "किसने कहा नाच नहीं होगा ?" बुढ़िया की तो घिग्घी बँध गयी। "अशरफ बेटा,···गुस्सा थूँक दो भइया। हमी ने कहा था राजा, कि अब थके-माँदे लोग खा-पीकर सोय रहे हैं, अब नाच का बखत नहीं है। हम तो हुक्मी ठहरे—जब हुक्म मिलेगा, बजायेंगे; मगर बेटा शादी के रोज रात-भर नाच नहीं होता कहीं··· ।"

"चुप कर यहाँ कोई तेरा बेटा-वेटा नहीं है। बस सीधे से उठकर तम्बू में चलो और नाच शुरू करो··· ।"

"वाह रे नाच शुरू करो ! अब फिर से ऐना-कंघी करें, कपड़े बदलें—यह भी कोई तरीका है कि जब शौक हुआ हुकुम दे दिया : नाच करो !" बिट्टो सोये-सोये भुनभुनायी। उसके स्वर में अशरफ मियाँ के प्रति अधिकार का भाव और गुस्सा दोनों थे।

"हाँ तरीका है, यही तरीका है।" अशरफ चाचा ने चाबुक सटकारकर चीखते हुए कहा, "मैं एक लफ्ज सुनना नहीं चाहता। समझीं··· ?"

"हम अभी आये अशरफ बेटा। उठो-उठो बिट्टो, जिद नहीं करते।" बुढ़िया बड़प्पन देती हुई बोली।

बिट्टो ने गुस्से में न बाल सँवारे न कपड़े बदले—वैसे ही आकर तम्बू में बैठ गयी। गाना देर तक चलता रहा।

मैं चुपचाप पिताजी के पास आकर बैठ गया था। अशरफ चाचा बहुत दुखी थे। चारपाई पर आकर उठंग गये। "हुँह, जाने क्या सोचता होगा बुड्ढा ?···और उस लँगड़े को देखिए ! न तोड़ी हरामी की वो भी टाँग तो पठान की औलाद नहीं··· ।"

"अरे उसने मजाक में कह दिया अशरफ भाई, आप भी इतना गुस्सा हो गये··· ।"

"मजाक किया था उसने ? आप भी धर्मू भाई क्या कहते हैं।" अशरफ चाचा बहुत अधिक संजीदा हो गये थे। महफिल से बिट्टो के गाने की आवाजें रात के सन्नाटे को बेधती हुई टकरातीं। क़हीं दूर अमराई में अपने गले की पूरी ताकत से कोई पपीहा चीख उठता। अशरफ चाचा कुछ सोच रहे थे शायद। कुछ ऐसा, जिसे हमेशा सोचना आदमी के लिए मुश्किल होता है। इसी से शायद उनके चेहरे की रेखाएँ सिमटकर घनी होती जा रही थीं और वे भँवर को चीरने में नहीं, उसमें डूबने में ही सकून पा रहे थे।

"आप भी तो अशरफ चाचा एकदम उखड़कर गुस्सा हो जाते हैं !" मैंने सोचा कि शायद इस समय सान्त्वना के इन शब्दों से डूबते को तिनके का सहारा मिल जायेगा। मगर असर बिल्कुल उलटा हुआ और अशरफ चाचा मेरी ओर आँखें तरेरकर बोले, "सुनो लड़के, बड़े-बूढ़ों की बातों में दखल देना अच्छा नहीं होता। हिशू–दूल्हा भी अपनी बारात का बन्दोबस्त करने लगा !"

मैंने शर्म से गरदन झुका ली। एकाध लमहे तक रुका रहा, फिर जिस किसी तरह भागकर दूल्हे के लिए मुकर्रर जगह पर जाकर फैल गया।

शादी-ब्याह का काम समाप्त हो चुका था। उसी साल बाबा का देहान्त हो गया। अशरफ चाचा उनके पैरों में सिर रगड़-रगड़कर रोये। लोगों को लगा कि बुढ़ऊ की मौत से सिर्फ उनके अपने निजी बेटे ही अनाथ नहीं हुए, अशरफ चाचा भी अनाथ हो गये। कई दिन तक तो वो किसी से कुछ न बोले। मगर दो-चार रोज के अन्दर ही उन्होंने दिल को कड़ा कर लिया और बुढ़ऊ के श्राद्ध के कार-परोजन में यों मशगूल हो गये जैसे यह उनकी खुद की इज्जत का सवाल था। वे सबको ढाढ़स बँधाते। पिताजी उम्र में उनसे बड़े थे, मगर उस वक्त अशरफ चाचा ही जैसे बुढ़ऊ के जेठे बेटे का सारा उत्तरदायित्व अपने कन्धों ढो रहे थे।

जमीरन चाची की गोद में एक नन्हा-मुन्ना आ गया था। और सिर्फ आया नहीं, पहले के बच्चों की निर्ममता को पूरी तरह ठुकराकर ममता में बँधा रहा। अशरफ चाचा उसे हमेशा गोद में चिपकाये रहते। शायद सोचते कि ममता के साये से अलग हुआ नहीं कि मौत उसे अपने स्याह आगोश में भर लेगी।

उसी साल—

बारिश हुई, मगर गरमी को गला न सकी। धरती औसत से अधिक जली थी। उमस बढ़ गयी और दमघोट हवा में छिपे जहरीले कीड़े चारों तरफ बेखौफ तैरने लगे। तरह-तरह की बीमारियाँ कुकुरमुत्ते की तरह घर-घर पनपने लगीं। गाँव में एक सकता-सा और भय छा चला। उस दिन लँगड़े चाचा बीमार थे, अशरफ चाचा उन्हें देखने आये। नन्हा उनकी गोद में बन्दर के बच्चे की तरह चिपका हुआ टुकुर-टुकुर ताक रहा था—एक मासूम प्राण जिसे किसी चीज के अच्छे-बुरे का कोई ज्ञान नहीं। लँगड़े चाचा के घर से लौटकर अशरफ चाचा गली में आये तो उनकी नजर ज्ञानू पर जा पड़ी। बूढ़े पुजारी की मृत्यु के बाद देवी-पूजा का सारा काम ज्ञानू पण्डित ही करते। ज्ञानू महराज अपने पिता से कहीं अधिक पढ़े-लिखे और तेजवान थे। बूढ़े पुजारी को तो हवन के मन्त्र भी नहीं आते थे, ऐसे में जब ज्ञानू महराज काशी से संस्कृत की ऊँची शिक्षा-दीक्षा पाकर लौटे तो जनता ने उनकी जयकार की धूम मचा दी। ज्ञानू महराज कागद देखकर बता सकते थे कि किस दिन चाँद में या सूरज में ग्रहण लग जायेगा। उन्होंने कहा नहीं कि लोग मान लेते थे कि आजकल शुकवा अस्त है; हालाँकि भुरुकवा अब भी सवेरे चार ही बजे उगता था। और बड़ी तेज

चमक होती थी उसमें।

"क्यों ज्ञानू पण्डित !" अशरफ़ चाचा की दोनों भवें जाने किस मरोड़ के कारण एक में सट-सी गयीं।

"कहिए खाँ साहेब !" ज्ञानू महराज ने अपनी सफेद मलमली चादर को कन्धे पर झटकारते हुए कहा, "कुशल-समाचार तो है न ?"

"जरा आइए धरमू भाई के पास, वहीं कुछ बातें करनी हैं आपसे।" अशरफ चाचा निश्चय ही गुस्से में थे।

सब लोग चारपाई पर बैठे और ज्ञानू पण्डित चौकी पर।

"क्या मैं पूछ सकता हूँ ज्ञानू महराज, कि किस सबब से इस साल देवी के पुजापे में मुझसे चन्दा नहीं लिया गया ? जब बुड्ढे पुजारी जिन्दा थे तो बिना कहे खुद हमारा चन्दा भी पूजा में शामिल कर लेते थे।"

"उनकी बात और थी खाँ साहेब," ज्ञानू पण्डित ने सिर को झटकते हुए कहा, "मैं देवी माता की पूजा में म्लेच्छ से चन्दा नहीं ले सकता। यह हमारे धर्म के विरुद्ध है। जो लोग मन्दिरों को अपवित्र करते हैं उन पर हिलाली ध्वजा गाड़ते हैं, उनके पैसे से पूजा नहीं हो सकती—।"

अशरफ चाचा के कलेजे में जैसे बिना नोक का भाला पूरे जोर से उतर गया हो। उनका चेहरा बिलकुल स्याह हो गया। एक क्षण वे अवाक् की तरह बैठे रह गये। गुस्से के मारे उनके नथुने औसत से अधिक लाल हो गये थे।

"तो तुम अपने को बूढ़े पण्डित से ज्यादा होशियार समझते हो ज्ञानू महराज ?" अशरफ चाचा तैश में आकर उबल पड़े, "म्लेच्छ··· ! मैंने आज तक कभी आदमी को मजहब की तराजू पर नहीं तौला पण्डित। मैं तो यही समझता था कि मुकद्दस माँ के दरबार में सभी बच्चे बराबर हैं, वहाँ जात-कौम का कोई फर्क नहीं होता।"

"फर्क कैसे नहीं होता ?"

"क्यों धर्मू भाई आपकी क्या राय है ?" अशरफ चाचा ने पिताजी से पूछा। पिताजी चुप।

"आप बोलते क्यों नहीं; क्या ज्ञानू पण्डित की राय से आपको इत्तफाक है ?"

"जब पुजारी जी की यही राय है अशरफ भाई, तो हम क्या बोलें ?" पिताजी ने नीचे गरदन करके धीरे से कहा।

"हूँ; तो आप लोगों की भी यही राय है। पता नहीं बुढ़ऊ होते तो क्या कहते। खैर जब वे हैं नहीं, तब कहना-कहाना क्या ?" उन्होंने बच्चे को गोद में दबाया और उसकी पीठ पर अपने काँपते हाथों की छाया बना ली। गरदन झुकाये वे दालान से बाहर आये और चुपचाप कंकरीली गली से होते हुए छावनी की ओर चल पड़े।

मैं चाहता था कि दौड़कर अशरफ चाचा का हाथ पकड़ लूँ। कहूँ कि लौट चलिए, ऐसा कुछ न होगा। आपको भी देवी-पूजा में चंदा देने का उतना ही हक

है जितना इस गाँव में रहने वाले किसी भी आदमी को। मगर मैं डरकर बैठा रह गया। क्योंकि बड़ों की बात में छोटों का दखल देना उन्हें कतई पसन्द न था।

सुबह छावनी में काफी भीड़ हो गयी थी। अशरफ चाचा ने घर का सारा आवश्यक सामान बैलगाड़ी पर लदवाया : बक्से, चारपाइयाँ, बरतन। जमीरन चाची बुर्के में लिपटी दरवाजे से निकलीं। जाली से देखती हुई उन आँखों में क्या-क्या था, मैं समझ न सका। मैं एक खण्डहर की आड़ में दुबका यह सब देख रहा था। चाची ने एक नजर उस भीड़ पर डाली। शायद वे किसी को ढूँढ़ रही थीं। फिर निराश थके पैरों से चलती हुई वे गाड़ी पर बैठने लगीं। अशरफ चाचा एक हाथ में बच्चे को चिपकाये थे। एक से उन्होंने चाची को सहारा देकर गाड़ी पर बिठाया। वे किसी की ओर देख नहीं रहे थे। बस जैसे एक काम हो रहा है—उसे करते जाना है—और गाड़ी चल दी···।

और आज गुद्दन कह रहा है कि अशरफ चाचा का इन्तकाल हो गया। लेकिन मैं इन बातों पर क्यों सोचूँ ? अशरफ चाचा से मेरा क्या वास्ता ? न तो वे मेरी जात के थे, न धर्म के। मैं तो असल में इस हवा के बारे में सोच रहा हूँ। अजीब खुनखुनी हवा है यह। जब भी गुमरकर चलती है तो ढेरों पत्ते इसकी लपेट में ऐंठकर पत्त-पत्त गिरने लगते हैं। बचपन के दिनों में जब ऐसी हवा चलती थी तो जाने कहाँ से सफेद-सफेद नरम-नरम अनगिनत पाँखें मेरे आँगन में उड़-उड़कर आ गिरती थीं। एक बार इन पाँखों को मुट्ठियों में बाँधे मैं माँ के पास दौड़ा गया—

"माँ, किसकी पाँखें हैं ये—इतनी सफेद, इतनी मुलायम ?"

"किसी परी की हैं।" माँ ने मुस्कराते हुए कहा।

"क्यों चाची," मैंने यही सवाल पास बैठी जमीरन चाची से भी किया।

"हमारे मजहब में तो लिखा है बेटे, कि ऐसी पाँखें फरिश्तों की होती हैं।" चाची मुस्करायी।

और जब भी ऐसी उदास सर्द हवा चलती है तो मुझे अनायास ये पाँखें याद आ जाती हैं जिन्हें मैं आज तक न समझ पाया कि आखिर ये किसकी पाँखें हैं—परी की या फरिश्ते की।

■

धारा

लम्बी छुट्टियों में अक्सर जब मैं गाँव आया होता हूँ, शाम के वक्त मुझे ताल के किनारे इस पीपल के नीचे बैठना अच्छा लगता है। पीपल के नीचे कहना ठीक न होगा। नीचे कोई शायद ही बैठ सके। तालाब के जिस किनारे यह पीपल है, वह कभी बहुत ऊँचा रहा होगा। कुछ हिस्सों की ऊँचाई अब भी बरकरार है। मगर इस पीपल के पास की माटी काफी धुल गयी है। मुझे इसे देखकर बड़ा अचम्भा होता है। जमीन भी जाने कैसे-कैसे भेद छिपाये रहती है। इसे देखकर पहली बार यह ज्ञात हुआ कि पेड़ों की शाखें और डालें जितनी लम्बी-चौड़ी छतनार ऊपर होती हैं, उनकी जड़ें भी उतनी ही लम्बी-चौड़ी नीचे होती हैं। अन्तर सिर्फ इतना होता है शायद कि जड़ों में न छिलका है न रस न पत्ते। अब पानी से जब माटी धुल गयी है, तब जड़ों का यह पूरा जटा-जाल उघड़कर सामने आ गया है। इसकी वजह से यह पीपल का पेड़ अजीब डमरू की शक्ल का लगता है।

कई बार इच्छा हुई कि सोर पकड़कर धीरे-धीरे वहाँ चढ़कर बैठूँ जहाँ से पेड़ का तना शुरू होता है और जहाँ माटी के न धुलने पर अकसर लोग बैठते ही रहे होंगे; मगर डर के गारे यह इच्छा दबा लेनी पड़ी है, क्योंकि जब भी मैं जड़ों के खोखले में झाँकता हूँ, कोई-न-कोई केंचुल लिपटी हुई नजर आ जाती है।

इसलिए मैं इस पीपल के नीचे नहीं, थोड़ा हटकर बैठता हूँ। सामने कगार के दाहिनी तरफ एक छोटी-सी परती है। कभी शायद यह बड़ी भी रही हो, क्योंकि इस परती की सारी सम्पत्ति बबूल के पेड़ हैं—पुराने-पुराने, टेढ़े-मेढ़े, कँटीले पेड़। और ऐसे ही कुछ पेड़ इधर-उधर—इसके आसपास के खेतों में भी दिखाई पड़ते हैं। लगता है कि आबादी हल-फाल के साथ हमेशा इस परती को तोड़ने की कोशिश करती रही है, फिर भी इसे पूरी तरह अपने जोत में मिला न सकी।

सत्ती की परती के एक ओर पुराने टेढ़े-मेढ़े नीम के पेड़ के नीचे छोटा-सा चौरा है। तिकोनी तेल भरने की कुप्पी के आकार की एक छोटी-सी सफेद वेदी है—सत्ती माई की। उसी के बीच एक शाखा भी है, जैसे सत्ती माई मुँह फाड़कर बबूलों को देख रही हों। इस ताखे में दीपक भी झलमलाते हैं कभी-कभी। दूसरी ओर एक कतार में तीन झोंपड़ियाँ हैं। इनकी छान लगातार पानी-धूप सहते-सहते जमी हुई मिट्टी की परत की तरह लगती है। इसमें एक परिवार रहता है। चार काली-काली मूरतें। मैंने यामिनीराय की एक तस्वीर देखी थी—ग्रामीण युवती की। बस उसी गाढ़े काले रंग, वैसे ही मोटे होठ वाली एक लड़की कभी-कभी झोंपड़ी के बाहर ओखली में कुछ कूटती नजर आती है। एक-आध बार घर लौटते वक्त दो-तीन प्राणी और भी देखे हैं। एक पचास के आसपास का काला आबनूस, जो किसी ठूँठ बबूल की तरह

कभी-कभी झोंपड़ी के दरवाजे पर गड़ा नजर आया है। उसकी खाल को देखकर मुझे नफरत तो नहीं हैरानी जरूर हुई है ! ऐसा मोटा, काला और चमकीला चमड़ा भैंसों का ही होता है। एक अधेड़ औरत भी दीखी है कभी-कभी उसी रंग और चमड़े की; एक छोकरा भी, जैसे बबूल का छोटा खूँटा हो।

कभी-कभी वह लड़की तालाब के किनारे भी आती है, घाट पर पानी भरने। पास से देखने पर वह काफी गन्दी लगी है मुझे। उसके हाथ के नाखून भी काले हैं, शायद; क्योंकि मैंने गौर किया है कि पास से गुजरते वक्त वह बगल में खड़ी एक छाया-सी लगती है—किसी औरत की छाया जो खुद गायब है मगर कहीं-न-कहीं अपने होने का अहसास जरूर दे देती है। उसके सारे बदन में सफेदी शायद दाँतों में ही है। यह भी मैंने एक ही बार देखा है। उस दिन शायद पानी ले जाने में उसे देर हो गयी थी। तभी एक झनझनाती सीटी-जैसी आवाज परती को कँपाने लगी थी।

"ति···उ···रा···तिउरा, तिउरा··· !"

हाँ, मुझे बुरी तो नहीं लगी थी यह आवाज, पर यह जरूर सोच रहा था कि वह औरत क्या खाती होगी कि इतना तेज बोलती है। और बोलती भी कैसे है, जैसे मुँह पर खाली शीशी लगाकर फूँक रही हो। मगर तिउरा को लगा कि मुझे यह आवाज बुरी लगी है, उसने शायद मुझे गरदन उचका-उचकाकर परती की ओर ताकते देख लिया था। इसी कारण जब वह गागर उठाकर और अपनी कमर से टिकाकर मेरे पास से गुजरी तो हँसी थी—एक ऐसी हँसी जो कह रही थी कि यह आवाज मेरी माँ की थी और तिउरा मैं ही हूँ। आवाज थोड़ी पतली और तेज जरूर है, मगर ऐसी नहीं कि कोई गुस्सा हो। वह अपनी हँसी के साथ ही गरदन झटककर गागर सँभालती चलती गयी थी।

तिउरा···? क्या नाम रखा है इन लोगों ने !

"ति···उ···रा !" तभी शीशी की फूँक फिर उछल पड़ी थी।

"ओ आ ऽऽऽ—" मैं हलके मुसकरा पड़ा था। लड़की की आवाज तो माँ से भी तेज थी। तेज ही नहीं, एक अजब कम्पन भी था इसमें, जैसे कोई सारे आसमान में एक लहरियादार रोशनी का बन्दनवार लटकाता चला गया हो।

उस दिन मेरी दस बजे वाली गाड़ी छूट गयी। दूसरी गाड़ी शाम को चार बजे जाती थी। एक क्षण मैं स्टेशन पर खड़ा इन छह घण्टों के समय को पेशानी पर तौलता रहा। गाँव लौट जाऊँ और फिर चार बजे की गाड़ी के टाइम पर आऊँ या गाड़ी पकड़ने की इसी कोशिश को तूल देखकर आखिरी बना लूँ। तभी मुझे देवनाथ याद आया। रेलवे अहाते के ठीक पास ही गल्ले की एक आढ़त में मुनीम है वह। कई बार गाँव पर मिला है तो लासे की तरह चिपक गया है कि भैया आप कभी मेरी गद्दी पर नहीं आये। ऐसी बात नहीं कि मैं उसकी गद्दी पर कभी न गया हूँ।

एक बार गया हूँ। मगर मुझे वहाँ का वातावरण काफी सिर दर्द का कारण जान पड़ता। उसकी गद्दी के गद्दे पतले हैं या चाँदनी साफ धुली नहीं है, सो बात नहीं। पर वहाँ मुझे बहुत परेशानी होती। खास तौर से जब वह पीले रंग वाले लम्बे-लम्बे चिकने कागजों पर जमा-नाम के खानों में काली स्याही में किरिच की कलम डुबाकर चर्र-चर्र लिखता होता। बीच-बीच में पीतल के बालूदान को उलट-उलटकर बालू गिराता और अक्षरों को सुखाता जाता। ऐसा करते वक्त वह एकाध बार मेरी ओर देखकर सकुचाया भी था और तब उसने बही बन्द कर ली थी। वहीं पर सिन्दूर से स्वस्तिक का चिह्न बना था, जिसे देखकर मुझे सत्ती के चौरे का तिकोना स्तूप याद आ गया था, जिसका ऊपरी सिरा सिन्दूर से टीका रहता था। गद्दी पर एक तरफ तिजोरी थी जिसके माथे पर भी सिन्दूर से 'लाभ शुभम्' लिखा था। दीवारों पर भी अनेक जगह गेरू से 'लाभ-शुभ' अंकित था। और मुझे देख-कर बड़ी हैरानी होती है कि 'लाभ-शुभ' का एक सिन्दूरी टीका देवनाथ के भी माथे पर क्यों नहीं है। वहाँ दलालों की आवाजें भी कम बुरी नहीं लगतीं। पर सबसे गन्दी बात वह तब करता था जब कोई देहाती बनिया लद्दू घोड़ों पर तीसी के बोरे लादकर ले आता। कई बार चिरौरी-बिनती करने पर मुनीम जी उठते। फाटक में बोरे के पास पहुँचते और तुरन्त अपनी जेब से बालिश्त-भर की परखी निकालकर बोरे में घुसेड़ देते। परखी तीसी से भरकर बाहर खिंच आती और फिर खाद और खाँटी माल के अन्तर पर मुनीम और बनिये में भाव-ताव और बक-झक शुरू हो जाती। ढेर-सी तीसी और खाद गद्दी पर बिछ जाती।

मैं फाटक में घुसा, तो देवनाथ दो-एक लद्दू घोड़े वाले बनियों से गुँथ रहा था। वे थे जो सस्ते दामों भार उतरवाने को तैयार न थे, यह था जो अपनी परखी की परख को धोखा मानने को राजी न था।

"वाह भइया···बड़े भाग, भला आपके दरसन तो हुए !" मुझे देखते ही देवनाथ गद्दी से उठकर बाहर आ गया। मुझे उसका काम के बीच में इस तरह उठ आना अच्छा लगा। यह देवनाथ शायद अपने को अब बही-तिजोरी से अलग समझने लगा है। देवनाथ इन्सान की ही जाति का है, कोई खास बुरा नहीं, पर अब वह यदि इस तरह अपने को 'लाभ-शुभ' से थोड़ा अलग समझने लगा है तो जरूर ही जी जायेगा। मुझे साथ लिये वह गद्दी पर आ गया। आते ही उसने तपाक से बनिये की बात मान ली और पल्लेदार को सरेख दिया कि नापतौल करके बोरों को 'झारी' के लिए भेज दे।

"और भइया जी··· ?" वह मुसकराया। उसकी मुस्कराहट काफी अपरिचित-जैसी लगी।

"दस बजे वाली गाड़ी पकड़नी थी, सो छूट गयी। अब तो चार बजे वाली ही मिलेगी। सोचा तब तक तुम्हारे यहाँ रुक रहूँ···।" मैंने गद्दी पर से एक अखबार

खींच लिया था, और उसी पर आँख गड़ा यह सब कुछ कह गया, क्यों मुझे लगा कि मेरी सच्ची बात से देवनाथ को खुशी न होगी। वह सोचेगा कि मैं यहाँ आने के लिए नहीं आया, वैसे ही आ जाना पड़ा।

उसने एक पल्लेदार को बुलाया। तिजोरी से निकालकर एक चवन्नी फेंकी। पान लाने को कहा और फिर बही खोलकर बैठ गया। मैंने पान खा लिया था ! अखबार खत्म कर चुका था और अब लाचार विज्ञापन बाँच रहा था।

काफी देर बैठे-बैठे पैर अकड़ गये थे। इस बीच वह अपनी पुरानी शक्ल में आ गया था। बस सिन्दूर के एक टीके की कमी थी उसके माथे पर।

"कोई चारपाई-वारपाई हो तो बताओ भाई," मैंने कहा, "थोड़ा लोट-पोट कर लूँ। अभी तो चार घण्टे बाकी हैं।"

मेरी बात सुनकर वह फिर मुसकराया। "लगातार बैठने की आदत नहीं है न !" वह धीरे से बुदबुदाया और मुझे साथ आने का संकेत करके चल पड़ा।

आढ़त का बरामदा काफी लम्बा था। कुछ अँधियारा भी। बरामदे की कड़ियों से दो-तीन जगह झूले की तरह बड़े-बड़े झरने लटक रहे थे। "झूला दूर-दूर डालिये···" मुझे अचानक परिवार नियोजन का एक विज्ञापन याद आ गया और हल्की-सी हँसी मेरे होठों पर उतर आयी।

झरनों को दोनों तरफ से एक-एक औरत पकड़कर हिला रही थीं। एक काली-काली आबनूसी लड़की ओड़ी में तीसी भर-भरकर झरनों में डालती थी। नीचे जमीन पर बारीक महीन कंकरियों और चौरियों का ढेर लग गया था।

मैं उधर से गुजरा तो वह लड़की खाली ओड़ी को कमर पर टिकाये खड़ी हो गयी। उसके माथे पर पसीने की बूँदें चुहचुहा आयी थीं और बालों की एक लट कान के पास लटककर सट गयी थी। उसके मैले कपड़े बदन से चिपके थे। गले के नीचे उसका चमकदार काला उभरा हुआ बदन गन्दी कुर्ती में अँट नहीं रहा था। एक लमहे के लिए देवनाथ खड़ा हो गया। वह उसकी ओर ऐसे देख रहा था गोया तुरन्त जेब से परखी निकालकर उसके बदन में घुसेड़ देगा। मैं भी रुकने को हुआ कि वह हड़बड़ाकर चल पड़ा। मेरे रुकने ने जैसे धक्का दे दिया हो उसे। बरामदे के दूसरे छोर पर एक चारपाई थी। सिरहाने दरी में लिपटा मैला-सा तकिया लगता था। उँगली से उसने चारपाई की ओर इशारा किया। मैंने खुशी से गरदन हिलायी। मुझे जाने क्यों लगा कि देवनाथ कहीं गया है, हालाँकि वह मेरे सामने खड़ा था। मैं जूते उतारकर चारपाई पर ठीक से बैठ गया। सिरहाने के बिस्तर पर पीठ टिका दी। सिर के नीचे उँगलियों को उलझाकर मैंने सहारा बना लिया था। देवनाथ यह सब बड़े गौर से देख रहा था। मैं समझ न सका कि इसमें इतने गौर से देखने की क्या बात थी।

"ठीक है," मैंने कहा, "अब मैं थोड़ा आराम कर लूँ।"

"अ···हाँ···अच्छा।" वह मुड़ने को हुआ, तभी मैंने पूछ लिया, "तो यह तिउरा यहाँ काम करती है ?"

वह उछल-सा पड़ा। उसके चेहरे पर मुसकराहट नहीं थी, पर एक सहज फैलाव जरूर था, कुछ-कुछ परेशानी का मगर ज्यादा उसके होने का एहसास देता था।

"आप भइया कैसे जानते हैं···उस तिउरा को ?" वह इस बार हँसा था। उसकी हँसी में व्यंग्य-भरा रहस्य का एक भाव था, मगर ऊपर-ऊपर। भीतर से वह अपनी हँसी में जैसे कुछ चुरा रहा था।

"वैसे ही, सत्ती वाली परती में रहते हैं न ये सब ! वहीं ताल से गाँव जाते कभी सुना था उसकी माँ को पुकारते···"

"हाँ, हाँ, वहीं रहते हैं। जंगली हैं सब। पहले तो गोदुँवा आदमी को देखकर ही दुबक जाता था। किसी से कोई मतलब नहीं, किसी से कोई सरोकार नहीं। जब तक उसके हाथ-पैर चलते रहे, माँ-बेटी को झोंपड़ी से बाहर नहीं निकलने देता था। बड़ा लाचार होने पर इन्हें इधर-उधर काम करने के लिए जाने देने को तैयार हुआ···"

"हूँ···"

देवनाथ ने यह सब जिस तटस्थता के साथ सुनाया, उससे मेरी रुचि बढ़नी चाहिए थी। मुझे और भी बातें खोद-खोदकर पूछनी चाहिए थीं। किन्तु मुझे उसके बयान में तटस्थता नहीं, रुझान नजर आया। यह रुझान कुछ जरूरी नहीं लगा, इसी वजह से शायद मैं ऊपर से हूँ-हाँ करते हुए भी कुछ और सोचता रहा।

देवनाथ का उत्साह एकाएक उतर गया और वह धीरे से बोला, "छोड़िए भइया जी, आप अब थोड़ा आराम कर लीजिए।"

वह उसी बरामदे से होता हुआ गद्दी की ओर जाने लगा। उसे देखकर वह लड़की फिर खाली डलिया कमर पर टिकाये खड़ी हो गयी। उसने दो-एक बातें भी कीं। एक बार मेरी ओर उँगली से इशारा भी किया। या तो वह उसे मेरा परिचय दे रहा था, या मुझसे परिचित होने की तफसील पूछ रहा था।

'ति···उ···रा' मैं इन तीन अक्षरों पर देर तक सोचता रहा। क्या नाम है ! काला-काला चिकना-सा एक बीज होता है जंगली पौधे का, और उसका तेल तो ऐसा कि दूर से भी आँखों में अपनी झर्राहट से पानी ला दे। हाँ, ऐसा ही होता है तिउरा का बीज। साँवली, काली, चिकनी, शोख और जंगली लड़की के लिए उससे अधिक मौजूँ नाम भी क्या हो सकता था।

कई महीने बाद मैं गाँव आया। दुर्गा पूजा की छुट्टी थी शायद। अक्तूबर की शाम मुझे हमेशा ही कटी-कटी लगती है। इसलिए नहीं कि वह कम खुशबूदार या कम उमंग वाली होती है, उसमें तो खुशबू कहीं अधिक भरी-भरी और उमंग कहीं अधिक कसमसाती-सी होती है। इसीलिए शायद ऐसी शाम मुझे कटी-कटी-सी लगती है,

क्योंकि इसका बहुत-सा भाग हमेशा ही अपने से अनछुआ रह जाता है। ताल के पास डमरू की शक्ल वाले पीपल के पेड़ के नीचे खड़े होकर मैंने सिवान को देखा। चारों तरफ धान की हरियाली-ही-हरियाली नजर आयी, जैसे नदी की अपार धारा उमड़ रही है। मैंने फूले हुए धानों की ढेर-सी खुशबू को साँसों में भरकर पी लिया। एक अजीब तरह की सुस्ती बदन पर फैल गयी। सामने सत्ती की परती थी—हरियाली की धारा में रेती की तरह उजाड़ और बदरंग। तीनों झोंपड़ियों की कतार भी ज्यों-की-त्यों थी। कुछ भी परिवर्तन नहीं हुआ इनमें, कहीं भी। ओखली बदस्तूर बाहर रखी थी।

मैं पीपल के पास कुछ देर तक बैठा रहा। घर को चला। ज्यों-ज्यों झोंपड़ी के पास आता गया, एक अजीब तरह का कोलाहल उभरता गया। झोंपड़ी के दरवाजे पर गोदुँवा खड़ा था और वह तिउरा को बुरी तरह पीट रहा था। उसकी माँ इधर-उधर से लपककर गोदुँवा के हाथ से लकड़ी को खींचने की असफल कोशिश कर रही थी और छोकरा चुपचाप एक दीवार से सटकर कभी माँ, कभी बाप की तरफ डरी-डरी आँखों से देख रहा था। तिउरा की चीखें और उसकी माँ की चीत्कारें प्यासी नागिनों की आवाज की तरह टकरा रही थीं।

"बाबू ! तनिक छुड़ाओ बाबू, ई जानवर छोरी के जान ले लेही !" तिउरा की माँ मुझे देख झपटकर आयी और गिड़गिड़ाकर बोली। मैं लपककर गोदुँवा के पास पहुँच गया और उसके कड़े चीमड़े हाथ को खींचते हुए बोला, "यह क्या कर रहे हो—इसकी जान ले लोगे क्या ?"

गोदुँवा के हाथों की पकड़ ढीली हो गयी और तिउरा छिटककर अलग खड़ी हो गयी। वह अब भी चीख रही थी और अपने बालों, हाथ और गाल को सहला रही थी। तभी मैंने देखा कि वह एक लाल रंग की नयी साड़ी पहने है और उसके काले बदन पर एक लाल ब्लाउज भी है। उसने बालों से बया का घोंसला तोड़कर फूल-पत्ती रचा लिया है। वह गोदुँवा के पंजे से नुचे अपने शरीर की अपेक्षा इन कपड़ों की हिफाजत के लिए ज्यादा बेचैन लग रही थी। गोदुँवा अब भी गुस्से से हाँफ रहा था, "हरामजादी बंदरिया, तैं सउखीनी करबे। हम तोर टाँग तोरि नाइब हाँ, बूझ लौ !" वह जाने क्या-क्या बकता रहा।

मैं चुपचाप गाँव की ओर चल पड़ा। गोदुँवा का बिफरना सुनकर तिउरा की सफेद आँखें तनिक खिंच गयी थीं। उनमें एक अजीब तरह की घृणा भरी हुई थी। गोदुँवा यदि उन आँखों को देखेगा, तो बिना मारे फिर छोड़ेगा नहीं। पर वह चिढ़ा क्यों ? शायद तिउरा का लाल साड़ी पहनना उसे अच्छा नहीं लगा। शायद वह चाहता है कि उसके बालों के घोंसले वैसे ही आबाद रहें। गोदुँवा भी अजब इन्सान है। मुझे वह बबूल के पेड़ों से भी ज्यादा बुरा लगा। उसमें कम-से-कम ऐसे फूल तो लगते हैं जिनमें एक गन्ध, कसैली ही सही, होती है। यह तो काली, बिना परत की चट्टान की मूरत है। अगर तिउरा ने एक मामूली-सी लाल धोती पहन ली, एक

लाल ब्लाउज डाल लिया तो कौन-सी आफत आ गयी। मगर नहीं। गोदुँवा को लग रहा था कि यह लड़की एक मनचाहे पौधे की सारी जड़ों को ही भीतर-भीतर कुटक रही है।

बीच में मेरा बहुत दिनों तक गाँव आना नहीं हो सका। इसलिए नहीं कि मुझे गाँव अच्छा नहीं लगता था बल्कि इसलिए कि मैं गाँव जा नहीं सकता था। गाँव से शहर आया था, तब न तो मुझे मालूम था और न मुझे भेजने वालों को कि जो वहाँ जाता है वह लौटता नहीं। क्योंकि जो धारा में कूदते हैं सभी पार ही नहीं होते। कभी लौटते भी रहे होंगे लोग। मगर मैं कैसे लौटूँ, यह मैं कभी जान ही नहीं पाया। ऐसे लौटकर जाता हूँ जैसे पहले कई बार गया था, तो कोई मुझसे खुश नहीं होता और मैं भी तो लौटकर इसीलिए जाता हूँ न कि कुछ दिन और यहाँ शहर में रह सकूँ, पर मेरा यहाँ कहीं ठिकाना नहीं। इसीलिए इस बीच बहुत दिनों तक मेरा गाँव जाना न हो सका। एक दिन अचानक लगा कि अब मैं गाँव जा सकता हूँ, और पहले से बिलकुल अलग ढंग से जा सकता हूँ।

जिस दिन मेरी नौकरी लगी, मैंने पिताजी को खत लिखा। अब एक नयी जिन्दगी शुरू होगी। मैंने अपने अकेलेपन को जैसे एक नया अर्थ दे दिया था। इस नयी जिन्दगी को अपनाने की मेरी सारी कोशिशें एकाएक महत्त्वपूर्ण हो गयी थीं। पिताजी का उत्तर आ गया था। उनकी खुशियों का कोई आर-पार न था। मुझे एक अलग जगह में आबाद होते देखकर वह कितने प्रसन्न थे ! पर यह प्रसन्नता मुझे जाने क्यों बहुत सुखकर नहीं लगी थी, हालाँकि मैं इसके लिए किसी को दोष नहीं देता। पर मैं सोचता जरूर हूँ कि यदि नौकरी न मिलती तो ? और अब भी यदि मिलते-मिलते कहीं इन्कार में बदल जाये तो ? यह सब सोचकर ही मैं काँप उठता हूँ। माना कि आज मैं एक नयी जिन्दगी शुरू कर रहा हूँ; पर नयी जिन्दगी कौन-सी है ? यह जो मैं शुरू करने जा रहा हूँ जहाँ एक निश्चित ठिकाना बन गया है, या वह जो मैं अभी-अभी खत्म कर चुका हूँ जहाँ मेरे लिए कहीं कोई सहारा न था। खैर, छोड़िए भी। ये सब व्यर्थ की बात हैं। सच तो यह है कि मैं नौकरी पाकर बहुत खुश था और बड़ी खुशी के साथ गाँव जा रहा था।

गाड़ी रुकी। प्लेटफॉर्म पर उतरकर मैंने एक लम्बी साँस ली। जैसे सत्ती की परती की आस-पास के सिवान से ढेर सारी खुशबू हवा में तैरती मेरे स्वागत के लिए दौड़ आयी हो। मैं एक क्षण इधर-उधर देखता रहा। शायद पिताजी आये हों या कोई परिचित ही दिखाई पड़ जाये। तभी मैंने सामने कुछ दूर पर तिउरा को खड़ा देखा। वही काली चमक पर जैसे एक परत की राख के भीतर छिपी हुई। उसके कपड़े पहले की ही तरह गन्दे थे, फटे हुए। वह कन्धे से एक छोटा-सा बच्चा चिपकाये थी, घिनौने ढंग से लपेट-लुपूटकर। उसके मुख की मुद्रा देखकर मुझे लगा कि अभी-अभी किसी से वह भीख माँग रही थी और उसने दुतकार दिया है। मगर तिउरा भीख

क्यों माँगने लगी ? मेरे मन में तरह-तरह की शंकाएँ टकरा उठीं। एक अजीब तबदीली मेरे सामने खड़ी थी, हर तरफ से मुझे पुकारती हुई, पर मुझमें इतनी हिम्मत नहीं थी कि मैं तिउरा के पास जाकर कुछ पूछता। हृदय के कोने में एक भाव था कभी कुछ गिजगिजा-सा कि इस काली चमकदार देह की छुवन कैसी होगी। वह भाव अब मर चुका है, या मर उसी क्षण गया था जब मैं आढ़त से बाहर आ गया था; पर उसकी एक अदृश्य जड़ भी थी कहीं यह मैं तब न जान सका था। और हालाँकि आज जो तिउरा मेरे सामने खड़ी थी वह दुःख से घिरी थी, फिर भी मेरे मन में उसके कन्धे पर चिपके बच्चे को देखकर खुशी हुई। चलो कोई तो इस बंदरिया को पालतू बनाने में सफल हुआ। यह उसी अदृश्य जड़ का ही खिंचाव था कि मैं उसके बच्चे को नजदीक से देखने के लिए मचल पड़ा। उसके बच्चे की शक्ल देखने की उत्सुकता जब दब न सकी तो प्लेटफॉर्म की उस उछीड़ भीड़ में उसी तरह अपने को छिपाते हुए मैं ठीक उसके पीछे पहुँच गया। वह लम्बाई में मेरे कन्धे से भी छोटी थी। बच्चे का मुँह खुला था और वह अपनी सफेद पनीली आँखों से टुकुर-टुकुर देख रहा था। मैं एक क्षण उसके चेहरे को देखता रहा। माथे पर एक छोटी-सी लाल बिन्दी थी। जाने क्यों मुझे लगा कि किसी ने देवनाथ के चेहरे पर 'लाल-शुभ' का टीका लगा दिया है। तभी डब्बे के सामने खिड़की से सटकर बैठे किसी मुसाफिर के सामने हाथ फैलाकर तिउरा गिड़गिड़ायी।

मैं तुरन्त वहाँ से खिसककर गेट के बाहर निकल आया। गाँव जाते समय रास्ते-भर मैं तिउरा के बारे में ही सोचता रहा। परती के पास वाले रास्ते से गुजरते वक्त भी मैं उसी के बारे में सोच रहा था। झोंपड़ियों के पास एक क्षण रुका भी। पर वहाँ चारों तरफ सन्नाटा था। न सामने ओखल थी न घर में कहीं कोई आवाज। तो क्या ये सब चले गये तिउरा को अकेला छोड़कर ?

■

चेन

वैसे मशहूर बनारस की सुबह है। पर साँझ ढले रात का आलम भी कम खूबसूरत नहीं होता। दोनों बाजुओं पर पुराने तर्ज की ऊँची-ऊँची इमारतों को सँभाले हुई सँकरी

टेढ़ी सड़कें अँधेरे के समुद्र में हलकी रोशनी की राह बनाती लपलपाती मछली की तरह तैरती हुई इस छोर को चली जाती हैं। सड़कों पर इधर से इधर घूमते पैर जब रात-ढले नींद के गोदामों में बन्द कर दिये जाते हैं तब एक अजीब किस्म का सन्नाटा लिहाफ से बाहर आकर सड़कों पर सीटियाँ बजाने लगता है। कालिख की दीवालों पर रोशनी की छतें डाले दुकानें कैसी खिलौनों-सी लग रही हैं।

अभी मुश्किल से बारह बजे होंगे; सिनेमा का आखिरी शो अभी छूटा ही छूटा है कि कोहरे की चादर में रिक्शों की बत्तियाँ तक टिमटिमाती नजर नहीं आतीं। इस सन्नाटे में रिक्शे वाले भी जाने क्यों इतना उदास हो जाते हैं कि घण्टी बजाने से भी उन्हें नफरत हो जाती है। काफी दूर पैरों को घिसटने के बाद चौमुहानी पर एक रिक्शा दिखा।

सारे शहर का धुआँ बिलावजह जैसे गोदौलिया चौमुहानी पर जमता जा रहा हो।

बीचोबीच जहाँ दोनों सड़कें एक-दूसरे को काटकर धन का चिन्ह बनाती हैं, वहीं जहाँ आज-कल ट्रैफिक पुलिस ने शहर में बढ़ती हुई रिक्शों की तादाद को सँभालने के लिए तारकोल के खाली टिनों से गोल घेरा डाल रखा है, वह रिक्शे की सीट पर उठंगकर बैठा था जैसे पुलिस वालों की गुस्ताखी का दिल खोलकर मजाक उड़ा रहा हो, जो उसे अपने होते उस जगह पर कभी रिक्शा खड़ा करने नहीं देते।

''बाबू बिसबिद्दाले !''

···लो भाई, यह खाली रिक्शा ही नहीं चलाता जासूसी भी करता है ! मैं मन-ही-मन खुश भी हुआ कि चलो हुलिया कोई बुरा नहीं। वैसे न मैं सीटी बजा रहा था न पैण्ट में हाथ डाले सिगरेट ही पी रहा था, न किसी अगल-बगल चलने वाली लड़की की ओर ताक-झाँक कर रहा था और न मेरे साथ कोई अपना पार्टनर ही था जिसे चुनिन्दा गालियों का खिताब देते हुए बेमाँगा प्यार ही लुटा रहा होऊँ—फिर इस कमबख्त रिक्शे वाले को कैसे मालूम हुआ कि मैं बिसबिद्दाले जाऊँगा ? बहरहाल मैं उसके रिक्शे पर कूदकर यों बैठा जैसे 'बिसबिद्दाले' जाने वाले लड़के बैठते हैं। मगर इस रिक्शे वाले को इतनी भी तमीज नहीं कि 'बिसबिद्दाले' जाने वालों के बैठने लायक सीट तो रखे। सारी दुनिया में इनकलाब आ गया—इलाहाबाद तक में मुलायम गद्दी वाले रिक्शे चलने लगे—पर इन जनाब को इसकी कोई खबर ही नहीं, बिलकुल बनारसी साहित्यकारों की तरह अलमस्त पड़े हैं, गोया सारी दुनिया से जब नयी कविता उठ जायेगी तब ये 'आधुनिक सेंसिबिलिटी' की बात करेंगे—धत् तेरे की !

''बाबू बिसबिद्दाले ही न ?''

मुझे गुस्सा आया और मैंने पाकेट से सिगरेट निकालकर जला ली और जवाब में धुएँ की रिंग बनाकर दिखा दिया। वह मुसकराया और विश्वविद्यालय जाने वाली

सड़क पर चल पड़ा।

चौराहे की एक तरफ पुराने फैशन के बने एक ऊँचे मकान के पक्खे में हरे रंग के चमकीले अक्षरों में सिनेमाघरों में चलनेवाली तसवीरों के नाम जल-बुझ रहे थे, कुहरे में लिपटी सड़क पर दूर-दूर तक फैली हुई बिजली के लट्टुओं की रोशनी मकड़ी के जाले में फँसे जुगनू की तरह मचल रही थी। उसका रिक्शा अपने ढाँचे को बुरी तरह झकझोरता चल पड़ा। अभी मुश्किल से आठ-दस कदम ही गया होगा—यही समझिए चौराहे से वह घोड़ों-इक्कों वाली कतार के पास आया होगा जहाँ सूखी घास-लीद और बगल के पेशाबखाने की गन्ध में ऊँघते हुए कीचड़-भरी आँखों को मुलमुलाते घोड़े यों खड़े रहते हैं जैसे घोड़े न हुए किसी मुरदा-चिड़ियाघर में रखी ठठरियाँ हैं और जहाँ पास में एक-दूसरे के रिक्शे को ठेलकर आगे बढ़कर सवारियाँ छीनने को उत्सुक रिक्शे वाले हर समानधर्मा को वज्र देहाती बताकर अपने को गन्दे शब्दों का कोशकार साबित करते फूले नहीं समाते—उसने रिक्शे में ब्रेक मारी और धीरे से उतरकर पीछे की ओर मुड़ा।

"क्या हुआ ?"

"चेन उतर गयी।"

"हूँ !"

गहरी रात में रिक्शा रुका, तभी जैसे ऊपर से काली बरफ का एक पूरा ढोका ढुलककर मेरे ऊपर आ रहा। गति भी एक कवच है शायद जो प्रकृति की अवरोधक हदों को चीरकर निकल जाती है।

उसने रिक्शे को आगे-पीछे खींचा, थोड़ा-सा दौड़ाकर पहियों को रफ्तार अता की और उछलकर अपनी सीट पर बैठ गया।

रिक्शा निशात के आगे बढ़ा तो पीछे से एक गहरेबाज रिक्शे वाले ने घण्टी मारी। वह इस रिक्शे के एकदम पीछे आ गया था। मैंने मुड़कर देखा तो पीछे वाला रिक्शेवान मुसकरा रहा था। मुसकराता था तो हैण्डिल पर देखता था जिसमें छोटे-बड़े तिकौने-चौकोर आकार के तीन-चार शीशे जड़े थे—लाल, गेंदे की एक माला भी लटकी थी और हरे-लाल कागज की बनी एक फिरकी भी उसकी बत्ती के पास लगी हुई थी।

"ए गहरेबाज !" मेरा रिक्शे वाला तमतमाया, "बगल से क्यों नहीं निकाल लेता ?"

"रोकना था तो हाथ क्यूँ नहीं दिया तूने ? देहाती भुच्चड़ !" शीशे वाला बोला और झुककर रिक्शे में अपनी प्राण-कट मूँछ निहारने लगा।

उसके रिक्शे पर दो औरतें बैठी थीं : एक जोरदार जोड़ा भगवान् की अजूबा सृष्टि में भी कभी-कभार ही दिखाई पड़ता है। दोनों जैसे जुड़वा बहनें हों : एक ही आकार, एक ही नाक-नक्श। उन्हें जिधर से देखिए बस एक बड़ा अण्डा मालूम

होतीं, या कहिए अण्डों का अण्डा। आँख, कान, नाक, मुँह—अलग-अलग सब अण्डे और सब मिलकर भी एक बड़ा-सा अण्डा; यानी उस रिक्शे पर दो अण्डे थे बड़े-बड़े। किसी मामूली चिड़िया-विड़िया के नहीं, जेट विमान के अण्डे जैसे।'

शीशे वाला रिक्शा अभी बराबरी में आया ही था कि इस फिसड्डी की फिर चेन उतर गयी थी, ''क्या हुआ, फिर चेन उतर गयी ?''

उसने 'ब्रेक' लगाकर रिक्शा रोका और बिना कुछ बोले पहियों के पीछे चला गया। तभी आगे वाले रिक्शे से अजीब हलकोरेदार हँसी खड़खड़ायी जैसे अण्डे तोड़कर कबूतर बाहर निकलने के लिए फड़फड़ा रहे हों।

मुझे बड़ा गुस्सा आया। लगा कि फड़फड़ाते हुए कबूतरों ने मुझे अनजाने ही शिकस्त दे दी है।

उसने चेन ठीक की और फिर रिक्शे को डगराकर सीट पर बैठ गया। पर इस बार उसके बैठने में हुमक न थी। वह खुद जैसे शीशे वाले रिक्शे से हारकर शर्मिन्दा हो गया था।

सोनारपुरा के सामने से वह भेलूपुर वाली सड़क पर मुड़ गया। बेलवारिया की नयी कॉलोनी के मोड़ तक उसकी चेन नहीं उतरी। मैंने राहत की साँस ली। सामने के पक्के कुएँ की जगत पर चार-पाँच खिलन्दड़े बैठकर बीड़ी फूँक रहे थे और समवेत कण्ठ से कोई सिनेमाई सस्ती गजल गा रहे थे। उनमें से एक खिलन्दड़ा अपने से छोटे और नाजुक बदन के एक छोकरे को कुश्ती के दाँव सिखा रहा था।

''अभी पुलिस ने सबको पकड़कर खूब पीटा था, मगर इनकी आदत नहीं छूटी !'' रिक्शे वाला भुनभुनाया और जरा जोर से पैडल पर हुमक कर लात मारी। तभी खट्‌की आवाज करके चेन फिर उतर गयी।

मुझे इस बार बड़ा गुस्सा आ गया।

''कहाँ से यह जाकड़ी रिक्शा उठा लाये हो तुम ? दो मील के भीतर बीस बार तुम्हारी चेन उतर रही है। तुम्हारे जैसे रिक्शे वाले मिल जायें तो बस हो जाये !''

मेरी बात से वह तिलमिलाकर रह गया। ब्रेक लगाकर उतरते ही वह पीछे की तरफ मुड़ा।

''अपने तो चला गया और यह खटाला मेरे गले बाँध गया। दिन-भर सवारियों से गाली सुनते-सुनते नाकों दम हो गया है।''

मैं एक क्षण चुप रहा। वह चेन उतरने के डर से धीरे-धीरे पैडल मारता चला जा रहा था।

''कौन यह खटाला तुम्हारे गले बाँध गया ?''

वह कुछ न बोला। एक बार गरदन घुमाकर उसने मेरी ओर देखा। उसकी छोटी-छोटी पनीली आँखों में अजीब तरह का भाव था, जैसे कह रही हों : आपसे मतलब ? चेन उतर रही है तो उतर रही है, मगर इसका मतलब यह तो नहीं कि

इसके लिए सारी बातें आपको बता दूँ।

मैंने यह तय कर लिया कि अब की इसकी चेन उतरी तो भी चुप रहूँगा। शायद मेरी बात का बहुत बुरा मान गया है। मैं चुपचाप कोहरे में लिपटे खेतों को देखता रहा। मुड़कट्टे के पास का सिवान मुझे बहुत अच्छा लगता है। प्रकृति का यह टुकड़ा जैसे शहर की सारी बेरौनक इमारतों को आर-पार धकेलकर अपने अस्तित्व का ऐलान कर रहा हो। हरियाली के उस पार 'वॉटर वर्क्स' की कतार बँधी बिजली की बत्तियाँ चलते रिक्शे से ऐसी लगतीं मानो झुरमुट से रेलगाड़ी चली जा रही हो।

रेणुका-मन्दिर के सामने आकर चेन फिर उतर गयी। मैं चुप रहा। पर वह बहुत गुस्से में था। उसने इस बार 'ब्रेक' को रबड़ के मोटे कल्ले से अटका दिया और सड़क से लगे गुमटीनुमा शिवाले के पास जाकर, इधर-उधर आँखें दौड़ाकर कुछ ढूँढ़ता रहा। एक आधी टूटी हुई ईंट लेकर वह लौटा और पहियों की धुरी के पास बैठकर उसने तड़ाक्-तड़ाक् पीटना शुरू किया।

"साला अपने तो मर गया और मुझे इस सग्गड़ में बाँधकर चला गया। कहा कि यह कूड़ा किसी कबाड़ी की दुकान पर डाल दे तो बुढ़वा बिफरकर चीख उठा—इसे डेढ़-सौ रुपिया लगाकर सरूप ने खरीदा था बचवा !" उसने आवाज की नकल उतारते हुए कहा, "अरे हम भी मर जावेंगे तब भी ऊ डेढ़-सौ रुपिया का करज नहीं पटेगा बुढ़ऊ, हाँ !"

उसने ईंट बिना मुरव्वत एक तरफ फेंक दी और रिक्शे की सीट पर बैठ गया। कुछ दूर चल चुका तो मैंने पूछा, "यह सरूप कौन था ?"

इस बार फिर उसने गरदन मोड़कर मेरी तरफ उन्हीं पनीली आँखों से देखा, "मेरा बड़ा भाई था सरकार !"

"मर कैसे गया ?"

"निमोनिया से।" उसने यों कहा जैसे निमोनिया से मरा आदमी निश्चय ही स्वर्ग जाता है।

"तुम्हारे और कौन-कौन हैं ?"

"बूढ़ा बाप है, बड़े भाई की औरत है, दो-दो बच्चे हैं !" उसने हाथों को पीछे झटककर पूरी हथेली मेरी आँखों के आगे हिलाते हुए कहा, "पाँच-पाँच परानी का पेट भरना पड़ता है सरकार !"

थोड़ी दूर ही और गया होगा कि उसकी चेन फिर उतर गयी। इस बार उसने दुगुने क्रोध से ब्रेक मारा तो मुझे अचानक हँसी आ गयी।

"देखो, फिर चेन उतर गयी तुम्हारी !" मैंने हँसते-हँसते कहा, "गुस्सा होने से ज्यादा जल्दी-जल्दी चेन उतरती है, समझे !"

वह हँसने लगा—

"यह हमेशा-हमेशा के लिए उतर जाती बाबू तो भी गला छूटता। यह ऐसे ही उतरती रहेगी और हम इसे ऐसे ही चढ़ाते रहेंगे, है कि नहीं ?"

मैं कुछ न बोला।

■

अँधेरा हँसता है

उस दिन गाड़ी थोड़ी देर से पहुँची। शाम तो बहुत पहले हो गयी थी, पर अब तक पश्चिमी आकाश में बुझते सूरज की जो रही-सही ताँबिया लाली थी वह भी अब जिस्म को बिल्कुल ढीला छोड़कर नीले समुद्र में पूरी तरह उतरती चली गयी। बनारस छावनी के प्लेटफॉर्म पर काफी भीड़ थी। गाड़ी रुकी। कुली पूरी भीड़ को उतारने में व्यस्त थे। लाचार मैंने बक्स और बिस्तरा उतारा। पत्नी की गोद से मुन्ने को सँभालते हुए मैं सपरिवार प्लेटफॉर्म पर खड़ा हो गया। गेट पर काफी धक्का-धुक्की थी। सोचा थोड़ी देर ही सही कुली एक खेप पहुँचाकर फिर लौटेंगे तब इतमीनान से चलेंगे इसलिए मैंने पत्नी को, उनकी गोद में मुन्ने को देते हुए, बक्से पर बैठ जाने का संकेत किया और आप इधर-उधर चहल-कदमी करने लगा।

"बाहर चलना है बाबू ?" कुली पूछ रहा था। पता नहीं वह किधर से आकर पत्नी के सामने खड़ा हो गया।

"हाँ भई, चलना तो है," मैंने कहा और कुली के चेहरे को देखकर अवाक् रह गया। लम्बे-लम्बे, कड़े, सुईनुमा बालों से उसका पूरा चेहरा ढँका था, वही औसत से अधिक मोटी नाक, वही सिकुड़ा हुआ ललाट जिसका गोरा रंग या तो उड़ गया था या शाम के धुँधलके में बहुत काला लग रहा था।

कुली मेरी ओर एक लमहे तक देखता रहा, फिर उसने आँखें झुका लीं।

"अर्जुन पाण्डे !···आप ? ···इस तरह···यहाँ ?"

उसने कुछ कहा नहीं। धीरे-धीरे बक्से को उठाया और घुटने का सहारा लेकर सिर पर रख लिया। बिस्तरे की पेटी ढीली थी जिसे उसने बाँह में डाला और बण्डल को काँख में दबाकर फाटक की ओर चल पड़ा। हम चुपचाप उसके पीछे हो लिये। मैं न जाने कितनी तरह के विचारों के बवण्डर में घुमड़ता रहा।

रिक्शे पर सामान रखकर अर्जुन पाण्डे ने धीरे से मेरी ओर देखा। झुर्रियों में धँसी उन आँखों में अचानक एक चिलक-सी कौंध गयी। मैंने धीरे से पॉकेट से एक रुपये का नोट निकालकर बड़ी परेशानी से उसकी ओर बढ़ाया। तभी वह बुरी तरह हो-हो करके अट्टहास कर उठे।

"तो आपने, लल्लू भैया, मुझे सचमुच का कुली समझ लिया, ऐं ?" और वह फिर उसी तरह फटे बाँस की तरह खरखराती आवाज में हँसने लगे, "अरे भाई, मैंने तो बहू और मुन्ने को देखते ही पहचान लिया। कमिश्नर साहब के बँगले की ओर जा रहे थे, सोचा, पहुँचा दें। पता नहीं कब तक बेचारे यहीं प्लेटफॉर्म पर बैठे रहेंगे।" वह अचानक चुप हो गये।

मैं उनसे बहुत-कुछ पूछना चाहता था, पर पूछ न सका। वह एक झटके से मुड़े और भीड़ में खो गये।

अर्जुन पाण्डे उस तरह के इन्सानों में हैं जिन्हें या तो लोग बार-बार की पढ़ी हुई हनुमान चालीसा की किताब मानते हैं जिसकी चौपाइयाँ एकदम साफ हैं और जो संकट में भले ही एकाध बार बाँच ली जायें, फुरसत के वक्त तो हमेशा ही नीरस लगती हैं, या फिर उस तिलस्मी कुंजी की तरह जिसके अंक और बेढंगे अक्षरों का रहस्य समझ पाना सबके बलबूते का काम नहीं, इसे तो कोई सयाना ही जान सकता है। हम उन्हें तब जानने लगे जब जानने योग्य हो गये क्योंकि गाँव में अर्जुन पाण्डे सबसे बातें करते—नवयुवकों से, प्रौढ़ों से, नौकरों से, चरवाहों से, खेतों में काम करने वाली धानकटनी या रोपनेवालियों से, भाभियों से, कभी-कभार कम उम्र की चाचियों से भी पर उन्हें बच्चों और बूढ़ों से बात करना कतई पसन्द न था। बूढ़ों से वह बड़ी बेमुरव्वती से पेश आते और खूसट कहकर टाल देते। बच्चों के प्रति उनकी दृष्टि हमेशा उपेक्षा की रहती। कभी-कभार गली से गुजरते हुए किसी बच्चे की नटखट अदाएँ उन्हें भा जातीं, तो वह उसे पुचकार देते। मगर उपेक्षा का बन्धन कभी ढीला न होता। शायद वह समझते थे कि उनका व्यक्तित्व इन अबोध प्राणियों की समझ में क्या आ पायेगा—लड़के हैं खेलें-कूदें, बड़े आदमियों की बात में दखल देना, ठुनकना, हठ करना सहानुभूति या प्रोत्साहन पाने की कोशिश करना अथवा रोना-गाना उन्हें बहुत बुरा मालूम होता और वह अकसर बच्चों को झिड़ककर दूर भगा देते।

मुझे याद है। उस शाम को जब हम स्टेशन के स्कूल से बस्ते दबाये अपने-अपने घरों को लौट रहे थे तो हरिया आया और बीच रास्ते में खड़ा होकर बोला, "कोई घर को न जाये, सब चलो फुद्दू काका की झोंपड़ी में पाण्डे चाचा बुला रहे हैं।"

सामने फुद्दू काका की झोंपड़ी में चारपाइयाँ लगी थीं और अनेक जन मुसकराते हुए, अकड़ के साथ गरदन को झटका दे-देकर बातें कर रहे थे; पर आँखें सबकी हमारी ही ओर लगी थीं। हम चुपचाप अपराधी की तरह मुँह लटकाये झोंपड़ी के

बाहर आकर खड़े हो गये थे।

''आज पता चलेगा !'' अपनी कानी आँख को बुरी तरह सिकोड़कर बाबू भिक्खन सिंह बोले, ''फीस के रुपये का कुछ फायदा भी है कि डाँड़ ही जा रहा है, आज खुल जायेगा सब !''

''क्या यार, बेमतलब टर्र-टर्र हाँकते हो ! हाँ तो, अर्जुन बेटा, पूछो कुछ, आज इत्मीहान लेई लो इन लोग का !'' फुद्दू काका ने हुक्म दिया।

हम लोग चुपचाप बगल की चौकी पर बैठ गये थे, मगर दिल में धुकधुकी जारी थी—आज हम लोगों के सारे भविष्य का जैसे फैसला होने वाला था। गाँव में रहकर, स्टेशन के स्कूल में जाकर फीस में हर महीने रुपये अदा कर, अँगरेजी पढ़ने का अपराध हम चार-पाँच लोगों ने ही किया था। सो, आज जनता-जनार्दन के सामने अपनी सफाई देनी ही पड़ेगी। पता नहीं अर्जुन पाण्डे क्या पूछेंगे ? वह स्टेशन पर पोर्टर थे और स्टेशन-मास्टर से धड़ल्ले के साथ अँगरेजी में बातें करते थे।

''ह्वाट इज योर नेम ?'' अर्जुन पाण्डे ने गोली दागी।

''सर, माई नेम इज घूरे,'' लड़के ने झेल लिया।

अर्जुन पाण्डे ने बारी-बारी से हर लड़के से यही सवाल किया, और उसने यही जवाब दिया। अब की मेरी बारी थी, पाण्डे ने थोड़ा खाँसा-खँखारा, ''लल्लू बाबू, आप तो सबसे बड़े हो न, तो तुमसे दूसरा सवाल करेंगे।''

मैं चुप रहा।

''ह्वाट योर फादर ?'' पाण्डे ने जमकर पूछा।

''इसका क्या मतलब हुआ ? यह तो कोई सवाल नहीं है !'' मैंने निधड़क कहा।

अर्जुन पाण्डे थोड़ा घबराये। अगल-बगल के लोग हिल-डुलकर बैठ गये।

''मेरा मतलब है कि तुम्हारे पिताजी का क्या नाम है ?'' वह सकुचाते हुए बोले।

''मगर आपने तो गलत पूछा। पूछना चाहिए था—ह्वाट इज योर फादर्स नेम ?''

''हाँ-हाँ, वही बात हुई।''

''वही बात कैसे हुई ?'' घूरे अकड़कर बोला, ''आपका तो सेण्टेन्स ही गलत है !''

सब लड़के जोर से हँस पड़े।

''तुम लोग बिलकुल बेहूदा हो, मूर्ख हो ! तुम किताबी अँगरेजी की बात करते हो, मैंने साहबी अँगरेजी में पूछा। कोई इसको गलत काट दे तो मैं उसकी टाँग के नीचे से निकल जाऊँ, हाँ !''

''अरे भाई, इसमें झण्टा-टण्टा कइसा ?'' फुद्दू काका बोले, ''आज सब फैसला

हो जायेगा। बब्बनजी आये हैं, अभी-अभी ताल की ओर फरागत होने गये हैं। आइ जाते हैं, बस फैसला होइ जायेगा।''

बब्बनजी फुद्दू काका के दामाद थे, कहीं किसी ऑफिस में क्लर्की करते थे। फुद्दू काका को इस बात पर बड़ा गुमान था कि उन्होंने अपनी लड़की की शादी अँगरेजी पढ़े नौकरिहा नौजवान से की है। अर्जुन पाण्डे थोड़ा कसमसाये, ''इसमें इतनी जल्दी क्या है, फुद्दू बाबू ? फैसला तो हो ही जायेगा। बाकी, हमें तो अभी स्टेशन जाने की जल्दी है। फिर कभी !''

अर्जुन पाण्डे ने फुद्दू चाचा की हुंकारी का भी इन्तजार नहीं किया, चुपचाप उठे और स्टेशन की ओर लपक चले। उनके इस पलायन का अर्थ मानो सबको साफ हो गया था, इसीलिए सभी मुँह को थोड़ा विद्रूप करके एक-दूसरे की आँखों में इशारे से कुछ कहने लगे थे।

अर्जुन पाण्डे के कोई भाई न था, माँ थी सो पिछले साल चल बसीं। जजमानी में मिली एक-दो बीघे जमीन थी, सो बिना कोड़े-गोड़े परती हो चली। पर अर्जुन पाण्डे थे कि उनको जैसे कोई परवाह नहीं थी। स्टेशन-मास्टर बंगाली था। पहले तो बड़ा झिझका, पर जब अर्जुन पाण्डे स्टेशन पर जम ही गये तो बेचारा क्या करता ? पाण्डे थे कि नदी से मछली लाते, खोखा-खोखी को नहलाते-धुलाते, बाजार से साग-सब्जी खरीद लाते : और तब लाचार स्टेशन-मास्टर को एक जगह बनानी ही पड़ी थी और उसने पाण्डे को गोदाम में पोर्टर कर दिया था। वैसे पाण्डे थे तो पोर्टर ही, मगर बहुत जल्दी वे स्टेशन के नामी-गरामी आदमी हो गये। बंगाली से टूटी-फूटी अँगरेजी सीखकर ड्राइवरों, गार्डों और तहकीकात के लिए आये स्टेशन-इन्स्पेक्टरों से अँगरेजी में बातें करने लगे। वे उनकी बातें सुनकर मुसकराते, मगर पाण्डे थे कि मुसकराहट को बड़े इत्मीनान से इत्र के फाहे की तरह कान में खोंस लेते और अपनी बात को जारी रखते। बंगाली बाबू गाड़ियों का वक्त बताकर अकसर पाण्डे को अपने कमरे की देख-भाल करने का काम सौंपकर क्वार्टर पर चले जाते और पाण्डे बड़ी गम्भीरता से, कण्ट्रोल से अथवा अगल-बगल के स्टेशनों से अपने परिचय का विस्तार नापते रहते।

उस दिन हमें बड़ा अचम्भा हुआ जब सुना कि पाण्डे नौकरी से अलग कर दिये गये। गाँव में खबरें भी अजीब ढंग में फैलती हैं। नौकरी लगती है, छूटती है : शहर में कोई ध्यान भी नहीं देता, मगर गाँव में तो एक हंगामा-जैसा मच जाता है। जिधर देखो, बस पाण्डे की चर्चा। यह इतनी दिलचस्प खबर थी मानो कोई चार बच्चों का बाप औरत हो गया हो। कुएँ के पास, दालान में, चौराहों पर, सिवान पर, रास्ते में बस एक ही खबर कि पाण्डे नौकरी से निकाल दिये गये। इत्ती ही खबर होती तो शायद इतनी रंगीन न होती, इसलिए वार्निश भी लगी कि पाण्डे को बंगाली बाबू ने कई थप्पड़ भी जड़ दिये हैं। लोग आँखें बिछाये पाण्डे के आने का

इन्तजार करने लगे। मगर पाण्डे थे कि हौलदिली बढ़ाने की जैसे कसम ले ली हो। चौबीस घण्टे हो गये, मगर गाँव की ओर पैर ही न उठाया।

आखिर वह समय भी आया कि फुद्दू काका की मड़ई में भीड़ जमी और पाण्डे को अपने अपमान का विवरण सुनाने का हुक्म हो गया। हम सब आये थे, पाण्डे की आँखों में ग्लानि का परदा टाँगने या देखने कि उन्होंने अपने चेहरे को किस तरह मुड़-मुड़ाकर पिचका बैलून बना लिया है। पर पाण्डे के सदाबहारी चेहरे पर ग्लानि तो दूर मामूली शर्म का भी नामोनिशान न था। वह वैसे ही चहकते हुए बोले, "बात यह हुई, फुद्दू बाबू, कि पंजाब मेल का टाइम हो गया था। बंगाली बाबू हमको बोले कि पाण्डे जरा मेल पास करा देना। खोखा थोड़ा रुग्ण है, हम क्वार्टर जा रहा है। मैं बोला, बंगाली बाबू, आप कुछ फिकर मत करो। आप समूचा टेशन का भार हमको सौंपकर कहीं भी जा सकते हो। बंगाली बाबू चले गये। मैं रह गया, पैण्टमैन रामदीन, एक खलासी भी था कल्लू और माल गोदाम का पल्लेदार झिनकू। जाड़ा भी साला देखते ही हैं, कितना कटीला है : हाड़-हाड़ हिला देता है। झिनकू ने एक बोरसी में झाईं का कोयला धधका दिया था। और हम चारों जने बैठकर ताप रहे थे। इतने में साला फोन आया कि मालगाड़ी जाय रही है। हमने रामदीन से कहा कि भैया थरू दे दो, जाये साली जहन्नुम में ! आगे वाले टेशन पर ठेल दो। देगा वही शंटिंग-फंटिंग। अभी तो मेल के आने में पौन घण्टा की देर है। सो दे दिया थरू। गाड़ी आयी-गयी। हम लोग मजे से आग तापते रहे। कलुआ भी एक गप्पी है। साले को भूतों के एक-से-एक किस्से याद हैं, ऐसे कि सुनो तो रोंगटे खड़े हो जायें। अन्हरी पुल के भूतों का करिश्मा तो आपने भी सुना होगा। कलुआ वही सुनाय रहा था। तभी फोन टुनटुनाया—हाँ-हाँ, हेलो ! हमने तीन दचक्का मारा। मेल छोड़ दिया था। हम रामदीन को फिर थरू के लिए बोला और आकर कहानी में खो गया। बस, तभी एकाएक कनाडियन इंजन का भोंपू बजा। मेरा तो भैया, होश फाख्ता हो गया। उछलकर लप से खड़े हो गये। पटाक से होम सिगनल का गिरा हुआ डण्डा झटककर उठा दिया। सभी घबराकर हमारे पास खड़े हो गये। लगे साले टुकुर-टुकुर ताकने, जैसे हमको भूत लग गया हो। हमने कहा, अरे सालो, हथकड़ी पड़ जायेगी। वह मालगाड़ी साली पता नहीं अगले टेशन पहुँची कि नहीं और यह साला डरायवर है कि भूत है, अभी सिगनल दिया नहीं कि आकर हाजिर ! रामदीन हरी-लाल लालटेन की लाली दिखाय रहा था कि कहीं पियक्कड़ डरायवर ने ख्याल किया कि नहीं। बारे, उसने इंजन बाँधना शुरू कर दिया था। गाड़ी प्लेटफॉर्म पर रुक गयी। हम घबराये हुए अपनी सफाई देने के लिए दौड़े डरायवर की तरफ।

"बात यह हुई, डरायवर साहब, कि अभी आगे मालगाड़ी गयी है, लाइन क्लीयर नहीं है।" उसकी आग उगलती आँखें देखकर मैं हकलाया, गलती हो गयी···कि उसने धड़ाधड़ तीन-चार थप्पड़ जड़ दिये मेरे को। बोला, तुम हरामी मालगाड़ी छोड़ा

क्यों ? ओ तो कहो, बीच-बचाव करके रामदीन और कलुआ ने उस कमीने बन्दर की औलाद को एक तरफ किया, नहीं तो वह साला सिकंजे में मेरा नेटुआ भी चाँप देता। झिनकुआ दौड़कर बंगाली बाबू को बुला लाया। मामला रफा-दफा हो गया। फोन करके पूछा तो पता चला कि मालगाड़ी अगले टेशन पर रोक ली गयी है। मेल को लाइन क्लीयर मिल गयी। गार्ड बाबू बंगाली था। सो, टेशन मास्टर बाबू से बँगला में हँसने लगा। गाड़ी चली गयी। उधर गाड़ी टेशन से खिसकी, इधर बंगाली बाबू का गुस्सा चढ़ा—अर्जुन पाण्डे, तुमको हम भालोमानुस जानता था, परन्तु तुम एकदम से रॉटेन है। निकल जाओ यहाँ से ! डिसमिस ! मैं कुछ कहता-सुनता कि बंगाली बाबू अपनी कुरसी पर धसककर पसर गये। बहुत कहा, मगर कुछ ख्याल ही नहीं किया। हमने भी कहा कि, जाओ, तुम कोई विधाता हो कि तुम्हारे हाथ में मेरा करम-लेख है ? हुँह। मैं भी गमछा झटकारकर चला आया बस।"

"तो थप्पड़ डिराइवर ने मारा आंय ?" फुद्दू काका धीरे-धीरे फिरोजी हँसी हँसकर बोले। उनकी हथेली पर रखी खैनी में अँगूठा काफी मटकने लगा था।

"और नहीं क्या ?" पाण्डे यों बोले, मानो थप्पड़ नहीं रसगुल्ला खाकर आये हों।

पाण्डे की यह आदत मुझे बहुत अच्छी लगती थी। वह अकसर कहते कि देखो भाई, दुश्मन की कभी निन्दा नहीं करनी चाहिए, वरना फिर तुम्हारी बिसात का पता चल जायेगा। लड़ो, खूब ठाठ से लड़ो, मगर विरोधी की इज्जत का ख्याल रखो। हमेशा सच कहो, चाहे वह अपने खिलाफ ही क्यों न पड़े।

पाण्डे की कहानी से जाहिरा सब लोगों को दुःख हुआ हो, लोगों ने सहानुभूति दिखायी हो, मगर कई लोग मन-ही-मन काफी खुश हुए कि चलो अच्छा हुआ, बड़ा चालाक और बुद्धिमान लगाता था अपने को। लोग खेत-जमीन जोतते हैं, गोबर निकालते हैं, दाना-पानी करते हैं, दिन-रात खून-पसीना करके एक करते हैं, तब कहीं दो जून रोटी मिल पाती है; और यह है पण्डवा कि हर्र लगे न फिटकरी माल चोखा, काकुल में तेल चुलाये टेशन पर मटरगस्ती करता रहता था।

किन्तु लोगों की यह खुशी बहुत दिनों तक कायम न रही, क्योंकि नौकरी छूट जाने पर भी न तो पाण्डे की काकुल में कोई फर्क आया न उनसे टपकते हुए तेल में।

उस दिन टुन्नू मिसिर के दरवाजे पर काफी भीड़ लग गयी थी। उनके बहनोई सिचन्न महाराज नामी रामायणी थे। लोग-बाग कहते थे कि उनकी कढ़ाई हुई बानी को उठाने की हिम्मत आस-पास के किसी गवैये में नहीं है। सिचन्न महाराज के बाल खिचड़ी हो गये थे, पर चेहरे पर अभी भी लाली थी। गला बड़ा कसा हुआ और तेज था। अलाप से ही उनके रियाज का पूरा पता चल जाता था। गाँव के कुछ नवसिखुए एक तरफ बैठे—न सही···जोड़ का तोड़, महाराज जी को कुछ सहारा

तो रहेगा। कुछ-न-कुछ मौज-मस्ती आ ही जायेगी। टुन्नू मिसिर बड़े व्यस्त थे लोगों की आवभगत में, मगर उनकी नजर हमेशा सिचन्न महाराज पर लगी थी। हर पाँच मिनिट पर वह पानी के लिए, गाँजे के लिए, पान-बीड़ी के लिए पूछते रहते। उनके पाँव धरती पर न पड़ते थे, जैसे हजार रुपये का उदन्त बाछा दरवाजे पर बाँध दिया हो। सारा दिहात जहाँ टूट पड़ा था, अर्जुन पाण्डे ऐसे मौके पर चूकने वाले जीव न थे। बारे, वह भी एक तरफ गवैयों के बीच झाल लिये बैठ गये। सिचन्न महाराज ने पक्की तर्ज की एक बानी गायी और रामायण की फुलवारी वाली चौपाई के साथ बाँधकर पूरे गले में चढ़ा दिया। अब उठाये कोई दूसरी ओर से। गाँव के लौंडे घिघियाकर रह गये। किसी की झाल छुनककर मौन हुई तो किसी का गला काँप कर फिस्स। ढोलकिया अलग हथेली रगड़ रहा था। टुन्नू मिसिर की बाँछें खिली जा रही थीं। किसी तरह ले-देकर दोहा पूरा हुआ। पान-गाँजे की दम लगी। सिचन्न महाराज से दूसरे दोहे की फरमाइश होने लगी। उन्होंने चारों तरफ देखा, जैसे लोग-बाग खामखाह उन्हें परेशान करने पर तुले हों। उन्होंने यों गरदन झटकी, जैसे नवचा बाछे के साथ हल में जुता पुराना बैल कान्ह तोड़ता है। तभी बीच में ही अर्जुन पाण्डे बोल पड़े, "महाराज जी, आपका तो हो गया। अब हम एक ठो बानी उठाते हैं, उसे आप अदा करें तो जानें !"

सब लोग मुसकराये। सिचन्न महाराज ने पाण्डे को घूरकर देखा। फिर मुसकराकर बोले, "हाँ-हाँ, उठाया जाय !"

पाण्डे ने एक क्षण रुककर, खाँसकर गला साफ किया और फिर झाल को परस्पर टकराकर एक सिनेमाई गाना बेसुरे कण्ठ से बिना होठ मुरकाये उठा दिया और गले को पूरी ऊँचाई तक खींचकर गरदन को यों झटका दिया, गोया कह रहे हों—चलो सँभालो, उठाओ तो जानूँ !

सिचन्न महाराज ने मुसकराकर धीरे से कहा, "यह तो, भाई, हमसे नहीं उठेगा !"

"नहीं उठेगा न, वो मैं जानता था ! न आपका गाया हम अदा कर सकें, न हमारा गाया आप; है न ? तो हो गया मामला बराबर !"

पाण्डे ने ये बातें इतनी गम्भीरता से कही थीं कि टुन्नू मिसिर को तैश आ गया। बोले, "अरे हाँ, हो गया बराबर ! कहाँ राजा भोज, कहाँ भोजुआ तेली ! छिः !"

उन्होंने और कई गन्दे मुहावरे एक साँस में सुना दिये, मगर पाण्डे पर इसका कोई असर न हुआ, वह बहुत सन्तुष्ट थे कि एक अच्छा काम एक अच्छे समय पर उन्होंने कर दिया और गाँव की लाज रख ली। अब चाहे कोई भौंके या रेंके : उन्हें क्या करना।

बहुत दिनों क्या वर्षों तक उसके बाद पाण्डे से मुलाकात न हो सकी। मैं हाई स्कूल पास करके बनारस चला आया। कभी-कभार गाँव जाता भी तो पाण्डे कहीं

इधर-उधर निकल गये होते, भेंट न हो पाती। करीब पाँच-छह साल के बाद एक दिन अचानक मिल गये। मैं हिन्दू विश्वविद्यालय के गुर्टू हॉस्टेल में रहता था। एक दिन, शाम का समय था, मैं नहा-धोकर घूमने जाने के लिए तैयार हो रहा था कि देखा : सामने अर्जुन पाण्डे खड़े हैं।

"अरे, आप ? आइये-आइये ! कैसे इधर भूल पड़े, महराज ?"

पाण्डे कुर्सी खींचकर बैठ गये। मैंने कैण्टीन से उनके लिए नाश्ता मँगवाया। वह चुपचाप चाय पीते रहे और मैं कमरे के बाहर किसी पौधे को देखता रहा। पाँच-छह साल में आदमी कितना बदल जाता है। पाण्डे की काकुलें गायब थीं, सिर पर छोटे-छोटे अधपके बाल थे, आँखें धँस गयी थीं, चेहरे पर मकड़ी के जाले उभरने लगे थे।

"बीमार थे क्या, काफी दुबले लगते हैं ?" मैंने पूछा।

"हाँ, बीमार ही थे। यह बीमारी भी, लल्लू बाबू, शरीफ लोगों के लिए काफी मददगार साबित होती है, क्योंकि इसकी आड़ में बहुत-सी बातें छुपी रह जाती हैं; है कि नहीं ? मैं पहले ऐसी बातों से नफरत करता था। मुझे कोई बीमार कहे तो गुस्सा आता था। लगता था कि यह आदमी नाहक मुझे बदनाम करने पर तुला है। मगर अब लगता है कि लोग बीमार समझते हैं तो मान लेना चाहिए, क्योंकि तब लोग सिर्फ बीमार हो सकते हैं और बहुत कुछ समझकर भी नहीं समझते।"

मुझे विश्वास नहीं हुआ कि ये थके हुए शब्द अर्जुन पाण्डे के हैं।

"इधर कैसे आ गये ?"

"अरे, भाई हम तो कई साल से बनारस में ही रहते हैं, दो-एक ट्यूशनें कर ली हैं। बर्नापुल के पास ही रहता हूँ। उधर सिविल लाइन्स में कुछ काम मिल जाता है। दो ट्यूशनें हैं—एक कमिश्नर साहब के यहाँ, एक कलक्टर साहब के यहाँ। बस, दिन मौज से बीते जा रहे हैं। तुम्हारे यहाँ सेंट्रल ऑफिस में एक क्लर्क की जगह खाली थी। सोचा, शायद लह जाये। इधर टाइप-वाइप भी सीख लिया है। मन में आया, बस अप्लाई कर दिया। हेड क्लर्क के यहाँ तीन दिन से दौड़ रहा हूँ। बात ही नहीं सुनता था। कहता है कि लाचारी है, कम-से-कम मैट्रिक पास चाहिए। दुनिया भी क्या बकलोल है ! अरे, अब कैसे समझाऊँ कि मैं मैट्रिक वालों को पढ़ाया करता हूँ। आखिर जब नहीं माना तो एक चाल चली। यहाँ से सीधे लौटकर गोदौलिया गया और एक दुकान से फोन मार दिया। कहा कि मैं बोल रहा हूँ गोविन्द मालवी ! बस घिग्घी बँध गयी। कहा कि वह जो अर्जुन पाण्डे है न, वह हमारा आदमी है, उसे तुरन्त नौकरी दे दी जाये। वहाँ से फोन मारा और चटाक् पहुँचा सेण्ट्रल ऑफिस। मगर वह बूढ़ा काहे को सुने। मैंने कहा, अभी मालवीजी का फोन आया था। कहने लगा, हाँ आया तो था, मगर भाई, हम क्या करें ? ऊपर का ऑर्डर है कि नॉन-मैट्रिक न लिया जाये। उधर मालवीजी कहते हैं कि हमारा आदमी है, ले लिया जाये। अब बताइए जी, हम बीच में क्या करें ? जाइए, आप मालवीजी से लिखवा लाइये, आखिर

फोन की बात को तो कोई सबूत मानेगा नहीं।···अब क्या करता, लल्लू बाबू, बस चला आया मुँह लटकाकर।''

मैं थोड़ा खुश हुआ। मुझे लगा कि प्राण्डे में अब भी कुछ-न-कुछ बाकी है। वह आज भी अपनी असफलता का बयान बिना झिझक सुना सकते हैं। वह एकदम हारे नहीं हैं। मैं चुप रहा। कहता भी क्या। एक अजीब शून्यता से मन भर उठा था। मैं उन्हें पहुँचाने गेट तक आया और फिर सीधे कमरे में लौट आया। पाण्डे चले गये। अर्जुन पाण्डे की छाया बहुत देर तक उसी शून्यता में अपनी तस्वीरों का जाल बनाती रही।

होली की छुट्टियाँ आयीं और मैं गाँव पहुँचा। दूसरे दिन फुद्दू काका ने अपने दरवाजे पर होले की दावत दी थी। किसी तलैया के खेत से काफी बाद को बोये हरे चने मिल गये थे। काफी लुत्फ आया।

''क्यों, लल्लू बेटा ?'' फुद्दू काका ने हथेली पर रगड़कर चने की भूसी छुड़ाते हुए कहा, ''तुम गये थे कि नहीं दंगल देखने ?''

''कौन-सा दंगल ?''

''अरे, वही जिसमें अर्जुन लड़ा रहा, टौनहाल में हुआ रहा साइत।''

अर्जुन पाण्डे पास ही बैठे चने निकिया रहे थे। अपने बारे में बात होते देखकर भी उन्होंने चेहरे से कोई उत्सुकता प्रकट न की।

''मैं तो नहीं जा सका, काका, मगर पाण्डे जी लड़े थे, यह तो आज ही सुना। क्यों महराज, मुझे नहीं बताया आपने उस दंगल के बारे में ?''

कई लोगों ने उत्सुकता दिखायी, आग्रह किया। सुनी को फिर सुनने में भी एक मजा है, अगर वक्ता अर्जुन पाण्डे हों। पाण्डे जी थोड़ी देर मान-मनौवल कराके बोल पड़े, ''बात यह थी, लल्लू बाबू, कि हम तो कोई कुश्तीबाज हैं नहीं। अरे, थोड़ा-बहुत रियाज किया भी है तो उससे क्या, यह कोई अपना पेशा तो है नहीं। सो, भैया चले गये तमाशबीन की तरह। दंगल देखने का शौक अलबत्ता है। बड़े-बड़े पहलवान आये रहे। मगर पंजाबी भोलू के सामने सभी छोकरे लगते थे। कलक्टर, कमिश्नर, कोतवाल सभी बैठे थे धेरकर कुर्सी पर। बारे, भोलुआ जब जाँघिया खींचकर अखाड़े में उतरा तो सबकी नानी मर गयी। उतरते के साथ ही साला बाजू पर ताल देकर चिल्लाया : या अली, है किसी में दम-खम तो आ जाये अखाड़े में ! बस, छा गया सन्नाटा। बड़े-बड़े पहलवान थे, मगर किसी साले की आँख न उठी। कमिश्नर साहब का चेहरा लाल हो गया। बोले : बनारस की नाक कटा दोगे क्या ? अरे, उतरकर इसकी गरदन क्यों नहीं मरोड़ देता कोई ? फिर भी कोई न उठा। मुझे बड़ा तैश आ गया। क्या सचमुच विश्वनाथ नगरी की नाक उतर ही जायेगी ? बस, धोती खोलकर लँगोटा बाँधे कूद पड़ा मैं अखाड़े में। चुटकी से माटी उठाकर दिया दो रन्ना अपनी गरदन पर, और पुकार लगायी, या बजरंग···'' इतना कहकर पाण्डे जी चुप

हो गये, मानो किस्सा खत्म हो गया।

"फिर, फिर क्या हुआ ?"

"फिर क्या होता ? उसने मुझे पकड़ा और सारे बदन की गठरी-जैसी बनाकर मरोड़कर रख दिया।"

"फिर आप उससे लड़े ही क्यों ?"

"क्यों ?" इस बार पाण्डे की आँखें चमककर थिरकीं, "लड़ते न तो क्या शहर की नाक कटा देते ? अरे भाई, कोई यह तो नहीं कहेगा कि भोलुआ से कोई हाथ मिलाने को भी तैयार न हुआ; है कि नहीं ?..."

रिक्शा मकान के सामने पहुँच ही रहा था। मन शिथिल हो गया था, हवा थोड़ी सर्द थी।

"क्या सोच रहे हैं तब से ?" पत्नी ने टोका।

"कुछ नहीं, अर्जुन पाण्डे के बारे में सोच रहा था।"

"हाँ, मैं भी सोच रही थी। आखिर वे कुली का काम क्यों करने लगे ? वो तो सुना था काफी मजे में हैं।"

पत्नी ने मेरे मन की बात कही थी, पर मुझे गुस्सा आ गया। हर परिस्थिति से मान-अपमान की बिना परवाह के हाथ मिलाने वाले पाण्डे ने क्या मिथ्या मान-मर्यादा के सामने घुटने टेक दिये ? मैं विरक्त होकर बोला, "कुली का काम कहाँ कर रहे हैं ? वो तो कहते थे कि कलक्टर-कमिश्नर के लड़कों को पढ़ाता हूँ !"

"झूठ बकता था, बाबू। पगला हो गया है। हमेशा गप्प मारता है। मैं तो रोज उसे टेशन पर कुली का काम करते देखता हूँ !" रिक्शेवाला बोला।

हम चुप हो गये। रिक्शा गली में घूम गया था। म्युनिसिपैलिटी वाले भी एक हरामी हैं, यह नहीं कि इस गली में भी एक लट्टू लगा दें। कितनी घनी लगती है यह रात। चारों तरफ झन्न-झन्न, सायँ-सायँ की आवाजें कितनी डरावनी लगती हैं। लगता है, जैसे अँधेरा मुँह फाड़कर इस तरह हँस रहा हो कि सड़क की जलती हुई बत्तियों को बिना बुझाये दम ही न लेगा।

■

जंजीर, फायरब्रिगेड और इन्सान

उस दिन शाम आयी तो भी रोज की तरह खुशी न आयी। पता नहीं कौन-सी गन्ध होती है, कौन-सा रंग होता है, कौन-सी कशिश या तड़प होती है जिसे मूक जानवरों की आँखें, पेड़-पौधों के पत्ते, घास और तिनके तक दूर से ही पहचान लेते हैं और खुशी की उमंग में हिलना-डुलना एक-ब-एक छोड़ देते हैं और फिर तब चारों तरफ ऐसा एक सन्नाटा दम-साधे फैल जाता है कि जिसके किसी भी हिस्से का स्पर्श आदमी के जी में सड़ी लाश की छुवन-सा चुभ जाता है और तब मन रह-रहकर अपने बहाव को सँभालते हुए भी पकड़ से छूट-छूट जाता है।

उस दिन शाम को जब मैं घर से निकलकर घूमने चला तो मुझे लगा कि यह उदासी सिर्फ यहीं नहीं है, या कि इसके विस्तार को सिर्फ इस सड़क या उसके दोबाजू फैले खेतों में समेट लेना ही उचित नहीं है। यह उदासी किसी बहुत बड़ी काली रात की सूचक है, जिसके आगोश में आसमान के लाखों-लाख सितारे भी डरकर डबडबा उठते हैं, जो मस्तानी चाल से चलती हुई अपने स्याह आँचल में आसमान की शून्यता को और अपने काले-काले डैनों की तरह उठ-उठकर गिरते हुए लहँगे में समूचे जहान को ढँक लेती है।

तभी जैसे सुदूर नगर की किसी अटारी से यह गमगीन नगमा उठा जिसके हल्के-हल्के धक्के एक-एक पाँत में इस दमघोट सन्नाटे के जिस्म से टकराने लगे; मगर कोई ऐसी गर्मी इनमें भी न थी कि थक्के-के-थक्के जमे अँधियारे को कुछ काट-छाँट सकें, कम कर सकें; नगमे के स्वर मानो पूरे माहौल के आलम को और भी संजीदा करने के लिए उभरे थे—

गजल का साज उठाओ बड़ी उदास है रात।
सुखन का शमअ जलाओ बड़ी उदास है रात।।
सुना है पहले भी ऐसे में बुझ गये हैं चिराग।
दिलों की खैर मनाओ बड़ी उदास है रात।।

आह, तो क्या सचमुच चिराग बुझने वाले हैं ? क्या सचमुच यह उदास रात अपने आँचल में वह सब कुछ लपेट लेगी जिसे इंसानियत ने हजारों बरसों तक खून-पसीना एक करके बड़े प्यार से गढ़ा !

तभी सामने का हाशिया एक अजीब तरह की रोशनी में रँग गया। जैसे अभी-अभी अँधियाली से चाँद फूटने को हो। मगर चाँद, और उत्तर में ? फिर कौन-सी रोशनी है यह ? लगा कि हमारी जुबान कितनी कमजोर है जो हर चीज को रोशनी कहने के लिए विवश है। कहीं रोशनी में भी ऐसा वीरानापन होता है ? ऐसी दहशत होती है ? एक बेहिसाब टीस और खतरे की आशंका होती है ? रोशनी का निचला

हिस्सा किसी बहुत बड़े गुब्बारे की तरह लाल था। बीच में चिपचिपी सियाही थी जो मानो सूख-सूखकर पपड़ियाँ छोड़ रही है और ऊपर का हिस्सा सोने के तवे के रंग का था जो धीरे-धीरे ऊपर की ओर उठ-उठकर पीले, बादामी, नारंगी और फिर हलके पीले रंग की छायाओं में बदलता जा रहा था।

मैं ज्यों-ज्यों पास पहुँचता गया त्यों-त्यों साफ होने लगा कि उधर घर में आग लगी है। पैर अपने-आप उधर को खिंच गये। आग भी कैसा तत्त्व है, कितनी चुम्बकीय शक्ति होती है इसके दृश्य में—लाखों-लाख आँखें सहसा इसके रंगों की चटख से खिंच आती हैं।

वह कोई बड़े बाबू थे, काफी पैसे वाले। क्योंकि आग में उनका मकान नहीं जल रहा था, पैसा जल रहा था। पैसे के जलने के ही कारण आग में इतनी पुरजोश लपटें उठ रही थीं : वरना मामूली मकान कब जलता है इस तरह ? इस बात का सबूत मकान मालिक की चीत्कारें भी थीं जो अजीब गलगलाहट में उभरती हुई सुनाई पड़तीं मानो कोई मोटी तह के कपड़े का गुब्बारा बनाकर बरजोरी पानी में डुबाने की कोशिश कर रहा हो। उनका क्या-क्या जल रहा था यह तो बताना मुश्किल है, लेकिन कुछ ऐसा जल रहा था जिसको वे जलने देना नहीं चाहते थे। वे रह-रहकर गुस्से में बिफरते, खीझ से दुहरे हो जाते और तभी अपनी असमर्थता और दुनिया वालों की मनचाही सहानुभूति के अभाव में विचित्र-सी आवाज करते हुए रोने लगते···

''मेरा कोट !'' हाँफते हुए बड़ी मुश्किल से जब उन्होंने अपनी अस्पष्ट भाषा की गलती सुधारने की कोशिश की तो हमने समझा कि ऊपर इन साहब का कोई बहुत बेशकीमती कोट जल रहा है।

''मेरा कोट !'' वे एक हाथ जलते घर की ओर उठाकर कातर होकर बोले।

उन्होंने बारी-बारी से सबकी ओर इस नजर से देखा गोया हम सब परम बेवकूफ हैं और यह भी नहीं जानते कि एक बेशकीमती कोट के जलने से क्या कुछ पीड़ा होती है।

''आपका कोट जल रहा है, है न ?'' एक सहानुभूति बोली मगर अपनी जगह से हिली नहीं। पहले तो वे उसकी बात सुनकर खुश हुए मगर उसे कुछ न करके सिर्फ वैसे-का-वैसे स्थित देख गुस्से से गुरच गये। तभी जाने कैसे उनकी नजर उस व्यक्ति पर पड़ गयी जो शायद उनका नौकर था।

''मेरा कोट—'' वे फिर चिल्लाये किन्तु इस बार के चिल्लाने में कुछ ऐसा असर था कि वह नौकर कूदकर एक झटके-से उस जलते हुए घर में घुस गया।

''आपको शर्म नहीं आती कि अपने एक कोट के लिए आपने उस बेचारे गरीब को लपटों में ढकेल दिया ?'' किसी ने उनसे बड़ी कड़क के साथ कहा। मगर उनके कान बन्द थे, या आँखों में समाहित होकर लपटों से कुछ खबर सुनने के

लिए उधर केन्द्रित हो गये थे।

उधर एक दूसरा ही दृश्य था। मकान से दो-तीन फर्लांग की दूरी पर एक छोटा-सा गड्ढा था जो शहर के तमाम कूड़े के सहयोग के बावजूद अपने पेट को भर पाने में असमर्थ रहा और जिसमें बरसात का पानी इकट्ठा हो गया था। उसी बदबूदार गन्दे पानी में कई आदमी कूद पड़े थे; बाल्टियाँ, गगरे, घड़े लगातार डुबकियाँ लगाते, फिर एक इन्सान के हाथों से उछलकर दूसरे के हाथ में जा रहते। एक हाथ इन भरे हुए जल-पात्रों को दूसरे के हाथ में थमा देता, और फिर एक के बाद एक हाथ से होते हुए इनका जल लपलपाती आग के मुँह में ढुलका दिया जाता। मकान और तलैया के बीच में सड़क थी जो घड़ों और हाथों की कतार से काट दी गयी थी; तमाम रिक्शे, ताँगे, मोटर रुक गये थे : इधर के इधर, उधर के उधर। इस इन्सानी जंजीर की दोनों तरफ सवारियों की भीड़ लग गयी। उन पर बैठे कुछेक मजबूर लोगों को छोड़कर बाकी सभी कोट-पतलून वाले, धोती-कुरते वाले, अधनंगे रिक्शे वाले—दौड़-दौड़कर जंजीर में जुड़ने और उसकी लम्बी-लम्बी कड़ियों को छोटी और मजबूत करने लगे। देखते-देखते उस चेन की गति तेज हो गयी। हर सेकण्ड में कई बार भरे घड़े जलती आग में ढुलकने लगे। लपटें धुँधुआकर धसकने लगीं। उनकी जीभें सिकुड़ने लगीं। गरमी सिहरने लगी; जलती दीवालों पर पड़ा पानी उन्हें काले रँग से रंग गया, मगर उनकी जलन को बुझाने में सफल होने लगा।

तभी खतरे के घण्टे और सावधानी के 'सायरन' बजाते हुए फायरब्रिगेड आ पहुँचा। उसके आदमी झटके से नीचे मुड़े और वे लोग इन्सानी जंजीर की यह करामात देखकर हक्के-बक्के खड़े रह गये।

"आध घण्टे से ऊपर हुआ कि आप लोगों को फोन किया गया और आप लोग यहाँ अब पहुँच रहे हैं ? इतने में तो गरीबों की हजारों झोंपड़ियाँ तबाह हो गई होतीं ?" कई आदमियों ने एक साथ गुस्से में कहा।

ग्रुप-लीडर हे-हे करके रह गया और उसके आदमी पाइप उठाये दीवालों की ओर बढ़ गये।

तभी मेरे दिमाग में कल शाम की पढ़ी एक खबर तैर गयी :

"सरकारी हल्कों में इस बात पर बड़ा आश्चर्य किया जा रहा है कि तरह-तरह के मतभेदों में बँटी हुई भारतीय जनता चीनी हमले के सामने एकजुट होकर कैसे खड़ी हो गयी ?"

तभी एक दूसरा दर्दनाक दृश्य उपस्थित हो गया। मकान मालिक का नौकर सामने की खिड़की से कूदकर नीचे आ गया। सभी लोगों के मुँह से चीखें निकल गयीं। लपककर सभी ने उसे घेर लिया। वह गरीब कोट को अभी भी अपने पूरे जिस्म की आड़ में समेटे हुए मुँह के बल गिरा था। वह बेहोश हो गया था, मगर अनजाने में भी उसका ऐंठता हुआ बदन इस तरह हिल रहा था कि मानों वह लपटों

के हमले से कोट को बचाने के लिए अपने अंगों की ढाल बना रहा है।

फायर ब्रिगेड ग्रुपलीडर सबको इधर-उधर को हटाता-धकेलता हुआ भीतर घुसा और उसने उस नौकर को उठाकर चित कर दिया। उसका सारा मुँह झुलस गया था। एक आदमी दौड़कर कटोरे में पानी ले आया। वह उसके मुँह पर छींटे मारने को ही था कि ग्रुप-लीडर ने उसका हाथ पकड़ लिया–

"यह क्या करते हो भाई, आप तो उसे बचाने के जोश में मार ही डालेंगे ! जली जगह पर पानी पड़ने से क्या नतीजा होगा, इसे भी सोचा है आपने ?" वह आदमी लजाकर पीछे हट गया।

"हाँ, जोश का अतिरेक खतरनाक ही होता है।"

"तब फिर क्या करें, इस बेचारे की तो आँखें ही नहीं खुल रही हैं।" कोई भीड़ में से बोला।

"इसे तुरन्त अस्पताल ले जाना चाहिए।" ग्रुप-लीडर ने कहा।

सब लोग मकान मालिक का मुँह देख रहे थे, मगर वह अपना मुख मकान की ओर उठाये कुछ और देख रहे थे।

तभी नौकर को जैसे कुछ होश आने लगा, मगर होश के साथ ही पीड़ा से उसके चेहरे की नसें भी तनने लगीं।

उसने आँखें खोलीं।

"होश आ गया उसे !" कई लोग एक साथ खुशी से चिल्लाये।

मकान-मालिक ने यह सुनकर अपना मुँह नीचे झुकाया। उसकी आँखें नौकर की आँखों से जा टकरायीं।

"मालिक !" वह टूटती हुई आवाज में, हाथ से कोट को ऊपर उठा कर बोला, "आपका कोट !···" मालिक ने उसके हाथ से कोट ले लिया। कोट कई जगह जल गया था। नीचे का इटालियन तो जले हुए गोश्त की तरह 'रोस्ट' हो गया था। वे बड़ी ममता और तकलीफ के साथ कोट को उँगली से नचा-नचाकर जले हुए हिस्सों का मुआयना कर रहे थे।

"अरे भाई, इस बेचारे को जल्दी से अस्पताल ले जाइये···क्या देख रहे हैं आप लोग ?" ग्रुप-लीडर फिर बोला।

सभी लोगों की आँखें फिर मकान मालिक के चेहरे के इर्द-गिर्द भनभनाने लगीं, पर वे उसी तरह लगातार नचा-नचाकर अपना कोट देखे जा रहे थे।

"अरे भाई कोट देखना छोड़िये, कोट बचाने वाले की कुछ फिकर करिये !" एक तीखी आवाज मुरव्वती के बेकार पर्दों को चीरती हुई चमक गयी।

"हाँ, हाँ, इस बेचारे को अस्पताल भिजवाइये साहब।" बहुत-से लोग एक साथ चिल्ला उठे।

मकान मालिक ने इस उत्तेजित भीड़ को एक बार सरसरी निगाह से देखा

और रो पड़ा।

"मैं तो लुट गया भाइयो, मैं तो लुट गया···मेरे घर में कुछ न बचा।" वह रोते-रोते अपने बीवी-बच्चों के पास जाकर खड़ा हो गया, जैसे उसका कोई नौकर था ही नहीं, कोई उसका कोट बचाने के लिए लपटों में घुसा ही नहीं, किसी ने उस पुराने बेशकीमती कोट को बचाने के लिए जान की बाजी लगायी ही नहीं।

आखिर को एक गरीब रिक्शा वाला आगे आ रहा। उसने उस जले हुए घायल नौकर को बड़ी ममता से उठाया और रिक्शे पर रख दिया। रिक्शा धीरे-धीरे अँधेरी रात में खो गया।

मैं चुपचाप यह सब देखता रहा कि मेरी नजर में एक दूसरी खबर तैर गयी :

"जबलपुर के एक क्लर्क ने निजाम हैदराबाद को दो रुपये का मनीऑर्डर भेजते हुए लिखा कि आपकी आर्थिक स्थिति की खराबी की सूचना पाकर आपके पास यह तुच्छ मदद भेज रहा हूँ ताकि इससे आप अपने फटे जूते के लिए नया तस्मा खरीद सकें।"

मैं चुपचाप उसी धूलभरी सड़क से वापस लौट रहा हूँ। हाँ कितनी उदास रात है यह ! शायद इसी की पूर्व सूचना की गन्ध थी शाम को जब पत्ता-पत्ता, बूटा-बूटा साँस रोके इस हादसे का इन्तजार कर रहा था। और जब यह हादसा खत्म हो गया है तो जैसे फिर साँसों की रफ्तार पहले जैसी ही सहज और स्वाभाविक हो गयी है।

किन्तु अब भी इस मासूम भोले-भाले पत्तों की पेशानी पर उस हादसे का निशान बाकी है। अब भी कहीं दूर से एक संजीदा आवाज रह-रहकर यहाँ की खामोशी को चीर देती है और फिर एक नयी अर्थभरी खामोशी चारों तरफ छा जाती है—

ग़ज़ल का साज उठाओ बड़ी उदास है रात।
सुखन का शमअ जलाओ बड़ी उदास है रात।।
सुना है पहले भी ऐसे में बुझ गये हैं चिराग।
दिलों की खैर मनाओ बड़ी उदास है रात।।

■

बेजुबान लोग

मुगलसराय का जंक्शन एशिया का सबसे बड़ा अजीबोगरीब चिड़ियाखाना है। लोगों को यहाँ डर लगता है। बहुतेरे मुगलसरायी चाइयों से परेशान रहते हैं, कुछ उठाईगीरी करने वाले गुमनाम दलों से, पर मुझे यहाँ बड़ी खुशी होती है। मुश्किल को मुश्किल मत मानो—कोई कहता है। इतने सावधान मत बनो कि हमेशा नसें तनी रहें, और इस तनाव में ही छले जाओ। बस इत्मीनान से कामों को होते देखते रहो, और इस तरह अनासक्त होकर आसक्त रहो कि तनाव से उबरो और टक्कर से जी खट्टा न होने दो। मैं अपने मन की यह बात मान लेता हूँ।

मैं कालका-मेल से उतर कर सीधे टैक्सी स्टैण्ड पर आ गया था। मुसाफिरों को देखकर टैक्सी वाले इस कदर छीना-झपटी मचाते हैं कि आदमी आदमी न हों, रुई के बोरे हों। एक टैक्सी वाले ने मुझे अपनी गाड़ी में पिछली सीट पर झोंक दिया। उसी हिस्से में चार जन और बैठे थे। पाँच सवारियों के होते हुए भी वह छीना-झपटी में मशगूल था। तभी एक सज्जन आये। वे दोनों अगली सीट पर ड्राइवर की बगल में बैठे। ड्राइवर और उसके एजेंट इन सवारियों को वहीं बिठाकर फिर किसी बोरे की तलाश में निकल पड़े। मैं जानता था कि वह कम-से-कम एक सवारी और लेगा। पर इस बार भी उसे दो सवारियाँ ही मिलीं। वह सज्जन-सज्जना नहीं थे, दोनों पुरुष थे, दोस्त लगते थे। उनका अगली सीट में घुसना था कि सज्जन चिल्लाए—

"ये क्या करते हो तुम ! मैं तुमसे बोला था कि फ्रन्ट की दोनों सीटें हमारी रहेंगी। इसीलिए दो-दो रुपये किराया देना मंजूर किया। अब तुम दो आदमी और भर रहे हो।"

ड्राइवर कुछ नहीं बोला। उसने अपने एजेण्ट से कहा—"अरे यार, ऊपर के सामानों को रस्सी से कसो। मैं भगूँ यहाँ से जल्दी !"

"तू भगेगा कैसे, हम नहीं जाते तुम्हारे साथ !" सज्जन फिर चीखे—"तुम 'चीट' करता है, किराया दो-दो रुपये माँगा और दो की जगह फ्रंट में चार सवारियाँ भर रहा है !" वे दरवाजा खोलकर बाहर निकल गये—"उतारो हमारा सामान, हम नहीं जाते।"

"अरे बाबू जी, आप बैठिए तो, आपको तकलीफ हो तो कहिएगा।" ड्राइवर बोला—"कसो यार, जल्दी रस्सी से।"

"कसो-वसो मत—अंधेर है यहाँ।" उन्होंने तभी मुड़कर पिछली सीट पर बैठी पाँच सवारियों की ओर देखा—"एक ही डरपोक हैं आप लोग, किसी के मुँह में जुबान नहीं है जो अन्याय का विरोध करे।"

हमारे बीच एक बुजुर्ग मियाँ जी थे। वह अगल-बगल की हट्टी-कट्टी सवारियों के बीच पसरे हुए थे। दाढ़ी खसखसी थी। पान चुभलाते हुए बोले—

"हम भी मुँह में जुबान रखते हैं,
काश, पूछो कि मुद्दआ क्या है !

अरे गरीबपरवर, हम भी पाँच शख्स हैं और मेरी हालत देखिए। इन चार साहबानों के बीच मुर्दे-सा पसरा हूँ। मैं गोया बनारस जा नहीं रहा हूँ, ले जाया जा रहा हूँ।"

मियाँ साहब की बात उन्हें बहुत नागवार गुजरी। वह फुसफुसाये और लाचार अपनी जगह पर आ बैठे। हिफाजतन उन्होंने अपना एक हाथ सज्जना के गले की ओर फैला लिया, गोया पूरी गाड़ी में वह इस कोने को सबसे अलग कर लेना चाहते हों। मैं मुसकरा पड़ा। उन्होंने मियाँ जी पर फिर कड़वी नजर फेंककर अपने को तसल्ली देने का इरादा किया था कि मैं मुसकराते पकड़ गया।

"आप हँस रहे हैं, यह हँसने की नहीं, शर्म की बात है।" वे बिगड़े।

"देखिए साहब, मुझे मालूम नहीं आप कौन हैं, पर हैं निहायत भद्दे आदमी—मैं आप पर नहीं हँस रहा हूँ। इस पूरे माहौल पर हँस रहा हूँ। क्योंकि मुझे बनारस खुश-दिल होकर जाना है। आप भी चाहें तो बेशर्मी करिए और हँसिए, पर मुझसे लड़ने की फिजूल कोशिश मत कीजिए।"

"यहाँ के लोगों में जरा भी सिविक सेंस नहीं है," वह सज्जना से बोले, "यह बनारस है डार्लिंग, ठगों का शहर, समझी !" दोनों हँसे।

मुझे खुशी हुई कि यह शहर को गाली देकर ही सही आप हँस दिए। मैंने कहा, "चलो जी, ड्राइवर साहब।"

"बस आया भइया जी।" ड्राइवर असबाब रस्सी से बाँध चुका था। टैक्सी बनारस चल पड़ी।

मैं रास्ते-भर अपने ग्रामवासी सर्वजीत तिवारी की बाबत सोचता रहा। बड़े आदमी थे। लम्बी ताबदार मूँछें थीं। वह बहुत सख्त किस्म के जमींदार थे। उनके जमाने में लखिया धोबिन को कोड़ों से पीटा गया था। सारा गाँव इस घटना से सनाका खा गया। लखिया का कोई कसूर नहीं था। पंडित के लड़के दलजीत की लखिया के साथ आशनाई थी। मुझे पूरा विश्वास है कि यदि दलजीत कवि होता तो आलम की तरह अपनी प्रेमिका लखिया के नाम धोती के छोर से बाँधकर वह दोहा भेज देता जो उन्होंने अपनी रंगरेजिन प्रेमिका शेख को लिखा था—

कनक छरी-सी कामिनी काहे को कटि छीन
कटि को कंचन काटि विधि कुचन मध्य धरि दीन !

पर वह निहायत गँवारू आशिक था। उसने बखरी में कपड़ा पहुँचा कर लौटती लखिया का हाथ पकड़ लिया—"का राजा, ए तरे छेड़छाड़ करे में सरम नाहीं आवत।" लखिया मुसकराते हुए बोली।

"ई छेड़छाड़ नहिनी, ई परेम है, हमारी-तुम्हारी सादी होगी। देखता हूँ कौन साला रोक लेता है।" दलजीत ने अपनी प्रेमिका की ओर मोहिनी बिखेरते हुए उसे अपनी एक बाँह में बटोर लिया था जैसे अभी सज्जन जी सज्जना को बटोरे हैं।

तभी निकसार से सर्वजीत तिवारी निकले और यह नर्म तमाशा देखकर गर्म हो उठे। वह दौड़ते-दौड़ते ओसारी में गये और घोड़े का कोड़ा उठा लाये। उन्हें अपनी ओर दौड़ते देख दलजीत चिल्लाया—"खबरदार कक्कू, हाथ उठाया तो ठीक न होगा।"

सर्वजीत तिवारी एक क्षण रुके। दलजीत की कड़क-भरी आवाज आसपास गुमर गयी। दो से चार के पास पहुँची, लहर पर लहर उठती गई और जमींदार के दरवज्जे पर गाँव वालों का ठट्‌ट का ठट्‌ट जमा हो गया। सर्वजीत ने ग्रामवासियों को देखा तो मानो उनका मुरझाता रुआब चिलचिलाया और उन्होंने दलजीत को नहीं लखिया को कोड़ों से पीटना शुरू कर दिया।

"ई का करत हो कक्कू, तोहरे शरम है तो हमरे पर वार करो, तिरिया पर हाथ उठाइ कै कवन इज्जत बढ़ाई हो।"

दलजीत के इस वाक्य में कुछ ऐसा ताव था कि एक साथ वहाँ खड़ी जनता चिल्ला उठी—"ई अन्याव है। राजा को परजा पर बेकसूर हाथ नहीं उठावे के चाही।"

पंडित सर्वजीत का चाबुक रुक गया था जैसे हजारों-हजार आँखों से निकलती चुम्बकीय शक्ति ने उनके हाथों को अपनी गुंजलक में लपेट लिया हो। सर्वजीत का हाथ रुक गया। पर वह हार मानने वाले आदमी नहीं थे। बोले, "आप लोगों के कहे से छोड़ देता हूँ, पर इसकी खैर चाहें तो इसके बाप से कहिए कि यह लड़की कल तक यहाँ नहीं दिखनी चाहिए।"

"ई काल्हि से ये गाँव में न रही बाबू।" रोता हुआ गोविन्दा बरेठा आगे बढ़ा और लखिया को थाम कर घर ले गया।

"रोको साली गाड़ी।" एक आदमी अगली सीट से चिल्लाया।

"क्या हुआ भइया जी ?" ड्राइवर बोला।

"पता नहीं क्या हुआ, मेरी जाँघ में कुछ गड़ा है अभी···।"

"कहाँ ?" सब लोग उत्सुकतापूर्वक पूछने लगे।

"अब कहाँ बताऊँ—कुछ नजर भी तो नहीं आता। क्यों जी, तुम्हारी सीट में तो कुछ नहीं है ?"

ड्राइवर हँसा—"वाह भइया, कुशन की सीटें हैं सरकार।"

"अरे बैठ जाइए बड़े बाबू, गाड़ी में दचका लग गया होगा।" मियाँ साहब हँसे—"ई सरवा किराये की गाड़ियाँ होंती हैं ऐसी !"

किराये की गाड़ियाँ जैसी भी होती हों, किराये के आदमी बिल्कुल बेकार होते हैं। जमींदारी टूटने के बाद सर्वजीत तिवारी को गाँव वालों पर कतई विश्वास न

रहा। आजादी मिली। दो-दो बार ग्रामसभाओं के लिए चुनाव हुए, पर वह न खड़े हुए न वोट देने गये। उन्हें कुछ समझ में ही नहीं आता था कि आखिर यह सब गणतन्त्र माने क्या है ?

उनके खेत कई आसामियों के पास थे। सब भूमिधर बन गये, पर वह अपना गोइड़े वाला खेत किसी तरह जाने देने को तैयार न थे। लड़ाई की नौबत आ गयी। बाहर से कई कातिल सूरमा किराये पर लाये गये।

उस दिन गाँव में बड़ी सरगर्मी थी। दो-चार नवचे लड़के खलिहान में वालीबाल खेल रहे थे। बाहरी गाँव से आये किसी आदमी ने छेड़खानी कर दी। बस, उस लड़के ने आव देखा न ताव, देसी कट्टा चला दिया। फायर होना था कि बाहर से आये सूरमा रातों-रात खिसक गये। अब सुबह क्या होगा ? सर्वजीत पण्डित ने दलजीत से पूछा—"ऊ सब तो खा-पीकर भाग गये। क्या होगा, वह खेत छोड़ दें ?"

"छोड़ क्यों दें ?"

"सारे गाँव से हम तीन-चार आदमी कैसे लड़ेंगे ?" सर्वजीत तिवारी बोले।

"सुक्खू सिंह तो अकेले हैं !"

"पर गाँव आयेगा न ? गाँव उनकी ओर से आयेगा तब ?"

"गाँव क्यों आयेगा, अब क्या जमींदारी है, स्वराज है स्वराज। किसी से किसी का मतलब नहीं। कोई किसी की ओर से नहीं आता।"

सर्वजीत को इत्मीनान नहीं हो रहा था। पर वह लड़के की बात मानकर अपने खेत पर हल-बैल लिये जब पहुँचे तो वहाँ सुक्खू के अलावा कोई नहीं था।

"दस गुनी लगान का रुपया लौटाय दो महाराज !" सुक्खू बोले, "हम तोहार खेत छोड़ देब। एकसरुआ आदमी हूँ। लड़ाई-झगड़ा से का फायदा ?"

सर्वजीत आश्चर्य से ताकते रह गये। उनकी समझ में नहीं आया कि यह सब कैसे हो गया ! पर दलजीत जानता था कि नकली कट्टे की आवाज भी असली होती है, कोई नहीं आयेगा उसके पास। लोकतन्त्र का मतलब है अपने-अपने से मतलब।

"अबे ड्राइवर !" वह लड़का फिर चिहुँका। ड्राइवर ने गाड़ी रोक दी। इस बार चोरी पकड़ में आ गई। सज्जन ने एक पिन लड़के के पतलून में चुभा दी थी। वह इतनी जल्दी से उठा कि पिन उनके हाथ से छूटकर पतलून में फँसी रह गई।

"आपने यह पिन चुभाई," लड़का बिगड़ा—"दूँगा अभी एक पड़ाका और तुम्हारा चश्मा खिड़की से बाहर चला जायेगा। सबको सबक-सेंस बताते हो और यह करतूत करते हो ?"

"मैंने पिन नहीं चुभाई," सज्जन ने गुस्से से कहा, "तुम ऐसे ठेलमठेल मचाए हो कि मेरी मँगेतर फाटक में धँसी जा रही है—आखिर हमने दो-दो रुपये किराये दिये हैं।"

"अबे दिये हैं दो रुपये तो ड्राइवर से कह, वह हम लोगों को इसमें क्यों भर लाया ! गावदी साला मँगेतर लेके चला है पिकनिक करने !"

"अरे जाने दो भइया बाबू।" मियाँ साहेब बोले–"आ जाओ, यार, इधर की सीट पर।" जैसे पाँच वैसे छः। उन्होंने ड्राइवर की ओर मुखातिब होकर कहा–"जल्दी चल यार, इस कैद से छुट्टी दे। वह कहा है ना किसी ने–

आजाद मुझ को कर दे ओ कैद करने वाले
मैं बेजुबाँ हूँ कैदी, तू छोड़कर दुआ ले।"

■

हत्या और आत्महत्या के बीच

मैं इलाहाबाद जा रहा था। छोटी लाइन के डब्बे इसलिए बुरे नहीं लगते कि वे छोटे होते हैं, बल्कि इसलिए कि वे निहायत गंदे होते हैं, संडास से निकल-निकलकर बदबूदार कीड़े बर्थ के पास रेंगते हैं। अजब वैरागी मुद्रा में रुककर एक लमहे के लिए निश्चेष्ट पड़े रहते हैं। फिर जरा-सा खटका होते ही बला की फुर्ती के साथ जूतों के नीचे यों छिपते हैं, जैसे समूचे डब्बे में निरापद स्थान यही हो।

गाड़ी रामनाथपुर स्टेशन के पास पहुँच रही थी। मैंने नायपॉल के 'ऐन एरिया आफ डार्कनेस' को बंद कर दिया क्योंकि उस वक्त पश्चिम में लटकते सूरज की चमकती रोशनी की एक बड़ी-सी थिगली पुस्तक के पन्ने पर इस तरह बैठ गयी थी कि आँखें ठहरती नहीं थीं। मैंने खिड़की से बाहर की ओर देखा। दूर तक फैले गन्ने के खेत, चैती फसलें, यानी कि पूरा सिवान नियंत्रण की मुद्रा में निरन्तर परिधि पर थिरक रहा था। तभी गाड़ी थरथरायी और एक झटके से खड़ी हो गयी।

गाड़ी की अलग-अलग मुद्राएँ होती हैं–आदमी ही की तरह। और आदमी जो हर चीज की अपनी आदतों से तुलना करने का अभ्यस्त है, पलक मारते भाँप जाता है कि किस हरकत का क्या अर्थ होता है। मैं थोड़ा यात्रा-भीरु हूँ इसलिए कभी भी गाड़ी और मुझमें समरस सम्बन्ध नहीं जुड़ पाता। मैं प्रायः अपने को गाड़ी से अलग बनाये रहता हूँ इसलिए न तो ठीक से सो पाता हूँ और न तो सजग चैतन्य ही रह पाता हूँ। यानी मैं उस बेवकूफ यात्री की तरह हूँ, जो गाड़ी में चढ़े हुए भी

अपनी गठरी अपने ही सिर पर रखे रहता है। रेलगाड़ी सबका सामान उठा कर ले जाती है, यह जानते हुए भी हम यात्रा करते समय अपनी छोटी गठरी गाड़ी में कहीं रखकर मजे से जाने के बजाय, उसे सिर पर लेकर ढोयें तो यह मूर्खता नहीं तो और क्या है ? मैं ऐसी ही मूर्खता बराबर करता हूँ। लोग अपनी-अपनी गठरी सिरहाने रखकर आराम से खुर्राटे भरते हैं। मैं उसे सिर पर नहीं, सिर के भीतर उठाये जागता रहता हूँ।

उस दिन भी ऐसा ही हुआ। अपनी-अपनी गठरी डब्बे में छोड़ लोग उतर-उतर कर दुर्घटना-स्थल की ओर भागे और मैं ज्यों-का-त्यों बैठा रहा। मेरे साथ दिक्कत यह थी कि गठरी एक लम्बे जाल की तरह पूरी हरियाली पर फैल गयी थी और उसे समेटने में कुछ-न-कुछ समय तो लगता ही है।

—इट लुक्ड लाइक ए सुइसाइड, एक अँग्रेजीदाँ सज्जन के इस कथन ने मेरी बड़ी मदद की। मैंने जैसे-तैसे जाल को समेटा और घटनास्थल की ओर भागा। भारी-भरकम शरीर के कई अभिशाप हैं। पर सबसे खलने वाली स्थिति का बोध ऐसे ही मौकों पर होता है। पैर घटनास्थल की ओर खींच रहे थे और कान इंजन की सीटी की ओर लगे थे।

मुझे भी वह आत्महत्या की घटना ही लगी। अँग्रेजी न जानने वाला भी इतना तो देखकर ही कह सकता था कि वह एक चौबीस-पच्चीस साल की तरुणी थी। उसका सिर खो गया था। रेल की दोनों पटरियों के बीच वह निश्चेष्ट पड़ी थी। कमर के नीचे तक का सारा हिस्सा उघड़ा हुआ था। सैकड़ों भलेमानुस अपनी-अपनी गठरी छोड़कर आये थे। सो किसी को यहाँ रुककर कुछ सोचने की फुर्सत नहीं थी; पर मैंने अपनी गठरी नहीं छोड़ी थी, सो बेवकूफी हो गयी।

—वह कपड़ा तो ठीक करा दीजिए साहब। मैंने गार्ड से कहा।

—यहाँ पूरा-का-पूरा सिर गायब है जनाब, शिनाख्त करना भी मुश्किल है कि यह कौन थी, और आपको कपड़े की पड़ी है। उसने मुसकराते हुए कहा। मुझे उसकी मुसकराहट कतई बुरी नहीं लगी क्योंकि अपनी मूर्खता में वह फिलासफी बोल गया था और मैं बेशिनाख्त औरत के बेपर्द होने-न-होने के बीच लटकती फिलासफी से उलझ गया था।

यह एक खासी बड़ी मछली थी। मेरे सिर के भीतर इसकी हलचल से जाल रह-रहकर तन जाता था। इस हालत में वहाँ रुके रहना बेकार था। मैं डब्बे में वापस आ गया। मैं अपनी सीट पर बैठ गया। गठरी पुनः खुल गयी। जाल फिर हरियाली पर फैल गया। बड़े-बड़े पेड़, कँटीली झाड़ियाँ, रेलवे के किनारे लगे घीकुँवार के पौधे जाल में फँसते गये। पर पता नहीं क्यों, इस बार जाल और हरियाली में अनबन थी। एक कटी हुई मछली उसी तरह बीचोंबीच फँसी तड़प रही थी और रह-रहकर जाल का कोई-न-कोई छोर तन जाता था।

उघड़े बदन का रंग क्या सचमुच इतना ईंगुरी था ? गोरी खाल में लाली कभी छिपती नहीं। हो सकता है, हादसे के कारण खून जगह-जगह उचटकर उसके बदन को ऐसा बना गया हो। मुर्दे शरीर में खून की ऐसी अनजानी हरकत के बारे में दिलजमई नहीं होती। उसकी खूब ठस जाँघें, भरे-भरे नितंब, पिंडलियाँ, उँगलियाँ—सभी इस बात के गवाह थे कि वह खूब प्यार पाने योग्य सचमुच जिन्दा औरत थी। ऐसी औरत को जिन्दगी से बेतरह प्यार होना चाहिए था।

जाल भी अजीब किस्म का करिश्मा है। पानी कहीं रुके भी नहीं, पर पानी के भीतर की कोई चीज उससे बचकर निकल भी न सके। गंगा मुझे हमेशा अच्छी लगती है। शीतल, भरी-भरी लहरों की चुन्नट में डूबी गंगा को मैंने खूब प्यार किया है। पर शोभा बुआ के साथ गंगा में डुबकियाँ लगाने में अजब किस्म की सिहरन पैदा हो जाती है। वे मेरा हाथ पकड़कर कहतीं—क्यों मुन्ना, आओ, एक डुबकी तुम्हारे बाबूजी के नाम पर लगायें ?

—लगाओ, मैं कहता।

—पहले मेरा हाथ तो पकड़ लो, जोर से।

—क्यों ?

—क्यों क्या, कहीं डुबकी लगाने में लहर बहा ले जाये मुझे तो !

—तुम मुझे पकड़े रहो, मैं तुम्हें। हाथ पकड़े-पकड़े डूबें, हाथ पकड़े-पकड़े निकलें, मैं कहता।

—शाबाश ! बुआ खिलखिलाकर हँसतीं।

गाँव की औरतें हमारी ओर देखने लगतीं।

—शोभा का बचपना नहीं छूटा। गौरा आजी बड़े स्नेह से हमारी ओर ताकतीं। दूसरी बूढ़ी औरतें भी देखतीं, पर उनके चेहरे मुझे पूरी तरह थिराये नहीं लगते। दूर धारा में सूइंस 'सूइं' से करके उलट जाता। हम चट डुबकी लगा लेते।

नदी से गाँव लौटते वक्त हम कतार में सबसे पीछे चलते। घाट से लेकर गाँव तक अलग-अलग टोलियों की थिगलियाँ जैसे उग आतीं। गर्मी की सुबह सुनसान सिवान में इंसान की ये टोलियाँ भी कम सुहानी नहीं लगतीं। हम जानकर इस कतार में सबसे पीछे हो लेते।

गंगा से लौटते वक्त रास्ते में रेलवे लाइन का पाँच मेहराबों वाला पुल पड़ता। मुझे यहाँ बड़ा डर लगता। कल्लू कहता था कि पुल में पाँच लड़के जिन्दा चुने गये हैं क्योंकि पुल गिर-गिर जाता था।

—क्यों शोभा बुआ ! इस पुल में क्या जिन्दे लड़के चुने गये हैं ? मैं पूछता।

शोभा बुआ का चेहरा गुस्से से तमतमा उठता।—किस बदतमीज ने कहा तुझसे ऐसा ? तू डर तो नहीं रहा है ? वे अचानक मेरे निकट सट आतीं और मेरे कंधे

पर हाथ रखकर चलने लगतीं।

एकाध बार मैंने हमउम्र दूसरे लड़कों की तरह कतार के सबसे आगे चलने की होड़ लगानी चाही, पर शोभा बुआ का चेहरा देखकर रुक जाता। उस वक्त शोभा बुआ कुछ न कहतीं। न कोई गुस्सा, न कोई मलाल। सिर्फ उनके चेहरे पर एक बेचारगी का भाव जैसा छा जाता। वे हँसती तो तब भी होतीं, उनके काले-काले केश गंगा की बालू से मल-धोकर और चमकने लगते। एक-एक धागा जैसे सुलझकर हवा में अपनी अहमियत की परीक्षा करता, पर क्या मजाल कि बिखरे केश कहीं से चेहरे की ओर लपकने की हिम्मत करें। मुझे हमेशा लगता कि शोभा बुआ के पास एक तीसरी मुट्ठी भी है। जो सिर्फ उन्हें दिखाई पड़ती है। वह एक ऐसी मुट्ठी है जो हर चीज को आजाद रखने की छूट देते हुए भी कहीं से ढीली नहीं होती।

गाँव पहुँचते ही बुआ लपककर बुढ़ियों के साथ चलतीं और गौरा आजी के पास पहुँचतीं—अम्मा, जरा मुन्ना को छोड़ती आऊँ। वह धीरे से कहतीं और मेरा हाथ पकड़े बगल की गली में मुड़ जातीं। मैं अक्सर सोचता रहता कि बुआ आगे वाली गली से न जाकर पिछवाड़े वाली गली से क्यों चलती हैं ? कितनी गंदगी है इसमें। आमदरफ्त कम होने से यह बंद गली और कैसी होगी भला !

—सामने से चलो न ? मैंने एक बार कहा।

—नहीं, इधर से जल्दी पड़ता है।

—कितनी गंदी है !

—हुँह ! बुआ आँचल का खूँट नाक से लगा लेतीं। कुछ जवाब न देतीं, उसी में चलती जातीं।

पिछवाड़े वाले दरवाजे के पास पहुँचकर कहतीं—मुन्ना, देख लो, तुम्हारे बाबूजी हैं कि नहीं।

—हैं तो, उनकी आवाज साफ सुनायी पड़ती होती।

—तो ठीक है, अब चले जाओ। मैं यहीं से लौट जाऊँगी। वह दरवाजे पर खड़ी दो-चार मिनट आँगन की ओर देखती रहतीं। फिर उसी गली से लौट जातीं।

—नहा आये ? मुझे आँगन में खड़ा देख बाबूजी पूछते।

गाड़ी पुनः पहले की रफ्तार में आ गयी थी। अब उसके पहियों में कोई कांड कर चुकने के बाद की रिरियाहट नहीं थी। मैं वैसे ही फसलों से लदी वादियों को फिसलते हुए देख रहा था। पता नहीं तेज रफ्तार से या लगातार फिसलती हरी फसलों पर ताकते रहने से मैं कुछ-कुछ ऊँघने लगा था।

मेरे सामने नदी थी। गंगा ही होगी, मैंने इतनी बड़ी कोई और नदी कहाँ देखी है।

—क्यों मुन्ना ?

मैंने शोभा बुआ के चेहरे पर आँखें टिका दीं। वे पता नहीं कैसे आ गयी थीं—आओ न, एक डुबकी लगा लें, तुम्हारे बाबूजी के नाम पर।

—लगाओ। मैंने कहा।

—पहले मेरा हाथ तो पकड़ लो।

—क्यों ?

—क्यों क्या, कहीं डुबकी लगाने में लहर बहा ले जाये तो ? हमने डुबकी लगा ली।

—शोभा बुआ ! मैंने उनसे पूछा—आखिर तुमने ऐसा क्यों किया ? पढ़ी-लिखी होकर ऐसा गंदा काम करते क्या तुम्हें हिचकिचाहट भी नहीं हुई ?

—सुनो, मुन्ना, तुम एक ऐसी चीज पूछ रहे हो, जिसे पूछने की हिम्मत आज तक किसी ने नहीं की। जब मेरे बारे में गाँव में तरह-तरह की बातें उड़ायी गयीं तो भी सही जमोध के लिए भी किसी ने मुझसे पूछने की हिम्मत नहीं की। कोई पूछता भी तो क्या मैं बताती ? मैं चाहती भी तो क्या बताती ? पर तुमसे मैं कुछ नहीं छिपा सकती।

—तुम्हारे बाबूजी और मेरी उम्र में आठ साल से अधिक का फर्क था। वे कहते हैं कि मैंने शोभा को गोद में खिलाया है, तो बिल्कुल ठीक ही कहते हैं। मैंने कभी उन्हें उम्र के लिहाज से नहीं देखा, यह सही है, पर कभी मैं यह भूल भी नहीं पायी कि शोभा जो कुछ भी है, वह तुम्हारे बाबूजी के कारण है। वह स्कूल से पढ़कर आते तो मैं दौड़ी-दौड़ी तुम्हारे घर पहुँच जाती। जानते हो क्यों ? मैं उस वक्त कक्षा पाँच में पढ़ रही थी। गाँव के प्राइमरी स्कूल में और तुम्हारी बाबूजी, वो तो बी. ए. कर रहे थे।

—शोभा पढ़कर डाक्टर बनेगी, गौरा चाची जान लो !—वह मेरी अम्मा से कहते—मैंने पढ़ने में इतनी तेज लड़की नहीं देखी।

मैं अम्मा की पीठ के पीछे छिपने लगती। वे मेरी चोटी पकड़कर खींचते—क्यों री गिलहरी, एक साल में दो-दो दर्जे डाँक रही है ?

तुम्हारी आजी हँसकर कहती—डाक्टरनी बनेगी। हुँह, चूल्हा फूँकते आँखें सूजेंगी और बर्तन मलते हाथ घिस जायेंगे।

—चुप रहो अम्मा। तुम लोग तो लड़कियों को यह सब कह-कह करके और भी कमजोर बना देती हो। ये बेचारी यही सब सुन-सुनकर मान लेती हैं कि इनके करम में चूल्हा-चक्की ही लिखी है। औरतों की किस्मत जितनी औरतें बिगाड़ती हैं, शायद ही कोई दूसरा बिगाड़ सके।

—कौन-सा झूठ कह रही हैं, बहिनीजी।

अम्मा चाची का पक्ष लेकर तुम्हारे बाबूजी से कहतीं—भइया, मन की मिठाई खाने से पेट नहीं भरता। शोभा को ठीक-ठीक घर-वर मिल जाये, मैं उरिन होऊँ

बस, अपनी तो यही मंशा है ! तुम्हारे बाबूजी कुछ न बोलते। वह अपनी किताबें लिये छत पर चले जाते। मैं दोनों बूढ़ियों को आपस में गप-शप में मशगूल देखती और पैर दबाकर छत पर पहुँच जाती।

—वाह, कितनी किताबें, कितनी पत्रिकाएँ खूब जुटा रखी थीं तुम्हारे बाबूजी ने, पर सबके सिलसिले—किसी किताब की पीठ सामने तो किसी का मुँह सामने, कोई सीधी खड़ी है तो कोई शीर्षासन कर रही है। मेज पर ढेर सारी किताबें। एक ऊपर एक दबी हुई बेतरतीबवार रखी होतीं।

—मैं जब उन्हें ठीक-ठीक करने लगती तो वह हँसते—देख शोभा, इन बूढ़ियों की बात में मत आना, जिंदगी बनानी हो तो औरों की तरह कक्षा पाँच पास करके घर मत बैठ जाना। अब तो बगल में डिग्री कालेज हो गया है। बी. ए. तो तुम आसानी से कर सकती हो। पढ़ायी-लिखायी सहायक ही होती है, बाधक नहीं, और फिर अब जमाना भी तेजी से बदल रहा है। अब देखो न मेरे साथ ही चार-पाँच लड़कियाँ पढ़ती हैं। माना कि कोई स्टेशन मास्टर की है, कोई दारोगा की, एकाध व्यापारियों की हैं, पर हैं तो सही। तू वहाँ जब तक पहुँचेगी, हालत इससे भी अच्छी रहेगी, है न ?

—मैं किताबें हाथ में लिये-लिये ही उनकी ओर मंत्रमुग्ध की तरह देखती रहती। तुम सोचते होंगे मुन्ना कि भला मुझे उस वक्त जिन्दगी-विन्दगी का अर्थ क्या आता रहा होगा। पर भइया, यह बकवास है। जिन्दगी का अर्थ जन्मते ही खुल जाता है। सिर्फ उसे समझना होता है। जो उसे जितनी जल्दी देख ले, उतना ही अच्छा। और कोई जब चाहे तभी से देखना शुरू भी कर सकता है। तो मैं उस वक्त जिन्दगी का मतलब सिर्फ इतना जानती थी कि शोभा को औरों की तरह सड़ना नहीं है, औरों से अच्छा होना है। जो कुछ वह हो सकती है, क्यों नहीं होगी भला !

—और लोग जो कहें, मैं कभी भी मास्टर भैया को दोषी नहीं कह सकती। उन्होंने किसी लड़की को पढ़ने की, पढ़ाई जारी रखने की सलाह दी तो कौन-सा गुनाह कर दिया ?

—लेकिन···मैं धीरे से बुदबुदाया।

—मैं उस पर भी आ रही हूँ, मुन्ना घबड़ाओ मत. जब मैं सब कहने ही बैठी हूँ तो वही क्यों छिपाऊँगी जिसे सबने पी-पीकर कहा, मुँह बना-बनाकर। जिसे लोग गलियों के नुक्कड़ और चौराहों पर कहते रहे, उसे मैं पीकर डकार जाना नहीं जानती। तुम मेरे और अपने बाबूजी के बीच के संबंधों को जानना चाहते हो न ? तो सुनो, तुम विश्वास कर पाओगे, शायद नहीं, क्योंकि तुम उस जमाने में पले हो, जहाँ मर्द और औरत के मिलते रहने का सिर्फ एक ही अर्थ होता है, यानी दोनों में नाजायज संबंध। तुम यदि एक-दूसरे के लिए बहुत-बहुत आत्मीयता और निकटता को नाजायज मानते हो तो वह थी। तुम यदि एक-दूसरे के लिए गहरी शुभेच्छा, सचमुच की ईमानदार

शुभेच्छा को नाजायज मानते हो तो वह थी। तुम यदि इस इच्छा को, कि यदि कभी जरूरत हुई तो मुझे तुम्हारे बाबूजी के लिए प्राण देने में भी इनकार न होगा, नाजायज मानते हो, तो वह थी। पर हमारे बीच कोई ऐसा संबंध नहीं था, जिसे अवैध या अनुचित कहा जाये।

खैर, इसी बीच तुम्हारे बाबूजी की शादी हुई। तुम्हारा जनम हुआ। मैंने दसवीं कक्षा फर्स्ट क्लास में पास की। यदि आगे पढ़ने दिया जाता तो वजीफा भी मिलता पर ऐसा कुछ नहीं हुआ। मैं बहुत रोयो, गिड़गिड़ायी पर कोई लाभ नहीं हुआ। मेरी शादी तै हो गयी। मेरे पतिदेव मुझसे उम्र में तीन साल बड़े होते हुए भी हाई स्कूल की परीक्षा में तीन बार फेल हो चुके थे। पर मेरी किस्मत उनसे ही जुड़ी थी क्योंकि उनसे योग्य वर को पाने के लिए जितने तिलक की जरूरत थी, मेरे पिता नहीं दे सकते थे।

जब से मेरी शादी की बात तै हुई, तुम्हारे बाबूजी ने बोलना बन्द कर दिया। मुझे अपार दुःख हुआ। मुझे अपनी जिन्दगी ही भार लगने लगी क्योंकि मैंने तुम्हारे पिता से विश्वासपूर्वक जीने की शिक्षा भी पायी थी। उनका इस कदर मुझे दोषी मानकर इकतरफा निर्णय ले लेना, मेरे लिए असह्य हो गया।

उस रात को, जिसकी बड़ी जासूसी के बाद लोगों ने संधान पाया है, मैं जरूर उनसे मिलने गयी थी। यह भी सही है कि मेरे हाथ में कंगन बँधे थे और मुझे हल्दी चढ़ रही थी। गाँव की औरतें, तुम्हारी माँ और आजी भी उस रात गाने में आयी थीं और मैं बाहर जाने के बहाने सीधे तुम्हारी छत पर पहुँची थी। तुम्हारे पिताजी उस वक्त तक डिग्री कालेज में अध्यापक हो चुके थे।

—कौन ? उन्होंने देखते ही चौंक कर पूछा।

—मैं हूँ शोभा।

—शोभा, उनकी आँखें आश्चर्य से फटी-फटी रह गयी थीं, ऐसे में तुम्हें यहाँ आने की क्या जरूरत पड़ गयी ?

—जरूरत पड़ी तभी तो आयी, मैं भी खूब भरी थी। आपने मुझे साहस से जीना सिखाया था, वह मैं अब भी कर रही हूँ। पर इसके लिए पहला दण्ड आप से ही मिलेगा, ऐसी उम्मीद नहीं थी।

—शोभा, तुम बचपने की बात कर रही हो। शादी तै हो जाने पर किसी लड़की को घर के बाहर के पुरुष से बोलते देखा है तुमने ? मैं मौन रह गयी। वह नाराज नहीं थे। सिर्फ दुःखी थे। ठीक भी था। मैं ही पगली थी जो सोचती थी कि सदा ही की तरह वह मेरे घर आकर मुझसे वैसी ही बातें करते रहेंगे।

—तो आप नाराज नहीं हैं न ?

—नाराज काहे को रे पगली ! वह उदास भाव से बोले, तुम जिन्दगी में खुश रहो, फूलो-फलो, इससे अधिक मुझे और क्या चाहिए ? मुझे लगा कि उनकी आँखें

ऐसा कहते छलछला आयी हैं। मैं उनके पैरों पर गिर पड़ी थी और सुबुकती रही थी।

मुन्ना, तुम भी क्या इस रात को और लोगों की तरह गुनाहों की रात मान लोगे ? शादी के बाद मैंने एक पत्नी की तरह ससुराल को ही अपना सब कुछ मान लिया। मैंने मायके को बिसरा दिया। मैं पढ़ी-लिखी हूँ, इसका तो मुझे भान भी नहीं रहा, गुमान तो दूर, मैं तो उस घर की दासी बनकर ही रहने लगी।

पर पता नहीं मेरी किस्मत का दोष था, या मेरे स्वभाव का, मैं दिन-प्रतिदिन उसी व्यक्ति से दूर होती गयी, जिसके साथ मुझे जन्म-जन्मान्तर के लिए बाँधा गया था।

घटना बहुत मामूली थी, पर तूल पकड़ गयी। मेरे बाप ने मेरे पति को खिचड़ी की रस्म के अवसर पर जो जनता घड़ी दी थी, वह अचानक बिगड़ गयी।

—पता नहीं सालों ने कैसा जाकड़ी माल इकट्ठा कर रखा था, वे बोले।

—जाने दीजिए, दूसरी घड़ी हो जायेगी। अपने हाथ का भरोसा करना चाहिए। आदमी रहेगा, तो लाख चीजें आयेंगी-जायेंगी।

इतना कहना था कि वह आँखें चढ़ाकर बोले—तुम साली को मैं खूब समझता हूँ। हाई स्कूल में फर्स्ट क्लास क्या पा लिया, अपने को विद्योत्तमा समझने लगी।

उनको ऐसे बिफरते देख, मुझे गुस्सा नहीं, हँसी आ गयी। वह हँसी ही काल हो गयी।

वह चारपाई से उतरे और मेरी ओर कटहे कुत्ते की तरह दौड़े—रह साली आज मैं तेरा सारा ज्ञान बघारना ही बंद करा देता हूँ। उन्होंने लातों से, थप्पड़ से मुझे इतना मारा कि मैं बेहोश जैसी हो गयी। पर मैं रोयी नहीं।

सास ने किसी तरह बेटे को अलग किया।

—देख रहे हो, पेट में कितना मलाल छिपाये है, छिनाल की आँख में आँसू तक नहीं है। मैं तो पहले ही सब सुन चुका था।

—क्या बक-बक करते हो !—सास ने समझाया, खुले बाजार अपनी इज्जत बेच कर नाक कटाओगे क्या ?

वह चुप हो गये, पर मन ही मन लाखों गालियाँ देते चले गये।

मैं उस रात चारपाई पर पड़ी-पड़ी रात भर रोती रही। क्या यही जिंदगी है जिसके लिए लोग गौरी-पूजन करते हैं, व्रत रखते हैं ? क्या यही है वह आत्मा, अपना अर्धांश, जिसे पाने के लिए मैं जन्म-जन्मान्तर से भटक रही थी ? क्या इसी जिन्दगी के लिए हर औरत सती-सावित्री बनने का मनसूबा बाँधती है ?

खैर, जो हुआ सो हुआ, मैं कुछ न बोली। बात बढ़े नहीं, इसलिए रूठना भी ठीक नहीं लगा। दूसरे दिन पौ फटने के साथ ही रोज की तरह अपने काम में जुत गयी।

अचानक गाड़ी को दचका लगा। मैंने देखा कि गाड़ी पुल पार कर रही है। मैंने नीचे झाँक कर देखा, नदी का पानी बहुत गंदा और मटमैला था। ऐसे पानी में कोई कितनी देर डुबकी लगा सकता है !

बुआ ससुराल से गाँव आ गयी थीं। मैं उस वक्त काफी छोटा था। बड़ा भी होता तो क्या सारी बातें सिलसिले से जान पाता ? मुझे कुछ नहीं मालूम था कि उनके घर में, घर के बाहर, गाँव की गलियों में उनके बारे में क्या-क्या बातें होती रहीं।

एक दिन मैंने सुना कि शोभा बुआ का गौना होने वाला है। उनके घर में हफ्ते-भर पहले से मिठाइयाँ वगैरह बनने लगीं।

गौने के दो-तीन रोज पहले की बात है, मैं अचानक सीढ़ियाँ पार करता हुआ अपनी छत पर जा रहा। बाबूजी के कमरे से आवाज आ रही थी—तुम्हारे साथ ठीक से व्यवहार नहीं होता, ऐसा बहुतों के साथ होता है, बातें धीरे-धीरे ठीक हो जाती हैं।

—आप नहीं समझ पायेंगे कि दुर्व्यवहार क्या होता है, बुआ सुबकते हुए बोली थीं।

एक क्षण सन्नाटा रहा—आप कुछ नहीं बोलते ? आपको भी कोई रास्ता नहीं सूझता। मैंने कहा कि कस्बे की कन्या पाठशाला में मेरे लिए कोई नौकरी दिला दीजिए, वह भी नहीं किया।

—पागल हुई है क्या, वह लोग नहीं चाहते कि तुम नौकरी करो। अभी बिला वजह उनका व्यवहार बुरा है, कहीं उनकी इच्छा के बरखिलाफ तुमने नौकरी कर ली तो वे लोग पता नहीं क्या-क्या सोचें और करें।

—तो आप मेरे लिए कुछ तो बताइए। मैं उन कसाइयों के बीच लौटकर नहीं जाना चाहती। उन्हें मेरे पढ़े-लिखे होने पर जलन होती है, वे मेरे साथ जानवर से भी बदतर सलूक करते हैं। मैंने ऐसा क्या किया है, जिसके लिए ऐसी जघन्यता सहती रहूँ !

फिर सन्नाटा छा गया।

बुआ आँचल से आँसू पोंछती हुई धीरे-धीरे सीढ़ियाँ उतरती चली गयीं।

—दीदी ! आँगन से माँ पुकारती रह गयीं, पर उन्होंने कुछ नहीं सुना। वह उसी बदबूदार गली में मुड़ गयीं।

गौने की रात को विदाई के घंटा-भर पहले शोर मचा। उस समय तक बाराती सुबह की ठंडी हवा में ऊँघ रहे थे। रात-रात-भर तक बारातियों की शाहखर्ची और दिलवरी का ढिंढोरा पीटते-पीटते थककर बाईजी सो गयी थीं। तभी एक अजीब कुहराम मचा। सारे गाँव में जैसे किसी ने खतरे की घंटी बजा दी।

—क्या है भई, क्या हुआ ?

एक साथ हजार आवाजें। उत्तर गुलगपाड़े में खो गया।

अम्मा हड़बड़ाकर मेरी चारपाई से उतरीं तो मैं भी उनके साथ हो लिया। जिसे देखिए वही रेलवे लाइन के पुल की ओर दौड़ा हुआ जा रहा था। वहाँ सुबह पाँच बजे आने वाली पटना पैसेंजर रुकी थी और लोगों का मजमा टूटा पड़ रहा था।

गर्मी की वह सुबह काफी उजास से भरी थी, पर इंजन के काले धुएँ ने सारे वातावरण पर डरावनी कालिमा से भरा गाढ़ा पर्दा फैला दिया था।

वह लाश शोभा बुआ की ही थी। सिर कटकर एकदम अलग हो गया था। गौरा आजी, शोभा बुआ के बूढ़े पिता, उनका छोटा भाई तथा गाँव की कुछ दूसरी औरतें जार-बेजार रो रही थीं। मैंने शोभा बुआ की लाश को बहुत नजदीक से देखा था। उनकी मुट्ठियाँ भिंची थीं। बड़ी मुश्किल से दाहिनी मुट्ठी में बन्द कागज को निकाला गया जिस पर सिर्फ दो वाक्य लिखे थे—अपनी आत्महत्या के लिए सिर्फ मैं उत्तरदायी हूँ, पर उत्तर देने कभी नहीं आऊँगी।

सच, शोभा बुआ ने कभी उत्तर न दिया, न उत्तर देने आयीं। जब उनके साथ जानवरों जैसा सलूक किया गया तब भी उन्होंने उत्तर नहीं दिया और जब उनके ऊपरी किये-अनकिये बीसियों नाजायज कामों के आरोप लगाये गये, तब भी वह उत्तर देने नहीं आयीं। पूरे मजमे में उनके पति महाशय गमगीन त्रासदी के बीच भी जोकर का पार्ट अदा कर रहे थे। उन्होंने शोभा बुआ के शरीर से सभी गहने उतार लिये, पूरा शिनाख्त कर लिया, पर लाख ढूँढ़ने पर भी गले की सिकड़ी नहीं मिल रही थी। वह रेलवे लाइन की पटरियों पर इधर-उधर बड़ी सावधानी से उसे ढूँढ़ रहे थे।

—क्या भँडैती कर रहे हैं, यह देखिए यह रही आपकी सिकड़ी। अम्मा की वह आवाज सुन कर मैं काँप उठा था। यहाँ है यहाँ। शोभा ने इससे अपने दोनों पैर बाँध रखे हैं। सब लोग आश्चर्य से ताकते रहे थे। वाकई वह सिकड़ी दोनों पैरों को कसती हुई पिंडलियों को बुरी तरह जकड़े थी। मेरी आँखों के आगे सिकड़ी से बँधी ईंगुरी रंग की पिंडलियाँ आज भी तैर जाती हैं। तभी गाड़ी को फिर दचका लगा।

—अरे उठिये साहब, यह रहा रामबाग। यहीं उतरना है न आपको भी ?

—जी।

—आप शायद अभी सुसाइड एक्सिडेन्ट पर सोच रहे हैं, वह मुसकराते हुए बोले, यह कोई आशनाई का मामला लगता है।

मैं चुप रहा, वह प्लेटफार्म पर उतर गये।

—आशनाई का मामला ! मैं बुदबुदाया और अपना सामान बटोरने लगा।

■

एक वापसी और

''बाऽऽबू जी—'' नवजादिक ने पीछे गर्दन घुमायी। पप्पू ओटे का सहारा लेकर उठने की कोशिश कर रहा था। तीन हफ्तों में जो चीज उसके दिमाग में सबसे अधिक गूँजती रही है, वह है पप्पू की हकलाती आवाज। जब भी वह आँगन में आया है पानी पीने, खाना खाने, तौलिया या चादर लेने, सिगरेट जलाने के लिए माचिश माँगने, पप्पू के खटोले के पास जरूर गया है। उसने उसे सोते-जागते दोनों ही हालतों में देखा है, देखता रहा है, पहले उसने अपरिचय की टकटकी में अपनी तसवीरें देखी हैं, फिर अम्मा की आवाजें···

''पप्पू, भइया···ये देखो, बाबू जी···'' और पप्पू अम्मा की गोद में चिपक जाता रहा है। बार-बार अम्मा एक ही बात दुहराती हैं, ''ये हैं तुम्हारे बाबू जी—बाबू जी—'' और पप्पू धीरे-धीरे उस आवाज की डोर पकड़कर उसके निकट आता रहा है। पर अभी तक वह अम्मा की आवाज को ठीक से पकड़ न पाया था।

आज अचानक तीन हफ्तों बाद पप्पू ने पहली बार पुकारा था—'बाबू जी' और नवजादिक को लगा कि उसके भीतरी कानों में कनपटी से सटकर उसकी नसों में बहता खून अचानक 'टुभ्' से बोल पड़ा है।

पिछले एक हफ्ते की लाश उसने कंधों से उतारकर नीचे रख दी और बच्चे को उठाकर गोद में खींच लिया। दिन में आधी दर्जन बार ट्रांजिस्टर झनझनाता है। —''बीमारी के अलावा बाकी सब तरह की छुट्टियाँ रद्द की जाती हैं। इस खबर को हुक्म मानकर अपनी रेजीमेंट के सदर मुकाम पर तुरन्त पहुँचें और अपनी हाजिरी की इत्तला दें।'' फिर बेसाख्ता चीखती, दौड़ती आँधी, जिसमें चिथड़े की तरह उड़ते हुए लोहे के हजारों हजार टुकड़े, अंधाकुप्प का कोलतार, ढेर सारा बारूदी धुआँ, अफवाहों के पंख, जोश के बुलबुले, खून के इश्तहार, तैरते चले जाते हैं। ''हमारी सेनाओं ने दुश्मन की सरहदों को तीन जगह से पार किया है—डेरा बाबा नानक का पुल उड़ा दिया गया है। दुश्मन के हवाई जहाजों ने हलवारा, पठानकोट, अम्बाला में बम बरसाये हैं···''

इन खबरों को सुनकर नवजादिक सामने की रिक्तता में ताकता रह जाता है। उसके भीतर एक बनैला जानवर फुफकार उठता है। सँपेरे की बीन बजती है। नवजादिक का सारा चेहरा गर्म हो जाता है, खून का ताप बढ़ जाता है। काश, वह भी मोर्चे पर होता। उसके भीतर बख्तरबन्द गाड़ियों की खड़खड़ाहट गूँजने लगती है। नथुने बारूद की गंध से कलमलाते हैं। उँगलियाँ ऐंठने लगती हैं। हर उठती-गिरती साँस में जैसे वह एक चौकी से दूसरी चौकी के हमले को जीता है। तोपें गोले उगलती हैं। हवाई जहाज सों-सों की आवाज करते हुए चील-सा झपट्टा मारते हैं। मशीनगनों

की खड़खड़-खड़खड़ के बीच मोर्टार के गोले फूटते हैं···'ज्वान आगे बढ़ो।' –एक मोटी आवाज पीठ में खोंचा मारती है। नवजादिक को लगता है कि वह गाफिल हुआ नहीं कि पप्पू को लिये-दिये 'अटेंशन' की हालत में खड़ा हो जायेगा। ऐसे में अपने को रोक पाना बेहद मुश्किल है।

किन्तु ऐसी मुश्किल के बीच भी ट्रांजिस्टर से हुक्म सुनकर वह चुप रहा अब तक करीब बारह घंटे बीतने को आये, और वह अभी भी यहीं है। वह सोच ही नहीं पाता कि खबरें पप्पू की माँ और अपनी अम्मा को कैसे दे। वह जानता है कि खबरें देनी होंगी। वह चाहता है कि यह जल्दी से जल्दी हो जाये। मगर ऐसा अब तक हुआ नहीं। काश, वे खुद जान जातीं, कोई दूसरा उन्हें बताता। तब शायद वह इंसानियत के इस बेसह भार से मुक्ति पा जाता।

''कप्तान बाबू।''

''अयं–'' जैसे वह सपने में बर्रा रहा हो और बगल में सोये किसी आदमी ने टोक दिया हो।

सामने डाकिया था।

''आपका तार,'' उसने धीरे से कहा। नवजादिक ने देखा कि डाकिये ने थैले के भीतर आँखें छिपा ली हैं। इधर-उधर पेंसिल खोजने की वह झूठी कोशिश कर रहा है। पेंसिल तो उसके खाकी निकर की जेब से सर उठाये ताक रही है। चीजों और आदमियों के ताकने में भी कैसा फर्क होता है, उसने सोचा और हँस दिया।

उसने दस्तखत करके तार ले लिया। वह जानता है कि इसमें क्या है। जानने को पुनः जानने की आश्वस्तता में उसने राहत की साँस ली। तार के लिफाफे के सिरे को बड़ी आसूदगी से कुटका। नुचे टुकड़ों को पप्पू ने टूँग लिया। वह उन्हें उठाकर बाप के हाथ में थमाने की कोशिश करने लगा। नवजादिक पप्पू की इस कोशिश पर हलके से हँस दिया। तार के लाल कागज को उसने खोला, देखा और बन्द कर लिया।

''चलो, मुक्ति मिली,'' वह बड़बड़ाया। इस कागज ने जैसे उसे पूरी तरह उबार लिया हो। ट्रांजिस्टर के शब्दों ने तो एक धारा-सी बहा दी थी। इससे मुक्ति पाने की हर कोशिश में पाँव उखड़ जाते थे। तार का कागज एक ठोस चीज की तरह पकड़ में आ गया। अब कहीं बेसहारापन नहीं रहा।

कामता चरनी के पास खड़ा होकर यह सब देख रहा था। नवजादिक के मुँह से निकले किसी शब्द को वह समझ न पाया। उसे भी ऐसी ही आशंका थी, यही भय था। पर जब तक भय सामने न था, उसकी भयानकता से पीठ मोड़कर वह निश्चिन्त था। और अब जब लिफाफा सामने है तो कामता के हाथ-पाँव फूल रहे हैं।

''कामता ! पप्पू को घर दे आओ।'' नवजादिक उसे देख रहा था, जब कामता

की यह हालत है तो औरतों की क्या होगी।

"घबरा गये हो ?" पास आने पर कामता से नवजादिक बोला, "घबराना नहीं चाहिए। तुम्हीं घबरा जाओगे, तो कैसे चलेगा ?"

कामता ने पप्पू को गोद में ले लिया। वह बड़े भाई की ओर देख न पाया। पप्पू को हाथों में थामे वह घर की ओर चला गया। नवजादिक ने पाकेट से सिगरेट निकाली। एक सिगरेट मुँह में लगाकर वह डब्बे को उलटता-पलटता रहा। फिर माचिस याद आयी। सिगरेट दग गयी तो जैसे फेफड़े में फँसी साँस भी मुक्त हो सकी। वह चुपचाप उठा और बगल के रास्ते से होते हुए सीवान की ओर निकल गया। वह जानता था कि अब तक कामता ने घर में खबर कर दी होगी। फिर क्या हुआ होगा ? यह प्रश्न नवजादिक के लिए जैसे बिलकुल बेमानी था। वह उसे कहीं से भी छू नहीं रहा था। छुवन की निजी प्रक्रिया है, जो कब कहाँ से अपनी गिरफ्त में ले लेगी, कौन जाने। अचेतन के भीतर ही वह आश्वस्त है, उसने सोचा और चलता गया।

सामने के बरगद के नीचे थोड़ा रुककर वह गाँव को देखता रहा। ढलती धूप में सारा गाँव कंधे से बोझ उतारकर सुस्तानेवाले राहगीर की तरह खुद में खोया था। आगे हरा-भरा सीवान था। यह बगदैयाँ का टोपरा है। वहाँ छवरे की घासों पर, जलती शाम को आमने-सामने रखकर उसने आने वाले कल का परिचय गढ़ा था। धान की खुशबूदार फसलों के साथ-साथ उसने लम्बी साँस खींची थी। उसके फेफड़े में आज भी सोंधी गंध करकती है। आज भी सीवान वैसे ही है—खामोश, जड़, अचेतन। उसके भीतर कोई फर्क नहीं है, एक गम्भीर स्वीकृति है हर स्थिति में एक-सी रहने वाली रहस्यभरी बनैली खामोशी की स्वीकृति।

टेंगरी सिंह को कल से मालूम है कि कप्तान को रेडियो से हुक्म आ गया है लाम पर जाने का। पर उन्होंने किसी से इसका जिक्र नहीं किया। टेंगरी सिंह पिछले हफ्ते-भर से बहुत भरे-भरे हैं। खबरें, खबरें, खबरें। इन्हें कहाँ धरें, कहाँ उठाएँ, कहाँ बिठाएँ। दोपहर को खाना खाने के समय को छोड़कर, उनकी चुटकी से धोती का खूँट छूटता नहीं। नाटे आदमी लम्बी धोती में दुहर जाते हैं। एक हाथ से खूँट थामे, दूसरे को हवा में हिलाते, जब देखो लड़ाई की बात। वे दोपहर से टीसन की ओर आँख लगाये बैठे हैं। दिनवा लौटा नहीं। सीवान में कोई आकृति दीखती, वे उचककर चरनी पर चढ़ जाते। आगन्तुक के हर डग में उनकी आँखें चिपकी रहतीं। वह ज्यों-ज्यों करीब आता, इनकी धड़कन बढ़ती जाती। जब एकदम करीब आकर आकृति अपरिचय की तिमुहानी पर अलग रास्ते मुड़ जाती तो टेंगरी सिंह की साँसों में मुश्किल फँस जाती। तीन बार गरदन हिला-हिलाकर उसे किसी कदर बाहर निकालते और फिर बरामदे की चारपाई पर धसक जाते। ऐसी ही उत्सुकता झम्मन चौधरी, मनकू सिंह और बहाल चाचा को भी है। पर वे लोग सीवान में नहीं, टेंगरी सिंह

के बरामदे में आँखें लगाये हैं। कौन उत्सुकता प्रकट कर बेमतलब जलील बने ! अखबार का पैसा तो टेंगरी सिंह देते हैं न ?

आखिर को दिनवा अखबार लिये गाँव पहुँचा।

टेंगरी सिंह उचककर गली में आ गये—"क्यों रे, लाहौर सर हुआ कि नहीं ? हम तो कल बोल दिया था कि आज ठेल दिया होगा, ज्वानों ने, सहर के भीतर।"

दिनवा खामोश रहा। उसने अखबार टेंगरी सिंह के हाथ में थमा दिया। धीरे-धीरे अगल-बगल के बइठकों से मूर्तियाँ निकलने लगीं। टेंगरी सिंह के दरवाजे पर भीड़ लग गयी। गाँव वालों की घ्राण-शक्ति भी अजूबा होती है। कहीं झगड़ा हो, तू-तू मैं-मैं छिड़े, पुलिस का आदमी आ जाये, कुर्क-अमीन पहुँचे, रिश्तेदार या पाहुन आ जाएँ, लोग बिना किसी से जाने-सुने सिर्फ सूँघ-सूँघकर उस जगह पर इकट्ठा हो जायेंगे। आजकल लोगों के नथुनों में अखबार की महक खूब बसी है।

मनकू सिंह काफी वाचाल हैं। आते ही चीखे—"का हो टेंगरी चच्चा, मार दिया न। आज नटवा ने कै जहाज तोड़ा ?"

"मारो सालों को," टेंगरी सिंह ने गुस्से में थूक उगलते हुए कहा, "तीन दिन से सुन रहे हैं कि लाहौर के गोंइड़े पहुँच गये। वहाँ का रेडियो बन्द हो गया। हवाई अड्डा ठप्प है और आज छपा है कि लाहौर आठ मील दूर···हुँह" टेंगरी सिंह ने अखबार झटककर जमीन पर फेंक दिया—"हो गयी लड़ाई।"

"अरे, तुम तो सोचते हो, लड़ाई करने नहीं बरिआत करने गये हैं," झम्मन चौधरी बोले—"पाकिस्तान है बाबू, पाकिस्तान। कुछ दमदिलासा है तब चढ़ा है, हाँ ?"

"तुम तो टीसन के हाड़ गोदाम वाले पीर साहब के चेला न हो ? और तुम्हारा लड़का बायाँ कोमनिस्ट ! तुम काहे नाहीं कहोगे ई सब !" टेंगरी सिंह ने सारी भीड़ को अपनी वक्र हँसी में लपेटते हुए कहा—"पतोह के लिए लड़का होने के वास्ते गंडा लाये थे न ?"

झम्मन चौधरी का चेहरा जर्द पड़ गया। तिनककर बोले—"अरे आये बड़े सुराजी, हुँह। दो पइसे का अखबार मँगा लिया तो बन गये देसभगत !"

"मँगाया तो सही, किसी के दरवाजे पर हाथ पसारने तो नहीं जाते।" टेंगरी सिंह यों हँसे जैसे नहले पर दहला जड़ दिया हो।

"कौन साला आता है तुम्हारे दरवाजे पिशाब करने···।" झम्मन चौधरी एड़ी धमकाते चल पड़े। लोगबाग हाँक लगाते ही रहे, पर झम्मन चौधरी ने मुड़कर देखा भी नहीं।

दिनवा अब काफी सुस्ता चुका था। ठुमककर बोला—"आज तो टेंगरी चाचा, टीसन पर कान नहीं दिया जाता। ट्रेन पर ट्रेन। बस जोते हैं इसपेसल। मलेटरी पर मलेटरी झोंक रहा है लाम पर। तीन जासूस भी पकड़े गये हैं। साले लाइन में बम रख रहे थे। बाकी खूब पहरा भी है पुलिस का। लाटफारम पर ए माथे से ओ माथे

तक गारद खड़ी है।''

''अच्छा !'' सभी लोगों की आँखें चिलक उठीं।

''कप्तान भइया को भी तो बुलौवा आ गया,'' दिनवा फिर ठुमका—''डाकिया मिला था रास्ते में। कह रहा था कि तार देखते ही उनका चेहरा 'डौन' हो गया।''

''मार साले बनिया-बिलार को,'' टेंगरी सिंह खिसियाये—''चेहरा 'डौन' देखते हैं ससुर। अभी कल ही नौजादिक कह रहे थे हमसे कि हम तो रेडियो के हुकुम पर ही चल देना चाहते हैं चाचा ! पर घरवालों से कहने की हिम्मत नहीं पड़ती। शेर बच्चा है नौजादिक, हाँ।''

''क्यों टेंगरी चाचा,'' दिनवा फिर चहका—''क्यों न हम लोग नौजादिक भइया को माला-फूल पहनाकर बिदाई करें। निकालो जुलूस, दिखा दो झम्मन चौधरी को कि सुराजी के माने क्या होता है।''

''अरे वाह रे दिनवा, वाह रे बेटा,'' टेंगरी सिंह ने लपककर दिनवा को उठाकर कंधे पर बिठा लिया—''तूने तो लाख रुपये की बात कही, तू तो बड़ा होसियार हो गया है रे।''

सब लोगों की आँखें दिनवा के प्रति श्रद्धा से भर गयीं।

शाम होते-होते ''कप्तान नौजादिक की जै, भारतमाता की जै'' का नारा लगाते हुए दस लोगों का जुलूस झम्मन चौधरी के दरवाजे पर ठमक गया। नारे और तेज हो गये। टेंगरी सिंह गला फाड़कर चीख रहे थे। उनके हिलते हाथ के कारण धोती का खूँट लहर रहा था और उनके सीकिया मयूरी चरण झलक जाते थे।

''ई दुकड़ही गेना की माला क्या दिखाय रहे हो टेंगरी सिंह !'' झम्मन चौधुरी बइठके की चारपाई से दहाड़े—''सरधा है तो कुछ खरच-वरच करो। इतना तो हम भी कर आये।''

टेंगरी सिंह चुप हो गये। नारे गले में अटक गये। क्या कर आया चौधरी ? बहुत माथा खुजलाने पर भी उनकी समझ में कुछ नहीं आया।

नारों के मेहराबों से गुजरता जुलूस नवजादिक के दरवाजे पर आ रहा। उस समय वह बिस्तरे से उठकर चारपाई पर लेटा था। कामता बैलों की चरनी पर मुँह लटकाये बैठा था। बैलों की घंटियों की लहर बीच-बीच में सन्नाटे को सजग कर जाती। जुलूस की आवाज नजदीक आती गयी तो नवजादिक को लगा कि फिर कुछ उसके फेफड़े में फँस रहा है। और जब उसके गले में माला डालकर लोग बैठ गये तो वह समझ ही नहीं पा रहा था कि क्या कहे।

''बस बेटा, हम लोग तो यही चाहते हैं कि तुम गाँव का नाँव रोसन करो,'' अचानक टेंगरी सिंह हकला उठे थे—''बिना रावलपिंडी पहुँचे दम न लेगा, कहो लोगो ?''

''और क्या''—सब लोगों ने चिहुँककर तालियाँ बजायीं। सब के चेहरे पर अखबारी इश्तहार झूल उठे।

"एक बात है कप्तान भाई," मनकू सिंह अपनी खुशी छिपा नहीं पा रहे थे—"हमारी हवाई फौज ने तो कमाल कर दिया। दुश्मन के तेज जहाजों का कचूमर निकाल दिया—वाह, अखबार में सेबर जहाज की फुलझरी की तसवीर देखकर तो तबीयत खिल गयी।" मनकू सिंह हवाई जहाजों की लड़ाई पर फिदा थे। इसके अलावा उनकी कहीं भी दिलचस्पी न थी।

"चुप रहो," टेंगरी सिंह की उदासी विरोध झेलने को तैयार न थी—"पाँच दिन से लाहौर को घेरे हैं, मगर घुस नहीं पा रहे हैं। यह भी कोई लड़ाई है। हमें तो भाई, इसमें कुछ मजा नहीं आता। मोरचा थमा कि गर्मी खतम, हाँ ?"

नवजादिक कुछ न बोला। टेंगरी सिंह का मजा उसके गले में अटक गया था, जिसे न लीलते बनता था न उगलते। कुल्हड़िया देवी के मेले में सोबरन और कल्लू के भेड़ों की उसने लड़ाई देखी थी। चारों ओर आदमी ही आदमी। बीच में खाली जगह में दो भेड़े। तीन-तीन आदमी दोनों को दो छोरों पर थामे रहते। रस्सी खोलकर भेड़े आमने-सामने छोड़ दिये जाते। तालियाँ तोपों की तरह गड़गड़ातीं। कौन क्या चिल्ला रहा है, सुनाई न पड़ता। "भल्ले-भल्ले, लिहो-लिहो" की हुंकारें टीन पीटने की आवाजों की तरह गड्ड-मड्ड होकर कान फाड़ने लगतीं। भेड़े कुलचकर एक-दूसरे के माथों पर टूट पड़ते। बदन ऐसा थरथराता जैसे माथे अलग हैं और उन्हें मारने वाले भेड़े अलग। तीन-चार चोट के बाद ही वे झलमलाने लगते। दोनों का मुँह खून से रंग जाता। 'कौन जीता, कौन हारा' को लेकर फिर कोलाहल शुरू होता। सच-झूठ, हाय-तोबा, ये-वो, चोप्प-चोप्प की आवाजें एक में एक टकरातीं। आवाजों का कभी कोई अर्थ साफ नहीं उभरता। अपने-अपने भेड़े खींच लेते। दोनों ओर के लोग घास-पात से उनका मुँह पोंछते। घास पर सूखे कत्थे का चूरा बुरकाते। उसे हथेली से दबाकर खून का बहना रोकते। और फिर दोनों भेड़े आमने-सामने खड़े कर दिये जाते। एक बार फिर हथेलियाँ गड़गड़ातीं, नारे लगते, जोश थरथराता, और भेड़े एक-दूसरे पर टूट पड़ते। यह लड़ाई देखने में लोगों को खूब मजा आता। नवजादिक ने कई बार सोचा है कि इसमें क्या मजा है ? यह मजा क्यों आता है ? उसे लगता है कि आदमी और भेड़े अलग-अलग हैं, इसलिए शायद मजा आता है। दोनों एक होते तो उस लड़ाई का बोध शायद कुछ दूसरा होता, हारने का भी, जीतने का भी।

"का हो कप्तान बेटा, चुप काहे हो ?" टेंगरी सिंह बोले—"लाहौर जीतने से ये भागते काहे हैं ?"

"बात यह है चाचा कि काफी लम्बा मोरचा है न, कच्छ से लेकर करगिल तक हजार मील से भी ऊपर। इसलिए काफी समझ-बूझ कर कदम बढ़ाना होता है···" नवजादिक कुछ और कहना चाहता था, पर टेंगरी सिंह की मुद्रा देखकर रुक गया—"हाँ, हाँ सो तो है, बाकी बीच में रुक जाना तो ठीक नहीं है। समझना-बूझना तो लड़ाई के पहले चाहिए—जब बज गयी लाठी तब क्या सोचना और क्या

विचारना··· !''

नवजादिक कुछ न बोला।

''अच्छा तो कप्तान बेटा, हम लोग अब चलें। तुम्हें भी तैयारी-वैयारी करनी होगी। अरे वाह, ई तोहरे हाथ में गंडा झम्मन चौधरी बाँध गये हैं क्या बेटा।'' चारपाई से उठते-बैठते टेंगरी सिंह पुनः बैठ गये। उनका चेहरा हँसी के हिलकारों में नाच रहा था जैसे बहुत बड़े भेद का पर्दाफाश हो गया हो।

''हाँ, चाचा।''

''राम-राम, अरे भइया ई हाड़गोदाम वाले फकिरवा का गंडा है। ई तो ऊ बाँझ औरतों को लड़िका होवे खातिर बाँटता है। ई काहे बाँध गये तुम्हारे हाथ में झम्मन चौधरी ? राम-राम, फेंको-फेंको।''

''अब जो हो चाचा, मुझे तो सबकी शुभकामना चाहिए। जैसी आपकी माला, वैसा उनका गंडा।''

''हूँ'' टेंगरी सिंह चौचक उठकर खड़े हो गये—''आव रे दिनवा। चलो जी मनकू—'' और उन्होंने मुड़कर यह भी नहीं देखा कि जुलूस उनके पीछे-पीछे आ रहा है या नहीं।

कुछ दूर गली में जाकर वे रुक गये। दिनवा ढुलकते हुए आकर उनके साथ हो लिया।

''डाकिया ठीक कहता था,'' टेंगरी सिंह दिनवा की आँखों में झाँकते हुए बोले—''बिलकुल डौन है चेहरा। लड़ाई है लड़ाई, कोई खेल नहीं। कितने लोगों की नानी मरने लगती है।''

गली में जूतों के नीचे कंकड़ कड़बड़-कड़बड़ बोलते रहे और जुलूस किसी मुर्दा खामोशी में डूबता गया।

एक बार पुनः सन्नाटा हो गया। नवजादिक ने पुनः बिस्तरे पर उठंग कर, फँसी हथेलियों पर सिर रखकर टाँगें फैला लीं। वह जब से सीवान से लौटा है, घर नहीं गया। दरवाजे से ही औरतों के रोने की आवाजें सुनाई पड़ रही थीं।

''कामता ! सामान बँधवा दिया सब ?'' उसने पूछा।

''हाँ, भाभी से कह दिया है—।'' वह वैसे ही चरनी की ओर देखता रहा।

''दो आदमी भी रख लो। सुबह तीन बजे ही चल देना है न ?''

कामता उठकर चला गया। नवजादिक ने पाकेट से सिगरेट निकाली और पैर समेट कर ठीक से बैठ गया। उसने सिगरेट जला ली और चुपचाप पीता रहा। ज्यों-ज्यों शाम गहराती जा रही थी, मन में अजीब रिक्तता बढ़ती जा रही थी। इसमें कितनी रिक्तता है, कितनी कुढ़न, वह सोच नहीं पा रहा था।

सामान बँध रहा था। पत्नी रो नहीं रही थी, पर रह-रहकर सिसक जरूर उठती थी। अम्मा पप्पू के खटोले पर पैताने लेटी थीं ? उन्होंने जान कर मुँह को बाँहों

की गेंडुर में लपेट लिया था। उसने स्वभाव के विपरीत खाना लाने की जल्दी मचायी। अम्मा को हँसाने के लिए निरर्थक चेष्टाएँ कीं। अचानक सोए हुए पप्पू पर नजर गयी तो वह लमहे-भर के लिए खामोश जरूर हो गया, पर जल्दी ही उसने बनावटी बातों का ताँता फिर गढ़ लिया। बेबात की बात पर हँसता रहा। सामान बँध गया था। वह खाना खा चुका था। उसे खुद आश्चर्य था कि वह यह सिंधु कैसे तर गया। बस भोर की प्रतीक्षा थी। और रात ज्यों-ज्यों गहराती गयी, उसकी चिन्ताएँ छुपती गयीं, विलीन होती गयीं। यह सब इतना सरल था, उसे खुद अचम्भा होता। अम्मा अलग कमरे में थीं। पप्पू चुप लेटा था। पत्नी उसके परे लेटी बड़ी देर तक हिचकियों में टूटती रही। उसने रोका नहीं। रोने दिया। समझाने-बुझाने की कोशिश उसे निरर्थक लगी।

सुबह वह जल्दी उठकर मुँह-हाथ धोने के लिए बाहर चला गया। कामता आदमियों को बुला लाया था। सामान तैयार आँगन में रखा था। वह आया। कमरे में जाकर कपड़े पहने। पप्पू सोया था। उसने धीरे से उसके गालों को सहलाया। पत्नी पाटी पर सिर टिकाये जमीन पर बैठी थी। वह कुछ न बोला। अम्मा अपने कमरे के सामने दरवाजे के बाजू से लगी खड़ी थीं। उसने पैर छुए।

आँगन में बूट चरमराया। सामान उठाकर मजूरे बाहर निकले। उसने अपनी टोपी उठा ली, चलने को हुआ कि पत्नी हाय मारकर रो उठी। वह दौड़कर आँगन में आ गयी। उसका इस तरह बिफरना उसे अच्छा नहीं लगा। वह उसका पैर पकड़कर बैठ गयी थी। ऐसे तो स्त्रियाँ प्रायः मुर्दा निकलते समय ही रोती हैं, उसने सोचा और एक झटके से उसे अलग कर दिया। उसे कुछ बुरा भी लगा। भला ऐसे भी रोया जाता है। मैं क्या मुर्दा हूँ। वह खीझ गया था। जल्दी-जल्दी डग भरता वह आँगन पार कर गया। निकसार हेलकर गली में आ रहा। पत्नी की रुलाई गली में भी चमगादड़ों की तरह मँडरा रही थी। एक मोटी आवाज और भी उठ रही थी। शायद अम्मा ने भी रोना शुरू कर दिया है।

वह बिलकुल चुक-सा गया। पैर कंकड़ पर बिचल जाते। बस, किसी तरह गाँव से पार हो जाऊँ, यही सोचता वह आँख की सीध में चलता गया।

गाँव के बाहर हवा में थोड़ी खुनकी थी। उसे लग रहा था वह एक मशीन है जो चाबी देकर आगे की ओर ढुलका दी गयी है। तभी बगदैंया छबरे का मोड़ आ गया। उसको लगा कि सामने के ढूह के पास एक आकृति खड़ी है। उसके पैर रुक गये। वह अपने दोनों हाथों को छाती पर बाँधे हुए थी।

"जा रहे हो ?" उसे लगा कि इस आवाज में अजब कम्पन है।

"हाँ"

"अच्छा— ।"

उसने "अच्छा" कहते समय अपने निचले होंठ के कोने को दाँतों से दबा

लिया था। उसकी आँखें नवजादिक की आँखों में एकटक देख रही थीं। इनमें न अम्मा की कातरता थी, न बहू की बदहवासी; इनमें न कामता का भय था, न डाकिये की ग्लानि; इनमें न झम्मन चौधरी की रहस्यमय सहानुभूति थी, न टेंगरी सिंह का वहशियाना जोश। इनमें एक अजीब तरह की समझदारी थी, जो नवजादिक को हर तरफ से, बाहर से भीतर से छू रही थी।

उसने गौर से देखा, वहाँ कोई न था। उसने सामने के ढूह पर बूट से ठोकर मारी और उसके हाथ की बेंत हवा में चक्कर बनाने लगी। वह एकदम हलका-सा अनुभव कर रहा था।

गाड़ी का समय हो रहा था। नवजादिक लम्बे डग भरता चला जा रहा था। वह रास्ते-भर यही सोचता रहा कि क्या वह आकृति कभी धुँधलके से बाहर भी आएगी या नहीं।

■

राग गूजरी

कस्बे के भिखारी अक्सर प्लेटफॉर्म पर डटे रहते। सुबह से रात ग्यारह-बारह तक कुल पाँच-छह गाड़ियाँ रुकतीं। कोई भी गाड़ी आती, ये उसे चौगिर्द घेर लेते। पान-बीड़ी, गरम चाय, चिनिया बादाम बेचने वालों की आवाजें इनकी चिरौरी और दया जगाने के नये से नये कथोपकथन के सामने दब जातीं। कुछ छोटे-छोटे सिक्के, कुछ बासी-सूखी रोटियाँ, पूड़ियों के टुकड़े—यही थी इनकी दिन-भर की कमाई। इसी के लिए ये आपस में लड़ते-झगड़ते, कुत्तों की तरह एक-दूसरे को देखकर गुर्राते, खाली प्लेटफॉर्म पर टाँग फैलाकर सोते, सारे कस्बे की मक्खियों को नेवता देकर अपने पास बुला लेते और घंटों उनके साथ छुल-छुलैया का खेल खेलते रहते।

पर पगला बाबा कभी प्लेटफॉर्म पर नहीं आता।

"ओ स्साला !" फकिरना अपनी ऐबी आँख को और भी विरूप करके बोलता—'बीस-बीस घर की हँड़िया चाटने वाली कुतिया के पैर दबा रहा होगा।"

"फिस्स···।" फोकटिया डोमिन ताली पीट कर हँसती। वह कितनी भी गम्भीरता से हँसे, देखने वाले को लगता कि इस पर निश्चय ही भुवाँखाँ के कब्बरगाह

का जिन चढ़ा है। वह रहती-रहती दोनों हाथों से अपनी कमर को जोर से दबाती और ऊपरी जिस्म को यों हिलाती जैसे कमर के ऊपरी हिस्से को हुलसा करके बाकी हिस्से से अलग करके ही दम लेगी। उसके खुले बाल हवा में चक्कर काटते और अधढँकी छातियाँ फटी कुर्ती के शिकंजे तोड़कर उड़ जाने को आतुर लगतीं।

पगला बाबा को यह सब मालूम न हो, ऐसा नहीं। कोई न कोई लौंडा जाकर रोज की आलोचना सुना आता। पगला बाबा हँस देता। "ठीक बोलता फकिरना। हम अपना भौजी का पैर दबाता, उसके बाप का क्या जाता ?"

लड़का चुप हो जाता। पगला बाबा के चेहरे पर गुस्से की एक मामूली रेखा भी होती तो लड़का उसे और चटक करने की कोशिश करता। उसका ऐसा सफाचट चेहरा देखकर लड़का उठ पड़ता; दो कदम चलता, फिर घूम कर देखता। पगला बाबा वैसे ही सराय की खंभियों के सहारे पीठ टिकाये जँभाई लेता। लड़के को गुस्सा आ जाता। वह सड़क पर पड़ी कंकड़ी उठा लेता और निशाना साध कर पगला बाबा पर चला देता।

"जा मर स्साले।" उसे अपने निशाने पर इतना विश्वास होता कि वहाँ रुक कर बावेले में फँसना तक उसे मूर्खता लगती। वह ढेले मार कर बेतहाशा प्लेटफॉर्म की ओर दौड़ पड़ता। हाँफते-हाँफते फकिरना को अपनी वीरता की गाथा सुनाता और इनाम में मिली अधजली बीड़ी को सुड़क-सुड़क कर पगला बाबा को बीसों गालियाँ बकता—"स्साले को जरा भी शरम नहीं है। सब कुछ सुन लेता है और हें-हें करता रहता है।"

यों तो आश्विन का महीना कस्बे में हमेशा ही रौनक लेकर आता, दुकानों, घरों, गुमटियों की सफाई होती, सफेदी की जाती। गर्म दिन के बाद हल्की ओस-डूबी रातें अजब सुहानी लगतीं। मेरे बगीचे में उन दिनों हरसिंगार फूल रहा था। सामने के दोनों पेड़ सुबह होते-होते फूलों से लद जाते और धूप की पहली कणिका की छुवन के साथ ही झरझर गिरने लगते। सारा सहन इन मीठी गंध वाले कोमल-कोमल फूलों से भर जाता।

बड़े प्रातःकाल वह इधर से निकलता। घुटने तक धोती, ऊपर फटी-पुरानी, पर साफ हाफ कमीज। कमर में बँधा हुआ चादर का फेंटा। हाथ में जाने कब का पुराना इकतारा··· । गूजरी राग के कोमल स्वर हरसिंगार के फूलों की गंध में अजब फालसाई रंग घोलने लगते—

रतिसुखसारेगतमभिसारे मदनमनोहरवेशम्।
न कुरु नितम्बिनि गमनविलम्बनभनुसर तं हृदयेशम्।।

यह उसका रोज का क्रम था। वह गाते-गाते हर दरवाजे पर एक क्षण रुकता। यदि उस समय किसी घर से एक मुट्ठी चावल या पाँच-दस पैसे मिल गये, तो ले लिये, नहीं आगे बढ़ चला। वह कभी भी हठ नहीं करता। प्लेटफॉर्म वाले भिखारियों

के कथोपकथन उसने सीखे ही न थे। और न वह फकिरना की तरह अपंग होने का अभिनय कर सकता था, न तो फोकटी डोमिन की तरह रिरिया कर लोगों के कानों में दर्द ही पैदा कर सकता था। यह सब कुछ उसके स्वभाव के विपरीत था।

मैं उन दिनों दुर्गा पूजा की छुट्टियों में घर आया था। कस्बे की नीरस, गर्दखोर फिजा में यह खासा मनबहलाव बन गया। सुबह उठने की आदत कभी न थी; पर मैं अक्सर पाँच बजे उठकर बगीचे में टहलने लगता। पता नहीं हरसिंगार के फूलों का आकर्षण खींच जाता या पगला बाबा का गूजरी राग।

मैं बार-बार सोचता। इसमें कौन-सी चीज है जो अनायास मन को खींचती है। रामकृष्ण की तरह उदासीनता, रामप्रसाद की तरह भाव-विभोर करने वाला संगीत, वामा खेपा वाली पागल मुद्रा—क्या है ऐसा जो इस चुम्बक की तरह खींचता है; पर जब भी कोशिश करो, पकड़ से बाहर, अभेद्य, अनछुआ रह जाता है। कोई बात है जरूर। कोई न कोई घटना घटी है इसके जीवन में जो इसे कुछ का कुछ कर गयी है। मैं बार-बार चतुर जासूस की तरह उस घटना के बारे में बीसियों कल्पनाएँ करता, बीसियों अनुमान भिड़ाता; पर घंटों की कसरत के बाद हाथ लगता सिर्फ सिफर। सारे अनुमान व्यर्थ हैं, यदि उनकी पुष्टि नहीं होती। और इस कस्बे में शायद ही कोई ऐसा मिले जो इस पागल इन्सान की जिन्दगी के खोए हुए पन्ने सुरक्षित रखे हो।

वह सुन्दर थी।

गोरे चम्पई रंग का कसा हुआ शरीर। वह अपने बदन पर रंग-बिरंगी तितलियों की तरह मोहक कपड़े नहीं पहनती थी। एकदम सफेद रंगहीन वस्त्र। यह एक अभेद्य पारदर्शी कवच था जो उसके यौवन के गुलदस्तों की हमेशा रक्षा करता था; पर यह रक्षण-क्रिया कहीं से उसकी रंगीनी, सुगन्ध और सुडौलता को ढँकती नहीं थी बल्कि उन्हें खुला-अधखुला रखकर एक रहस्यमय जादुई आभा में ढाल देती थी। ऐसी थी गूजरी।

उसका प्रिय अपनी लुभाई आँखों से उसके इस रूप को देखता रहता। किसी कुंज में छिपकर या किसी वृक्ष की आड़ से, क्योंकि उसके तेज स्वभाव के कारण कभी सामने आने की हिम्मत वह न करता।

एक फूल तोड़कर उसने हाथ में ले लिया। सोचा, उसकी ओर फेंक दूँ। शायद उसका ध्यान आकृष्ट कर सकूँ; पर भय ने उसके हृदय की भावनाओं को जकड़ लिया। वह वैसे ही खड़ा-खड़ा उसे देखता रहा।

और गूजरी ?

उसे क्या मालूम था कि कोई कहीं से छिपकर उसे देख रहा है ? सब मालूम था। वह रोज ही ऐसा करता था। वह इसे जानती थी। पर वह ऐसे मौकों पर अपने को जानबूझ कर बहुत तटस्थ बना लेती। हृदय के कसमसाते भावों को सफेद कवच

के भीतर और भी कस लेती। सखियों के बीच बेमतलब घुट-घुटकर बातें करती। हाथ का क्रीड़ा-कन्दुक हवा में उछालती और ज्यों ही वह उसकी ओर झुकता, हाथ का ऐसा झटका देती कि कन्दुक हवा में उछल कर टँग जाता।

मैं उस दिन बड़े तड़के उठा। रोज की तरह इकतारे की दर्दीली आवाज पर कान लगाये टहलता रहा। पर वह न आया। पूर्वी आसमान ललछौंहा हो चला; फिर भी वह नहीं दिखा। मैं बगीचे से बाहर आ गया। सड़क ओस में डूबी बेपरवाह लेटी थी। बिलकुल सन्नाटा। कोई भी चहलकदमी नहीं, कोई भी आमदरफ्त नहीं। मैं यों ही चलता रहा। मुझे नहीं मालूम मैं कब, कैसे वहाँ पहुँच गया। पर जव पहुँच ही गया तो छिपने की या लौट चलने की हिम्मत न हुई।

"बाबू ! खोखा बाबू !" वह मेरे पीछे दौड़ रहा था।

"क्या है ?" मैंने किंचित् रुखाई से कहा। मुझे उसकी हरकत बुरी लगी।

वह सहम गया। एक क्षण जमीन की ओर देखता खड़ा रहा। मैं उसके इस तरह दौड़ने से नहीं चिढ़ा था। मैं सच ही उसी की खोज में निकला था। मैंने आज उसका गीत नहीं सुना था। सोचता था, शायद बीमार न हो। पर जब वह मेरे पीछे-पीछे दौड़ने लगा तो मुझे बुरा लगा। हालाँकि उस वक्त कोई न था, पर घर थे। कोई अपनी छत से देख सकता था। मैंने जल्दी-जल्दी पाकेट में हाथ डाला। एक चवन्नी उसकी ओर उछालता आगे बढ़ चला।

"बाबू !" उसने धूल में सनी चवन्नी मेरी ओर बढ़ाते हुए कहा—"मैं भीख नहीं माँगता !" मुझे बहुत गुस्सा आ गया। मैंने चवन्नी ले ली। मैंने उसे देखा, उसकी आँखें मेरे चेहरे पर टिकी थीं। नील, अचंचल अडिग, पर सीधी और शान्त आँखें। उन आँखों का हल्का-सा कंपन था। तेज हवा के झोके से घायल गौरैये के बच्चे की तरह वे धड़क रही थीं।

अब मुझे अपने पर गुस्सा आ गया। मेरा चेहरा कुछ बेढंगा हो गया होगा। उसने इस तबदीली को देखा होगा।

"ना-ना बाबू, इसमें दुखी होने की क्या बात। अकसर लोग भिखारी ही समझते हैं। हूँ ही। इतने अकिंचन को कोई और क्या मानेगा भला ?" वह मुझे समझाने लगा। वह ज्यों-ज्यों बोलता रहा त्यों-त्यों मैं गहन अचम्भे के दलदल में धँसता गया।

"तब तुम ऐसे क्यों रहते हो ?" मैंने कहा।

"जाने दो वे बातें··· ।" उसने लम्बी साँस ली—"आप मेरा एक काम करेंगे ?"

"कौन-सा काम ?"

"वो है न ?" वह चुप हो गया।

"वो कौन ?"

"आप शायद उसे नहीं जानते—जो वहाँ सराय में है। उससे मेरा झगड़ा हो गया है। दो दिन से कुछ खाया-पिया नहीं, आप उसे समझा दें।"

मैं कुछ समझ न सका। पर उसकी आँखों में ऐसी कातरता थी कि मैं इनकार न कर सका। चुपचाप उसके पीछे चलता रहा।

इस सराय के भीतर मैं कभी न गया था। मेरे जन्म से भी पहले शायद यह ऐसी ही थी; और पिछले बीस वर्षों से, जब से मुझे होश आया, मैंने इसे ऐसा ही पाया है। छोटा-सा कस्बा है। मैंने यहाँ के सभी मकान देखे हैं। अकसर उन सभी जगहों में आया-गया हूँ, जिन्हें सार्वजनिक कहा जाता है—यह सराय भी तो सार्वजनिक ही है, पर मैं यहाँ कभी नहीं आया। यहाँ मैंने या तो भिखारियों को लड़ते-झगड़ते, गुँथ कर हँसते-बतियाते देखा है, या फिर यात्रियों को, गाड़ीवानों को रातें बिताते। वे रातें मुझे सच ही अच्छी लगतीं जब अनेक बैलगाड़ियाँ सिपाये पर खड़ी निश्चेष्ट पड़ी रहतीं। मुझे धुँधलके में सदा वे भटकती आत्माओं की तरह लगती हैं। जाने किन-किन सड़कों पर इनके पहिये घिसे हैं, किन-किन धूल सनी लीकों पर ये रेंगती-घिसटती इस स्थिति को पहुँची हैं। बैलगाड़ियों को देखकर हमेशा तबीयत अनजान मुलुक की रोमानियत से भर जाती है। और कहीं उपले की आग की रोशनी में—अगल-बगल भूसा खाते बैलों की घंटियाँ बज रही हों, तब तो कुछ न कहिए। मुझे सदा मंदिर की आरती याद आने लगती है।

मैं उसके साथ ओसारे में आ गया था।

''वो है बाबू !'' उसने कोने में गुदड़ी पर लेटी औरत की ओर इशारा किया। वह अपना सिर और पैर एक में जोड़कर इस तरह गुड़मुड़ी हो रही थी कि वह भी एक गुदड़ी ही लग रही थी, उससे अलग कोई सचेत चीज नहीं।

उसकी आवाज सुनकर वह और भी गुड़मुड़ा गयी।

''देख तो कौन आया है !'' वह उसके करीब पहुँचकर घुटने के बल बैठ गया। उसने बड़े आहिस्ते से उसकी पीठ को सहलाया।

''देख तो वो बगीचे वाले बाबू आये हैं।'' उसने उसे छेड़ने की कोशिश की। तभी वह औरत हिली। आँचल में वैसे ही अपने मुँह को छिपाये उसने पैर से ऐसा धक्का दिया कि वह बेचारा औंधा हो रहा। उस औरत का वह पैर हवा में खड़ा रहा। मुझे वह बिना सिपाये के ऊपर उठी उलार बैलगाड़ी की तरह लगी।

''देख लीजिए बाबू !'' वह वैसे ही झुका-झुका बोला—''इसके लिए मैंने क्या नहीं किया।''

वह धीरे से उठकर खड़ा हुआ। पास की दीवाल में छोटी-सी आलमारी थी, बिलकुल उघड़ी, न पल्ले न खाने। नीचे के हिस्से में एक गठरी थी। वह उसी के पास गया। उसने बड़े स्नेह से गठरी उठायी। उसे हाथों से पोंछ-पाँछकर सीने से चिपकाये मेरे पास आया।

''एक छिन इस पत्थर पर बैठ जाइए बाबू !'' वह बोला।

मैं इस पूरे माहौल में अपने को पूरी तरह असंगत और ऊलजलूल जैसा अनुभव

करते हुए भी बैठ गया। वह ठीक मेरे सामने ही बैठा था। कुछ ऐसे ऊटपटाँग ढंग से जैसे उसके लम्बे-लम्बे पतले पैर ठीक से मुड़ न पा रहे हों। उसने अपने काँपते हाथों से वह गठरी खोली। गठरी देखने को ही बड़ी सी लगती थी। असल में एक गठरी में कई गठरियाँ थीं। मैले कपड़े के भीतर थोड़े साफ कपड़े की उससे छोटी गठरी। उसके भीतर लाल कपड़े की उससे भी छोटी और एकदम अन्दर नीले टुकड़े में लिपटी सबसे छोटी। इस परत-दर-परत हिफाजत से रखी सबसे छोटी गठरी में चाँदी के मामूली गहने थे। बुन्दे, छागल, हाथ का कंगन। बस।

उसने एक-एक करके गहनों को उठाया। खुद ही हाथ से घुमा-घुमा कर अपनी आँखों के आगे नचाता रहा जैसे उनके हर पहलू और मुद्रा में वे तमाम बातें और घटनाएँ खुदी हों जिनके भीतर से गुजर कर उसने इन्हें प्राप्त किया है।

"मैंने कितने परिश्रम से यह सब जुटाया।" वह बुदबुदाया—"पर मेरे भाग्य में ही कुछ ऐसा है खोखा बाबू कि सारे मनोरथ असफल हो जाते हैं।"

तभी बगल वाली गुदड़ी में थोड़ी हरकत हुई। मैंने देखा कि गुड़ी-मुड़ी पड़ी वह औरत अचानक उठकर बैठ गयी है। उसने अपने उलझे गन्दे बालों को हथेलियों से ऐसा झटका मारा कि वे छितरा कर उसके चेहरे पर फैल गये। वह सहसा उठी और ठीक हमारे पास आ गयी। उसने अपने पैर से उसके हाथ पर ठोकर मारी और वे सारे गहने फर्श पर झन्न की आवाज करते लुढ़क गये।

"ले आकर उसी को पहना जिसने तेरे जैसे करमनिखट्टू का मुँह भी नहीं देखने की सौगन्ध खायी है। मुझे तू ये गहने दिखाकर लुभा रहा है ? मैं क्या तेरी ब्याहता बाँदी हूँ ?"

वह एकदम से सिमट-सा गया, निचुड़े हुए लत्ते की तरह। उसकी आँखों में एक अनछोर अर्थों से भरी दहशत झाँकने लगी। वह धक्के से या पता नहीं भीतर की किसी मरोड़ से गुरच कर औंधा-सा हो गया।

वह खिलखिलाकर हँसी। बड़ी उन्मुक्त, डरावनी और बेतरतीब-सी हँसी। मैं यह सब देखने-सहने की स्थिति में नहीं था। मैं चुपचाप उठा और सराय से बाहर आ गया।

बाहर अभी भी सुबह ताजी थी। मैंने एक लम्बी साँस ली और सराय की सारी मुर्दनी को फेफड़े से बाहर निकालने की पूरी कोशिश की। मैं इधर-उधर इस ढंग से देखता घर की ओर चल पड़ा, जैसे मुझे उस सराय से कोई वास्ता न हो। मैं तो बस यों ही सबेरे टहलने निकला था। भला मुझे क्या वास्ता उस उलार खड़ी बैलगाड़ी से, या औंधे मुँह बैठे बैल से जो भार ढोने की थकान को जुगाली करके मिटाना चाह रहा था। छिः कितने गन्दे और बदबूदार हैं ये !

प्रेमिका और ब्याहता में अन्तर होता है ? क्या एक स्वामिनी और दूसरी बाँदी होती है ? इसके जीवन में कौन आया था ? प्रेमिका या ब्याहता ? किसने इसका

मुह न देखने की सौगन्ध खायी है ?

सवालों का यह तरतीबवार सिलसिला बेसिलसिला चल रहा था। मैं जानता था कि कभी इनका उत्तर नहीं मिलेगा। पर मैं हूँ ही अपनी आदत से लाचार कि इन्हें रास्ते-भर धुनता चला जा रहा हूँ।

इसके बाद कई रोज बीत गये। न वह आया न मैं उसकी ओर गया। मैं करीब-करीब उसे दुःस्वप्न की तरह भूल जाने की कोशिश में सफल भी होने लगा था। उस दिन कतकी त्रयोदशी थी। धनतेरस। कस्बे की इक्की, दुक्की दुकानें और कुछेक घर नयी सफेदी के कारण सफेद मटमैले रंगों का विचित्र 'शेड' इकट्ठा करने लगे थे। रामकुमार का चित्र याद आने लगा। बनारस का कोई घाट या मुहल्ला या कुछ भी। मेरे घर में भी सफेदी चल रही थी। बगीचे में चूना भिगोने का कंडाल रखा था और उसके चौतरफा चूने की बूँदों की अल्पना। मुझे जाने क्यों घोंघे का अंडा याद आने लगा। घोंघा भी अजीब प्राणी है। वह अपने अंडे किनारे पर धर आता है और खुद पानी में तैरता जाने किस-किस घाट का सफर किया करता है। याद, सिर्फ याद—जीवशास्त्री कहते हैं कि घोंघे के अंडे सिर्फ उसकी स्मृति द्वारा ही बढ़ते हैं, सिर्फ सोचने-भर से वे विकसित होते हैं और सिर्फ स्मृति से ही नये घोंघों में बदल जाते हैं।

तभी एक विचित्र-सी बात हुई। बिना सम्भावना के कुछ बहुत अच्छा भी घटित हो जाने से शायद धक्का लगता है। इकतारे की दर्दीली आवाज मेरे बगीचे की चहारदीवारी से टकरा रही थी—

रासे हरिमिह विहित विलासं
स्मरति मनो ममकृत परिहासम्।

राग वही है, दर्द वही है पर आज एकदम नयी मीड़ है, नया उत्साह है, आज मानिनी नहीं है, उसके रोष का रोना नहीं है, अपनी सफलता या क्षणिक खुशी का इन्द्रधनुष है। वह एकदम पास आ गया था, ठीक दरवाजे पर—

चन्द्रक चारु मयूर शिखण्डक मण्डल वलयित केशम्
प्रचुर पुरन्दर धनुरनुरञ्जित मेदुर मधुर सुवेशम्

"वाह-वाह" —मैं जोर से ताली पीटकर हँस पड़ा—"आज तो तुम्हारा चेहरा खुद इन्द्रधनुष-सा लगता है।"

उसने इकतारे से हाथ हटा लिया।

"सब ठीक हो गया खोखा बाबू।"

"क्या ठीक हो गया ?"

"माने कि वह मान गयी ?"

"अच्छा ?" मैंने व्यंग्य से कहा—"किसी दिन फिर लात खाओगे। ऐसी औरत से अलग क्यों नहीं रहते ?"

"नहीं-नहीं, खोखा बाबू, आप उसको गलत समझते हैं। वह अपने देश की औरतों की तरह ठसक वाली नहीं है, फैशन वाली नहीं है। सामान्या है। आपु न जन है। मैं गरीब, वो गरीब। वह ममतामयी है। मैं आपके आने के दो दिन बाद ही बीमार पड़ गया।"

"जान कर पड़े होगे।" मैं हँसा।

वह झेंप गया हो जैसे। बोला—"थोड़ा जानकर, थोड़ा अनजाने भी। हमेशा ही ऐसा होता है। वह हँसी-खुशी में भले ही गुस्सा रहे, गाली बके; पर मैं बीमार हो जाऊँ तो सिरहाने बैठकर रोती रहती है। कितनी देखभाल करती है। कितनी व्याकुल लगती है। और क्या चाहिए खोखा बाबू आप ही कहिए। मुझे न स्वामिनी चाहिए न बाँदी। मुझे सहयात्री चाहिए खोखा बाबू···सहयात्री। मनेर मानुष। बस।"

उसने आज पहली बार इकतारे को काँख में दबाये दोनों हाथ जोड़ कर प्रणाम किया। उसकी आँखों से हरसिंगार टपकने-टपकने को थे कि वह गली में मुड़ गया। मैं एकटक उसे जाते हुए देखता रहा।

इकतारे पर अँगुलियाँ फिर थिरकने लगी थीं और वह गा रहा था—

रासे हरिमिह विहित विलासं
स्मरति मनो ममकृत परिहासम्।

■

"तो···"

रामनवमी के मेले के बाद काफी सन्नाटा था। रात को नौटंकी और कव्वाली दंगल में थकी आँखें मुश्किल से खुल पातीं। सारे नवयुवक थके-थकाये पड़े थे। उन्हें इस आलस्य में मजा आ रहा था। खास तौर से आज के दिन बूढ़ों से न तो आलसी होने का रिरियाना सुनना पड़ता, न किसी जरूरी काम के न होने की हाय-तोबा ही मची थी।

पर उदयी की आँखों में नींद न थी।

वह सुबह बहुत तड़के उठकर मुँह-हाथ धोकर गाँव की गलियों में चक्कर लगाने लगा था।

"क्यों जी उदयी," शोभा ने हँसते हुए पूछा, "रात कै बजे लौटे नौटंकी से ?"

"बारह बजे।"

"सोये कै बजे ?"

"साढ़े चार बजे।"

"उठे कै बजे ?"

"पाँच बजे।"

"ऐसी कौन-सी आफत थी भाई ?"

उदयी एक क्षण चुप रहा। फिर जैसे शोभा पर दया बरसाते हुए उसने कहा, "तुम पर तो तीन दिन तक नाच का नशा रहेगा। दिन-भर चारपाई पर करवट बदलोगे। दोपहर को घर जाकर बसियौरा पूड़ियाँ चढ़ाकर फिर लेटोगे और शाम को नहर के किनारे बैठकर आलाप भरोगे–

काहे मारे मोहे चटकनवाँ
पियवा मैं तोहरे मयनवाँ

"तुम ससुरे सब जगह नेतागीरी तो दिखाते हो। हम अपनी औरत को मारें, चाहे सिर पर लेकर चलें। तुम्हारे बाप का क्या ?" शोभा की आँखें एकदम खुल गयी थीं। आलस्य हिरन हो गया था। वह उचक कर चारपाई पर बैठ गया।

"चोर की दाढ़ी में तिनका।" उदयी खिलखिलाकर हँसा, "कहो टीमल चाचा, तुम भी थे न उहाँ ? बोलो तो उस बैंगनी साड़ी वाले लौंडे ने यही गाना नहीं गाया था ?" टीमल चाचा सत्यवादी आदमी हैं। बिना झिझक बोले, "गाया था भाई।"

"खाक गाया था।" शोभा ने टीमल चाचा की ओर गुस्से से देखा, "आप गाने का कुछ मतलब भी समझते हैं ? उसने यही गाना गाया था कि दूसरे भी गाये थे ?"

"दूसरे भी गाये थे।" टीमल चाचा बोले।

"फिर इन्हें इस वक्त यही गाना क्यों याद पड़ा ?" शोभा ने पूछा।

"हाँ, फिर इन्हें इस बखत यही गाना क्यों याद पड़ा ?" टीमल चाचा ने अपने दिमाग का इस्तेमाल शुरू कर दिया था।

"इसलिए कि यह गाना सुनाकर ये हमको 'डौन' करना चाहते हैं। सबके सामने हमारी लिहाड़ी उतारना चाहते हैं। बोलिए है कि नहीं ?"

"हाँ, भाई, जब तुम कह रहे हो, तब मुझे भी समझ में आ रहा है कि लगाबदी की बात है यह। जरूर ये तुम्हारी लिहाड़ी उतारना चाहते हैं। यह बुरी बात है।"

"क्यों, अब कहो।" शोभा उदयी की ओर घूमकर बोला, "तुम ससुरे सोचते हो कि हम तुम्हारी उलटबाँसी का अरथ ही नहीं समझते। तुम बाहर जाकर दो अच्छर पढ़ आये, तो अपने को तीसमारखाँ समझने लगे !"

"देखिए बाबू शोभा सिंह," उदयी गम्भीर हो गया, "ज्यादा ताव में मत आइए,

आप अपनी औरत को मारते हैं, यह सरे आम आपने कबूल किया। आपको अभी दुनिया-जहान की कुछ खबर नहीं। इसी हवालात में, जिसे बड़का गाँव कहा जाता है, पैदा हुए, इसी में कोल्हू के बैल की तरह घूमते रहे, इसी को आपने जहान समझ लिया है···"

उदयी भाषण की मुद्रा में आ गया था और उसे यह देखकर बड़ी खुशी हुई कि अगल-बगल की आधा दर्जन चारपाइयों पर सिरहाने-पैंताने गुड़ी-मुड़ी बीसियों मूरतें हिलने-डुलने लगी हैं और उनमें एकाएक उँगली चटकाने, जँभाई लेने की आसूदगी भरी हरकतें पैदा होने लगी हैं। उदयी ने हल्के खाँस कर गले को ठीक किया, "आपने इतने आदमियों के सामने कहा है कि हम अपनी औरत को मारते हैं, तो तुम्हारे बाप का क्या ? कहा है न ?"

"हाँ, हाँ, कहा है, सौ बार कहा है।" शोभा गुस्से में चौचक बैठ गया, "क्या कर लोगे तुम हमारा ?"

"हम क्या करेंगे। करेगी पुलिस। उस वक्त आपको मालूम होगा कि ज्यादा अकड़ने का नतीजा क्या होता है !" उदयी कुटिल ढंग से हँसा।

"क्या ?" एक साथ कई मूरतें बोलीं, "किसी के निजी मामले में पुलिस का क्या काम ?"

"हाँ भाई, इससे पुलिस का क्या मतलब ?" टीमल चाचा ने उदयी की ओर प्रशंसा के भाव से देखा, "जरा साफ-साफ कहो उदयी बेटा, तुम्हारी बात समझ में नहीं आ रही।"

"हर पुराने आदमी को नयी बातें अनबूझ लगती हैं टीमल चाचा !"

"अरे, तो शोभा और ई लोग, जो यहाँ बैठे हैं, ये तो पुराने नहीं हैं, इन्हें भी तो तुम्हारी बात अनबूझ लग ही रही है।"

"आप नया-पुराना उमर के हिसाब से सोचते हैं, इसमें जाने कितने लोग जिन्हें दाढ़ी-मूँछ तक नहीं आयी, मगर वे बुड्ढों से भी ज्यादा फिसड्डी हैं और इसी गाँव में एकाध ऐसे बुड्ढे भी मिल जायेंगे, जो नवचों के कान काट सकते हैं। उमर से कुछ नहीं होता-जाता, मन और दिमाग नया चाहिए। आँखें नयी चाहिए। सोचने का तरीका नया चाहिए। आप समझते हैं कि बाबू शोभा सिंह नये इंसान हैं। उमर से अभी बीस के भी नहीं हैं, पर दिमाग और मन से चार सौ साल पीछे हैं।"

"तुम तो चार सौ साल आगे हो न। बाप पटवारगीरी करता था, अब तुम चले हो सारी दुनिया को नया बनाने। अपने बाप को क्यों नहीं नया बनाते। वह तो आज भी चकबन्दी अफसर को नशा-पानी करा के चक बदलवाने का भरोसा दिलाकर गरीब काश्तकारों की जेब कतर रहा है।"

"बाप के कामों से मुझे जोड़ने की कोशिश मत कीजिए बाबू शोभा सिंह ! उनकी राह अलग है, मेरी अलग। वे जमींदारी व्यवस्था की तलछट हैं, उतनी ही

बदबूदार और वैसी ही सड़ी हुई। उनका और आपका दिमाग एक तरह का है। बदलना दोनों को जरूरी है। इसीलिए कह रहा हूँ कि पुलिस ही ऐसे लोगों को ठीक कर सकती है।''

''पुलिस मेरा क्या कर लेगी ? मैंने क्या चोरी-चमारी की है ?''

''यही तो मुश्किल है आपके साथ। आप समझते हैं कि चोरी-चमारी ही जुर्म है। श्रीमान, जुर्मों को समझने के लिए भी नया दिमाग चाहिए। आपने दफा तीन सौ सैंतीस का नाम सुना है ? नहीं सुना होगा। आप लोगों को कानून और उसकी बारीकियों से क्या लेना-देना।''

''ई दफा तीन सौ सैंतीस क्या है, हो उदयी बेटा !'' टीमल चाचा ने पूछा।

''दफा तीन सौ सैंतीस, ताजीरात हिन्द की वह दफा है चाचा, जिसके तईं आदमी को, जो स्वेच्छा से किसी को व्यक्तिगत कष्ट पहुँचाता है, अपराधी माना जाता है। बस, इसके लिए दो-एक गवाहों की जरूरत पड़ती है और इतना तो बाबू शोभा सिंह भी जानते हैं कि मैं दो-एक क्या दो-चार दर्जन गवाह दे सकता हूँ। क्यों टीमल चाचा, आपके सामने अभी-अभी बाबू साहब ने कहा है न कि मैं अपनी औरत को मारता हूँ, तो तेरे बाप का क्या ? अब आप बताइए कि आपको गंगा-तुलसी उठवा कर कहना पड़े, तो क्या कहिएगा कि ऐसा नहीं कहा ?''

''अरे उदयी बेटा, जाने दो, ई सब गाँव-घर का मामला है, इसमें हम लोगों को काहे घसीटते हो।'' टीमल सिंह ने बड़ी बेबसी से उदयी की ओर देखा।

''आप बुड्ढों को मैं खूब जानता हूँ,'' उदयी मुस्कराते हुए बोला, ''आप खुद दफा तीन सौ सत्रह के मुजरिम हैं और मैं आपको भी छोड़ने वाला नहीं हूँ।''

''ई क्या है ?'' टीमल सिंह की आँख सिर पर टँग गयीं।

''क्यों, आपने अपने पोते को गोद लिया है, है कि नहीं ?''

''हाँ भई, लिया है, यह तो सभी जानते हैं।'' टीमल चाचा बोले।

''और आप उससे कल ओसारा बुहारने को कह रहे थे। बेचारा लड़का तो अभी झाड़ू पकड़ना भी नहीं जानता, आपने उसे तीन-चार तमाचे जड़ दिये—जड़े न ?''

''क्यों झूठ बोलते हो,'' टीमल चाचा ग्लानि से बिफर कर बोले, ''मैंने सिर्फ कान उमेठा था। वह भी धीरे से।''

''वाह रे वाह, आपने सिर्फ धीरे से कान उमेठा था, और प्यार से चुम्मा दिया था, वह तो बेवकूफ था कि गला फाड़-फाड़ कर रोने लगा।''

''तुम जानते हो उदयी बेटा कि बिरजू छू देने भर से जमीन-आसमान एक कर देता है।'' टीमल चाचा सफाई देने लगे।

''उन्होंने तमाचा ही मारा तो तुम्हारा क्या ?'' शोभा सिंह फिर उखड़े, ''इसमें कौन-सी दफा होती है मुंशी जी ?''

"इसमें शिशु के आरक्षक द्वारा शिशु को अरक्षित छोड़ने के जुर्म की दफा 317 होती है श्रीमान—कहा न कि आपके लिए अनजाना है, जब काम पड़ता तब सारी हेकड़ी हवा हो जाती है। सिर्फ टीमल चाचा क्यों, इनके सुपुत्र भाई रामवृक्ष भी फँसेंगे। खेतों की सीलिंग से बचने के लिए पोते को गोद लिया, यानी लड़के का बाप भी लड़के को अरक्षित रखने के अपराध से बरी नहीं हो सकता और फिर मामला कचहरी पहुँचे, तब तो मजा आ जाये। सारी सीलिंग से बचने के लिए की गयी धोखाधड़ी भी सामने आ जाये। तब एक नयी दफा भी जुड़ेगी, यानी सरकारी सम्पत्ति को क्षति पहुँचाने की कोशिश—यानी दफा 403 और दफा 415 साथ-साथ, क्या समझे ?"

सब लोगों पर एकदम सकता छा गया। सभी गर्दन झुकाकर चुपचाप बैठ गये। उदयी ने अपनी जेब से चारमीनार सिगरेट निकाली। एक सिगरेट को होठों से दबाकर उसने बड़े करीने से दियासिलाई पर तीली घिस कर सिगरेट लगायी और धुएँ के छल्ले उड़ाता बड़ी बेरहमी से मुस्कराता रहा।

उस दिन शाम मुझे कोई काम था। गाँव से कस्बा कुल एक ही मील दूर है। सौदा-सुलुफ खरीदने जाना ही पड़ता है। पिछले पखवारे से तबीयत उदास थी। रबी की फसल मारी गयी। जो थोड़ी-बहुत बच रही थी, वह साल खींचने के लिए भी शायद ही पूरी पड़े। रामनवमी के अवसर पर इसीलिए बच्चों तक को कपड़े नहीं सिला पाया। औरत को नई साड़ी भी नहीं मिली।

घर में घुसते ही वह कुतिया की तरह गुर्राकर बोली, "आग लगे ऐसी गृहस्थी में, बच्चे कपड़े के लिए तरस गये। मेले में एक रुपये की मिठाई भी नसीब नहीं हुई।" मैंने मिठाई जान-बूझकर नहीं खरीदी थी। मैंने सोचा था कि इस सूखे और अकाल में थोड़ा भी अनाज बेच दूँ, तो फिर यह साला बँधा हुआ हाथ खुल जायेगा और हो सकता है कि औरत के ताने और उलाहने को झेलने में असफल होकर मैं अनाज बेचता चला जाऊँ। ऐसा हुआ, तो फिर खायेंगे क्या ?

मैं चारपाई पर मुँह गाड़े बैठ गया। मुझे इस तरह चुप उसने शायद पहली बार देखा था। इसलिए शह मिल गयी।

"जाकर किसी दहाने-बहाने में ऐसे ही मूड़ गाड़कर डूब मरो। खटिये पर बैठने से क्या बनता-बिगड़ता है।"

मेरी औरत ने ऐसी बात कभी नहीं कही थी। वह लगने वाली एक कहे, तो मैं चार कहने वाला आदमी हूँ। मगर आज मैंने भी उदयी की बातें सुनी थीं। सोचा कहीं गुस्से में मार बैठूँ, तो बेमतलब फँस जाऊँगा। यह लाला का छोकरा एक ही शैतान है। जब अपने बाप को कुछ नहीं समझता, तो फिर मेरी क्या रखेगा। पर औरत की यह बात बड़ी बुरी लगी। साली मेरी मौत का मानता मान रही है। गोया

ने ही सूखा डाल दिया। मैं गाँव का अदना किसान नहीं हुआ, जैसे नहर महकमे का ओवरसियर हूँ। सुना, सालों ने गरमी में ही पूरा जलखाता मछली मारने के लिए खाली कर दिया। बैसाख में इस साल नहर लबालब भरी रही। क्या नया समा था। चिलचिलाती धूप में चमकता हुआ पानी यों लगता था, जैसे सीसे की सड़क बह रही है। एक झुंड जलपंछी टूट पड़े थे। सारा सीवान जैसे भादों-क्वार की पलिहर धरती हो गया हो। कितनी मनसायन संझा लगती थी, पर किसे मालूम था कि ई सब अकाल का लच्छन है।

मैं चुपचाप उठा। एक बोरी गेहूँ साह जी के घर डाल आया। रुपये लिये और बाजार चल पड़ा।

चौक में गया, तो परिचित कहकहों ने मेरा ध्यान खींच लिया। सरूप हलवाई की दूकान पर उदयी और शोभा बैठे हँस रहे थे। दोनों के हाथ में अधजली सिगरेटें थीं। मुझे बड़ा अचम्भा हुआ। सुबह-सुबह दोनों एक-दूसरे के जानी दुश्मन थे, अब ई क्या हो रहा है !

मुझे अपनी ही आँखों पर विश्वास नहीं हुआ। मैं दूकान के पास चला गया।

"अरे, आओ-आओ भइया !" उदयी सिगरेट का धुआँ छोड़ते हुए बोला, "आओ-आओ, चाय पीयो।"

"तुम्हीं लोग पीओ चाय, मुझे उसकी आदत नहीं।"

"तो आपको सिर्फ मुँह लटका कर खटिया पर बैठना आता है।" उदयी बोला।

मैं भौचक रह गया। साल-भर हमेशा ही घरवाली से तू-तू, मैं-मैं होती रहती है। मुँह लटका कर बैठने की नौबत एकाध बार ही आयी होगी। मगर इस ससुरे को ई सब कहाँ से मालूम हो जाता है ! मैं सोचता रहा···कुछ बोल नहीं पाया, लजाते-लजाते इन सबों के साथ जाकर बैठ गया।

"सुनो जी सरूप, हमारे भइया चाय नहीं पीते। मिठाई लाओ और कोई खस्ता नमकीन हो, तो वो भी—क्यों भाई साहब, चलेगा न नमकीन··· ?"

मैं चुप रहा।

सरूप मिठाई और नमकीन मेरे सामने रख गया।

"तुम भी सेठ, हद से ज्यादा शैतान होते जा रहे हो," उसने बूढ़े सरूप को ललकारा, "सरकार ने अकाल में तुम्हें कोटा-परमिट की दूकान क्या दे दी, तुम्हारी पाँचों उँगली घी में आ गयीं। सारी चीनी गायब करके बिलेक करते हो और इधर दूकान पर ऐसी चाय बनाते हो तीती कि साली हुक्के का पानी जैसी लगती है।"

"अरे राजा बाबू," सरूप ने दाँत निपोरकर कहा, "अब काहे का बिलेक और काहे का सिलेक। रामनवमी बीत गयी, जिसे चीनी लेनी थी ले चुका, बाकी चीनी को ओर तो यहाँ चींटे भी नहीं ताकते, आपकी जबान पर पानी उछल रहा हो

गरीबपरवर, तो एकाध बोरी उठवा दूँ।'' सरूप ने उदयी की ओर ऐसी कनखी मारी कि उदयी ने गर्दन झुका ली।

''तुम बूढ़े ससुरे एक मक्कार हो, तुम जानते हो कि मैं अपनी परमिटवाली चीनी भी नहीं उठा सकता, इसलिए बोरी की बात करते हो। बोरी भर चीनी लेने का पैसा होता पाकिट में, तो तुम कहते कि बाजार में साढ़े तीन का भाव है, आपको तीन पर दे दूँगा। तुम लोगों को मैं खूब समझता हूँ।'' उदयी बड़बड़ा रहा था, पर उसकी आवाज थकी थी। मैं इस अचंभे पर भी गौर करने लगा। सरूप से काहे यह दब गया।

''अरे, एक यही मिठाई-नमकीन खायेंगे कि हम लोग भी।''

''हम तो सरकार के गुलाम हैं, हुकुम हो, तो दो जगह और लगा दूँ।''

''लाओ।''

नाश्ता-पानी चलता रहा। शोभा और उदयी हँसते रहे, पर मैं रह-रहकर अपने छोटे-छोटे बच्चों के बारे में सोचता रहा। वे रुआँसे होकर रह गये थे, मैंने बहला-बहला कर उन्हें चुप करा दिया था। इस बार की रामनवमी को सोनपापड़ी का एक टुकड़ा भी बच्चों के मुँह में नहीं गया और मैं सोनपापड़ी चबा रहा था। मेरे मन में हूक जैसी उठी। इच्छा हुई कि उठ जाऊँ।

चलने लगे तो उदयी बोला, ''पैसे कौन देगा शोभा ?''

''मैं दिये देता हूँ।'' शोभा बोला।

''अरे तुम्हें सरम भी नहीं आती।'' उदयी बोला, ''बड़े भाई के रहते तू पैसे देगा।'' उदयी ने मेरी ओर देखा। मैं इस तर्क पर फिर अचंभे में पड़ा। यह बड़े और छोटे का नया पाठ कब सीखा इसने ! मैंने पैसे दे दिये।

दो रुपये की मिठाई बच्चों के लिए बँधवायी और उन्हीं लोगों के साथ गाँव लौट पड़ा।

रास्ते-भर उदयी और शोभा बात-बात पर बेमतलब हँसते रहे। सिगरेट पीते रहे। गाँव आ गया। शोभा घर जाने के लिए गली में मुड़ गया।

''क्यों ?'' मैंने उदयी से पूछा, ''सबेरे तो तुम इसको जेल भिजवा रहे थे ?''

''आप भी भइया पूरे गाबदी हैं।'' उदयी जोर से हँसा, ''यह साला कितना कंजूस है। दोपहर से मेरे साथ कस्बे आया है और मुश्किल से बीस रुपये खर्च किये होंगे।''

''बीस रुपये ?'' मैंने अचंभे से पूछा।

''आपको तो हर चीज पर अचंभा होता है। आप आदमी हैं कि अचंभे का बच्चा। अच्छा जै राम जी की।'' वह अपने दरवाजे की ओर मुड़ गया और मैं पास की गली में।

तभी मुंशी के बैठके से जोर-जोर की आवाजें उठने लगीं। मैं बगल वाली खिड़की के पास खड़ा हो गया।

"कहो साहबजादे !" मुंशी जी बोले, "आ गये मटरगश्ती करके। साले, तुझे दो रोटी भी कहीं नसीब न होगी।"

"मैं मटरगश्ती कर रहा था ?" उदयी अल्हड़ भाव से बोला और अपना बुश्शर्ट उतारने लगा।

मुंशी चारपाई से उतरकर उसके पास आये, "सुन बे ! मैं शोभा और टीमल नहीं हूँ। मुझसे अदब से बोला कर। आवारे को इतनी भी तमीज नहीं कि जिसकी रोटी खाता है, उससे कैसे बातें करनी चाहिए। वकालत पढ़ने गये, तो तीन बार फेल होकर घर बैठ गये। अब सारे गाँव को दफाएँ बताकर धमकाते फिरते हैं। मूर्ख, गधा कहीं का।"

उदयी गुस्से के मारे काँपता हुआ बोला, "बूढ़े, कितनी बार कहा कि बक-बक नहीं। धीरे-धीरे बोला करो।" वह अब अपनी पतलून की जेबें तलाश रहा था।

मुंशी ने उसका गट्टा पकड़ लिया, "मैंने क्या तुम्हारे जैसे शराब पी है, जो धीरे-धीरे बोलूँ ! तेरी हिम्मत कि तू गाँव के लोगों के सामने मुझे गालियाँ दे ! तू बड़ा तीसमारखाँ बनता है। निकल जा मुँह काला करके। बहुत खिलाया-पिलाया, अब हो गया हिसाब चुकता। अपना अलग इंतजाम कर।" मुंशी ने उसका बुश्शर्ट उतार कर फेंक दिया, "खबरदार, जो घर में पैर रखा ! चलो यहाँ से, यहाँ सदाबरत नहीं चलेगा।"

उदयी ने अचम्भे से मुंशी की ओर देखा।

"मैं कहता हूँ कि धीरे-धीरे बोलो।" वह बड़ी रुखाई से बोला, "नहीं तो···"

"नहीं तो क्या···" मुंशी ने कोने में रखी छड़ी उठा ली, "बोल बे, धीरे-धीरे नहीं बोला, तो···तो···बोल···?"

उदयी ने मुंशी की ओर देखा और जाने क्या था उन आँखों में कि वह सिमट कर रह गया, "तो···तो···बाबू जी, आप जैसा कहेंगे, वैसा करूँगा।"

"हूँ।" मुंशी बोले और छड़ी को कोने में रखकर चारपाई पर बैठ गये। ■

बड़ी लकीरें

मेरी समझ में यह नहीं आता कि हर जगह एक अंतड़ी क्यों है। सुना था बड़ी-बड़ी कचहरियों में ही किच-किच होती है। बड़े-बड़े दफ्तरों में अन्धी सुरंगें हैं। बड़ी कुर्सी पर बैठने वाले ही टालमटोल के मास्टर हैं, पर इस बित्ते-भर की गाँव सभा भी ऐसी अंतड़ियों से भरी होगी, इसका मुझे गुमान न था।

मैं निठल्ला हूँ। एम. ए. पास करके फालतू बैठा हूँ। बाप की कमाई को भकोसता हूँ। बेहया ऐसा कि चौके में बैठा होने पर मेरे पूरे वजूद को कौड़ी के मोल नीलाम करने वाले बाप को जवाब देने के लिए थाली नहीं छोड़ सकता। "जाने दे बचवा।" बाबू के चले जाने पर ही अम्मा की जबान खुलती है—"बूढ़े हुए हमेशा परोगा पढ़ते हैं। उनकी बात का बुरा जो माने उहै बेवकूफ। ये कान सुनो वे कान निकाल दो।"

शायद अम्मा देख लेती हैं कि मैं कौर निगलते समय सब्जी में मिर्चें होने का बहाना कर रहा हूँ। आँखों में पानी तो है, यही क्या कम है। दाल में नमक नहीं है, पर मेरे गले में पड़ कर वह दाल तेज नमक की झार पैदा कर देती है।

सारा सीवान तप रहा है। उत्तरी नरवन की काली माटी दरारों से भर गयी है। पूरा सीवान लगता है कि चन्द्रतल के फोटो चित्रों से भरा है। लोग ठीक ही कहते हैं कि काली माटी की दरार में पैर पड़ जाये तो साबुत नहीं रहता। चढ़ते आसाढ़ बादल गर्मे, मँडराये, बरसे। इसके बाद इन्द्रदेव ने सौगन्ध ले ली। उन्होंने दुबारा इस सीवान को दर्शन देने की कृपा नहीं की। खेतों में बोये धान सूख गये। धान सूखना आपके लिए एक मामूली खबर होगी क्योंकि आपने कभी ढेरों शिशुओं की लाशें नहीं देखी हैं। देखी भी हों तो उन्हें इकट्ठा सीवान में लिटा देने का दृश्य शायद ही कभी आपकी आँखों से गुजरा हो। धान के बीज सुगबुगाये थे। बित्ते बराबर पौधे हवा की लहर पर पिछली तलैया की तरह लहरा उठते थे। जब कभी पुरवा चलती मेरे गाँव के प्रधान मोतीलाल कहते—"देखो बचवा, ई हैं घनखर का आबदार पन्ना-पुखराज··· ।" सच, उस सरसराती हवा में हरित पीताभ लचोर पौदे यों मटकते जैसे पूरा खेत मदमाती नागिन की तरह सँपेरे की बीन सुनकर झूम रहा हो। सरसराती साँपिनें इस माथे से उस माथे तक बल खाती निकल जातीं··· ।

और फिर पानी का नामोनिशान नहीं। चन्द्रप्रभा का बाँध सूखा है। लतीफशाह में तलहटी की माटी उभर आयी है। नहरें वीरान हैं। माइनर और गुल छूछे हैं। सारे सीवान में सिर्फ झनझन क्वारी धूप है। पौधे अब हाथ-हाथ भर के हो गये थे। सबके शीश पर चकत्तियाँ उभर रही हैं। झुलसे सिर हवा में अब भी सरसराते हैं, पर अब उनमें बीन सुनने की मस्ती नहीं है, मलेरिया से तड़पती आँखों की ताँबिया जलन है। पौदों के माथे बादामी हो गये हैं। पन्ना-पुखराज एक झटके से खपरैल के टुकड़ों

में बदल गया है, टूटी-तड़की बदरंग खपरैल···

"खप्पड़ उठा लो—भीख भी माँगोगे तो अपना पेट तो चल जायेगा···।" बाबू आँगन के तार पर धोती फैलाते हुए बुदबुदाते हैं—"खेत रेहन रखकर पढ़ाई करवाई कि बबुआ गिरानी में सहारा होंगे। बबुआ लाश के भार बनेंगे ई तो हमरे बरम ने भी कभी सोचा नहीं।"

क्वार की बदरफोड़ चिलचिलाती धूप में गाँव के बाहर बनखंडी में खड़ा अकोल अकेला पीपल का पेड़ कितना अच्छा लगता है। लोग इसके पास कम आते हैं। कहते हैं यहाँ बरम का चौरा था। रात में जलती हुई लुतकारी देखकर बच्चे जिज्ञासा करते हैं। माँएँ या आजियाँ उन्हें गोद में चिपका लेती हैं—"ना-ना, उधर मत देख बचवा, बरम बाबा सीवान घूम रहे हैं।" हर व्यक्ति की आत्मा में मुख से लुतकारी फेंकने वाला एक बरम टहलता है, पर मेरे बाबू की आत्मा में मुँह से लपट फेंकने वाला बरम चौबीसों घंटा पदचारी करता रहता है। उनका ब्रम हर चीज के बारे में गूँगा बना रहता है, सिर्फ मेरे निठल्लेपन पर उसकी नाभि से हुंकार उठती है।

सँवराई सूखी दूब पर मैं बरम-वृक्ष की जड़ से सट कर बैठ जाता हूँ। पास के दिमौटे में कई बिल नजर आते हैं। मैं थोड़ा चिहुँकता हूँ। कोई फनफनाता साँप निकले तो ? मैंने इस क्वारी धूप में रास्तों पर भरे जलसर्पों की ठठरियाँ देखी हैं। लाल चींटियाँ मांस में चिपकी रहती हैं। कण-कण बराबर टुकड़े काट-काटकर वे अपने बिलों को भर रही हैं। जीवित साँप एक मंजर है, चिकना, छलकता, सारे शरीर को समेट कर पूरे आयाम में फैलता साँप अजीब लगता है। उसकी मुलायम खाल सूरज की रोशनी में कौंधती है।

"आज दरवज्जे नहीं जाओगे बचवा ?" कल अम्मा ने पूछा था।

"नहीं मैं जाकर काका के दरवज्जे सो रहूँगा।" —मैं धीरे से बोला—"कौन अपने दरवज्जे सोकर रात-भर खुदक्के सहेगा। बाबू का बरम मुझे कहीं भी चैन की नींद नहीं सोने देगा, अपने दरवज्जे तो बिल्कुल ही नहीं।"

अम्मा बखरी के निकसार में मेरी चारपाई लगवा देती हैं। वे कुछ कहती नहीं, मैं भी कुछ नहीं सोचता, पर लगता है वे मेरी बात पर मन-ही-मन हँसी होंगी। औरत से मिलने का मन होगा, इसीलिए दरवज्जे नहीं जा रहा है—सोचें, जो मन में आए सोचें, मुझे अब किसी के सोचने में दिलचस्पी नहीं है।

रात को सचमुच दीपा मेरे पास आयी।

मैं नहीं चाहता था कि वह आये। सच मुझे उस वक्त उसका आना रुचा नहीं था। उसने आकर अम्मा की मुस्कराहट को मुखर कर दिया होगा। न आती तो क्या बिगड़ जाता। कौन जाने अम्मा ने ही भेजा हो ! जरूर भेजा होगा। वह अब तक बिना किसी के भेजे मेरे पास नहीं आयी है। सिर्फ उसके आँचल का खूँट मेरी चादर के खूँट से जुड़ा था। वह मेरे अस्तित्व से जुड़ी ही कब ? पढ़ता था तो

छुट्टियों में गाँव आने पर वह अम्मा के कहने पर ऐसे ही आकर मेरी चारपाई के पास खड़ी होती। मैं उसकी साड़ी पकड़कर खींचता तो वह जरा भी जुंबिश न खाती। हाथ पकड़कर मनुहार करनी पड़ती। उस वक्त दीपा के शरीर में एक जिन्दा नागिन थी जो हर छुअन के साथ ऐंठ कर जिस्म को कस लेती थी। बगल में कोई और है, ऐसा लगता ही नहीं था। सिर्फ एक ही अस्तित्व का फैलाव होता और लगता कि हम गुनगुने पानी में धीरे-धीरे नीचे उतरते चले जा रहे हैं। आज दीपा का जिस्म बर्फ की तरह ठंडा है। मुझे बड़ा अचम्भा होता है जब मैं शरीर और शरीर के बीच संवाद का सेतु नहीं पाता। दो शरीर इकट्ठे रहकर भी किसी और के इशारे पर जड़ रहते हैं। वह और मेरे भीतर कहीं नहीं था, क्योंकि मैं तो यह सोच-सोचकर खुश रहता कि कम-से-कम इस दुनिया में एक जिस्म ऐसा है जिसका मैं मालिक हूँ। सो तो हूँ, पर बार-बार जाने क्यों लगता है कि बगल में लेटी दीपा के शरीर पर मेरे प्रयोगों का कोई असर नहीं होता। पढ़ता था तो दीपा एक प्रयोगशाला थी, अब निठल्ला हूँ तो दीपा उस मशीन की तरह जड़ है जिसकी पावर कट गयी हो।

मैं उस जड़ मशीन से लड़ता रहा। थक कर उसाँसों में डूब जाना थोड़ी देर के लिए ही सही, अच्छा लग रहा था।

धायँ यँ यँ यँ···

आवाज सन्नाटे को चीरती गयी। मैं चौंककर बरम वृक्ष की जड़ से उछलकर खड़ा हो गया। पूरा पीपल काँव-काँव करते कौवों के शोर की जाली में लिपट गया था। मेवालाल बन्दूक उठाये मेरी ओर तन कर देख रहा था।

"एक निशाने में दो हारिल··· ।" मैंने जमीन पर तड़पते हुए हरे-हरे पक्षियों की ओर देखते हुए कहा—"कमाल है। बड़ा अच्छा निशाना है तुम्हारा।"

मेवालाल खिलखिलाकर हँसा—"तुम भी भैया नम्बर वन हो। अरे इसमें निशाने की क्या बात। साले दोनों एक लाइन में बैठे थे, सो साथ ही टपक पड़े।"

मेवालाल के पिता मोतीलाल ग्राम-प्रधान हैं। मैं मोतीलाल को जब छुटपन में देखता तो वे मुझे हमेशा सफेद दाढ़ी वाले किसी साधु जैसे लगते, हालांकि उस वक्त उनके दाढ़ी न थी। और न अब है, पर उनके चेहरे पर दाढ़ी वाले साधुओं की छायाएँ नाचती रहती हैं। साफ खादी की बनियान और धोती। वे अपने दरवाजे पर अक्सर चरखा कातते। हम मोतीलाल जी को जादूगर समझते। इतने बारीक और इतने लम्बे सूत कौन कात सकता है इस कदर। मोतीलाल उन दिनों ठीक मेरे पूर्वज थे, यानी अपने बाप द्वारा निठल्लेपन के लिए वरमदग्ध। ज़माना बदला। मोतीलाल के पिता गये और उन्हीं के साथ मोतीलाल की काहिली भी। मोतीलाल अब चरखा नहीं चलाते, पर इतने लम्बे और बारीक सूत अब भी कोई कात नहीं सकता। ग्राम-सभा की मीटिंगें होतीं, मैं किसी-न-किसी बात का हमेशा विरोध करता।

"सुनो बेटा," एक दिन सीवान से लौटते वक्त प्रधान जी मिल गये—"तुम

पढ़े-लिखे आदमी हो, हो न ?"

मैं मोतीलाल जी का मुँह ताकता रह गया। उनके चेहरे पर बूढ़े साधू की सफेद दाढ़ी झूल रही थी। मुझे दया आ गयी—"अब जो हूँ सो हूँ प्रधान जी, आप कहना क्या चाहते हैं ?"

"मैं बात पर ही आ रहा हूँ बेटे।" मोतीलाल जी ने अपनी लोई को ठीक से काँखासोती करते हुए कहा—"तुम अनपढ़ लोगों का विरोध क्यों करते हो ?"

मैं बीच में टोकाटोकी करना चाहता था कि वे बोल पड़े—"रुको, रुको, पहले मेरी बात तो सुन लो। मैं जानता हूँ कि तुम यह सब बिना स्वार्थ के करते हो, तुम ग्राम-सुधार चाहते हो। ग्रामवासियों के सुख-दुःख में हिस्सेदार बनना चाहते हो। बापू का यही सपना था। गाँव में पढ़े-लिखे लोग ही अगर उसे नहीं सँभालेंगे तो यह देश बिला जायेगा। पर एक बात मैं कहूँगा भैया। तुम्हें छोटी-छोटी लकीरों को मिटाने की कोशिश में बेकार समय गँवाना नहीं चाहिए। ऐसी बड़ी लकीर खींचो कि बिना मिटाए दूसरी लकीरें छोटी हो जायें।" वे बड़ी दया दर्शाते हुए हँसे। मुझे उनकी वह बेशकीमत हँसी कभी नहीं भूलती। उस वक्त मोतीलाल जी की आत्मा का बरम जरूर से बहुत प्रसन्न रहा होगा। उसे न सीवान घूमने की कवायद करनी थी न किसी को भयभीत करके पुजावा लेने की कोशिश। मैं मोतीलाल जी के इस फकीराना अन्दाज पर लट्टू हो गया। कहानी तो मैंने भी पढ़ी थी। मोतीलाल जी बीरबल की तरह ज्ञान-प्रदर्शन भी नहीं कर रहे थे, वे बड़ी आत्मीयता से मुझे समझा रहे थे।

बात यों थी। सूखे में टेस्टवर्क के लिए सरकार ने सवा लाख की स्कीम भेजी थी। काम था गाँव के छवरे को खुली सड़क में बदलना, नहर से निकलने वाले चकनालों और नालियों को वजूद में लाना ताकि जब चन्द्रप्रभा और लतीफशाह के बाँधों में पानी हो तो नहर सब कुछ समेट कर पिछले वर्षों की तरह सीवान के भीतर से जाती हुई भी उसे असिंचित न रहने दे। चकनालों और नालियों का ऐसा जाल छा जाये कि गाँव के सीवान की चप्पा-चप्पा धरती पानी से अघा जाये। मैंने प्रधान जी के मुँह से प्यासी धरती पर उभरते छलछलाते चकनालों का ऐसा बयान सुना कि मुझे लगा कि मैं आदमी न होकर इस सीवान का हिस्सा होता तो मजा आ जाता। अब इस साल के सूखे के बाद शायद कभी सूखा नहीं आयेगा। अब सीवान के अमोले आबदार पन्ना-पुखराज की तरह लहराते घनखेतों में कभी मुँह चियारे मनहूस लगती धरती की शकल नजर नहीं आयेगी। मैं सचमुच सपनलोक में खो गया। वाह, क्या काम करने जा रहे हैं हमारे प्रधान जी। जनसेवक इसे कहते हैं।

"सुनिए," प्रधान जी ने खुशी से फुसफुसाती पब्लिक को शान्त किया और बोले—"यह काम ग्राम-प्रधान की मार्फत होना है, पर आप लोग जानते हैं कि मैं पैसे-रुपये का काम अपने जिम्मे नहीं लेता। मैं तो हमेशा की तरह इस बार भी जो आदमी एड़ी-चोटी का पसीना एक करके जनता की सेवा करे उसे ही यह काम

सौंपूँगा।''

''यानी मेवालाल के दोस्त झब्बू को ?'' श्रीकान्त हिकारत से बोला। वह ग्राम-प्रधान के जिगरी दोस्त और ग्राम-सभा के पायेदार सदस्य रामखेलावन सिंह का लड़का है। इण्टर में पढ़ता है।

''सुनो हो श्रीकान्त !'' बाबू रामखेलावन सिंह बोले—''बबूआ तूँ तो कभी जूता उतारकर खेत में हेले भी नहीं हो। ई काम झब्बू नहीं करेंगे तब क्या तुम्हारे जैसे लोगों को देकर हम देस दिहात में नक्कू बनेंगे।''

बाप-बेटे की नोक-झोंक से बैठक गरमा गयी। पब्लिक बाबू रामखेलावन सिंह की इंसाफपसन्दी देखकर झूम-झूम उठी।

''सुनिए बाबू साहब !'' प्रधान जी बोले—''आप जब मुखिया थे, तब थे। उस बखत अंग्रेजों का राज था। सब गुलाम थे। अब मुलुक आजाद है। अब बेटा भी बाप का विरोध कर सकता है। श्रीकान्त बेटे को झब्बू का काम दागदार लगा होगा कहीं, तो उसे अपनी बात कहने का पूरा हक है। कहो श्रीकान्त बेटा, तुम क्या चाहते हो ? क्या तुम यह काम कराओगे ?''

''मैं तो चाहता हूँ चाचा जी, कि जो लोग इसमें रुचि रखते हों उनसे थोड़ा-थोड़ा काम बतौर नमूने के कराइए और जिसका काम सबसे अच्छा हो उसे मुसल्लम काम सौंपिए।''

''हाँ, यह बात हुई।'' प्रधान जी रामखेलावनसिंह की ओर देखते फकीराना हँसी बिखरेते बोले—''देखी आपने नये दिमाग की सूझ !''

मैं इस वक्त श्रीकान्त को लाखों दुआएँ दे रहा था। मुझे लगा कि सूखे की मार से पथराई धरती ही की तरह मेरी भी किस्मत बदलने वाली है वरना बाबू रामखेलावनसिंह के पुत्र श्रीकान्त के मुख से ऐसे न्याय की बात सोचना भी मुश्किल था। मैंने टेस्टवर्क की चर्चा सुनकर एक बार श्रीकान्त से कहा जरूर था कि यह काम अगर मुझे मिले तो करके दिखला दूँ कि सामाजिक कार्य कैसे होता है। उस वक्त श्रीकान्त कुछ नहीं बोला था। आज उसके मुँह से ऐसी न्यायपूर्ण बेहिचक बातें सुनकर मैं उसके प्रति श्रद्धा से भर गया।

''कौन-कौन हैं रुचि वाले लोग बबुआ श्रीकान्त ?'' रामखेलावनसिंह बोले—''एक तुम हो, और कोई भी है ?''

''मैं नहीं हूँ जो आप मेरी ओर बिलरंखी ताक रहे हैं।'' श्रीकान्त बोला। पब्लिक ठहाके में खो गयी—''अंग्रेज गये, पर आपकी हेकड़ी नहीं गयी।''

''अच्छा-अच्छा, ज्यादा टर्राओ मत, जो उम्मीदवार हों वे आगे आयें और अपना नाम बोलें।'' रामखेलावनसिंह तिनक कर बोले।

नाम देने वालों में एक झब्बू था और एक मैं।

''वाह भाई !'' रामखेलावनसिंह कूट हँसी हँसकर बोले—''एम. ए. पास करके

माटी फिंकवाओगे। अरे बेटा, कहीं नौकरी-चाकरी ढूँढ़ो। ई सब कडेर माटी का काम है, तुमसे नहीं सपरेगा।''

मैं कुछ कहता कि ग्राम-प्रधान ने रामखेलावनसिंह को टोका—''यही तो आप लोगों के सोचने का गलत तरीका है बाबू साहब। पढ़े-लिखे लोग नहीं करेंगे तो क्या अँगूठा-छाप लोग देश का सुधार करेंगे ? इन्हें मौका तो दीजिए।''

और मुझे मौका मिला। मौका यानी एक निठल्ले को अपने होने का सबूत देने का चांस। उसी रात मैं चमटोल में मँगरू बो भौजी के पास गया। दरवाजे पर उनकी सबसे छोटी पतोह झुगिया खड़ी थी। एकदम नटुली है, देखने में पन्द्रह-सोलह साल से अधिक नहीं लगती।

''क्यों रे, भौजी हैं ?''

''कौन सरवा है रे झुगिया।'' मँगरू बो भौजी ने मेरी आवाज पहचान ली थी। मुझ जैसे ब्राह्मण देवर से बतियाने का यह उनका पुराना तरीका है। मँगरू बो को मैं छुटपन से देखता आ रहा हूँ। शायद यह कहना गलत है। मैं जिस वक्त नार खेड़ी के साथ धरती पर गिरा मुझे अपने हाथ में मँगरू बो ने ही उठाया था वैसे ही जैसे वे इस गाँव के सैकड़ों छोकरों को उठा चुकी हैं। इसलिए यह कहना कि मँगरू बो भौजी से जिस्म और अस्तित्व का कुछ भी कहीं से छुपा-ढँका है सरासर गलती होगी। अचानक मँगरू बो भौजी निकसार में आयीं और दीये की जोत में मेरा मुँह देखकर ठठाकर हँसीं—''का रे सरवा, बहू को लड़का हुआ है क्या ? इहाँ कैसे ? बहुत दिन बाद भौजी की सुध आयी है ?''

मैंने मँगरू बो भौजी को सारी गाथा सुना डाली। वे चुपचाप सब सुनती रहीं। फिर बोलीं—''तीस आदमी तो अपन हैं ही खानदान के। बाकी तोंह से पहले झब्बू कह गये हैं। कौनो बात नाहीं हम अबहीं छोटके के भेज के उनसे कहवा देंगे कि ऊ दूसरा बन्दोबस्त कर लें। ई तो नासपीटे दइब का खेल है, नहीं तो हमारी प्रानी झब्बू के हियाँ सात जनम काम करने न जातीं।'' मैं राहत की साँस भी नहीं ले पाया कि मँगरू बो भौजी बोलीं—''सुन रे साला, हमें तो कुछ दाल में काला लग रहा है। हिसाब-किताब ठीक से समझ लेना, नाहीं पछतावगे।''

''तोहें तो अइया कुल चीजें में काला नजर आता है।'' झुगिया हँसी—''झब्बू के साथ काम से छुट्टी मिले तो गोरया साईं के मुर्गा चढ़ाएँगे। तूँ इनके बहकावे में मत पड़ना बाबू, इनके सब जगह दगवग ही लगता है। कल हम सब आठै बजे पहुँचेंगे। एकदम निश्चिन्त रहना, हाँ।''

मैं उस रात देर गये घर पहुँचा तो बाबू निकसार में खड़े थे। ''ताहें कुत्ता काटे है का भाई कि तूँ झब्बूलाल के मुकाबिले में खड़ा होने चले हो ?''

मैं कुछ न बोला। सोचा कि आज फिर बरम चिढ़ा है।

''उधर कहाँ जा रहे हो। अबहीं झब्बू और श्रीकान्त आये थे। बोली बोल

रहे थे कि चाचा जरा हाथ लगा देना, नहीं बड़ी नवहँसाई होगी। चार-साढ़े चार सौ रुपिया गलेगा ऊ अलग से।''

''रुपिया ?'' मैं झटके से मुड़ा।

''रुपिया नहीं लगेगा तो क्या मजूरे मुफुत में माटी फेंकेंगे ?''

''रुपिया ग्राम-प्रधान देंगे।'' मैंने कहा।

''ई सुनो, अरे बबुबा, ई तोहरे अकल के बाहर की बात है। श्रीकान्त और रामखेलावन को तुम जानते नहीं। झब्बू, मेवा, श्रीकान्त और रामखेलावन के चक्कर में मत पड़ो, नहीं घर की दो-चार बीघे जमीन भी नीलाम हो जायगी।''

''श्रीकान्त तो मेरी ओर से बोला था, उसी के कहने से तो मुझे मौका मिला कि मैं भी कुछ करके दिखा सकूँ।''

''श्रीकान्त जानते होंगे कि तुम गाँव में घूमकर टेस्टवर्क के खिलाफ बोलोगे, इसी वास्ते यह नाटक रचाया कि तुम न चार सौ रुपिया इकट्ठा करोगे न नमूना दिखाओगे। दिखा भी दिया तो किसका काम अच्छा है, ई तो पंच लोग ही तै करेंगे न ? चलो-चलो, खाओ-पीओ—मजूरे तो नहीं सरेख आये ?''

मैंने मँगरू बो भौजी से हुई बातें बता दीं और बाबू दुलक पड़े चमटोल की ओर।

तो यह है अंतड़ी। मैं बिना खाये-पीये निकसार की चारपाई पर सो रहा। इसे सोना कहना सब कुछ को माटी करना है। मैं निकसार में लेटा खपरैल की छाजन को अँधेरे में टटोल रहा था। एक हल्के से सुराख से अंजोरिया छन कर बिछावन पर गिर रही थी। मेरा मन जेठ की धूप में तपता जैसा लग रहा था। मैं बिंधे हुए पंछी की तरह तड़फड़ा रहा था। अंतड़ी ऐंठ रही थी। गुस्से के मारे सिर जल रहा था। इन निरक्षरों ने मुझे चूतिया बनाया है। वाह···

मैं करवटें बदलता रहा। प्राइमरी पाठशाला ठीक ग्राम पंचायत के पास है। मैं वहाँ कई बार गया हूँ। मुझे गोल-मटोल गुदारे बच्चों से बातें करना अच्छा लगता है।

मैं स्कूल में पहुँचा। स्कूल की इमारत पर धूप मद्धिम थी। जैसे धूप की जगह चाँदनी छायी हो। मैं धीरे-धीरे पैर दबाता एक कक्षा में घुस गया। लड़के चुपचाप गरदन झुकाये बैठे थे। मैं सीधे श्यामपट्ट के पास पहुँचा। मैंने बगल में रखी खड़िया उठा ली।

चोर। चोर। चोर !

एक साथ लड़के चीखे। सारी कक्षा खड़ी हो गयी। लड़के-लड़कियों ने मुझे घेर लिया।

''ई चोर है मास्टर जी।'' एक लड़की ने मेरा हाथ पकड़ लिया। मैंने ध्यान से देखा वह झुगिया है। वह फ्राक पहने थी। मेरा हाथ पकड़े मुस्करा रही थी।

लड़के चीख रहे थे—"चोर-चोर-चोर !"

"मैं चोर नहीं हूँ, मैं चोर नहीं हूँ···" मैं चिल्ला पड़ा।

"मास्टर जी, यह रोज सवाल चुराकर ले जाता है।" लड़के चिल्लाये। तभी मास्टर जी कमरे में आये—"याँ क्या कर रहे हो बेटा ?"

वे मोतीलाल प्रधान थे। उनके चेहरे पर सफेद दाढ़ी झूल रही थी।

"क्या कर रहे हो तुम ? इस तरह चोरी करना तुम्हें शोभा नहीं देता।"

"मैं चोरी नहीं कर रहा था, मैं तो···"

"मैं तो···क्या ?"

"मैं तो एक बड़ी लकीर खींचना चाहता था।"

मोतीलाल ने मेरे हाथ से खड़िया छीन ली और ठठाकर हँसे—हो-हो-हो-हो।

लड़के चीख-चीखकर मेरे कान फाड़े जा रहे थे।

"चुप रहो।" मैं पूरे गले से चिल्लाया।

"अरे उठो बचवा।" अम्मा ने मेरा हाथ पकड़कर खींचा—"काफी दिन चढ़ आया है।"

मेरी आँख खुल गयी।

मरे हुए पक्षियों की टाँगें पकड़कर मेवालाल ने उन्हें एक साथ सटा कर बाँधा। एक हाथ में शिकार लटकाया, एक हाथ से बन्दूक उठाकर कंधे पर रखी और मुस्कराता हुआ बोला—"कहो भैया, नमूना नहीं दिखाया तुमने ? बाबू बड़ी आस लगाये थे कि पढ़वैया लोग गाँव और देश का उद्धार करेंगे।"

मैं कुछ जरूर कहता, पर उसके हाथ में मरे हुए पक्षियों को देखकर मेरी जबान तालू से सट गयी। मेरे होंठ सिल गये।

मेवालाल धीरे-धीरे मुस्कराता हुआ चला गया।

मोतीलाल, मेवालाल, झब्बूलाल, रामखेलावन और श्रीकान्त—सब एक लाइन में हैं, पर मैं ऐसा मुरदा बरम हूँ जिसके मुँह से लपट तो दूर, लुतकारी भी नहीं निकल सकती। मैं पीपल की जड़ में और भी सट गया।

■

भेड़िये

"सुहेलसिंह खून का घूँट पीकर रह गये…" मुन्नू ने चौराहे पर खड़े लोगों से कहा।

"तुम गधे हो।" केवल श्रीवास्तव ने हँसते हुए कहा, "सुहेलसिंह के पास खून का कतरा भी है कि घूँट पीने लगें। भले मानुस, चीजों को देखने और समझने की आँख चाहिए। जाकर देखो घण्टे-भर बाद। किसी कमरे में बैठे सुहेल गमछे में मुँह डाले रो रहे होंगे और आँगन में बैठी उनकी औरत तबर्रा पढ़ रही होगी।"

मुंशी की बात में सचाई थी। मुन्नू ने झूठ कहा था। भीड़ छँट रही थी। हालाँकि हादसे का जुदा-जुदा असर सबके चेहरे पर था। मुन्नू लौट आया। दरवाजे पर पड़ी बंसखट को उसने पैर से ठोकर मारी।

"साली हमेशा ऐंडा-बैंडा हो जाती है ! पता नहीं कौन उसे इस तरह कर जाता है !" उसने गमछे को लपेटकर गोल किया। उसे सिर के नीचे लगाकर चारपाई पर पसर गया। उसकी समझ में कुछ नहीं आ रहा था। उसने ऐसे पिता, चाचा तक नहीं देखे। उसके बाप तीन भाई नहीं हैं तो क्या दो ही सही ! लेकिन आये तो कोई आँख दिखाने ! भोलू उसका संघाती है। दोनों साथ-साथ कस्बे के हाई स्कूल में पढ़ते हैं। साथ-साथ जाते हैं, साथ-साथ आते हैं। उत्तरपट्टी के दीनासिंह से उस बेचारे का क्या सम्बन्ध ! कोई झगड़ा न तकरार। यह तीसरी बार हुआ है कि दीनासिंह और उसके भाई सूरज ने मिलकर भोलू को बुरी तरह मारा है। मुन्नू की आँख के सामने यह सब कुछ हुआ। भोलू की चिरौरी और विनती के शब्द, उसकी घिघियाती आवाज अब भी उसके कानों में वैसे ही गूँज रही है।

भोलू का स्कूली झोला पकड़ते हुए दीनासिंह ने कहा, "क्यों बे, आज फिर तूने क्लास में शिवा जी को गदाई कहा ?"

क्या नाम रखा है बाबू दीनासिंह ने अपने लड़के का—शिवा जी ! सींक की तरह बदन है, साला दिन-भर स्कूल के सामने छोले खरीद-खरीद कर खाता है। बाल बढ़ा रखे हैं, जैसे नेटुवा हो ! बड़े शिवा जी बने हैं ! गदाई तो है ही। हरवंशलाल मास्टर गणित की कक्षा में पूरे पैंतालीस मिनट उसे खड़ा रखते हैं। कह दिया भोलू ने गदाई तो क्या हो गया ! सभी कहते हैं। पूरा क्लास कहता है।

"मैंने नहीं कहा चाचा," बेचारा भोलू गिड़गिड़ा कर बोला, "पूछ लो मुन्नू से, मैंने नहीं कहा।"

एक चाँटा जोर से जड़ते हुए दीनासिंह ने कहा, "बड़े आये तुम और बड़े आये मुन्नू ! तुम दोनों की साँठ-गाँठ हम खूब समझते हैं।"

"हमारा नाम मत लो दीना चाचा, समझे न ?" मुन्नू ने तैश में कहा।

"अरे, तुम जाओ अपने घर, तुम्हारा नाम कौन लेता है ! तुम कौन बड़े तेजू

खाँ हो, अफलातून तो ई साहब हैं न, जो हमारे लड़के को गदाई कहकर मास्टरों से पिटवाते हैं !''

''झूठ कह रहे हैं आप। मैं क्यों किसी मास्टर से कहने जाऊँ !'' भोलू रोते-रोते भी गरमा आया, ''आपसे झूठ-मूठ कहा जाता है।''

''तो हम झूठे हैं, हमारा लड़का झूठा है,'' बाबू दीनासिंह ने दूसरा थप्पड़ मारा तो भोलू गनगना गया। उसने अपना झोला फेंक दिया और दीनासिंह से लिपट गया। कोई वश न चला तो उसने उनकी बबूल की तरह सख्त बाँह में दाँत गड़ा दिये। बाबू दीनासिंह एकबारगी चिहुँक पड़े, जैसे किसी ने उनके पैर पर लुत्ती रख दी हो। एक हल्की-सी चीत्कार जैसे निकल पड़ी उनके मुँह से। सामने खड़ा उनका भाई सूरज यह सब तमाशा देख रहा था।

उसने दौड़कर भोलू को पीछे से पकड़ लिया और पैर की लंघी मार कर उसे पटक दिया। उसके बाद वह उसे पीटने लगा। भोलू का सारा मुँह लहू-लुहान हो गया। नाक पर चोट आयी थी शायद। खून की धार बह रही थी।

माँ लड़के के सूजे बदन पर बनप्याज का गर्म लोथा दे रही थी और भुनभुना रही थी, ''आग लगे ऐसे पौरुख में ! घर में दो भाई और हैं, खुद हैं, मगर दीना के परानियों के सामने भीगी बिल्ली बन जाते हैं !''

लड़का गर्म लोथे के कारण या कौन जाने बनप्याज की झार के कारण चीख उठता था।

''चुप रह !'' उसकी माँ ने फिर अपनी जबान की कैंची सँभाली, ''जब जानता है कि तेरे सिर पर कोई मालिक-मवार नहीं, कोई रच्छा करने वाला नहीं, तो क्यों जाता है उधर से ?''

बाबू सुहेलसिंह आँगन की चारपायी पर गिर पड़े थे। उनके हिरदे में रह-रहकर हूक-जैसी उठती, पर वह उसे दबाकर करवट बदल लेते। लाख भेजा मारा मगर उनकी समझ में यह नहीं आया कि दीना भाई ने उनके लड़के को इस तरह क्यों मारा है। गाँव-गिराव में लड़कों-लड़कों के बीच कहा-सुनी हो जाती है। दो घड़े पास रहें तो कभी टक्कर लग ही जायेगी, पर इतने के लिए बेचारे लड़के को इस तरह मारना कि उसका मुँह सूज आये, खून से कुरता रंग जाये, यह तो अजब है। और यह भी पहली बार नहीं हुआ है !

''यह तो अजब है।'' वह बोले और उन्होंने फिर करवट बदली।

''क्या अजब है ? लड़का पहली बार नहीं मारा गया है। तुम्हें सगरी दुनिया अजब लगती है। चुप्पा आदमी हो। घर से बाहर निकलोगे तो तुम्हें बारहों महीना जूड़ी चाँपे रहेगी। मोटी खोल सिर पर डालकर चलोगे कि गरदन न उठे। तुम्हारे धरमराज बनने का नतीजा हमारे लड़के को भोगना पड़ रहा है।''

"चुप रहो ! इस चरचराने से लड़के का सूजा हुआ मुँह पचक नहीं जायेगा। जो हो गया, सो हो गया !" सुहेलसिंह ने फिर करवट बदली, "एक आदमी लाज-लिहाज छोड़कर नंगई करने पर उतारू हो तो क्या हम भी उसके बहकावे में आ जायें ? दीनासिंह तो चाहते ही हैं कि हम उनसे लड़ें और ऊ मामले-मुकदमे का डौल बनाकर हम लोगों को पीस डालें। तीन साल से फसल मारी जाती है। कभी सुखार है, कभी दहार है ! तुम्हारे कहने से चलें तो भीख माँगने की नौबत आ जायेगी। दुनिया क्या कहेगी हम को ?"

"क्या हो दीना चच्चा !" उसी शाम गाँव के चकचालन केवल मुंशी ने दीनासिंह को नमस्ते करते हुए कहा, "तुम्हारा भी जवाब नहीं ! पिछले साल से लेकर अब तक तीन दफा तुमने फन पीटा, पर साले ऐसे मुरदा हैं कि हिलने का नाम नहीं लेते।"

"अरे कौन है, केवल मुंशी, आओ, आओ बइठो ! आवो बइठके में आ जाओ। ए साल साली कातिकै में जाड़ पड़ने लगी !"

"जिस साल पानी कम बरसता है, जाड़ा पहले आ ही जाता है।" मुंशी ने चारपाई पर बैठते हुए कहा, "क्या हाल है सुहेल के परानियों का ?"

"अरे मुंशी, हम तीन पीढ़ी से जानते हैं उन लोगों का हाल ! बाप न मारा मेढ़की बेटा तीरन्दाज ! चकबन्दी आयी तो मैंने दरियादिली से कहा कि हमारा-तुम्हारा चक एक तरह का है। बराबर भी है। बदल लो !"

" 'क्यों बदलें ?' सुहेल का छोटा भाई अनमोल बिदककर बोला, 'तोहरे चक में का सोना लगा है !'

" 'सोना भइया न उसमें है, न इसमें।' मैंने समझाया, 'तूँ लोग तीन भाई हो, खेती-गिरहस्थी सँभालने वाले ! हम ठहरे अकसरुवा। सूरज अभी छोटा है। उससे काम-धन्धा नहीं होता।'

" 'अरे, ई सब उलटबाँसी काहे पढ़ाते हो दीना भइया, साफ कहो कि हमारा चक नहर के किनारे है।' "

" 'अच्छा भई, तुम बड़े अकलमन्द हो। इहे मान लो।'

" 'इहे कैसे मान लें ! जान के नहर के नजीके वाला खेत तोहै दै के अपन का भूखों मरें ?'

" 'भाई, हम तुमसे बात नहीं करते। हम तो सुहेल भाई से पूछ रहे हैं।'

" सुहेल सिंह भी चुप रह गये। दोनों भाइयों से कोई बातचीत भी नहीं की। हम तभी समझ गये कि ई गीदड़ साले बिना पूँछ मरोड़े टसकेंगे नहीं। शिवा जी से छेड़खानी को कहकर भोलू की पहली पिटाई इसीलिए की मैंने कि अब बोलो सालो, तीन-तीन जवान हो। लेकिन हो तुम लोग रामकिसुन की औलाद ! तुम सालों

लात खाने के लिए ही बने हो और तुम्हें आदत भी ऐसी ही पड़ गयी है कि जब तक लात न खाओ, सीधे मुँह बात न करोगे !"

"अच्छा !" केवल मुंशी को दीनासिंह ने बीड़ी दागकर दी और उसे जोर से सुड़कते हुए बोले, "पर साल की बात है शाइद।"

"शाइद क्या, पर साल का मामलै है। चकबन्दी तभी तो चल रही थी।"

"तो दीनासिंह, ई क्या चक उसी मार से बदला गया ?"

"तब क्या तुम समझते हो कि दीनासिंह ने सी. ओ. या ए. सी. ओ. को घूस दिया कि सुहेल के तलवे चाटने गये ?"

"अरे, नहीं बाबू साहब ! हम क्या दूध पीते बच्चे हैं जो शेर और गीदड़ में फरक न कर सकें। हम मन-ही-मन भोलू की पहली पिटाई का राज जानना चाहते थे, पर बात खुली नहीं कि आखिर लड़के की इतनी पिटाई पर भी मिलजुल कर चक बदला जा रहा है तो इसके पीछे कुछ-न-कुछ तो मामला होयगा ही !"

"मामला है हूराचन्द।" दीना ने लाठी का हूरा दिखाते हुए कहा, "सारा गाँव दहशत खाता है इस हूरे से मुंशी।"

"अरे, आपके ऊपर मुखिया की भी तो किरपा है।"

"तूँ लाला के लड़के होकर ऐसे गावदी निकले ! मुखिया हो चाहे ग्राम-प्रधान हो, उसे लड़ने-भिड़ने वाला आदमी चाहिए। आखिर ऊ भी ग्राम-समाज की जमीनों का लगान डकारते हैं, पोखरियों की मछलियाँ खाते और बेचते हैं, तो क्या गाँव वाले अन्धे हैं ? सब देखते नहीं हैं का ?"

"तो उसमें तो आपका भी हिस्सा है ?"

दीनासिंह इस बार एक क्षण चुप रहे, "मान गये भाई कि तुम मुंशी दयाललाल के खून से उपजे हो ! अब तुमसे क्या छिपा है। जब हम तुम्हारे बदे अपना खून गिराने वास्ते तैयार हैं तो तुम हमको उपराफट्ट समझकर फेंक दोगे तब तो काम चल चुका ! मैं तो डंके की चोट कहता हूँ कि ग्राम-प्रधान की आमदनी में हमारा भी हिस्सा लगता है। वरना इस साल के सूखे में बैलों का चारा और घर के परानियों का पेट भरने के वास्ते हम भी सुहेल की तरह तकाबी माँगते। दो सरकारी कर्जा, लो सरकारी कर्जा, इहै तो सुहेल के खानदान का नारा है भइया, समझे ?"

"भोलू की दूसरी पिटाई काहे भई रही दीनासिंह ?"

"केवल मुंशी, अब तुम टेंट पर हाथ मार रहे हो। बाकी यह कहेंगे कि तुम अक्लमन्द हो। इसलिए अक्लमन्दे इशारा करने में हरज नहीं है। बात ई है मुंशी कि सुहेल की बखरी के पिछवाई वाला खंडहर देखे हो न !"

"हम क्या गाँव के बाहर रहते हैं ? आजकल उसमें आपकी चारे वाली मशीन लगी है और बैलों का गोठ है।"

"हाँ भई, बाकी आधा खंडहर ग्राम-प्रधान का है, ई काहे भूल जाते हो।"

''हाँ-हाँ, उनका भी है, तो वह जमीन तो आप लोगों ने कबाला लिया है।''

''तुम्हारी बखरी से उत्तर भी तो दो-चार खटिया माने एक ठो खंडहर है, दोगे कबाला ?'' दीनासिंह ने कूट मुसकान लाते हुए कहा।

''हम काहे कबाला दें ! हम लोग दो भाई हैं, आज पट रही है, सब ठीक है, कल की कौन जाने ! शायद मेवालाल अलग होने की बात करे। तब दो भाइयों के लिए अलग-अलग बखरियाँ बनवानी पड़ेंगी कि नहीं, बोलो ?''

''बिल्कुल पड़ेंगी यार, इसीलिए खेत कबाला कराना आसान है। गाँव का खंडहर या डीह का कबाला बड़ा मुश्किल से होता है।'' दीनासिंह ने चुटकी से खैनी उठाकर दाँत के नीचे होंठ में दबायी और पिच्च से थूककर बोले, ''ग्राम-प्रधान जी ने कहा कि उनके पिछवाड़े जो सुहेल का खंडहर है, अगर मिल जाये तो बड़ा बढ़िया बइठका निकल आये। एक ठो लम्बी-पक्की ओसारी और छते पर एक-दो कोठरी बन जाये तो उठने-बैठने वालों को आनन्द आ जाये।

'' मैं कुछ नहीं बोला।

'' 'कहो दीना भाई, बोलते क्यों नहीं ?' ग्राम प्रधान बोले।

'' 'वह तो हमारे मसरफ की जमीन है। हम बहुत दिनों से उस पर आँख गड़ाये हैं। आप नहीं जानते कि हमारे पास बैलों के वास्ते गोठ नहीं है।'

'' 'अरे यार, लो अपने गोठ भर ले लेना तुम उसमें से। बाकी सुहेल से बात कौन करे ?' प्रधान जी लाचारी में हँस कर रह गये।

'' 'आपको बात नहीं करनी पड़ेगी। बात मैं करूँगा। और जानता हूँ कि बात सारी हाथी की लात है, उसमें सब समा जाये तो भी सुहेल सिंह 'हाँ' नहीं करेंगे।'

'' 'बात कर के देखो यार, इस वक्त की बाढ़ में सबकी हालत खस्ता है, सुहेल हमारे यहाँ अपने चक का नक्शा दिखाने आये थे। दफा तेईस की तहद चकबन्दी खत्म होने पर नक्शा निकलवाना पड़ता है। वह बनारस कचहरी से मिलता है। दरखास्त पर हमारी दस्तखत चाहिए थी और मुहर।'

'' 'अरे सुहेल, अपने चक का नक्शा काई को लाये प्रधान जी !' मुझे बड़ा अचम्भा हुआ।

'' 'बिला नक्शा जमा किये तकाबी नहीं मिलेगी।' प्रधान जी धीरे से बोले।

'' 'मैं ठठाकर हँसा, 'तकाबी, तकाबी, तकाबी, या तो भारत सरकारै है प्रधान जी, देश-विदेश से कर्जा लेती। या तो हमारे सुहेलसिंह हैं कि हर साल तकाबी लेते हैं।' मैं हँसते-हँसते लोट-पोट हो गया।

'' 'बात करो। प्रधान जी ने कहा और चले गये।

'' 'मैंने सुहेल भाई को समझाया, 'भइया ई सब तकाबी-तकाबी से घिस की लगा कर नहीं कटेगा। हर साल बाढ़-सूखा तो आयेगा नहीं, पिछवाड़े वाला भुतहा खंडहर निकाल कर मौज करो। खाने-पीने का भी सुविस्ता हो जायेगा और एकाध

बैल-बछरू भी बन जायेंगे ?' "

"तब ?"

"तब क्या ? जो मैंने समझा था वैसा ही निकला। सुहेल ने कहा कि 'दीनासिंह, तुम को चस्का लग गया है। हर बखत जब तुम हम लोगों को फँसावट में देखते हो, एक ठो फुरमाइस कर देते हो। हम भी तीन भाई हैं। अलगौझा हुआ तो खड़ा होने को जमीन नहीं मिलेगी, हम नहीं देंगे खण्डहर।'

" 'अरे यार, ग्राम-प्रधान खरीदना चाहते हैं, सोच लो !'

" 'ग्राम-प्रधान नहीं कलक्टर खरीदें, तब भी नहीं मिलेगा।' " सुहेल तिनककर बखरी में चले गये।

"और तब आपने कराई भोलू की दूसरी पिटाई ! क्यों बाबू दीनासिंह ?" केवल मुंशी ने बुझी बीड़ी फेंक दी।

"हाँ यार, और कौन रास्ता है, ऐसे गीदड़ों के लिए ?"

बाबू दीनासिंह कुटिल ढंग से मुस्कराते हुए बोले, "टेढ़ी उँगली से ही घी निकलता है मुंशी, समझे ? दयाल मुंशी होते तो बिला बुलाये ई सब कुछ अपनी ओर से सुना जाते।"

"अच्छा, छोड़िए दयाल मुंशी की बात, न वे रहे, न ऊ जमाना रहा। अब ई बताइए सरकार कि आज की पिटाई काहे हुई है ?"

"अब भाई बन्द करो ई सब किस्सा ! अभी इसके बताने का बखत नहीं आया है। जब मामला पट जाये तब भले जाकर सुभीते से पूछ लेना।"

"खैर, दीनासिंह, बाद में ही बताइएगा, लेकिन मान गये आपकी अक्ल को भी। ग्राम-प्रधान से मिलकर आप सिर्फ बाहरी आमदनी में हिस्सा ही नहीं लेते, बल्कि अपने मशरफ की गोटी भी खूब बिछाते हैं।"

"ई सब तो ऊपर वाले की मर्जी है।" बाबू दीनासिंह आनन्द में थे, "मेरी लाज रखो गिरधारी—मेरी लाज रखो गिर···"

तभी तड़ाक की आवाज हुई और बाबू दीनासिंह पखुरा पकड़ कर चीख उठे, "आह रे बप्पा !"

"बप्पा-बप्पा क्या चिल्लाता है स्साले हरामी !" अनमोल की दूसरी लाठी बाबू दीनासिंह के हाथ पर फिर लगी और वह बिल्कुल निढाल हो गये, "स्साले का मन वहसा दिया है भइया ने !"

"उहाँ का भइया-भइया जप रहे हो !" सुहेल का मझला भाई देवल बोला, "पीछे देखो सुरजवा आय रहा है।"

सुरजवा अनमोल की कमर में हाथ डालकर पकड़ने वाला ही था तब तक देवल की लाठी गिरी और सूरज झलमला कर बैठ गया।

"कहो स्सालो, गीदड़ भी सहते-सहते थककर नोच-खरोच करने ही लगता है।

क्यों ?''

''ताकते क्या हो देवल भैया ?'' अनमोल गरजा, ''एक-दो लाठी में इन स्सालों का पेट नहीं भरेगा, एक प्रानी ऐसा मार दिया जाये कि दस साल तक पुरवा बहने पर हाथ पिराता रहे।''

''अरे-अरे, ई का कर रहे हो तुम लोग ?'' ग्राम-प्रधान ने कहा। केवल मुंशी दौड़कर उन्हें बुला लाये थे।

''जब इसने तीन-तीन बार तुम्हारे उकसाने पर मासूम लड़के को मार-मार कर अधमरा किया तब तुमने इस नीच से एक बार भी नहीं कहा कि अरे-अरे, ई का कर रहे हो—अब चले हो इन लुच्चों को बचाने ? आज कतल होके रहेगा !'' देवल ने लाल-लाल आँखों से ग्राम-प्रधान को घूरते हुए देखा।

''ज्यादा तैश में मत आओ बाबू देवलसिंह, नहीं ऐसा फँसोगे गच्चे में कि सारी हेकड़ी भूल जाएगी !'' ग्राम-प्रधान अकड़ा।

''आह रे बप्पा, आह रे मय्या !'' दीना के हाथ में काफी चोट थी···देखिए ग्राम-प्रधान जी, लड़कों-लड़कों में कहासुनी हो गयी। और ई लोग हमरे दरवज्जे चढ़कर मार-पीट कर रहे हैं !''

''तो इसका मजा भी चखेंगे ये लोग, कल सुबह पुलिस गाँव घेर लेगी, तब देखना !'' ग्राम-प्रधान ने दीनासिंह को परितोख दिया।

''अनमोला !'' देवल लाठी ले के तरका, ''मार स्साले परधान को भी। ई हरामी ग्राम समाज की जमीन की आमदनी खाय के ऐसा मुटाया है कि आँख पर चर्बी चढ़ गई है स्साले की !''

''मार स्साले को, मार स्साले को···'' अनमोल और देवल अब ग्राम-प्रधान की ओर लपके। ग्राम-प्रधान अपनी धोती का खूँट पकड़े ऐसा ढुलक कर भागे कि बैल के खूँटे में धोती की चून फँस गयी और चर्र से धोती फट गयी। धोती फटने की परवाह किए बिना वे फुरती से डाँक कर भाग रहे थे।

अगल-बगल गाँव के बीसियों लोग तमाशा देख रहे थे।

''देख लीजिए, आप लोगों को भी कल गवाही देनी होगी !'' हाँफते-हाँफते प्रधान ने गाँव वालों से कहा।

''और मछली के हिसाब की जाँच कब होगी ?'' एक बोला।

''टेस्टवर्क की गलत हाजिरी को सुधारने का काम भी कल ही हो जाए परधान जी !''

''हूँ, ई सारा गाँव साला मुखालिफ है। भेड़िये हैं भेड़िये !'' वे वहाँ से भी बिदक कर भागे।

''अब बाबू दीनासिंह !'' केवल मुंशी ने प्रधान के बइठके में दूसरे दिन पूछा। दीना और सुरजू का पखुरा हल्दी से रंगा था। रेंड का पत्ता कपड़े से बाँध कर दोनों

लगते थे कि पैरासूट के सिपाही हों।

''मारो स्साले भेड़ियों को, रपट तो थाने में करनी ही होगी।'' दीनासिंह बोले।

''रपट करो, मैं चलता हूँ सैयदराजे,'' प्रधान बोले, ''ई दोनों जब मार-पीट कर रहे थे, तब सुहेलसिंह कहाँ थे ? वह बेचारा सीधा है। अहिंसा को अपना धरम मानता है। मगर दोनों छुटके तो स्साले खालिस भेड़िये हैं।''

''आप भी किस चिड़ियाखाने से आ रहे हैं प्रधान जी !'' केवल मुंशी बोले, ''आप को कुछ अता-पता भी है ! सुहेल सिंह ने भोलू का डाक्टरी मुआयना कराके कल रात को ही सैयदराजा में रपट करा दी और मुझे तो लगता है सारा गाँव उनकी गवाही भी करेगा।''

''आयँ ! सुहेल की इतनी हिम्मत ! अब हो दीना ? अब का होगा ?''

''चल कर सुहेल से समझौता कर लो दीनासिंह, शायद बात बन जाये ! वरना थाना-सिपाही तो जायें दरकिनार, दो-चार दिन के भीतर वे सब फिर मारेंगे एक पानी। तोहरे इहाँ से लौटते वक्त अनमोला कह रहा था, 'ई सब धरमराज की करतूत है। जब देखो सुहेल भइया दीना का तलवा सहला रहे हैं। ऊ लात भी मारे तो ई पकड़कर तेल मालिश करेंगे ! लात के देवता बात से नहीं मानते। हम लोग बड़े भाई का लिहाज करके दीना को छोड़ देते थे तो दीना शेर बन गये थे। दो दिन के बाद देवल भइया एक पानी और। बस देख लेना गीदड़ की तरह दुम दबाकर भाग जायेंगे तो !' ''

''एकदम भेड़िया है अनमोला ! ऊ जो न करै। प्रधान जी कौनो जुगुत सोच के हमारी जान बचाओ। अब कान पकड़ते हैं, इन भेड़ियों के पास कभी नहीं जायेंगे।''

■

तकावी

आपने अखबारों में यह खबर तो पढ़ी ही होगी कि चन्द्रप्रभानौगढ़ बाँध की पुश्तें टूट गयी थीं। अभी चकिया-चन्दौली में नहरों का जाल बिछा नहीं था। मगर नहरों की दागबेल डाल दी गयी थी। कोई आदमी यदि हवाई जहाज से इतनी दूरी पर उड़कर, जितनी से यह पूरा क्षेत्र एक नजर में दिखाई पड़ जाये, देखता तो उसे लगता

कि भूरे बादामी कागज पर किसी शरारती लड़के ने कोयले से टेढ़ी-मेढ़ी लकीरें खींच दी हैं। अचानक एक रात को नौगढ़ का जलखाता ऐसा भरा कि पानी के दबाव से भीटे टूट गये। अथाह प्रलय का जल अधखोदी नहरों के रास्ते हजारों गाँवों को डुबाता हुआ बह चला। नरवन का परगना तो छोटी-मोटी झील ही लगता था। फसलें डूब गयीं। खेत वीरान हो गये। इस पानी की निकासी में महीनों लग गये। धान के पौदों की सड़ी हुई लाशों से हजारों तरह के कीड़े-मकोड़े पैदा हुए और इस असमय में बने जलखाते में दूर-देशाउर से हजारों-हजार पंछी उतर पड़े : जाँघिले, लेदियाँ, चाहे, कराकुल।

झुण्ड-के-झुण्ड पक्षियों के उड़ते हुए समूह को देखते हुए शंकरसिंह ने अपनी पत्नी से कहा, "सुना तकावी बँट रही है…।"

इतना कहकर वे चुप हो गये। तभी चाहों का एक भारी-सा दल उनके आँगन पर से मँडराता हुआ निकल गया। उड़ते-उड़ते पक्षी सहसा किसी प्रेरणा से झम्म से मुड़े और एक अजीब फर्राहट के साथ दूसरी दिशा में उड़ चले, "सारा सिवान बरबाद हो गया और इन सालों के लिए सदाबरत खुल गया !"

"तकावी मिल रही है तो का मुफत में ?" शंकरसिंह की पत्नी ने सूप से पुराना चावल फटकते हुए कहा, "भरनी पड़ेगी कि नहीं ?"

शंकरसिंह चुप हो गये। पत्नी ने बात सच कही थी। शंकरसिंह के घर में खाने-पीने की दिक्कत नहीं है। पिछले साल का चावल ओत-ब्योंत करके इस साल भी चल जायेगा। साल लगते-लगते नयी फसल आ जायेगी। मगर सारा गाँव तकावी ले रहा है। जिसे देखो मोटर पकड़कर या पैदल ही रपटता हुआ चला जा रहा है सैयदराजे। शाम होते-होते लोग लौटते—

"का चाचा ?"

"डेढ़ सौ रुपिया भइया।"

"—हूँ"

"का हो मँगरू ?"

"चालिस ठे मालिक।"

"ऊ भी काफी, चिरौरी पर।"

"अच्छा !"

—शंकरसिंह सुनते और चुप रह जाते। अब देवकरन चाचा को तकावी की क्या जरूरत थी भला ? बाकी नाहीं, जब मिल रही है तो लाना चाहिए। और तकावी लेने में शरम कैसी भाई ? किसी ऐसे-वैसे के सामने तो हाथ फैला नहीं रहे हैं : सरकार दे रही है, सरकार लेगी भी। तो क्या हुआ ? इस समय रुपयों का कसाला है। हाथ-पैर बँधे हैं। अगहनी मारी गयी है। बाढ़ का पानी उतर जायेगा। माटी खूब गहवर होकर फूल जायेगी। वह गेहूँ लगेगा कि देखवैया लगेंगे, हाँ। बस, दे देंगे।

शंकरसिंह रात का खाना खाने बखरी पहुँचे। रामू सो रहा था। रामू की माँ जाग रही है। क्या करे बिचारी ? जाने कितने दिन हुए एक ठो नयी साड़ी भी तो नहीं दी इसे। दिन-भर काम करते-करते थक जाती है। अचानक शंकरसिंह रामू की माँ के बारे में ममता से भर उठते हैं। उनको लगता है कि वह जो आँगन के कोने में बैठी सूप से चावल फटक रही थी, उनकी पत्नी है। वह जो एक फूल होता है कटसरैया का, हाँ आज तो उसे बाँहों में भरते वैसी ही गन्ध आती है। पर एक जमाना था। शरीर केचुल छोड़े हुए नागिन की तरह हाथ से बिछल जाता था। होठों के ठण्डे और गालों के गरम स्पर्श से लगता था जैसे किसी ने करेम के बैंगनी फूल नाक के पास रख दिये हों।

हाथ-मुँह धोकर शंकरसिंह जब 'ठहर' पर बैठे तो मन प्रसन्न था। खाना खाते हुए बोले, "देवकरन चाचा अभी लौटे हैं सैयदराजे से।"

पत्नी कुछ नहीं बोली। वे चुपचाप देखते रहे कि देवकरन चाचा की गोटी जल में खाली डुबकी ही लगा लेती है कि लहरें भी मारती है। मगर कई कौर निगल जाने पर भी पानी की सतह वैसी-की-वैसी अछूती रही तो वे फिर बोले—"चालीस रुपया तो मँगरू भी ले आया।"

जल अचेत है शायद इसीलिए लहरों के बनते-बिगड़ते क्रम को वह छिपा नहीं पाता। रामू की माँ के ऊपर शंकरसिंह की बातों का जैसे कोई असर ही न हो। वे चुपचाप कोठिले की बगल में गाल पर हाथ धरे बैठी रहीं। आज उनमें इतना भी उत्साह न था कि शंकरसिंह से माँगने के पहले थाली में किसी चीज की कमी देखकर कुछ और लेने का आग्रह करें।

शंकरसिंह चुपचाप खाते रहे। खा-पीकर जब वे निकसार में चारपाई पर बैठे तो रामू की माँ ने हाथ में हुक्का थमाते हुए कहा, "पियरिया की चीठी आयी है।"

"क्या लिखा है ?"

"लिखा है कि परसाल की तरह ही तीज मत भेज देना। बुढ़ऊ लिहाड़ी लेते हैं।"

"कौन बुढ़ऊ ?"

"अरे समधी को ही न लिखा होगा कि और कौन बुढ़ऊ है उहाँ ?"

"हूँ।"

इस बार लहरों को समेट कर अनछुआ बने रहने की बारी शंकरसिंह की थी। वे मन-ही-मन खुश थे कि पियरिया ने ऐसी चीठी लिखी। उन्हें अपनी विवशता पर शरम नहीं थी—"हाँ भाई, नयी-नयी शादी हुई है। दूसरे-तीसरे साल ही तीज फीकी-फीकी भेजी जायेगी तो समधी को तो बुरा लगेगा ही।"

"पर पैदावार की हालत ऐसी है, फिर तीज वैसी चाहिए !. अरे वैसी तीज में सौ-पचास का खरच है कि मुफुत में हो जायेगी।" रामू की माँ दीवाल से पीठ

टिकाकर बैठती हुई बड़बड़ायीं।

"इसी से तो कहता हूँ कि तकावी का रुपया ले लो। सौ-पचास तीज में लग जायेगा। समधी खुश रहेंगे तो लड़की भी खुश रहेगी। पराये घर में है बिचारी। बाप-भाई जब तक जीते हैं, कर देते हैं। धान वाले खेत भी परती हो गये, सौ-पचास का बेंगा लगेगा ही ऊपर से। कुछ थोड़ा-बहुत बचेगा तो लड़कों-फड़कों के तन पर बस्तर हो जायेगा।"

पियरिया की चीठी ने रामू की माँ की सारी ऐंठनें तोड़ दी थीं। वे धीरे से थकी हुई-सी बोलीं, "तो ले लीजिए मैं क्या मना करती हूँ। बाकी करज करज ही है। देते बखत नस टूटने लगेगी। सरकार का मामिला है। छाती पर चढ़ के उसूलेगी। गाँव-घर के किसी का होता तो थोड़ा अरज-गरज भी सुनता···।"

"तुम भी क्या बात करती हो। इस साले गाँव में अब हम किसी के सामने हाथ फैलाने जाते हैं ! सबका देखा है। हथफेर रुपया देते हैं तो जानो समझते हैं गुलामी का पट्टा लिखा लिया।···शंकर बेटा, जरा आज बैल दे देना दौरी को ! जरा आज दूध भिजवा देना ! दो ठो मेहमान आ गये हैं समधियाने से ! जरा ओड़िचा चाहिए ओसावन के लिए !···हेंह् जैसे रुपया मुफुत में दे दिया है ! नाहीं करो तो चार बातें कहेंगे पीठ पीछे कि करजा लेते वक्त शरम नहीं आती : मँगनी चीज देते हियरा फाटने लगता है ! ई करज है तो क्या हुआ। सरकारी करज है। टेम पर माँगेंगे, टेम पर पहुँचा देंगे, बस।"

"तो कितना लोगे ?" शंकर बो मोरपंखी साड़ी में लिपटती हुई-सी बोली, जैसे कसती हुई चोली की गाँठ छूट गयी है और अब बड़ी देर के बाद पहली बार खुल के साँस आयी है।

"तीन सौ माँगेंगे, जो मिल जाये।" शंकरसिंह ने हुक्के को एक साँस में कई बार सुड़कते हुए पत्नी की ओर बढ़ाया और जब वे उठकर हुक्का थामने लगीं तो उन्होंने अपने दूसरे हाथ से उनकी नंगी बाँह को सहलाते हुए कहा, "जरा चदरा दे देना हमारा। सुबह दुआर से उठकर सीधे मोटर पकड़ लूँगा।" शंकरसिंह के हाथ में जैसे मखमल का दस्ताना हो। रामू की माँ एक मिनिट खड़ी रहीं वैसे ही, जानो मन के भीतर कहीं कुछ सुगबुगा रहा हो; फिर झटके से हाथ खींचकर बनावटी क्रोध से बोलीं, "हटिये भी, आपको हर समय हँसमुसनी ही सूझी रहती है।"

शंकरसिंह खिलखिला के हँस पड़े।

दूसरे दिन शाम को शंकरसिंह कन्धे से चादर लटकाये, हाथ में झोला लिये सैयदराजे से लौटे तो उनके पैर धरती पर ही न पड़ते थे। गाँव के गोंइड़े मँगरू चौधरी मिल गये।

"का हो मालिक कितना ?"

"ढाई सौ, मँगरू चौधरी। तुम तो वहाँ हाल देख ही आये हो। साले बात सुनते

हैं किसी की ? लगान का हिसाब देखकर तखमीना करते हैं—हुँह। जैसे अपने पाकिट से निकालकर दे रहे हों। इहाँ दस्तखत करो, उहाँ दस्तखत करो; इहाँ हाजिरी, उहाँ हाजिरी—तब कहीं इतनी मसक्कत के बाद निकलता है ई रुपिया, हाँ।'

"अच्छा मालिक, ठीक है। काम नहीं रुकना चाहिए, बस।" मँगरू चौधरी पूर्णतः विरक्त होकर आगे बढ़ गये।

शंकरसिंह को संयुक्त परिवार से अलग हुए अभी मुश्किल से पाँच-सात बरस ही हुए हैं। परिवार एक में था तो वे मजे में थे। दो भाई थे बड़े जो खेती-बाड़ी का सारा काम सँभालते थे। शंकर सबके छोटकू थे। दिन-भर बन्दूक कन्धे पर रखे इधर-उधर मटरगश्ती करते। लगान भरना, कोई मामला-मुकदमा हुआ तो कोशिश-पैरवी करना, कृषि-आयकर की साँसतों से निबटना, आदि-आदि उनके महत्त्वपूर्ण काम थे। बड़े भाई छोटकू को इन्हीं सब कामों के कारण मान-सम्मान देते। गाँव का कोई आदमी किसी झगड़े-झंझट में फँस जाता या सरकारी कागज-पत्तर की पेचीदगियों से घबड़ा उठता तो बड़े भाई उससे मुसकराकर कहते, "जरा छोटकू से मिल लो। उसके जैसा समझदार पूरे दिहात में नहीं मिलेगा। जब से बाबू मरे, हम लोगों ने कभी जाना ही नहीं कि कहाँ खाता है कहाँ खतौनी। सब छोटकू सँभालता है। एक-से-एक खुरपेंच मामिला वह चुटकी बजाकर सलटा देता है। उसी से राय-बात करो। कोई-न-कोई रास्ता बतायेगा। शंकरसिंह इधर-उधर से ढूँढ़कर बुलाये जाते। अपनी राय देते। बेचारा गँवई उनकी जानकारी से इतना प्रभावित होता कि कचू से पैर पर गिर जाता, "अब भइया, तुम्हारा ही आसरा है। साथ-साथ चले चलते बनारस तक तो सब हो जाता। हाँ शंकर बाबू, हम देहाती ई सब का समझें।"

शंकरसिंह नाँही-नूहीं करते, तब बड़े भाई बोल पड़ते, "जब इतना कह रहे हैं तो चले काहे नहीं जाते ?"

शंकरसिंह तैयार हो जाते। दो-चार रोज मौज रहेगी। चटक-मटक खाये बिना जीभ मुरझा गयी है। शंकरसिंह को ऐसे मौकों की हमेशा तलाश रहती।

परिवार टूटकर बिखरा तो शंकरसिंह खुश ही हुए। अब अपनी खुदमुख्तारी है। जैसा चाहेंगे वैसे रहेंगे। आँगन में डँड़वारी पड़ी और गली में नया दरवाजा खुला। शंकरसिंह उसी दिन कस्बे गये और अपने लिए नयी सेनगुप्ता और पत्नी के लिए चौड़े किनारे की धोती एकलाई ले आये। अपने लिए बादामी बूट खरीदा और पत्नी के लिए सलीपर। पियरिया के लिए रंगीन साड़ी ली और रामू के लिए हरा-लाल स्वेटर।...'अरे वाह, अलगौझा होते ही नकसा बदल गया शंकर का !' गाँव वाले कहते तो शंकरबाबू कुर्ते की जेब में से कैंची सिगरेट निकालते और डब्बी पर ठुन्ना देकर एक सिगरेट मुँह में दबा लेते, फिर बड़े सलीके से काँटी जलाकर सिगरेट दगाते और धुवाँ उगलकर हँसते हुए कहते, "खायेंगे गेहूँ, नहीं रहेंगे एहूँ। कहो चाचा, है

कि नहीं ? सब-कुछ देने वाला गौसैंया है। कोई किसी का करम-विधाता थोड़े ही न है।''

लोग उनकी बात सुनकर चुप हो जाते। सिगरेट पीते-पीते शंकरसिंह किसी अनजान लोक में खो जाते। उनके बहेतू स्वभाव को देखकर लोगों ने धारणा बनायी थी कि अलग होते ही शंकरसिंह बिला जायेंगे। इस धारणा की सख्त चट्टानों को नये बूट की ठोकर से उन्होंने तोड़ तो दिया, किन्तु बूट का थूथन भी कुचल गया है, यह सोच-सोचकर शंकरसिंह एक लमहे के लिए परेशान हो जाते। कैंची सिगरेट की जगह बीड़ी पीने को वे अपनी पसन्द कहकर लोगों की आँखों में धूल डाल सकते थे, किन्तु मैली और फटी धोती को वह क्या कहकर छिपायें—यह सोच नहीं पाते। लोगों की घूरती हुई आँखें अदबदाकर उनके शरीर के जाले में ही उलझ रही हैं, यह उनको सहन नहीं होता; और साल बीतते-बीतते उन्होंने लोगों से हथफेर और कर्ज लेकर अपना कायाकल्प करा डाला। हथफेर देने वालों की संख्या बढ़ी तो शंकरसिंह को गाँव की गलियाँ और चौराहे बुरी तरह सिमटे और बदरंग लगे। गलियों को पहले ही जैसी आमदरफ्त से भरी-भरी और चौराहों को गुलजार बनाने में कई बीघे खेत बयनामा हो गया। रामू की माँ चौकन्नी हुईं क्योंकि उनके गले में बिनब्याही जवान लड़की हरही गाय के गरदन में पड़े खूँटे की तरह लटक रही थी। रामू की माँ चौकन्नी हुईं तो शंकरसिंह को लगा कि चौकोर आँगन तिकोना हो गया है और किसी ने ऐन निकसार पर एक मरी हुई छिपकली लटका दी है।

वे इससे ऐसा बिदके कि घर में आना-जाना मजबूरी बन गया। रामू की माँ के सामने उनकी एक न चली और उन्होंने बन्दूक को कड़ी में लटका दिया। चीकट लगे मैले कुरते से समझौता कर लिया और फटे हुए बूट को मधुर दिनों की निशानी बनाकर पटनी पर रख दिया।

रामू की माँ ने पियरिया की शादी के सारे खर्च का इन्तजाम खुद सँभाला। बयनामा फिर हुआ, पर रुपये-पैसे शंकरसिंह के हाथ नहीं आये। कस्बे-बाजार से सौदा-सुलुफ खरीदने का काम भी रामू की माँ ने औरों से ही कराया। शादी-ब्याह खत्म हुआ तो शंकरसिंह ने एक बार फिर अपने को नये सिरे से हासिल करने की कोशिश की, पर कामयाब न हुए। पियरिया की शादी को सकुशल समाप्त करके रामू की माँ ने जो दर्जा प्राप्त कर लिया था, वहाँ पहुँचना शंकरसिंह के लिए बहुत मुश्किल लगता। लाचार मन मारे उन्होंने इस नयी व्यवस्था से समझौता कर लिया और किसी तरह दिन काटते रहे।

आज इतने दिनों के बाद पहली बार पत्नी ने उनकी बात मान ली थी और आज उनके पास ढाई सौ रुपये थे। इसलिए यदि उनके पैर धरती पर नहीं पड़ते तो इसमें हवा का ही कुछ दोष होगा शंकरसिंह का नहीं।

घर पहुँचकर उन्होंने चारपाई पर झोला रख दिया। रामू की माँ लोटा माँजकर

पानी ले आयीं और शंकरसिंह के हाथ में गुड़ की भेली थमाकर बोलीं, "कितना मिला ?"

"कुछ नहीं।" उन्होंने मुसकराते हुए कहा।

"मैं चेहरा देखकर समझ जाती हूँ कि कुत्ते ने किस हाँड़ी में मुँह डाला है। इधर से खाली झोला लेके गये थे उधर से भर के आ रहे हो, और कहते हो कुछ नहीं !" रामू की माँ गर्दन हिलाकर मुसकरायीं।

शंकर ने भेली मुँह में डाली और पानी गटककर गमछे से मुँह पोंछ लिया। मुँह पोंछते वक्त भी मुसकराहट से खिंचे हुए ओंठ खिंचे ही रहे। उन्होंने झोला उठाकर जाँघ पर रख लिया। झोले में झाँकते हुए चमकीले कागज में बँधा बण्डल खींचकर बाहर निकाला।

"लो," उन्होंने पत्नी की ओर मुसकराते हुए कहा। ऐसी मुसकराहट समुदाय विकास के लिए किसी अधिकारी के चेहरे पर किसी विदेशी को आदर्श गाँव दिखाते हुए भी शायद ही आयी हो। "ऐसी साड़ी बुढ़ऊ के जमाने में भी नहीं पहनी होगी।" रामू की माँ ने कागज हटाकर साड़ी निकाली। साड़ी सचमुच सुन्दर थी। सुनहला रंग था, नीली बूटियाँ थीं। रामू की माँ एक क्षण साड़ी पर हाथ फेरती रहीं।

"कितने की मिली ?"

शंकरसिंह मन-ही-मन खुश थे। साड़ी पसन्द है तो बात बन गयी।

"पन्द्रह रुपये की।"

"तुम्हारे हाथ में रुपया आता है तो यही होता है। इतने में तो मोटी-मोटी दो आ जातीं।"

"अरे आ जातीं तो क्या होता। जरा पहनकर शीशे में तो देखो। गयी जवानी लौट आयेगी। शहर की औरतें देहात की लुगाइयों से ज्यादा सुन्दर थोड़े होती हैं। बस सजावट होती है। कैसा चेहरा निखर आता है। जानों सीधे सरग से उतरकर आयी हैं।"

रामू की माँ कुछ न बोलीं। दो साड़ियाँ और थीं। बीस-बीस की। पियरिया के लिए ऐसी सुन्दर साड़ियाँ तो विवाह में भी नहीं आयीं। रामू की माँ की छाती ममता से फूल उठी। बेचारी कितनी खुश होगी। कुछ कपड़े रामू के लिए भी थे। शंकरसिंह के लिए तो थे ही।

शाम घनी हो गयी थी।

शंकरसिंह ने टेट में से कागज में लिपटा एक पुलिन्दा खोला और पत्नी की ओर बढ़ा दिया।

"कितना है ?"

शंकरसिंह चुप रह गये। थोड़ी देर बाद हकलाते हुए बोले, "जो बचा सब वही है, अब जितना हो···"

और वे चारपाई से उठकर चादर लपेटे बाहर चले गये।

शाम को मुंशी बेनीमाधव के दरवाजे पर बैठकर शंकरसिंह ने बहुत दिनों के बाद कैंची सिगरेट की डब्बी निकालकर एक सिगरेट मुंशी जी को दी और दूसरी को डिब्बी पर ठोंककर सुलगा लिया। लम्बा कश खींचा तो लगा जैसे मुद्दत की सूखी हुई नालियों में कुएँ का मीठा-मीठा पानी बह निकला है। धुएँ को पूरी तरह जज्ब करने की कोशिश में खाँसी आ गयी और आँखों में पानी भर आया। वे एक क्षण निढाल से होकर चहारदीवारी के परे अँधेरे की दीवालों को देखते रहे !

"लग गयी शायद ?" मुंशी बेनीमाधव ने कुशल सिगरेट-बाज की तरह धुएँ को आसमान में उड़ाते हुए कहा।

"देखिए, कहाँ पाँच-पाँच पाकिट जलाकर राख कर देता था··· !" शंकरसिंह खाँसते हुए बोले।

"होता है भई। छूट जाने पर ऐसा ही होता है। सधा हुआ घोड़ा तक बहुत दिनों बाद खुलने पर पुश्तें मारने लगता है। ई तो साली सिगरेट ही है।"

"जलते हैं साले सब, मुंशी जी। अभी देवकरन चाचा के दरवाजे पर बैठा सिगरेट पी रहा था ? तो एक दंतनिपोर बोला कि तकाबी का रुपया ले आये क्या ?··· हेंहू एक से एक जनम-दरिद्री हैं इस गाँव में ! अब क्या बतायें आपसे...।"

"अरे हम सब जानते हैं शंकरबाबू। हमसे आप क्या बतायेंगे। दुकड़हों का जमाना है भाई। चार गज मोटिया खरीदकर सिला दिया सारे खानदान को, बस बेड़ा पार। हमारे-आपके यहाँ तो बिना दाल-सालन के कवर नहीं घुटायेगा। लोग हैं कि माँड़-भात खाकर ऐंठते हुए चलते हैं।"

"ठीक कहते हैं मुंशीजी।"

"अब ठीक हो चाहे बेठीक। आप खानदानी आदमी हैं : न करें तो चलेगा भी तो नहीं। किस खानदानी आदमी का बिना करज के काम चला है ? आदमी तो आदमी, साली सरकार तक करज लेकर काम चलाती है। मगर एक बात है, आपने भी तो शंकरबाबू बिलकुल सन्नाटा कर दिया है। सुबह गया था सीवान की ओर। खेत पट गये हैं चिड़ियों से। और चिड़ियाँ भी ऐसी कि क्या बताऊँ आपसे ? एकदम समुन्दरी !"

शंकर बाबू की लम्बी साँस निकल गयी। इसी लोभ से तो उन्हें सैयदराजे से सीधे बनारस जाना पड़ा था। पत्नी से छुपाकर लाइसेन्स झोले में रख लिया था। लूटते हैं साले अब तो ! मामूली एलजी कारतूस पच्चासी रुपये सैकड़े। क्या कोई सवख करेगा, क्या शिकार करेगा ! कहीं रामू की माँ ने रुपये गिने होंगे तो घर पहुँचने पर खाना मुश्किल हो जायेगा।

शंकरसिंह एक क्षण बैठे कुछ सोचते रहे, फिर घर चले आये।

सुबह बड़े भिनसारे वे घर पहुँचे। रामू की माँ हाथ-मुँह धोने बहरी ओर गयी

थीं। कड़ी में से बन्दूक उतारते शंकरसिंह की छाती धड़कने लगी थी। बारे किसी तरह बन्दूक उतारी। कन्धे पर बन्दूक धरे, कारतूस पाकिट में डाले जब वे गाँव के बाहर आ गये, तब जाकर धड़कनें बन्द हुई थीं। इसी हाथ से एक-एक दिन में सैकड़ों कारतूस उड़ा दी हैं। अभी चार साल पहले देवकरन चाचा के लड़के की शादी थी। बरनाव गयी थी बारात। अँगने में गुरहत्थी के बखत गाँव-भर की औरतों का ऊ मजमा लगा कि कुछ पूछो मत। अरे बाहरे, बैंगनी साड़ी। शंकरसिंह चलते-चलते मुसकरा पड़े। कभी अँगना में उतरती, कभी दौड़ के झम्म से छत पर चढ़ती ! देवकरन चाचा के बड़के दामाद भी आये थे। तीन-चार फैर के बाद ही ठाकुर ने बन्दूक रख दी थी। कहने लगे, ई कोई पटाखा थोड़े है कि छोड़ते जायँ। दाम लगता है दाम कारतूस में। तीन घण्टे दनादन फैर-पर-फैर किया था मैंने। रंगीन कारतूस मँगाये थे दो दर्जन बनारस से। जब आसमान में गुलेनार खिलता था तो वो बैंगनी साड़ी वाली ताली पीट के हँसती थी। ऐ है, क्या अदा थी आँकी-बाँकी !

देवकरन चाचा आकर बगल में खड़े हो गये थे। समधिन की ओर कनखी ताकते हुए मेरे कान से सटकर बोले थे, ''छोड़ बेटा दनादन, आज इन सबों की साड़ी बिगड़वाकर तब छोड़ना, हाँ।''

तभी चाहों की एक कतार मँडराते हुए सर पर से निकल गयी। सारा सिवान क्रेंक्-क्रेंक् की आवाज से भरा हुआ है। कहीं एक भी तो ऐसा खेत नहीं कि फसलों का आड़ हो। छिपकर पास पहुँचकर चलाना हो तो ढेर लग जायेंगे चिड़ियों के।

दोपहर को मरी हुई चिड़ियों की टाँगें पकड़े, उन्हें उलटा लटकाये, कन्धे पर बन्दूक सँभाले जब शंकरसिंह आँगन में पहुँचे तो रामू की माँ उन्हें देखते ही उबल पड़ीं—''यही वेंगा है, गेहूँ का बीया, जिसके लिए सरकारी करज लाये थे ? कैसे करम निखट्टू आदमी से पाला पड़ा है कि किसी के मुँह में दाना मुअस्सर नहीं होगा। पचास ठो रुपिया हमारे हाथ में थमाकर मुँह काला करके बाहर चल दिये। मेरी ही अकिल पर पत्थर पड़ा था कि मैंने हाँ कर दिया।—अब ई सब ले जाकर कहीं कूड़े-घूरे पर फेंक दो। मैं उधार का तेल-मसाला खरीदकर मुर्दे पकाने नहीं बैठूँगी।''

रामू की माँ ने एकदम से हड़ताल बोल दिया। उनके सत्याग्रह के सामने शंकरसिंह की एक न चली और वे मुँह लटकाकर बैठ गये।

कातिक आ गया था। गाँव में जोरों से बुआई लगी हुई थी। शंकरसिंह खेतों में जुटे थे। उन्हें अपनी पत्नी को दिखा देना था कि वे क्या हैं। लग गयी गोसैयाँ की मर्जी से कहीं अच्छी फसल तो ढाई सौ रुपये का गेहूँ बेचकर नोटों का पुलिन्दा उस बन्दरिया के मुँह पर दे मारूँगा—ले साली, ये रुपये। तू तो समझती थी कि सारी अकल की ठीकेदार तू ही है। हुँह, औरतों को सिर पर चढ़ाने का यही नतीजा

होता है। सौ रुपिये के कारतूस अकारथ गये। एक दिन भी तो गोस्त पकाकर खिला दिया होता। मुंशी बेनीमाधव की औरत भी तो औरत ही है। कितने प्रेम से पकाकर खिलाती थी। पाँच साल से जिया छछन गया। न कभी कोई पकवान बनाती है न तीवन। बस रोज-रोज वही दाल-भात या रोटी-दाल। किसी-किसी तरह गले के नीचे उतारना पड़ता है। कस्बे-बाजार जाओ तो पहले वाले परिचित हलवाई मुस्कराकर आवाज देते हैं और फिर खुद ही चुप हो जाते हैं।

शंकरसिंह चैती की फसल की आशा में जीते रहे कि कटे और वे अपने 'करम निखट्टू' होने की तोहमत का बदला ले सकें। फसल कटी पर आशा पूरी न हुई। फागुन की तेज पछुवा ने फसल को पूरी तरह चूस लिया था। गेहूँ पइया हो गया। चने की ढेड़ियाँ पोढ़ाई ही नहीं।

चैती फसल के होने का समाचार सुनकर तकावी वसूलने वाले अफसरों के खेमे गिरने लगे। शंकरसिंह ने अभी तक न लगान दी न तकावी का रुपया ही भर पाये। गाँव में तहसीलदार के आदमी आये हैं, यह खबर सुनकर शंकरसिंह को किसी रिश्तेदारी के न्यौते की याद आ जाती। वे धीरे से चदरा डालकर खिसक जाते। सिपाही घर के दरवाजे पर हाँक लगाते तो रामू की माँ पल्ले की आड़ में खड़ी होकर कहतीं—"ऊ तो हैं नहीं दीवानजी, अनतै गये हैं।"

दो-चार बार ऐसे निबह गया।

"बड़ी रिश्तेदारी कर रहे हैं बाबू साहब।" सिपाही उनकी पत्नी को सुनाकर कहता—"इस बार हम लोग पन्द्रह जुलाई को आयेंगे। जरा कह दीजियेगा कि उस दिन किसी रिश्तेदारी में न जायें। नहीं बात बिगड़ जायेगी।"

शंकरसिंह ने सिपाही की बात सुनी तो मुँह को कड़ुवा बना लिया—"हरामखोर साले ! इनसे अच्छे तो गाँव के ही महाजन थे। कम-से-कम औरत जात से तो लिहाज करते थे।"

शंकरसिंह खटिया पर लेटे-लेटे आसमान की तरफ देखते रहते। जाने कहाँ गये वे समुन्दरी पंछी। बच रहे सिर्फ कौवे और चील। वे मुँह फेर लेते। कहाँ से कहाँ झंझट में पड़े। बेंगा के लिए पैसा लिया, खेत परती रहे। मुंशी बेनीमाधव के पास जाकर बैठने का भी मन न होता। लाला को मेरा वहाँ बैठना जबुन लगता है। वे सोचते। पर जायें तो कहाँ जायें।

वहाँ बैठने से एक घरी जी तो 'आन-मान' हो जाता है।

"का हो शंकर बाबू।" बैठते ही मुंशी बेनीमाधव बोले—"सुना पन्द्रह जुलाई को फिर खेमा गिर रहा है।"

"सुना तो हमने भी है मुंशी जी।" शंकरसिंह जमीन कुरेदते हुए बोले।

"तो दे दीजिये इस बार इन्तजाम-विन्तजाम करके भाई, नहीं सरकारी मामला है, कुछ ऊँच-नीच हो गया तो पछताना पड़ेगा।"

ढाई बीघा खेत रेहन रखकर शंकरसिंह ने ढाई सौ रुपये जुटाये। तकावी वसूलने वाले अफसर के यहाँ से बुलाहट हुई तो रुपये जेब में डाले वे देवकरन सिंह के दरवाजे पहुँचे।

"कहिए बाबू साहब। रुपये लाये हैं ?" अमीन ने पूछा।

"अरे मुंशीजी ! रुपये कहाँ मिलते हैं इस ठाले में। दो-दो फसलें बरबाद हो गयीं। खाने का ठिकाना नहीं है, रुपये कहाँ से भरें। लोग कहते है कि ई अपनी सरकार है। तो अपनी सरकार को तो खियाल-मुरव्वत करना चाहिए गरीबपरवर ! हम रुपये लेकर कहीं भाग तो जा नहीं रहे—थोड़ी और मुहलत मिल जाये; बस दे देंगे।"

आस-पास बैठे लोग शंकरसिंह की बात सुनकर हँस पड़े। एक ने कहा—"ठाले में सरकार, बीस-बीस रुपिया की साड़ी हम लोग पहनाते रहे हैं अपनी मेहरारू को, समझे न ?"

"हमने तो भाई सौ रुपिया का कारतूस फूँक दिया शिकार में।" दूसरा बोला।

"आ चुप रहो, तुम दंतनिपोर, तुम्हारे बाप ने तो गुलेला भी नहीं देखा होगा। तुम का जानो बन्दूक और कारतूस की हाल ? तुम्हें तकावी मिलेगी तो माँड-भात खाओगे कि शिकार करोगे, आयँ ?"

अमीन साहब खिलखिला के हँस पड़े।

"बाकी एक बात है अमीन साहब !" चौथा बोला—"अपनी सरकार को तकावी वसूलने में ऐसी सख्ती नहीं करनी चाहिए।"

"क्यों साहब, क्यों नहीं करनी चाहिए ?" अमीन ने सबको समझाते हुए कहा—"अपनी सरकार तो खुद तकावी पर चलती है। करज लेकर ही तो उन्नति के सब काम किये जा रहे हैं। फिर आपसे वसूलेगी नहीं, तो बाहर का भरेगी कहाँ से ?" सब लोग चुप हो गये।

शंकरसिंह उठे और उन्होंने जेब से रुपये निकालकर अमीन के सामने फेंक दिये। आस-पास बैठे लोगों की ओर घृणा से मुँह बिचकाकर देखा और बोले—"सारी दुनिया ही तकावी पर चलती है, क्या समझे ?" वे एक क्षण वैसे ही देखते रहे और बिना रसीद की प्रतीक्षा किये ही चल दिये।

■

कलंकी अवतार

रोपन बारी उस समय कुल्ला-दतौन करने गाँव के बाहर निकले थे। उनके आगे बँसवारियों के पास से वह घोड़ा निकला। दक-लक सफेद। मुँह ऐसा निर्लोम ललछौंहा कि सींक से खोद दें तो खून निकल जाय। घोड़ा धीरे-धीरे चला जा रहा था, मुँह नीचे की ओर, ऐंठे हुए, रोब के साथ। कड़बड़, कड़बड़, कड़बड़।

अचानक रोपन के शरीर में एक चमक-सी हुई और 'सन्न' सी करती कोई चीज एड़ी से लेकर चोटी तक बींधती चली गयी।

उन्होंने अपने दोनों हाथों से आँखें मलीं। पलकें मुलमुलायीं। "नहीं, सपना नहीं है।" वे बुदबुदाये। उन्होंने जोर से अपनी बाँह में चुटकी भरी। दर्द हुआ। यानी यह विश्वास कि रोपन पूरी तरह जिन्दा हैं, पर इस विश्वास ने उनके दिल की धड़कनों को और भी तेज कर दिया। घोड़ा अब बँसवारियों के दूसरे छोर पर पहुँच चुका था। रोपन ने देखा कि उस पर सवार आदमी एकदम काला है।

"एकदम काला है ? हे भगवान् !" रोपन के रोएँ भरभरा आये। उनका शरीर डगमगाने लगा। जाड़े के दिन में भी अँगरखे के नीचे पसीना छूटने लगा। उन्होंने अपने को बड़ी मुश्किल से सँभाला। हाथ अपने आप ही जुड़ गये। जुड़े हाथों को सिर के ऊपर लगाकर रोपन बुदबुदाये—"कृपा करो स्वामी ! इस दास ने ऐसे पुण्य कहाँ किये हैं दीनबन्धो ! तब भी आपने इतनी दया की। आप कितने दयालु हैं गरीबपरवर ! ! !"

रोपन अब ढुलककर घोड़े के पीछे चल पड़े। उन्हें बड़ा अचम्भा हो रहा था इतना बड़ा गाँव है अपना। इतने जन रहते हैं यहाँ। मगर कोई भी इस अद्‌भुत चीज को देख नहीं पा रहा है। कहीं भी कोलाहल नहीं, भीड़ नहीं, हल्ला-गुल्ला नहीं। तमाशा देखने वालों का नामोनिशान नहीं। आखिर यह क्या माजरा है। तभी उन्हें ठाकुरवाड़ी के 'पुजेरी' घनस्याम उपध्या की याद आयी। पुजेरी जी कहते थे कि "भगत की आँख के सामने भगवान् खड़े हो जाते हैं, पर क्या मजाक कि कोई दूसरा देख ले।" हूँ ! तो यह बात है। अचानक रोपन का चेहरा खिंचा। ठुड्डी झुकी। तो इस 'महानगर' में एक भी ऐसा जन नहीं जो भगवान् को देख रहा हो। सिर्फ रोपन ही देख रहे हैं। खाली रोपन। कितनी बड़ी बात है। कितना बड़ा पुन्न। रोपन की आँखों से झरझर आँसू गिरने लगे।

वे बेतहाशा घोड़े के पीछे दौड़ पड़े। कैसे मिलूँ ! कैसे चरण पकड़कर नैनन जल से उन्हें पखार दूँ !

अब घोड़ा पास के गाँव की ओर मुड़ गया था। आगे का रास्ता बहुत चौड़ा और समतल था। सवार ने बाग खींचकर एड़ लगा दी थी। घोड़ा दोगामा में चल

पड़ा। आगे-आगे घोड़ा, पीछे-पीछे रोपन।

'आखिर इधर ये जा कहाँ रहे हैं ?' रोपन ने मन ही मन पूछा। एक लमहे के लिए वे सोचते रहे। और तभी उनके चेहरे पर कपूरी हँसी उभर आई।

'यही बात है। आज अत्याचारी का नाश हो जायेगा।' रोपन की चाल अपने आप मन्द हो गयी। उनकी आँखों के आगे बाबू भेदूसिंह का कटा हुआ चेहरा नाचने लगा।

रोपन को दुःख हुआ। किसी का भी कटा चेहरा देखने की उनमें ताब न थी। परसाल अपने गाँव में एक मदारी आया था। वह बड़ी देर तक जादू दिखाता रहा। समुद्री कौड़ी के पेट में से ठक-ठक करके उससे भी बड़ी-बड़ी कौड़ियाँ चालीस-पचास निकाल देता। एक कपड़े की पुतली हँड़िया भर पानी पी जाती। एक मैली-सी टोपी हिला देता तो उसमें से मुर्गी निकल आती। खूब मजा आया था। आखिर में उसने अपने साथ के छोकरे को काले कपड़े से ढँक दिया था। हम लोग नहीं-नहीं चिल्लाते रहे, पर वो न माना। लम्बा-सा छुरा लेकर उसने कपड़े के भीतर हाथ डाला और लड़के की गरदन रेत दी। बाप रे ! उसकी तो याद आते रोपन की कंपकंपी छूट जाती है। उसने छुरे वाला हाथ बाहर किया था। पूरा छुरा खून से रंगा था। उसकी हथेली भी एकदम लाल हो गयी थी। रोपन को गश आ गया था। बड़ा निर्दयी था साला ! लड़के की गरदन हिला-हिलाकर दिखा रहा था सबको। जैसे कह रहा हो मैं बाप हूँ बाप, कसाई नहीं, फिर भी अपने लड़के की गरदन काट रहा हूँ। क्यों ? क्या समझे ? सचमुच रोपन कुछ नहीं समझे। वे वहाँ से चुपचाप खिसक आये थे। दिन भर मन बड़ा उदास रहा। उस दिन खाना भी खाया नहीं गया।

उन्होंने मन को हल्का करने की कोशिश की। पर लाख चाहने पर भी भेदूसिंह के कटे सिर को वे भुला नहीं पाये।

घोड़ा काफी आगे जा चुका था। तभी रोपन को याद आया कि सवार के हाथ में तलवार नहीं थी।

"ई क्या बात ? यह कैसे हो सकता है ?"

रोपन एक क्षण के लिए हतबुद्धि खड़े रह गये। उनका चेहरा उदास हो गया। जाने चींटी ने काटा या ततैये ने, वे घबराकर धोती के नीचे हाथ डाल कर जाँघ खुजलाने लगे। तभी पैर धोती में उलझा और वे गिरते-गिरते बचे।

धत्त तेरे की। मैं भी कितना घोंचू हूँ। भला भगवान को भी तलवार की जरूरत होती है। पुजेरी जी कहते थे कि जब अम्बरीख की ओर दुरवासा की चुड़ैल चली थी कि भगवान् को भगत की रक्षा का खियाल आया। बस उनकी तरजनी अँगुरी में सुदर्शन चक्र लट्टू की तरह नाचने लगा। ई तो सब उनकी माया है। राई को परबत कर दें। परबत को राई करते देर नहीं लगती।

रोपन फिर दुलकी लेते दौड़ पड़े।

परसडीहा के इस पुरवे में सुबह सदा ही एक ढंग से आती। पूरब की बंसवारियों को चीर कर सूरज की किरणें गाँव के पूरबी भाग पर अपना अधिकार जमातीं और घरों से निकलकर औरतें जूठे बरतनों को सँभाले अपने-अपने दरवाजे आ बैठतीं। दरवाजे पर बैठकर बरतन साफ करने में दुहरा लाभ था। सामने बैठी पड़ोसिन से इस-उस के बारे में तीन-पाँच जोड़ने का मजा और गन्दा पानी आँगन में न गिराकर सार्वजनिक गली में बहाने का सुख। मरदाने बइठकों में लोग-बाग उठते हुए दिन को देखकर धसकते हुए मन को बहलाने का बहाना ढूँढ़ते।

"का हो रोपन चाचा।" इन सारी कारगुजारियों से अपने को अलगाता हुआ शोभन अपनी पुरानी आदत के मुताबिक जोर से पुकारता—"अब भी कुछ नहीं बिगड़ा है। चले चलो आज से ही। देखना साँझ को घर आते सीना बित्ता भर ऊँचा रहेगा, हाँ।"

"अरे जा बचवा।" रोपन अपनी उसी पुरानी गिरी हुई आवाज में कहते—"तू लोग नये जमाने के आदमी हो। जाओ सँभालो टीसन पर खोंचा। अपने से ऊ सब करम नहीं होने का।"

"नये जमाने के लोग ही पुराने लोगों को ठीक करेंगे दादा। गाँठ बाँध लो। हमें अवतार नहीं करतार चाहिए। करतार यानी अपना हाथ ही तारेगा, हाँ।" शोभन मुस्कराता और स्टेशन की ओर चल देता। रोपन उसे देर तक देखते रहते। जब तक वह खेतों की पगडंडियों से होता हुआ देउला के बगीचे की आड़ में नहीं चला जाता उनकी आँखें उसी पर लगी रहतीं।

रोपन बारी ने जिन्दगी के पचास साल बड़े लोगों की खिदमत में गुजार दिये। उन्हें गाँव के किस लड़के के जनम, जनेऊ या शादी-ब्याह का ब्योरा नहीं मालूम ? दूसरों के सुख में अपनी जिन्दगी लगाकर रोपन को कभी दुख नहीं हुआ। जूठी पत्तलें उठाते-उठाते कमर दुखने लगती। गाँव के एक-एक घर लोगों को भोज-भात के लिए बुलौवा पहुँचाते-पहुँचाते रोपन पचास को पहुँच गये, पर कभी भी उन्हें अपने करम पर रोना नहीं आया। जैसे-तैसे करके जिन्दगानी कट ही रही थी। कट ही जाती। ऐसा भी नहीं कि रोपन ने दूसरों के दुख में सहानुभूति न दिखाई हो। बरसी, किरिया-करम, पिण्डदान में भी रोपन सबके आगे-आगे ही रहते। कार परोजन के घर में घरवालों के जगने के पहले पहुँचना, और भोर में थके हुए घरवालों के सो जाने पर काम से छुट्टी पाकर अपने घर की याद करना रोपन को विरासत में मिला था। रोपन ने, कसम है 'गोसैंया' की, कभी भी अपने धरम को निभाने में आलस नहीं दिखाया। पर फल क्या मिला। लड़की की शादी में तीन सौ रुपये के करज में घर का पुश्तैनी खेत नीलाम हुआ। लाख रोने-गिड़गिड़ाने पर भी भेदूसिंह खेत छोड़ने को तैयार नहीं हुए। करज दिया। नालिश की। नीलामी कराई और घूम-फिरकर नीलाम खेत भेदूसिंह की जोत में आ गया। वाह रे नियाव ! वाह रे फैसला ! रोपन वह

गम भी पी गये। पर जब भेदूसिंह ने अपने पहले लड़के की शादी पर बाप-दादे के बखत का रवाज छोड़कर 'बारी और बारिन' का पहिरावा तक नहीं दिया तो रोपन का कलेजा टूट गया।

"क्या सरकार, दूल्हे के साथ बारी पुराना कपड़ा पहनकर चलेगा, तो 'नवहँसाई' नहीं होगी ?" इतना ही रोपन ने कहा था।

भेदूसिंह के तेवर चढ़ गये थे—"तुम साले हमारी नवहँसाई देखते हो। सब परजा-पौनी को पहिरावे के बदले पाँच-पाँच रुपया मिला है, वही तुम्हें भी मिलेगा, चलना हो लड़के के साथ चलो, नहीं घर बैठो। तुम क्या समझते हो कि बारी नहीं जायेगा तो बारात नहीं चढ़ेगी ?"

रोपन चुप हो गये थे। वे बारात में गये। वर के पानी का मंगल कलश भी ढोया। पालकी के साथ सुरही गाय की पूँछ का चँवर भी हाथ में उठाये-उठाये फिरे, पर जब बारात लौटी तो रोपन रास्ते में ही अपने पुरवे पर रुक गये। भेदूसिंह की बहू की पालकी के साथ उनके दरवाजे तक जाने में उन्हें ऐसी शरम आई कि वे तीन दिन तक खटिया पर पड़े रहे। गाँव-घर के लोगों ने समझाया-बुझाया भई, अब जमाना बदल गया है। गिरहस्थ को परजा-पौनी की फिकर नहीं। अब कोई नया काम-धन्धा ढूँढ़ना चाहिए, पर रोपन के मन को चैन नहीं मिलता। उन्हें विश्वास नहीं होता कि बाप-दादे के जमाने से चला आता पेशा बंझा हो गया है। वे शोभन की बातें सुनकर हँस देते। स्वराज आया है तो सब जगह बरक्कत होनी चाहिए कि गरीब आदमी को रोटी के भी लाले पड़ जाने चाहिए ! मैं अपने पुश्तैनी काम से नहीं हटा तो भगवान् मेरी रोजी देने से कैसे हट जायेंगे ?"

रोपन बारी को बबुआनों के गाँव गये पाँच साल हो गये। वे अब उधर आँख उठाकर भी नहीं देखते।

इसी बीच एक और घटना घटी। बाबू भेदूसिंह का बड़ा लड़का पिछले माघ में निमोनिया से मर गया। रोपन बारी ने सुना तो अचानक मुँह से निकल पड़ा—"हाय बेचारा, नई बहू को मझधार में छोड़कर चला गया।" उस दिन रोपन बारी से खाना ख़ाया नहीं गया। जो कुछ भी हो, वे भेदूसिंह से नाराज थे, उनके खानदान से नहीं। रोपन दिन-भर मन मारे खटिया पर पड़े रहे।

"सुनते हो," संझा को उनकी घरवाली ने बिफरते हुए कहा—"तुम यहाँ उनके लड़के के सोग में चारपायी पकड़े हो, वहाँ गाँव भर में चरचा है कि दुलहिन की डोली के साथ रोपन गाँव नहीं आये थे, सो उसी असगुन से बहू विधवा हो गयी।"

"क्या ?" रोपन के कलेजे में जैसे किसी ने बिना अनी की बरछी मार दी हो।

"असगुन पाँच साल के बाद फला है ? सालों को कहते सरम भी नहीं लगी ! साल-भर भी सादी के नहीं बीते कि बहू की कोख भरी। लड़का हुआ। वह सब

भी असगुन ही था ?''

''अब जो हो, गाँव वाले तो यही कहते हैं। भेदूसिंह कहते हैं कि अब साला इस गाँव की ओर दीखा तो टाँग तुड़वा दूँगा।''

''जायँ साले भरसायँ में, मैं सालों के दरवज्जे मूतने भी नहीं जाऊँगा। हुँह् !''

रोंपन बारी फिर चारपाई पर लेट गये। घरवाली के सामने अकड़कर बातें करते हुए दिल का दर्द गरमाया था, पीड़ा कम थी। चारपाई पर एकान्त में फिर जैसे कलेजे में फोड़ा टपकने लगा। पचास के ऊपर जिन्दगी हुई, ऐसा अपजस कभी नहीं मिला। जाने कितनी डोलियाँ उन्होंने ड्योढ़ी पर पहुँचायीं। जाने कितने मंगल कलश कन्धे पर ढोये, जाने कितने बच्चों के जनम पर बधावा पहुँचाया, जाने कितनों के मुंडन संस्कार, जनेऊ, वरक्षा पर उन्होंने हल्दी और दूब पीसकर सगुन घेरा, पंडित को बुलाने से लेकर लोगों को खिलाने-पिलाने तक वे एक पैरपर खड़े रहे। यह सब इसी का इनाम मिला है। रोपन की आँखों से झर-झर आँसू गिरने लगे। उनका गला रुँध गया और हिचक-हिचककर रो पड़े।

अब ठाकुरवाड़ी के पुजेरी घनस्याम उपध्या के अलावा उनका किसी में विश्वास नहीं रह गया था। वे संझा होते ठाकुरवाड़ी में आ जाते। पुजारी जी उस बख्त लालटेन रखकर सुखसागर की पोथी बाँचते।

''तो सुनते हो भगत।'' पुजारी जी कहते—''सुखदेव मुनी बोले कि हे महाराज गोमाता के रूप में पृथ्वी की गुहार सुन, भगवान् ने कहा कि मैं तुरत ही अवतार लूँगा और अत्याचारिन को संहार करिके दुखी दीन भगतजनों का उद्धार करूँगा।''

''धन्न हो, धन्न हो।'' रोपन की आँखों से झर-झर आँसू गिरने लगते। उन्हें तुरन्त अपने गमछे से पोंछकर वे पूछते—''ई तो महाराज जी द्वापर युग की बात है। इस कलजुग में भगवान् अवतार लेंगे कि नहीं ?''

पुजारी जी चश्मे के भीतर से ही मुस्कराती आँखों से भगत के ऊपर नेह की बरसा करते हुए कहते—''अरे वाह भगत, भला भगवान् के लिए द्वापर-कलजुग में क्या भेद ? ऊ तो जब-जब धरम की हानि होती है, असुर लोग अत्याचार करते हैं, तभी-तभी अवतार लेते हैं। यही तो उनकी महिमा है। और इसी सुखसागर में भगत, भगवान् कह गये हैं कि कलजुग में कलंकी अवतार लूँगा।''

''अच्छा !'' रोपन की आँखें आश्चर्य से चिलक उठतीं—''उस समय भगवान् जी किस भेष में अवतरेंगे महाराज जी ?''

घनस्याम उपध्या सुखसागर के खुले हुए सफे में मोर की पाँख लगाकर जल्दी-जल्दी पन्ने उलटते और फिर मुस्कराकर कहते, ''सुनो भगत, सुखदेव मुनी बोले कि महाराज कलजुग के अन्तकाल में सम्भल ग्राम के विष्णुयश ब्राह्मण के घर कलंकी अवतार होगा। श्वेत अश्व पर सवार कृष्णकाय कान्ति वाले वे भगवान् हाथ में नंगी

तलवार लेकर सारे अत्याचारिन को नाश करैंगे।''

''वाह महराज ! तो इस बार भगवान् जी का रंग काला होगा। तब अपना जमाना आयेगा। गरीबों का राज अब होकर रहेगा।'' रोपन बारी अपनी काली बाँहें सहलाते-सहलाते आत्मविभोर हो जाते।

घोड़ा बड़ी तेजी के साथ दूसरे गाँव की ओर बढ़ा जा रहा था। रोपन बारी उसके पीछे-पीछे दौड़ते-दौड़ते हाँफने लगे थे। उनका सारा शरीर पसीने से लथपथ हो गया था। पर पता नहीं उनके पैरों में कहाँ की शक्ति आ गयी थी कि वे रुकना ही नहीं चाहते थे। आज पूरे पाँच साल के बाद रोपन बारी बाबूगाँव की ओर मुड़े थे। रास्ते में आते-जाते लोग उन्हें देखकर अचम्भे से खड़े हो जाते।

''रोपना पगला गया है क्या ?'' लोग घोड़े के पीछे रोपन को दौड़ते देख एक-दूसरे से पूछते।

''पगला तो है ही, पाँच साल से खाने बिना मर रहा है, पर कभी गाँव नहीं आता : जवान लड़की सर पर खड़ी है, और ई साला घनस्याम के यहाँ बैठ कर धूनी रमाता है।''

घोड़ा बाबू भेदूसिंह के दरवाजे पर जाकर रुक गया। रोपन उनकी बखरी के सामने गली के मोड़ पर पक्खे से सटकर खड़े हो गये। उनका हृदय दीवाल से बुरी तरह दबे रहने पर भी धुक्-धुक् किये जा रहा था। बाबू भेदूसिंह अपनी चारपाई से उठे। उनके चेहरे पर बड़ी गर्वभरी मुस्कराहट थी।

''हँस लो, हँस लो ससुर, एक पल और हँस लो।'' रोपन मन-ही-मन बुदबुदाये। उनकी आँखें सवार पर केन्द्रित थीं। उन्हें लग रहा था कि बस तनिक देर में चमचमाती तलवार हाथ में कौंधेगी और एक लमहे में भेदूसिंह का सिर धड़ से अलग होकर घोड़े के पैरों के नीचे तड़फड़ायेगा।

तभी एक आदमी ने आगे बढ़कर घोड़े की बाग पकड़ ली। रोपन ने उचक कर देखा, वह भेदूसिंह का चरवाहा सोबरना था।

''वाह, ई भी पुन्न किये हैं।'' रोपन फिर बुदबुदाये। ऐसा न होता तो भला अवतारी जानवर की बाग कैसे पकड़ लेता।

बाबू भेदूसिंह उसी समय बखरी की ओर चले। गली के मोड़ पर पहुँचते ही उनकी नजर दीवाल से चिपके रोपन पर जा पड़ी।

''अरे वाह,'' वे आश्चर्य से प्रसन्न होकर खिलखिलाये—''अरे वाह, भई आदमी हो तो ऐसा। याद किया नहीं कि हाजिर।'' तभी उनकी गरदन झटके से तनी—''क्यों रे रोपना, तूने तो कसम खायी थी न कि अब मलिकार के दरवाजे पर पाँव नहीं धरेगा ? फिर कैसे दुलक कर चल पड़ा ?'' भेदूसिंह को अपने लड़के की शादी की बातें खूब याद थीं। रोपना बहू की डोली के साथ बखरी तक नहीं आया था। इस

समाचार से भेदूसिंह तिलमिला उठे थे। "साला नया जमाना क्या आया, परजा-पौनी की आँखें चढ़ गयी हैं।" उन्हें अपने लड़के की मौत पर उठी चर्चाएँ भी याद आयीं। पर वे कुछ बोले नहीं। सोचा अच्छा ही हुआ, साला डोली के साथ आता तो पाँचेक रुपये न्योछावर के देने ही पड़ते। आज यह मौका आया है। कहार या नाई किसी को बुलाता तो चार-पाँच रुपये गलते। इसे तो खाना भी खिला देंगे तो खुश हो जाएगा।

"अच्छा-अच्छा, जब अपने से आ ही गया तो दीवार से सटकर आँखें मत मुलमुलाता रह। जाकर बब्बन की अम्मा से कहकर नाश्ते-पानी का इन्तजाम करवा कर जल्दी आ। यह नहीं कि वहीं जाकर बैठ रहना और यहाँ हम लोग बैठकर झख मारते रहें। इज्जत का मामला है, समझे ?"

भेदूसिंह लौट गये। रोपन खूब समझ गये।

'अच्छा-अच्छा ससुर, नाश्ता-पानी, सुआगत-सत्कार खूब कर लो, कोई कसर न रहे। बस दो घड़ी के मेहमान हो, क्या बोलूँ, नहीं तो ऐसा सुनाता कि तुम्हारे सात पुश्त की नानी मर जाती। पर मरे को मारने में क्या मर्दानगी !' रोपन एक छिन वहीं खड़े होकर अपनी अंगारक आँखों से भेदूसिंह को ताकते रहे। फिर बखरी में चले गये।

कुएँ से खींचकर बाल्टी का ताजा पानी वही लाये। दरवाजे की पलंगड़ी पर तोशक खिंच गयी थी। सवार अपने पैर लटकाये बैठा था। रोपन ने पैरों के नीचे थाली रख दी। काले-काले पैरों को पखारते उनकी आँखें भरभरा आयीं।

"अति आनन्द उमगि अनुरागा। चरन सरोज पखारन लागा।"

रोपन बारी के कानों में ठाकुरवाड़ी की घंटियाँ टुनटुनाने लगीं। उनकी आँखों से आँसू टपक पड़े, पर उन्होंने तुरन्त अपने को सँभाला और हाथ पोंछने के बहाने गमछे से आँसू भी पोंछ लिये।

अब काला सवार पैर ऊपर करके तकिये के सहारे उठंग कर लेट गया था।

"अब यहाँ क्या खड़े हो, जाओ देखो नाश्ता-पानी ले आओ और खिलाने-पिलाने का इन्तजाम करो।" भेदूसिंह बड़े रोब से बोले। उनकी आवाज में ठकुराई की ठसक थी जो हर क्षण यह दिखाना चाहती थी कि सारी दुनिया हाथ जोड़े उनके हुकुम का इन्तजार करती रहती है।

रोपन बेचारे बड़ी साँसत में थे। वे टकटकी बाँधे अवतारी पुरुष के चेहरे को श्रद्धा से देखे जा रहे थे। उनको इस ढंग से टकटकी बाँधे देखकर एक क्षण के लिए कलंकी भगवान् भी घबड़ा गये।

"आपका नौकर तो बड़ा सरधावान है।" उनके मुँह से निकला—रोपन निहाल हो गये। तो भगवान् ने भगत को पहचान ही लिया। वे गद्गद चित्त से चल पड़े। अब उन्हें तनिक भी सन्देह नहीं रहा कि आज कुछ अनहोनी घटकर रहेगी।

"हमारे सभी आदमी सरधावान हैं, किसकी हिम्मत है कि नाहीं-नुकर करें।"

चलते-चलते रोपन को भेदूसिंह की आवाज सुनाई पड़ी।

"कैसा पापी है साला।" वे मन-ही-मन सोचने लगे—'ऐसे मौके पर भी आँख नहीं खुली। पापियों का हाल ही यही होता है। भगवान् सामने रहते हैं और साले जान नहीं पाते। यही तो ईश्वर की माया है।'

दिन-भर रोपन बारी सब्जी, मसाला, दही, दूध के लिए दौड़ते रहे। सारा दिन खिलाने-पिलाने, पैर दबाने में बीत गया। उन्हें किसी ने खाने के लिए भी नहीं पूछा।

शाम हो आयी।

"तो सरकार, हुकुम दिया जाय।" काला सवार हाथ जोड़कर भेदूसिंह से बोला—"चार-पाँच दिन में बाबू जी आकर आपसे बात कर लेंगे। मुझे तो लड़का देखना था, सो आ गया। मुझे लड़का बहुत पसन्द है।"

"लड़का तो हीरा है पुरसोतम बेटा। अब अपने ही लड़के की क्या तारीफ करूँ।" भेदूसिंह पुनः गर्वस्फीत नयनों से रोपन की ओर देखते हुए बोले—"अरे देवल के देखनहरू हैं। अब ई कहो कि देवल के साले हुए ये।" वे जोर से ताली पीट कर हँसे। काला सवार झेंप गया।

उसने घोड़े की बाग पकड़ी और उचक कर चढ़ गया।

रोपन तो जैसे आसमान से गिरे। उन्हें लग रहा था कि धरती घूम रही है। ठाकुर का मकान चक्कर खा रहा है। वे हकबकाकर चल पड़े। घोड़ा बखरी के मोड़ के पास गली में आ गया था। रोपन दुलक कर उसके पीछे आये।

"अरे सुनो-सुनो," काला सवार उन्हें बुला रहा था—"यह लो भई अपनी बख्शीश, मैं तो भूल ही गया।"

रोपन घोड़े के पास खड़े हो गये। उनकी हथेली पर अठन्नी थी। सवार ने एड़ लगा दी। पर घोड़ा रुका रहा। उसने पूँछ उठाई और लीद कर दी। फिर चल पड़ा।

रोपन ने नाक पर गमछा लगा लिया।

"धत् साला कलंकी अवतार। हत्ते रे की।"

तभी बखरी के दरवाजे से एक लड़का निकला। वह बायें हाथ में एक छड़ी पकड़े था। छड़ी उसके दोनों पैरों के बीच ठरठरा रही थी। दाहिने हाथ में एक पोटली थी।

"तुम रोपन हो न ?" उसने एकदम पास आकर पूछा।

रोपन चिहुँक कर उछल पड़े। वे अभी भी नाक पर गमछा लगाये हतचेत भाव से खड़े थे। "हाँ-हाँ, मैं ही रोपन हूँ। तुम कौन हो भैया ?" रोपन उस गोल-मटोल सुन्दर लड़के को एक क्षण देखते रहे।

"मैं मुन्नू बाबू हूँ। यह लो मेरी अम्मा ने दिया है। तुम खाना नहीं खाये, है न ? मेरी अम्मा ने कहा कि धीरे से रोपन को दे आओ। और देखो, दादा न देखने पायें। लो भई, मैं तो चला। आज हमारा घोड़ा बीमार है।"

"घोड़ा ?" रोपन फिर चौंके।

लड़के ने छड़ी की ओर इशारा किया—"आज यह एकदम नहीं दौड़ा। हमारा दादा बहुत बुरा आदमी है। कहता था कि चाचा के देखनहरू आये हैं। तुम शरारत मत करो। मैं दिनभर घर में रहा।"

रोपन ने लड़के को गोद में ले लिया। 'तो यह विधवा बहू रानी का बेटा है !' उन्होंने सोचा। और जाने क्यों उनकी आँखों से झर-झर आँसू गिरने लगे।

"अरे तुम दादा के डर से रोते हो ?" लड़का तिनककर बोला—"ओ तुम्हारा कुछ नहीं कर सकता। तुम खाना ले जाओ।"

"और कुछ करें तो ?" रोपन मुस्कराए।

"वह क्या कर सकता है। मैं कोड़े-कोड़े पीटकर उसे ठीक कर दूँगा। हम लोग उससे अलग रहेंगे। वह मेरी अम्मा को भी सताता है। मैं साले को एकदम से ठीक करूँगा।" लड़के ने पोटली रोपन के हाथ में थमा दी और अपने काठ के घोड़े पर चढ़ गली में फुर्र से भगा।

अब की रोपन काठ के घोड़े के पीछे दौड़ पड़े।

■

मुरदा सराय

मैंने आपसे वादा किया था कि एक-न-एक दिन अपना परिचय दूँगा। हालाँकि वह वादा मैंने इसलिए नहीं किया था कि मुझे आपसे लगाव था, या कि मैं आपकी खुफियागीरी वाले कामों से बड़ा खुश था। यह भी नहीं कि मैं आपको कोई बहुत नेक इनसान समझता हूँ। मुझे आपसे तकलीफ ही मिली है। आपने मेरे ऊपर पड़े परदे को फाड़ने की हरचन्द कोशिश की। छिप-छिपकर मेरा पीछा किया। इन सभी हरकतों से मुझे परेशानी ही हुई, पर जाने क्यों इन परेशानियों के भीतर धीरे-धीरे यह अहसास होने लगा कि आप अपनी इन कोशिशों में नाकाम होकर यदि मेरा पीछा करना छोड़ देंगे तो कितना सुनसान हो जायेगा यह सब-कुछ। यानी मेरी यह जिन्दगी आज इस किनारे खड़ी है जहाँ परेशान करने वाले से भी एक ऐसा गाढ़ा अपनापन अनुभव करने लगता हूँ कि मानो डूबते को तिनके का सहारा मिल गया हो।

आप भी मेरी तरफ इस अजीब शक्ल और पहनावे के कारण ही खिंचे। है न ? सच, मेरी यह शक्ल ऊपर से ऐसी अजीब पहले न थी, न ही मैंने कभी इसे जानकर अजीब बनाने की कोशिश की। मैं भी एक पढ़ा-लिखा, खासा देखने-सुनने लायक इनसान था। भरी-पूरी जिन्दगी थी। एक नेक और खूबसूरत औरत मेरी पत्नी थी। मैं गाँव के पास के ही एक मिडिल स्कूल में अँगरेजी का अध्यापक था। मुझे अपनी गृहस्थी से उतना ही मोह था जितना हर किसी को होता है या होना चाहिए। मेरी शादी हुई तो गाँव के लोगों ने बहुत-बहुत खुशी व्यक्त की। लोग-बाग राह चलते दरवाजे पर हुक्का गुड़गुड़ाते अथवा खेतों में काम करते किसी-न-किसी मौके पर यह जरूर कहते : "भई, ज्यादा दौड़-धूप, भाव-ताव आदि सब बेकार है। अब देखो न, हरिचरण मास्टर के लिए यह सब देखने-सुनने वाला कौन था। पर पढ़ा-लिखा आदमी है, मेहनती और ईमानदार। भाग्य से घरवाली भी उतनी ही सुशीला और सुन्दर मिल गयी। घर का सब काम भी करती है, और कितनी सफाई-सुथराई के साथ। फिर कितनी हँसमुख खुशदिल है। दिन-भर गुनगुनाती रहती है। रामायण की कोई चौपाई या कीर्तन··· ! ऐसे घर में लक्ष्मी का वास न होगा तो फिर कहाँ होगा !" सुनने वाला यदि अपनी घरेलू दिक्कतों से परेशान हुआ तो लम्बी साँस लेकर हामी भरता और यदि भाग्यशाली हुआ तो मेरे परिवार की खुशी पर दो-चार और वाक्य सुनाकर अपनी प्रसन्नता का इजहार करता।

···और तब जैसे मेरे परिवार की खुशी लोगों की सहानुभूति और तारीफ से धीरे-धीरे ऊबने लगी। काश मुझे कुछ पहले ही मालूम हो जाता कि खुशी नारुन के फल की तरह ज्यों-ज्यों छिलके में सुनहरी आभा धारण करती जा रही है त्यों-त्यों इसके भीतर जहर का पानी पक-पककर एक मादक खुशबू में बदलता जा रहा है। एक दिन जब मैं शाम को स्कूल से घर लौटा, रोज की तरह पत्नी को दरवाजे पर पलकें बिछाये प्रतीक्षा में खड़ी नहीं देखा। तभी जाने क्यों एक लम्बी साँस हृदय की किसी अज्ञात सन्धि में उतरकर तड़प उठी। मुझे लगा कि किसी ने पीछे से आकर अँधेरे में फुसफुसा दिया हो। मेरे रोंगटे खड़े हो गये। घर में आया तो पत्नी चारपाई पर औंधे मुँह लेटी थीं। उनकी वेणी अस्त-व्यस्त होकर जमीन पर लोट रही थी।

"क्यों,···तबीयत ठीक नहीं है क्या ?" मैंने उनकी पीठ थपथपाते हुए पूछा।

"आप आ गये। चलिए आधा दुःख तो ऐसे ही दूर हो गया," वे झेंपते हुए बोलीं।

उनके चेहरे पर लज्जा, भय और पीड़ा के ऐसे-ऐसे रंग उभरकर एक में मिलते जा रहे थे कि सहसा यह भाँप पाना मुश्किल था कि आखिर बात क्या है जो वे इतना परेशान हैं। मैंने दो-एक बार और कोशिश की, पूछा भी, पर हर बार वे पहले से अधिक संकोच की गेंडुर में सिकुड़ती रहीं। अब उन्होंने मेरी तरफ पीठ फेर ली

थी और दोनों हथेलियों में मुँह छिपाकर हँसने लगी थीं।

"आप बिलकुल अनाड़ी हैं।"

मैं इस विशेषण से कुछ खीझ-सा गया; पर मैं सचमुच अनाड़ी था कि मुझे सब-कुछ समझने में इतनी देर हुई। समझ की रोशनी के भी भाई साहब, कैसे धक्के होते हैं कि एक क्षण के लिए सारा अस्तित्व एक अजीब तरह की खुशी और पीड़ा की मिली-जुली थरथराहट से काँपने लगता है। मुझे तो जैसे बिजली की लहर छू गयी थी। मैं चारपाई से यों उछल पड़ा जैसे स्प्रिंगदार बबुआ हूँ। इतने जोर से हँसा कि शहतीरों में छिपे गौरइए फड़फड़ाकर उड़ पड़े।

"तो इसमें घबड़ाने की क्या बात है रानी," मैंने बादशाही लहजे में कहा, "अभी बुलाये देता हूँ मनका चाची को। बस, घड़ी-दो-घड़ी में दुःख के बादल छँट जायेंगे। मासूम चाँद की किलकारियों से घर में आरती की घण्टियाँ बजने लगेंगी।"

मैंने पैरों में चप्पलें डालीं या यों कहिए करीब-करीब घसीटते हुए-सा दरवाजे की ओर भाग चला। मनका चाची को खबर की, लम्बी दास्तान सुनायी, पत्नी की घबराहट का रंगीन वर्णन किया, तो वे मुसकराती हुई बटुली पर कलछी पीटती सुनती रहीं। गोया कलछी पीटने को उन्हें फिर समय ही न मिलेगा।

"चाची," मैंने करीब-करीब घिघियाहट की आवाज में कहा, "देर न करना चाची, तुम्हारे पैर पड़ता हूँ।"

"अरे जा-जा कहीं घूम-फिर आ। खबरदार उसके पास मत बैठना। अभी तो दर्द शुरू हुआ है। घण्टों लगेंगे। पहलौंठी का लड़का जनना कोई खेल है क्या ?" इस बार चाची ने सिर्फ बटुली ही नहीं पीटी, बल्कि कलछी हिला-हिलाकर वह उसकी पेंदी को फोड़ डालने की कोशिश करने लगीं। मैं हारा-थका लौट पड़ा। चाहकर भी पाँव घर की ओर न मुड़ सके। इधर-उधर लोगों के दरवाजों पर बैठता रहा। अखबार की खबरें पूछी गयीं, राजनीति के प्रश्न हुए, नहर या सड़क के बारे में तरह-तरह की गप्पें सुनीं-सुनायीं; पर यह सब करते मन कहीं और टँगा रहता। बीच-बीच में हवा सरसराती तो लगता कि पत्नी सिसक रही हैं। मैं सोचता अब चचिया आ गयी होंगी। उन्होंने सारी बड़बड़ाहट दर्द और छटपटाहट को अपने प्यार और ममता की गोद में ले लिया होगा। ऐसे समय औरत ही औरत की ठीक तौर से देखभाल कर सकती है।

काफी समय इधर-उधर बिताकर मैं घर की ओर चल पड़ा। आँगन में आकर मैंने थाह लेनी चाही कि कहाँ क्या हो रहा है। डर भी था कि शायद चचिया मेरे आने से नाराज हो जायें। पर वहाँ तो एकदम सन्नाटा था। बीच-बीच में जैसे इस सुनसान को चीरती हुई एक कराह का स्वर उठता था और फिर हिचकियों में विलीन हो जाता था। मैं एक क्षण तक ठिठका-सा खड़ा रहा। तभी जैसे अनजानी लहर व्यथा का तूफान लिये मचल उठी। पत्नी इस तरह से चिल्ला उठीं जैसे गाड़ी का

थका-थकाया भारी डब्बा पटरियों पर रिरियाता है। मैं सारा संकोच छोड़कर घर में हेल गया। वे जमीन पर औंधी-सी चिपकी थीं, मानो धरती के गह्वर में छिप जाना चाहती हों। कमरे में दीये की टेम धुँधला रही थी। मैंने बाती उकसा दी।

"आह, तुम आ गये···जरा मेरी वेणी खोल देना," वे बोलीं। जैसे वेणी की एक-एक गाँठ खोलने में उन्हें अथक पीड़ा का सामना करना पड़ा हो।

मैं घुटने के बल बैठ गया। चोटी अपने हाथ में लेते समय जैसे एक अजीब तरह की धड़कन ने मेरे अस्तित्व को झिंझोड़ दिया हो। यह चोटी जाने कितनी बार मेरे हाथों में आ चुकी है। मैंने जाने कितनी बार उसे सहलाया है, सूँघा है, खींचा है, मरोड़ा है, उँगलियों में लपेटा है और इसके निचले गुच्छे का पत्नी के गालों से स्पर्श कराया है; पर आज यह चोटी मेरे हाथ की पकड़ से छूट-छूट जाती थी। थरथराहट से खुलती-खुलती गाँठें अनखुली रह जाती थीं। किसी कदर चोटी खुली तो वे फिर हाँफती हुई बोलीं, "मेरे गले का लॉकेट भी उतार लो।"

मैं अजीब व्यथा से उनकी ओर ताकने लगा। यह सब-कुछ क्यों करा रही हैं ! लॉकेट उतारने से क्या होगा भला ! बहुत डरी-डरी हैं शायद।

"उतार लो न–" मुझे हक्का-बक्का देख वे तेज स्वरों में बोलीं, "कुछ और न सोचो। ऐसे में शरीर पर एक भी ऐसी चीज नहीं होनी चाहिए जिसमें गाँठ हो।··· चचिया से सुना था कभी, गाँठ वाली चीज के बदन पर होने से देर लगती है।"

मैंने गले से लॉकेट निकाल लिया।

"तुम यहाँ क्या कर रहे हो," चौखट पर खड़ी-खड़ी घूरती हुई चचिया बोलीं, "हटो यहाँ से। तुमसे मैंने कहा था न कि वहाँ मत जाना।"

चचिया जाने और क्या-क्या सुनातीं। मैं गरदन झुकाये, उनकी ओर कनखी देखता कमरे से बाहर चला आया। गली में बहुत अँधेरा था। हवा में सरसराहट बड़ी तेज थी। मैं इधर-उधर घूमता रहा। मेरे घर का दरवाजा भय और सन्देह का जैसे नियतिद्वार था, जिसके अगियारे मुख से मेरी जिन्दगी का फैसला सुना जायेगा। मैं एक क्षण के लिए कमरे में तड़पती पत्नी के थरथराते बदन को हाथों से छूता अनुभव करता तो दूसरे ही क्षण हाथ को झटककर अपने माथे और गालों को सहलाने लगता, जिस पर अचानक ही जैसे किसी अनजान देश से उड़कर आयी लाखों-लाख चिनगारियाँ चिपक गयी हैं और मैं उन्हें नोच-नोचकर फेंकने की असफल कोशिश कर रहा हूँ। हवा में लहरों के थपेड़ों की आवाजें भरती जा रही थीं। बिना पतवार की एक डोंगी भँवर में उलझ रही थी। धक्के-पर-धक्के, चक्र-भँवर, हाथ से डाँड़ छूट-छूट जाती। आह कहीं लहरों में छिपी किसी चट्टान से यह डोंगी टकरा न पड़े ? नहीं, नहीं, भगवान् सब-कुछ ठीक करेगा। तभी एक नवजात बच्चे की रुलाई से आँगन थिरक उठा। निश्चित लीक पर चलते चलने को उठे पैर एक झटके के साथ आँगन की ओर मुड़ गये। मैं बिना संकोच उस कमरे के दरवाजे के पास पहुँच गया

जहाँ अभी-अभी लहरों के थपेड़े से बचकर एक डोंगी किनारे लगी है।

"आह, हरी बेटे," चचिया सुबुक-सुबुक कर रो उठीं।

"क्या हुआ, चचिया ? क्या हुआ, बोल न ?" मैं उस गन्ध-भरे कमरे में हेल गया।

एक ललछौंहे लोथड़े को मेरे खुले हाथों में सौंपते हुए चचिया चीख उठीं, "बहू चली गयी भैया, बहू चली गयी बेचारी !" चचिया पसीने और खून से लथपथ आँचल से उसका मुँह ढँकते बिखर-बिखरकर फूट पड़ीं।

"हे भगवान् यह क्या हो गया ? ऐसे, इस तरह···" मैं उस चीखते-चिल्लाते हुए मांस के लोथड़े को न तो फेंक ही सकता था न कलेजे से लगाकर सन्तोष ही पा सकता था। बच्चे को चचिया की गोद में फेंककर पत्नी की लाश के पास बैठ गया और उसके धूल-कीचड़-भरे खुले-खुले बालों को मुँह से हटाकर पागल की तरह चूमता रहा।

"सोना !···" मेरी आँखों से झर-झर आँसू गिर रहे थे, गरम-गरम तीखे कड़ुवे, पिघले शीशे के पानी की तरह—जिसका एक-एक दाना जैसे बिच्छू के डंक की तरह चुभ रहा था।

और भाई साहब, तभी मुझे लगा कि मेरी जिन्दगी ने अनजाने ही, जाने कब एक ऐसी करवट ले ली है कि मेरा सारा अस्तित्व जलते-उफनते दलदल के ऊपर एक कच्चे सूत में बँधकर लटक गया है। चचिया एक तरफ कोने में दुबककर मुँह गाड़े बैठी थीं। उनकी गोद में वह अभागा छौना था जो हुटक-हुटककर चीख उठता था।

मैं बड़ी देर तक उसी स्थान पर बुत की तरह बैठा रहा। मुझे सवेरे की प्रतीक्षा थी। पर मैं क्या जानता था कि मेरी जिन्दगी में आज एक ऐसी सुबह आने वाली है जो मुझे समूचे जीवन से काटकर अलग कर देगी। अँधेरी चादर से ज्यों-ज्यों उजास फूटने लगा, मुझे मेरा ही घर—वही चिर-परिचित आँगन, बुहारी, गिलास-लोटे, बाल्टी, इधर-उधर गिरा हुआ पानी—सभी—सब-कुछ जैसे अपरिचित, मायूस, डरे-डरे से प्रतीत होने लगे। जाने कैसे गाँव में मेरी पत्नी की मृत्यु की खबर घूमती रही और धीरे-धीरे बड़ी-बूढ़ियों, डरी-डरी बहुओं और अधेड़-प्रौढ़ मर्दों की भीड़ लगने लगी।

"हरी बेटा," मुझे किसी ने झिंझोड़कर सचेत किया, "अब इस तरह दुःख में बैठे रहने से काम न चलेगा।"

मैंने यह सुना। झटके से हथेली पर झुका सिर उठा भी, पर तभी मेरे गाल पर जलन-सी कौंध उठी। मुझे लगा कि इन पर मेरी हथेली की पाँचों अँगुलियों के निशान ही नहीं उभरे होंगे बल्कि जिन्दा-कटी किसी नस से उछले नीले-नीले खून के कतरों की कालिमा भी होगी।

हमारे गाँव से गंगा बहुत दूर पड़ती हैं। लाश के साथ हम कुल पाँच जन

थे : हम चार ढोने वाले और पाँचवाँ गाँव का नाई जो क्रिया-कर्म का सामान लिये था, बस। यहाँ पहुँचते-पहुँचते शाम हो आयी और रात में लाश के साथ न चलना पड़े, इसलिए हम सभी लोग कस्बे के उत्तरवाली मुरदा सराय में रुक गये। इस सराय के सम्बन्ध में तो आप जानते ही होंगे, कि इसे हमारे देहात के ही एक धनी-मानी व्यापारी ने समय-असमय मुरदा लाने वालों के रुकने के लिए ही बनवाया था। बगल का कुआँ भी उनका ही बनवाया हुआ है।

सराय के उत्तर-पूर्वी कोने पर जो विशाल पीपल है उसी के नीचे लाश को उतार कर हम लोग बैठे गये। लाश ढोने वालों में तीन-चार जन इस काम में बड़े अभ्यस्त थे। उन्हें मुरदा और जिन्दा में विशेष फर्क भी नहीं लगता होगा। उन लोगों ने उपले जलाकर खाना पकाया था। अहरे के पास बैठकर वे अपने सुख-दुःख की हजारों-हजार बातें करते रहे, जिनसे मेरी पत्नी की मृत्यु का कोई सम्बन्ध भी न था। मैं सराय की मेहराब में एक खम्भे से पीठ टिकाये और दूसरे में पैर अड़ाये करीब-करीब अधलेटा-सा पड़ा रहा। खाने के लिए उन लोगों ने मुझसे भी पूछा, पर मैं न गया। एक ने हठ की तो मेरी आँखों में आँसू छलछला आये। वे लोग फिर कुछ न बोले। खा-पीकर सब लोगों ने बीड़ी सुलगायी तो दालान के कोने से एक आकृति लपककर उधर को मुड़ी। मैं तो उसके पैरों की आवाज सुनते ही धक् से हो गया।

"कौन है ?"

"अरे सूरदास है साइत," बीड़ी खींचते हुए एक जन बोले, "आओ, आओ सूरदास। कहो मजे में हो न ?"

मैंने आग की हल्की-हल्की रोशनी में देखा कि सूरदास काले चमड़े में लिपटी एक ठठरी का नाम है, जिसके बदन पर गूदड़ और चिथड़ों का ताम-झाम लटक रहा है। दाढ़ी-मूँछ के बाल बड़े भयावने लगते थे, एक से एक अलग और कड़े-कड़े। सूरदास डण्डे को एक तरफ पसार कर बैठ गया।

"कहो मालिक, सूरदास के लिए भी कुछ बचा-वचा है कि···"

"अरे हाँ-हाँ सूरदास, ऐसा भी हो सकता है कभी !" बीड़ी को जोर से सुड़ककर उन्होंने नाई को हाँक दी, "सोबता, हाण्डी इधर कर दो सूरदास की ओर। भात बचा है सूरदास, और बैंगन का भुर्ता। ले जाओ···"

सूरदास इस तरह हँसे कि उनके आमने-सामने बैठे लोग गमछे से अपना मुँह पोंछने लगे। मैं उधर से मुँह फेरकर अँधेरे की पोशाक में लिपटे, गुमसुम मौन पीपल के पत्तों को देखता रहा। धीरे-धीरे नजर फुनगी को छूती, डालियों से टकराती, जड़ की ओर उतरती तो नीचे लाल रेशमी चूनर में लिपटे शव को देखकर सहम जाती। उसकी लम्बी डोर मानो मन के परेते पर एक साथ ही घूमकर लिपट जाती और मेरे भीतर पानी के औटने जैसी पीड़ा घुमड़ने लगती। लगता कि सर चक्कर खा रहा है और यदि मैंने अपने को सँभाला नहीं तो तुरन्त कै हो जायेगी। गले में थूक

घोंटते वक्त लगता कि गलफर में गोखुरू उभर आये हैं।

गंगा में जलप्रवाह करके हम लौटे तो साथ के लोग फिर सराय के सामने कुएँ की जगत के पास पानी पीने के लिए बैठ गये। सूरदास पीपल की छाँव में धरम की चादर फैलाये बैठा था। राह चलते लोगों, यात्रियों ने चावल के कुछ दाने, एकाध नया पैसा फेंक दिया था। इस सारी पूँजी पर वह कमर से ऊपर के पूरे धड़ को हिला-हिलाकर पहरा दे रहा था। होठों के कोने में गाज भर आया था और वह लगातार 'बाबू सुरवा के एक पैसा' के मन्त्र के साथ रामनाम का सम्पुट दिये जा रहा था।

उस दिन की दोपहर और रात का अधिकांश हमने उसी सराय में बिताया। उन लोगों ने फिर खाना बनाया और खाया-पिया। सूरदास को बुलाकर बचा-खुचा खाना दिया गया। सभी लोग उस मुरदा सराय में गमछा-दरी वगैरह बिछाकर सोये। पर मुझे नींद न आ सकी। मेरा सब कुछ जैसे पराया हो गया था। सन्नाटे में पीपल की पत्तियाँ खड़खड़ाती थीं, ऐसे ही : उस समय सोना मेरी बाँहों में डरकर किस तरह दुबक जाती थी। आज मेरी वे ही बाँहें, वही शरीर, सब कुछ जैसे एक तिरस्कृत मिट्टी का ढेर है। तभी मेरी परायी-सी लगने वाली बाँहें एक अजीब तरह की छुवन की स्मृति और फिर उसके अभाव की व्यथा से लहरने-सी लगीं। जब चचिया की गोद में नवजात बच्चे को फेंक दिया था तो मन में उसके प्रति सचमुच का खिंचाव था। मुझे लगता था कि इस छौने ने मुझसे मेरी सोना छीन ली। कैसा गुजगुजा बदन था, मैं उसे चचिया की गोद में फेंककर जैसे मुक्ति पा गया होऊँ। और अब जब सोना नहीं रही तो मैं उस गुजगुजे मांस के लोथड़े को अपनी छाती से चिपका लेने के लिए तरस रहा था। मेरे सामने भविष्य था, प्रश्नवाचक चिह्न-सा, पीपल के तने में जड़ा हुआ, जिसकी जड़ में कल सोना का शव था जिसे मैं पत्थर और भरे हुए घड़ों के सहारे बाँधकर गंगा की अतल धार में डाल आया हूँ।

दूसरे दिन शाम होते-होते हम घर पहुँचे। मैं रास्ते-भर इसी उधेड़-बुन में खोया-खोया रहा कि बच्चे की देखभाल के लिए क्या करना होगा। दुधमुँहे को जिलाना कोई हँसी-खेल तो नहीं है। माना कि चचिया मेरे कहने से उसे अपने साथ रख लेंगी, मैं दूध-पानी का इन्तजाम भी कर लूँगा, पर क्या इत्ता-सा बच्चा बिना माँ के पल सकेगा ? यह सब सोचते-सोचते एक निश्चित परिधि में घूमने वाले लट्टू की तरह मेरी बुद्धि भँवर की अन्तिम तेजी में निश्चल जड़-सी होती जा रही थी। जैसे किसी ने मेरे शरीर से सारी ताकत ही छीन ली हो।

घर आने पर आँगन में शान्तिपूर्वक एक क्षण बैठकर गत आत्मा की सद्गति के लिए प्रार्थना करने का भी अवसर न मिला। चचिया देहरी पर पैर रखते ही पुक्का फाड़कर रो पड़ीं। मैं इस बार इस रुलाई से चौंका नहीं, घबराया नहीं, जैसे सब-कुछ सहने और झेलने की घड़ी आज इकट्ठी ही आ गयी है। मैं धीरे से 'सौरी-घर' के

सामने खड़ा हो गया। मेरी आँखों में जरूर एक थकान-भरी विरक्ति रही होगी। एक आत्मस्थ करने वाली तटस्थता जिसे देखकर चचिया सहम गयीं और मेरे बिना पूछे ही वे दहाड़ मारकर चिल्लाती हुई बोलीं, "हरी बेटा, यह छौना भी रूठ गया तुझसे—कल शाम से ही अनमना हुआ, पानी तक नहीं पचता था, सुबह जोर से एक हिचकी ली और ठण्डा हो गया···"

मैं चुपचाप खड़ा रहा। साथ के लोग भी हक्का-बक्का से मुझे ताकते रहे।

"हरी मास्टर," एक ने बाँह पकड़कर खींचा, "ऐसे क्या देखते हो भइया—विपत्ति आती है तो ऐसे ही आती है।"

उन लोगों ने एक कपड़े में बच्चे को लपेट दिया था। मरे हुए दुधमुँहे बच्चे को हाँड़ी में रखकर कहीं गाड़ देते हैं, उसे गंगा ले जाने का रिवाज नहीं है। पर मैं हठ पकड़ गया। विपत्ति आयी है तो उसे पूरी तरह झेलना ही होगा। बच्चे के लिए कुछ न कर सका तो क्या हुआ, उसे गंगा में बहाने का कर्तव्य भी न निभाऊँ ? मैंने सबको बिदा कर दिया। चचिया को भी।···बक्से में इस आने वाले बच्चे के लिए जो भी झबले थे, सबको एक जगह इकट्ठा किया, एक गठरी-सी बना ली और पत्नी का लॉकेट भी उसी गठरी में रखकर बच्चे को कन्धे पर लिटाया। बाहरी फाटक पर ताला डालकर मैं उसी रास्ते लौट पड़ा। पैर थके थे, बदन में ताकत न थी। कई दिन बिना खाये-पिये बीत चुके थे, पर मुझे कोई परेशानी नहीं मालूम होती थी।

मृत्यु दुनिया का सबसे बड़ा सत्य है—मैं बार-बार अपने मन से पूछता। मैं जनमा-पनपा। बड़ा हुआ। पढ़ा-लिखा। पर इस पूरे छब्बीस साल की जिन्दगी में कोई भी ऐसी घटना न घटी जो मुझे भीतर-बाहर से पूरी तरह बदल दे। कल तक हरी मास्टर के परिवार से सबको ईर्ष्या थी। हमारी खुशी लोगों के मनों को गुदगुदा जाती थी। हमारा रहन-सहन सबकी आत्मा में ठण्डी छाँव की तरह बस जाता था—और आज ? आज हरी मास्टर दुधमुँहे बच्चे की लाश को कन्धे से चिपकाये एक राह पर चल रहे हैं, जो राह के सभी अर्थों से अलग है, जिसका न आदि है न अन्त है। आज हरी मास्टर का कोई नहीं है : न आगे न पीछे···।

दूसरे दिन दोपहर को मैं फिर उसी मुरदा सराय में पहुँचा। सोचा कि न रुकूँ। सीधे नदी के किनारे पहुँचकर ही ये थके पैर साँसें छोड़ें, पर मन न माना। जाने क्यों मैंने बच्चे का वह शव पीपल के नीचे उसी जगह पर रख दिया, जहाँ तीन रोज पहले सोना का रखा गया था। मैंने कुएँ से पानी खींचकर पिया। एक क्षण फिर मेहराब के उसी खम्भे से पीठ टिकाये बैठा रहा।

खाली पेट पानी पीने से या जाने क्यों, लगा कि मेरे सारे शरीर में कँपकँपी छा रही है। मुरदा सराय की सफेद दीवारें, उसकी इधर-उधर उभरी लाल-लाल बदरंग ईंटें—जैसे मौत अट्टहास करके हँस रही हो। सच भाई साहब, मुझे उस दिन बड़ा

डर लगा। मैंने भूत-प्रेत की कहानियाँ सुनी थीं, चोरों के कठोर और घृणित कामों का बयान सुना था। पर ऐसा डरा मैं कभी नहीं। आज न तो सामने भूत-प्रेत थे न कहीं चोर थे, कुछ भी तो न था, जिससे मैं डरूँ, पर जाने क्या था चारों ओर, धूप में चिपचिपी चमक की तरह, दीवारों में मूक हादसे की तरह, पत्तियों में अदृश्य कम्प की तरह, सराय की मेहराबों में छिपे बंकिम घुमाव की तरह जो मेरी आत्मा में लाखों-लाख अबाबील पंछियों की तरह चीत्कार कर रहा था। मेरा सारा शरीर उभर-उभरकर धसक जाता था। पसीने से कुरता और पायजामा भीगकर गीला हुआ जा रहा था। हे भगवान्, यह मौत सब-कुछ लीलकर अब मुझे भी लीलने आ रही है क्या ? क्या मेरी जिन्दगी के इस नाटक का आखिरी परदा उठने-उठने को है ? मैं बिल्कुल सुस्त था, दोनों खम्भों के बीच पसरा हुआ-सा।

धीमी-धीमी हवा चलने लगी थी। पसीने से लथपथ बदन पर मौत जैसे अपने हाथ फेर रही हो। तभी मुझे लगा कि मैं डूबते समुद्र से जैसे बाहर आ गया होऊँ। धीरे से उठा। गठरी एक तरफ कन्धे में डाली और बच्चे के शव को दूसरे कन्धे पर चिपकाकर नदी की ओर चल पड़ा।

सोना गयी, बच्चा गया, बच गया मैं, सिर्फ मैं। मैं भी क्या बचा ! मेरा प्रेत है यह जो आपके दिलों में भय का संचार करता है। आपने भी भाई साहब, मुझे क्या-क्या नहीं समझा। मेरी बढ़ी हुई दाढ़ी, एक में एक गुँथे लट की तरह बाल, फटा-फुटा पायजामा, चीथड़ों से भरा कुरता और लाश फेंकने वालों के साथ आयी यह मैली-कुचैली दरी जो अब घिस-घिसकर छलनी बन गयी है; ये सभी, मुझे इतना बदल चुके हैं कि पहचानना भी मुश्किल हो गया है। जब आँख वाले नहीं पहचान पाते मुझे तो भला सूरदास क्या पहचान पायेगा ! मैं जब कुछ महीने पहले इस सराय में आकर भीतर वाले कोने पर दरी बिछाकर बैठा तो सूरदास खाँसता-खँखारता मेरे पास आया, और एक क्षण रुककर कुछ आहट लेता रहा फिर धीरे से बाहर चला गया। तभी मैंने देखा कि इस सराय में एक और शरणार्थी भी आ गया है। गूदड़ों के ढेर में लिपटी दो आँखें मुझे घूर-घूरकर देख रही हैं। सूरदास लाठी से रास्ता टटोलता गूदड़ों के पास पहुँच गया।

"अरे अन्हरा, ई का सिर पर ठुकठुकाय रहा है, कमीना। रात में घड़ीभर के नींद भी आवत है तो ई दाढ़ीजार के मारे सोना मोहाल होय जात है। चारौं ओरी घूम-घूम कै अपने बाप कै कमाई के पहरा दै रहा हव।"

"काहे रे ओढ़िन सतभत," सूरदास होठों को अपने पूरे पैमाने पर फैलाकर बोला, "हमै तोहरे बाप कै कमाई का आसरा है का ? ऐं; अरे सुलक्खी हम तौ तोहै बतावै आवत रहे कि ऊ कोने में कौत्तौ तोहार नवा खसम आवा है साइत ?"

"अरे दाढ़ीजार जरा सरम कर। ई सराय तोहरे बाप-दादा का रजिट्टरी है का ! कौनो मनई होई, कहूँ जात-जात रुक गवा होई।"

"आज तक ये मुरदा सराय में कबहूँ औरो कोऊ मनसेधू आवा रहे कि यहै आवा है ! अरे हम बताय देत हई सुलक्खी सुन लेव, अब धीरे-धीरे ई चरचा फइल रहा है कि ये सराय म मुफुत कै खाय क मिलत है, जानै कितनै मरभुखा पिल पड़िहैं, हाँ," सूरदास ने सोंटा ठुकठुकाया और बड़े दुःखी मन से धीरे-धीरे फिर एक कोने में हाथ से दीवारें टटोलकर गमछा बिछाकर वे सो रहे।

सूरदास की बात से, भाई साहब, मुझे बड़ी ग्लानि हुई, गुस्सा भी आया। पर इस मुरदा सराय ने मुझे जाने किन सूतों में बाँध लिया था कि उन्हें मैं तोड़ न सका। बच्चे के शव को गंगा की गोद में डालकर कई महीने इधर-उधर भटकता रहा। कई बार मन में आया कि घर लौट चलूँ। लोग कहते हैं कि भूल जाने की शक्ति आदमी को वरदान की तरह ईश्वर ने प्रदान की है, पर मैं तो लाख भूलने की कोशिश करके भी भूल न पाया। मौत मेरे मन में अपनी पूरी शक्ति के साथ धँस गयी थी; और अब तो इतने दिनों के बाद काँटे का दर्द भी एक सहज दिनचर्या बन गया, कि इसे चुपचाप झेलते रहने में ही शान्ति मिलती है। इस पर सोचने-विचारने में तो जैसे भीतर धँसा काँटा हिल जाता है और जाने कब का सोया दर्द एक नयी व्यथा के साथ करक उठता है। मैं सोचता कि घर लौटकर भी क्या होगा ! क्या मौत का भय वहाँ भी मेरी आत्मा पर ऐसे ही छाया नहीं रहेगा ? बहुत सोचकर मैं इस मुरदा सराय में आकर रहने लगा। मन के किसी कोने में शायद यह भाव भी रहा हो, कि कहीं मेरी सारी जिज्ञासा का उत्तर यह सराय ही दे सके !

शुरू-शुरू में मुझे देखकर सूरदास बहुत बिगड़ा। मेरे आने के बाद कुछ दिनों तक सूरदास और सुलक्खी में रोज झगड़ा होता। दोनों एक-दूसरे को गन्दी-गन्दी गालियों से धोते-नहलाते, पर धीरे-धीरे जब सुलक्खी को लगा कि मैं सचमुच यहाँ रहने को आ गया हूँ तो उसने सूरदास की बात को सही मान कर उसकी बुद्धि का लोहा मान लिया। वे दोनों एक-जूट होकर मेरा गालियों से सत्कार करने लगे। पर यह क्रम कुछ ही दिन चला। धीरे-धीरे उन्होंने मेरे अस्तित्व को जैसे स्वीकार-सा कर लिया। या यों कहें कि उन्हें मेरी दिनचर्या से घोर निराशा हुई और उन्होंने मान लिया कि मैं उनके हक में हिस्सा बँटाने वाला कोई जीवित प्राणी नहीं हूँ। मैं रात को वहाँ किसी कोने में पड़ा रहने वाला ईंट या पत्थर हूँ। सुलक्खी को यदि बाहर खड़े पीपल, कुएँ के ढेंकुल या मेहराब के खम्भों के होने पर कुछ एतराज न था तो मेरे होने पर भला क्यों होता ?

मुरदे वैसे ही आते रहे। सब-कुछ वैसे ही होता। लोग थके-थकाये आते। लम्बी साँस लेकर मुरदे को पीपल के नीचे धीरे से उतारते। उनके साथ कोई-न-कोई एक ऐसा भी होता जो मेहराब के खम्भे में पीठ टिकाकर बिना सोये आँसुओं में रात बिता देता, मगर बाकी सब वैसे ही होते जिनके लिए मुरदे और जिन्दे में कोई फर्क न होता। फर्क सिर्फ यह होता कि पहले उनके बचे-खुचे खाने को खाने वाला एक

सूरदास था, अब सुलक्खी भी होती। सुलक्खी की आवाज में कहीं अधिक करुणा थी, उसके हाथ-पैर की कई उँगलियाँ गल गयी थीं, पर चेहरे पर चिकनाई थी। कई जन तो यह भूलकर कि वे मुरदा लेकर आये हैं, उससे मजाक भी करते।

एक दिन जब मैं इधर-उधर घूमकर वहाँ लौटा तो रात दो-एक घड़ी ढल गयी थी। कोई धनी मुरदा था, लाश के साथ कई लोग थे। खाना भी अच्छी तरह बना, और सूरदास और सुलक्खी को भी काफी मिला। बाहरी ओसारे में मुरदे के साथ वाले लोग लेटे-बैठे थे। मैं भी इसी कारण भीतरी दालान में चला गया था। सुलक्खी खाना उठाकर भीतर ही ले आयी। जाने उन्होंने किस भाषा में बातें कीं।

मैंने काफी गौर से देखा : सूरदास अपने हाथ से कौर उठा-उठाकर सुलक्खी को खिला रहा है। और वह इस तरह आँख चमकाती इधर-उधर गरदन हिला-हिलाकर खा रही है जैसे दूध पीती बच्ची हो, जिसे हमेशा अपने खिलौनों की सुरक्षा का ख्याल रहा करता है कि उन्हें खाते समय कोई गायब न कर दे। सुलक्खी जब खा चुकी तो सूरदास ने अपने दोनों हाथों से मिट्टी के पुरवे को उठाकर उसके मुँह में लगाया और अपने हाथ से उसका मुँह पोंछा। यह सब करते उसके होठ एक अजीब तरह की खुशी से काँप-काँप जाते। मुँह धोते वक्त शायद उसने सुलक्खी का गाल भी धो दिया था, जिससे वह हँसते-हँसते दोहरी होती रही। गनीमत थी कि हँसते वक्त उसने मुँह में कपड़ा ठूँस लिया था।

''धीरे हँस, धीरे सुलक्खी,'' सूरदास फुसफुसाकर बोला, ''कहीं मुरदफेक्का लोग देख लेइहैं तो ई सदाबरत बन्द हो जाई समुझौ, हाँ।'' उसने भात-दाल का बहुत बड़ा-सा कवल मुँह में डाला और गटक गया।

''तुम ही तो हँसा रहा हो,'' सुलक्खी किसी अदेखे तार के झटके से पुनः घण्टी की आवाज में खिलखिलाने-खिलखिलाने को हुई कि उसने शुतरमुर्ग की तरह सिर को गूदड़ में घुसेड़ लिया और गुमसुम पड़ गयी।

सूरदास हाँड़ी कुरेद-कुरेदकर जब पूरी तरह खा चुका तो उसने दूसरी हाँड़ी में बचे पानी को गट-गट करके गले से नीचे उतारा। गमछे से हाथ-मुँह पोंछकर उसने बीड़ी सुलगायी और चुपचाप पीता रहा। बीड़ी खत्म हुई तो उसे जमीन में घस-घसकर बुझाया और टुकड़े को एक तरफ फेंककर सुलक्खी के पास ही गमछा बिछाकर लम्बा हो रहा।

सुलक्खी अपना एक पैर उसकी पीठ में अड़ाये फुसफुसा रही थी, ''हम कहे देत हईं भलेमानस की नाईं परे हट जाव, नाहीं तो ठीक न होई। हम चिल्लायकै सबैके जगा देबै, अउर तोहार खूब मरम्मत होई, हाँ।'' मैं भीतर कोने में गिरा यह सब देख रहा था। कई बार दिल में आया कि भागकर बाहर चल दूँ। पर ओसारे में सारी भीड़ सोयी थी। क्या कहेंगे लोगबाग ! कोई जान-पहचान का न निकल आये ! मैं चुपचाप उधर से गरदन मोड़कर दीवार में सट गया।

फुसफुसाहट बन्द हो गयी थी। एक दमघोंट मुरदा सन्नाटा चारों तरफ छाया हुआ था। बाहर दीवार के नीचे आग जल रही थी और दो-एक आदमी अधजगे हुए उकड़ूँ बैठे लाश को अगोर रहे थे। बड़े तड़के, मुँह अँधेरे ही उन लोगों ने लाश उठायी और नदी की ओर चल पड़े। उनके बोलने-बतियाने की मिली-जुली आवाजें मुझे भी सुनायी पड़ी थीं, पर मैं नींद के झोंके में था इसलिए ठीक सोच नहीं पाया कि क्या समय रहा होगा। मुझे रात में देर तक नींद नहीं आयी थी इसलिए उस दिन सवेरे देर तक सोया रहा। उठा तो दिन चढ़ आया था और खिड़की से छड़ों को बीच से बचाती धूप का एक भरा-पूरा झरना मेरे ठीक आगे उफन रहा था। धूल और गर्द के टुकड़े उसके भँवर में बखूबी थिरक रहे थे। मैं एक क्षण इस चमकदार खम्भे को टकटकी बाँधे देखता रहा। तभी मुझे लगा कि मैं आज अब तक यहीं बैठा हूँ, लोग देखेंगे तो क्या सोचेंगे ! और सबसे अधिक डर तो भाई साहब, आपसे ही था। आपने मुझे औघड़, पागल, जासूस जाने क्या-क्या नहीं सोचा ! उस दिन स्टेशन के प्लेटफॉर्म पर आपने अपने एक दोस्त के कुछ पूछने पर मेरी ओर उँगली उठाकर इशारा किया था। किया था न ?

''पता नहीं क्या है उस गठरी में जिसे वह हमेशा सीने से चिपकाये रहता है,'' आप अपने दोस्त से कह रहे थे, ''कुछ समझ में नहीं आता। कुछ लोग कहते हैं किताबें हैं, कुछ कहते हैं डायरी है।''

''तुम तो कई दिन से पीछा कर रहे हो। कुछ पता नहीं चला ?'' आपके दोस्त ने पूछा।

''क्या पता चलेगा ! इसके सभी काम आश्चर्यजनक हैं। कभी मस्जिद में पानी पीता है, कभी कब्रिस्तान में अपनी गठरी खोलकर जाने क्या-क्या बुदबुदाता है। औरों की तरह भीख भी नहीं माँगता। दूकानों पर धीरे से खड़ा हो जायेगा। जो मिल गया लेकर चल देगा। किसी ने झिड़क दिया तो हँस देगा। अजीब आदमी है। पर यार मैं पता लगाकर रहूँगा। एक दिन देखा मुरदा सराय में सोया है। इसकी वह गठरी मिल जाये तो सारा भेद मालूम हो जाये।''

आपकी बात सुनकर मुझे हँसी आ गयी। आपने मुझे हँसते देख भी लिया शायद। इसी से थोड़ा नाराज होकर अपने दोस्त को लेकर उधर को चले गये।

मैंने गठरी उठायी, दरी को लपेटकर कन्धे पर डाला और दालान से निकलकर ओसारे में आ रहा। सामने धूप में सुलक्खी बैठी थी। आज उसने बालों को कंघी की थी। उसके साँवले ललाट पर एक लाल बिन्दी भी थी। वह मुझे देखकर जाने क्यों शरमा गयी। मैं एक ओर निकल गया।

मैं चुपचाप मुरदा सराय से लोगों की आँख बचाता खेतों की ओर निकल जाना चाहता था। तभी एक मोटे पर सधे हुए कण्ठ की आवाज ने उठते पैरों को बाँध लिया :

मैं उधर को मुड़ गया। सामने बस-स्टैण्ड के पास ही ऐन रास्ते पर अपनी धरम की चादर फैलाये सूरदास बैठा था। वह एक हाथ के अँगूठे से दूसरे की हथेली में सुरती मल रहा था। उसके चेहरे पर कितनी मासूमियत थी। बादलों की घुमड़न और उमस को जैसे बारिश ने बहा दिया हो। उसके चेहरे पर न खिंचाव था न दीनता न चिन्ता। मैं उसके चक्षुहीन चेहरे को देर तक देखता रहा।

मेरा मन जाने क्यों बहुत भारी हो आया। मैं चुपचाप कब्रिस्तान की ओर चल पड़ा। पास ही उससे सटा तालाब है। मैं यहाँ घंटों बैठा रहता। जाने क्यों मुझे इन कब्रों से गहरी आत्मीयता का बोध होने लगा था। मुझे लगता था कि इनकी सन्धि रो कभी शायद कोई प्रेतात्मा खड़ी हो जायेगी जो मुझे बता सकेगी कि मनुष्य मौत से क्यों डरता है। क्या होता है इस मौत के अनछोर दामन की थिरकन में, जिसे छूकर ही पत्ते मौन हो जाते हैं ? वस्तुएँ पिघलकर रंगहीन द्रव की तरह एक में गडमड हो जाती हैं। क्यों इसके पैरों की धसक में इतना कम्प है, क्यों इसकी गन्ध में इतनी बेहोशी ?

कई महीने बीत गये। धरती कभी ऋतुमती बनी थी। बीज पड़ा था। अँखुवे उगे थे। फसलों में हवा के साँष लहराये थे। और आज तो खेत के खेत दूधिया बालों का मोर बाँधे खिलखिला रहे हैं। भौंरे और मधुमक्खियाँ एक फूल से दूसरे फूल पर उड़-उड़कर पराग का वितरण कर रहे हैं।

मैं उस दिन कुछ रात गये सराय में पहुँचा। सुलक्खी सिसक-सिसक कर रही थी। सूरदास अपने दोनों हाथों में उसका मुँह थामे कुछ कह रहा था। मैंने पैरों की गति रोक ली। ताकि उनके प्यार के तार को कहीं झटका न लग जाये।

"तुम इ का कै दिहो," सुलक्खी बिफर-बिफरकर रो उठी, "हाय दइया, अब हम कहवाँ मुँह देखउबै।" हिचकियों की लहर उसके पूरे शरीर को तूफान की नाव की तरह झकझोर रही थी।

"तौ एम्मे घबरावे क कउन बात है रानी," सूरदास बादशाही लहजे में बोला, "तू रंचौ फिकिर जिन करो, हम कउने दिन काम अइबै !"

मैं चुपचाप देहरी पर ही बैठ गया। मुझे लगा कि पिछले दिनों की कोई देखी हुई चित्रावली मेरी आँखों के सामने से गुजर रही है। अब सुलक्खी उस भँवर में आ गयी है जहाँ उसे भी शरीर पर किसी गाँठ का रहना भारी लगेगा। वह भी अपनी वेणी खोलने के लिए सूरदास से आग्रह करेगी। सूरदास कितनी खुशी के साथ उसके बालों को अपने चक्षुहीन हाथों से सहलायेगा, धीरज बँधायेगा।

"अरे मइया रे मइया," सुलक्खी जाने क्या सोचकर फिर रो पड़ी, "एक तो अइसै हाथगोड़ नहिनी, फिर, अब ई सब कइसे सम्हरिहै रे बप्पा !"

"एम्मे रोवै क का बात है रानी, इ तो अउर फैदा क बात है। लरिका होई। ओहकर दुखड़ा रोय-रोय कै अउरो भीख मिलिहै। आयँ···"

इस बार सुलक्खी बाघिन की तरह गुर्राकर सूरदास की ओर झपटी और उसने उसके मुँह पर बिना उँगलियों के हाथ से एक तमाचा जड़ दिया।

"दाढ़ीजार, कमीना तैं हर बात में आपन नादै भरै क बात सोचत है। हमार इ हाल करिके अब तै लरिकवौ पर नजर गड़ाय रहा है," वह हाँफती हुई बोली, "ऊ न होवै देव हम सत्यानासी, गाँठ बाँधि ले। ओका दिखाय के भीख माँगै के पहिलै हम नदी-कुइयाँ में डूबि मरिबै; समझेव कि नाहीं ?"

सूरदास कुछ न बोला। वह वहाँ से उठकर दालान के कोने में चला गया। उसने गमछा बिछाकर बीड़ी जलायी और चुपचाप मुड़े हुए घुटनों पर सर रखकर पीता रहा।

मेरे कलेजे से अचानक एक भारी साँस निकल गयी। मैं ओसारे में दरी बिछाकर लेट गया। पर मुझे नींद नहीं आयी। मेरी आँखों के आगे सुलक्खी थी, उसका नवजात लड़का था। माँ की आँखों में खून भरी विवशता थी, बच्चे की आँखों में अन्ध भविष्य की कातरता और मासूमियत। दोनों पर एक झुण्ड घिनौनी मक्खियाँ भिनभिना रही थीं।

मुरदा सराय में जिन्दगी की इस अगवानी ने मेरे दिल को बुरी तरह झकझोर दिया। सच कहता हूँ भाई साहब, मुझे सोना या बच्चे के मरने पर मौत से शायद ही इतना डर लगा हो जितना इस आनेवाली जिन्दगी से लगा।

हम मौत को रोक नहीं पाते इसीलिए तो उससे भय लगता है ? पर मुरदा सराय की यह जिन्दगी भी क्या हमारे रोके रुक सकेगी ?

सुलक्खी रोते-रोते सो गयी थी। आकाश में बादल घुमड़ रहे थे। कितनी उमस थी, कितना दमघोट सन्नाटा था—चारों ओर। मैं धीरे से उठा और दबे पैरों सुलक्खी के सिरहाने खड़ा हो गया। मैंने गठरी वहीं रख दी। इसी में मेरे मरे बच्चे के झबले थे, सोना का लॉकेट था। सराय के बाहर आया। झुककर सराय की मेहराब को, नीचे के पत्थर को, खम्भे को प्रणाम किया और हमेशा-हमेशा के लिए उनसे बिदा माँग ली।

भाई साहब, मैं मौत से डरकर मुरदा सराय में आया था और अब जिन्दगी से डरकर घर जा रहा हूँ। आपको मेरी वजह से जो कुछ भी परेशानी हुई हो, उसे क्षमा कीजियेगा।

आपका ही
हरिचरण

■■